Direito & Literatura

Ensaios Críticos

D598 Direito & literatura: ensaios críticos / org. André Karan Trindade, Roberta Magalhães Gubert, Alfredo Copetti Neto; Alexandre Morais da Rosa... [et al.] – Porto Alegre: Livraria do Advogado Editora, 2008.

251 p.; 23 cm.

ISBN 978-85-7348-534-9

1. Direito na literatura. 2. Literatura – aspectos jurídicos. I. Trindade, André Karan, org. II. Gubert, Roberta Magalhães, org. III. Copetti Neto, Alfredo, org. IV. Rosa, Alexandre Morais.

CDU – 34:82-4

Índices para o catálogo sistemático:

Direito na literatura	34:82-4
Literatura – Aspectos jurídicos	82-4:34

(Bibliotecária responsável: Marta Roberto, CRB-10/652)

André Karam Trindade
Roberta Magalhães Gubert
Alfredo Copetti Neto
(Organizadores)

Direito & Literatura

Ensaios Críticos

Alexandre Morais da Rosa
Arnaldo Sampaio de Moraes Godoy
Carlos María Cárcova
Eligio Resta
Fabio Caprio Leite de Castro
Fernando Facury Scaff
Gisele Cittadino
Jaime Francisco Coaguila Valdivia
Lenio Luiz Streck
Luis Carlos Cancellier de Olivo
Luiz Antônio Rizzatto Nunes
Luiz Edson Fachin
Marcelo Andrade Cattoni de Oliveira
Marcos Alberto Rocha Gonçalves
Maurício Ramires
Melina Girardi Fachin
Miriam Coutinho de Faria Alves
Tatiana Bonatto
Vera Karam de Chueiri

livraria DO ADVOGADO editora

Porto Alegre, 2008

Capa, projeto gráfico e diagramação
Livraria do Advogado Editora

Revisão
Rosane Marques Borba

Direitos desta edição reservados por
Livraria do Advogado Editora Ltda.
Rua Riachuelo, 1338
90010-273 Porto Alegre RS
Fone/fax: 0800-51-7522
editora@livrariadoadvogado.com.br
www.doadvogado.com.br

Impresso no Brasil / Printed in Brazil

Prefácio

Em que medida obras de ficção podem ser úteis para um sistema de saber como o do direito, cujos laços de compromisso estreitam a realidade, já que se dedica a prover ao equilíbrio das relações e à resolução do conflitos sociais, seja *a posteriori*, seja aprioristicamente?

Essa pode ser, sob os olhos do leitor atento, a espontânea pergunta suscitada pelo aparente paradoxo no título deste livro.

Reação dessa ordem foi já de certo modo descrita por J.-F. Lyotard, quando, ao discutir a questão da legitimidade do saber científico, afirma que o cientista questiona a validade das narrativas e, constatando que elas não argumentam e nada provam, acaba por classificá-las como discurso "selvagem, primitivo, subdesenvolvido, atrasado, alienado, feito de opiniões, de costumes, de autoridade, de preconceitos, de ignorâncias, de ideologias".[1]

Improvável há uma dezena de anos, impossível há quatro lustros, pelo menos no lugar em que hoje surge – esta coletânea de reflexões teóricas vem demonstrar que entre os inúmeros paradoxos que germinam, florescem e frutificam no canteiro do saber científico está o constante desafio ao senso comum e à razão histórica.

Nascida sob a égide da observação e da objetividade, e alimentada por certezas tomadas de empréstimo da matemática, a ciência moderna, tendo como paradigma a física, marcou sua entrada em cena com a inconseqüente venda da própria alma ao mesmo platonismo que já inspirava o fundamentalismo eclesiástico e anti-galilaico e, simultaneamente, com um ato de traição à razão aristotélica – a mesma que fundara, pela lógica, a matemática da palavra e o cálculo do silogismo.

Descontraidamente platônica, por exemplo, é a forma literária que adota Galileu em seu fundamental *Diálogo sobre os dois sistemas de mundo* – considerado por Newton e Einstein o texto fundador da física clássica –, em que o anti-aristotélico Salviati, porta-voz do autor, contesta Simplício, escolástico e aristotélico, ante a conivente escuta de Sagredo.

---

[1] LYOTARD, Jean-François. *O pós-moderno*. 3. ed. Rio de Janeiro: J. Olympio, 1988, p. 49.

Se a noção de continuidade do mundo como físis já começara a ser solapada na Grécia, pelo ímpeto da racionalidade filosófica, a continuidade do mundo da cultura greco-judaico-cristã foi de certa forma preservada, ainda que às custas da subordinação de seus princípios, ora à transcendência, por iniciativa do cristianismo, ora à laica racionalidade iluminista.

A despeito dos paradoxos, no âmago de seus próprios fundamentos, e dos naturais impasses que o conhecimento sempre enfrentou, a ciência – ainda a física como paradigma – conseguiu manter sua relativa unidade de princípios desde os primórdios galilaicos, no século XVII, até o início do século passado.

A tal ponto, que G. Bachelard afirma, com relação ao final do século XIX, que se acreditava ainda "no caráter empíricamente unificado do nosso conhecimento do real"; e acrescentava que essa "era mesmo uma conclusão na qual as filosofias mais hostis se reconciliavam".[2]

Todavia, na primeira década do século XX começa a abrir-se uma nova caixa de surpresas, com as teorias quântica e da relatividade, por iniciativa, respectivamente de M. Planck e A. Einstein.

Ambos esses eventos foram secundados por uma esteira de problemas e questões em desafio à pesquisa, sobressaindo entre eles o princípio da incerteza, de W. Heisenberg, que, combinado à noção de complementaridade, anteriormente desenvolvida por N. Bohr, resulta na chamada interpretação de Copenhague.

Como decorrência da interpretação de Copenhague no campo epistemológico, a previsibilidade dos eventos físicos, que até então se acreditava ratificada pela certeza, passa a ser substituída pela probabilidade. E, imitando o comportamento da filosofia em relação à teologia, a matemática, com servil cordialidade, continua prestando seus serviços, mas agora à incerteza.

No campo das ciências ditas humanas, a estagnação teórica da sociologia – que pouco ou nada mais fez do que preservar a herança recebida de K. Marx, M. Weber, G. Simmel e E. Durkheim – precede o breve estruturalismo, que temporariamente traz a lingüística e a antropologia para a boca da cena. No século vinte, todavia, como entende N. Luhmann, "os impulsos intelectuais mais fascinantes para entender a sociedade moderna surgiram fora do campo da sociologia",[3] motivo por que ele considera importante que a teoria social incorpore conceitos como autopoiese, fechamento de operação, acoplamento estrutural, estrutura e tempo, para com eles operar.

Se seguimos o vetor indicado por N. Luhmann – cujo comentário, em outras palavras, aponta noções básicas da biologia desenvolvida por H. Maturana como instigadoras da problemática relacionada às questões sociológicas –, ficamos a nos perguntar, ao tomar contato com a obra do cientista chileno, o que justifica que um biólogo, invadindo o território da filosofia, se proponha a discutir, por

---

[2] BACHELARD, Gaston. *A epistemologia.* Lisboa: Edições 70, 1990, p. 15.

[3] LUHMANN, Niklas. *Introducción a la teoria de sistemas.* México: Univ. Iberoamericana, 1996, p. 27.

exemplo, a ontologia da realidade[4] ou a questionar sobre o caráter objetivo ou construído da realidade,[5] sob o pretexto de explicar seus fundamentos biológicos ou as bases do conhecimento.

Sob a perspectiva tradicional, o rótulo mais fácil para designar os postulados de N. Luhmann ou de H. Maturana, seria o de transgressão, gesto de alguém que abandona sua seara para tentar sucesso nos campos vizinhos, apenas estendendo a força e o alcance do paradoxo, que esteve sempre no fundamento da curiosidade humana e da pesquisa científica.

Outra forma de propor a questão talvez consista em perceber que, tal como as teorias e tal como a realidade que comparece no discurso científico, os paradoxos são também construções – parasitas indesejáveis por certo e germes de contradição –, isto é, entidades mentais e discursivas com o mesmo estatuto do saber.

Para resolvê-los, nenhuma solução mais pertinente do que, através do discurso dissolvente, assestar a reflexão crítica contra os paradigmas estabelecidos, tarefa instigante a que se entrega neste livro, em primeiro lugar, o longo e panorâmico ensaio de A. K. Trindade e R. M. Gubert, dedicado ao rastreamento dos principais nomes que, na Europa e nos Estados Unidos, se dedicam ao estudo das possíveis relações entre o direito e a literatura.

Seguem-se a ele textos que se dividem entre abordagens de natureza geral e análises específicas, nos quais a diversidade dos pontos de vista, a relevância da argumentação – assim como a experiência e a titulação dos autores que os subscrevem, em sua quase totalidade da área jurídica –, além de assegurarem a este trabalho o papel de pioneiro, entre nós, na fundação do limiar entre os dois saberes, brindam o leitor com suficientes motivos para incluir-se entre os interessados em repensar as formas de compreensão e de dicção da realidade social sob o viés do direito.

Prof. Dr. Dino del Pino

---

[4] MATURANA, Humberto. *A ontologia da realidade*. Belo Horizonte: Ed. UFMG, 2001.

[5] MATURANA, Humberto. *La realidad: objetiva o construida; fundamentos biológicos de la realidad*. Barcelona: Anthropos, 1995. 2v.

Sumário

Apresentação

A presente publicação, apresentada em dois volumes – *Reflexões teóricas* (v. I) e *Ensaios críticos* (v. II) –, é motivo de imenso orgulho e satisfação para seus organizadores, na medida em que constitui um importante passo para o estudo do direito, especialmente nesta quadra da história, em que o desafio que se coloca é re-pensar o direito, superando, definitivamente, o positivismo jurídico.

Trata-se, com efeito, da primeira obra coletiva dedicada especifiamente ao tema *Direito e Literatura* – o qual, ao longo do século XX, ocupou importante espaço em universidades, departamentos acadêmicos e centros de pesquisa europeus e norte-americanos, mas que ainda não havia sido suficientemente tratado no Brasil e na América Latina – e que reúne textos de autores de renome no cenário nacional e internacional.

Impõe-se, contudo, reconhecer a valiosa contribuição daqueles que, de algum modo, podem ser considerados os precursores desta iniciativa: Arnaldo Sampaio de Moraes Godoy, cuja dissertação de mestrado, defendida junto ao CPGD/PUCSP, intitulou-se *Direito & Literatura – anatomia de um desencanto: desilusão jurídica em Monteiro Lobato*; Cristiano Paixão, cujas pesquisas desenvolvidas junto à Faculdade de Direito e ao Programa de Pós-Gradução em Direito da UnB têm como objeto justamente as relações entre direito, cinema e literatura; Germano Schwartz, que vem se dedicando ao estudo dos sistemas jurídico e literários, sob a perspectiva da matriz autopoiética; Jacinto Nelson de Miranda Coutinho, pela coordenação do trabalho desenvolvido junto ao "Núcleo de Direito e Psicanálise" – do qual fazem parte Albano Pepe, Alexandre Morais da Rosa, Agostinho Ramalho Marques Neto, entre outros –, cujos últimos encontros resultaram nas recentes publicações sobre Camus e Kafka; José Luis Bolzan de Morais e Lenio Luiz Streck, que vêm participando, estimulando e enriquecendo o projeto "Direito & Literatura: do fato à ficção", levado a cabo pelo Instituto de Hermenêutica Jurídica (IHJ); Luis Alberto Warat, por apresentar à comunidade jurídica brasileira, através de sua obra *A ciência jurídica e seus dois maridos*, um novo modo de se conceber o direito e o seu ensino, rompendo com a metodologia tradicional e, assim, superando o sentido comum teórico que ainda torna refém o pensamento jurídico contemporâneo; Marcelo Campos Galuppo, que tem investigado as diversas interfaces entre direito e literatura através das pesquisas que dirige no Programa de Pós-Graduação em Direito da PUC/MG; Maritza Maffei da Silva, cuja tese de doutoramento, defendida junto ao PPGD/UNISINOS, intitulou-se *"O mercador de Veneza" de William Shakespeare: um encontro na encruzilhada da literatura, do direito e da filosofia*; Vera Karam de Chueiri, que desenvolve importante trabalho junto à Faculdade de Direito e ao Programa de Pós-Graduação em Direito da UFPR, onde se dedica ao estudo das relações entre Direito e Literatura; e, ainda, Vicente de Paulo Barretto, responsável pela publicação da obra *Contar a lei*, de François Ost, em língua portuguesa.

Aliás, cumpre referir que a presente publicação é, em certa medida, o resultado alcançado nestes dois anos de funcionamento da Linha de Pesquisa *Direito e Literatura*, levada a cabo pelo Instituto de Hermenêutica Jurídica (IHJ), que vem desenvolvendo, desde o ano de 2006, ininterruptamente, uma série de encontros e discussões sobre o tema, bem como promovendo o seminário *Direito & Literatura: do fato à ficção*, sob a competente coordenação do Prof. Dr. Dino del Pino – que, de há muito, vem se dedicando a investigar as possíveis relações da literatura com outros campos do conhecimento –, realizado junto à Livraria Cultura, em Porto Alegre.

Por fim, não se poderia deixar de agradecer, expressamente, a todos os autores, a disponibilidade e, sobretudo, o interesse demonstrados na participação dessa obra, e à Livraria do Advogado Editora, que reconheceu a importância do tema e aceitou, prontamente, editar a publicação, possibilitando, assim, a materialização dessa promissora empreitada que é impulsionar o estudo do *direito e literatura* em *terrae brasilis*.

Porto Alegre, janeiro de 2008.

André Karam Trindade
Roberta Magalhães Gubert
Alfredo Copetti Neto
(Organizadores)

Direito & Narrativa

— 1 —

Derecho y Narración

CARLOS MARÍA CÁRCOVA[1]

1. Los estudios jurídicos se han visto enriquecidos en las últimas décadas por los aportes de otras disciplinas, superando así cierto aislamiento tradicional. Esos aportes provinieron de los lugares más variados: la lógica, la teoría de los juegos, la antropología cultural, la sociología o la lingüística. Por su propia naturaleza, la ciencia jurídica ha estado especialmente atenta a los desarrollos de esta última disciplina. Fueron de notable repercusión las investigaciones acerca de los lenguajes naturales y las incertidumbres comunicativas que ellos producen. En los últimos años, esa atención se dirige no sólo al "problema de las palabras" sino también al de los textos, unidades de sentido más complejas, estudiadas igualmente desde distintos enfoques: semiológicos, hermenéuticos, literarios. Muchos autores contemporáneos, pertenecientes a las más diversas escuelas y concepciones, insisten en subrayar los vínculos existentes entre el discurso jurídico y el discurso literario, por ejemplo, R. Dworkin, S. Fish, N. Mac Cormick, B. Jackson, J. Lenoble, R. Posner, E. Landowski, F.Ost, M. Van der Kerchove, J. Calvo González, D. Carzo, M. Nussbaum, R. Keveson, R. West y otros.

Se trata, en muchos de estos casos, de mostrar los posibles enlaces entre el derecho y la literatura, entendida ésta en su sentido más amplio, es decir, como relato, novela, crónica o narración. Un enlace no externo, en el pueril sentido de que el derecho se refiera a la literatura cuando produce normas y regula conductas acerca de cuestiones autorales, o de que la literatura se refiera al derecho cuando toma a éste como sustancia de la trama, como en el caso de "El Proceso", de F. Kafka.

Desde este punto de vista, digamos superficial, es cierto que todo se relaciona con todo y en especial el derecho, en tanto funciona, en las sociedades modernas, como una regla básica y constitutiva del orden. Regula el poder constituyente y, al mismo tiempo, circula por los espacios intersticiales de una multiplicidad de relaciones entre los seres humanos: parentales, laborales, políticas, morales, comunicacionales. De modo que aquellas relaciones superficiales son más o menos obvias.

[1] Prof. Titular Ordinario de Filosofía del Derecho. UBA.

Lo que importa es otro tipo de articulación, una articulación "interna" como la denomina Van Roerdmund (1997), que permite descubrir notables analogías, en el proceso de producción discursiva del derecho, por una parte y de la literatura, en sentido amplio, insistimos, por la otra.

Una analogía compleja y multidimensional. Una sentencia es un acto de naturaleza autoritativa, instituido por quien posee "imperium". Sin embargo, se organiza como discurso, del mismo modo que el relato, la crónica o la narración se organizan como discurso. Y, pasada en autoridad de cosa juzgada, esto es, devenida irrevisable por algunos de los efectos ficcionales que el derecho acoge como demanda técnica, constituye la realidad jurídica de un modo muy semejante al que el novelista constituye la "realidad" de sus ficciones, o el cronista la de su crónica, al privilegiar algún dato, descartar otro, hipotetizar un tercero.

No afirmamos que exista analogía entre ficción y realidad. Señalamos que la "realidad" está socialmente construida, sobre todo la que llamamos "realidad social", que es siempre una realidad interpretada. La realidad social es el resultado de la interacción humana precariamente estabilizada, cuyos sentidos se establecen en el intercambio comunicativo entre los individuos. Pero, como es sabido, la comunicación es un proceso difícil y falible: por la heterogeneidad existente entre emisores y receptores y por las incertidumbres generadas por el medio empleado: lenguajes, signos, símbolos.

De ello se sigue que la decodificación del mensaje por parte del receptor, o el establecimiento de sentido acerca de palabras o textos, por parte del intérprete, no sea operación de resultado unívoco, como ocurriría con la operación matemática. Los mensajes o los textos no nos dicen cualquier cosa, pero en muchas oportunidades nos dicen varias cosas distintas. Encierran diversos significados, todos plausibles. De allí que la tarea del intérprete sea, en la mayor parte de los casos, no sólo imprescindible sino, al mismo tiempo, constitutiva. El mensaje, el texto, adquiere su sentido adecuado, a través del acto hermenéutico del receptor/intérprete. Ello explica -entre otras razones- por qué casos muy similares, son resueltos por distintos jueces de manera diversa y, a pesar de ello, sus sentencias resultan igualmente válidas.

Veamos el ejemplo de un texto que acepta diversas lecturas: la frase "todos los hombres son hermanos, como Cain y Abel" permitiría al menos las siguientes: i) ella afirma que todos los hombres se reconocen como pertenecientes a un mismo género y que ese reconocimiento importa solidaridad. Aquí la historia en particular de los hermanos aludidos no interesa, sino el hecho conocido de que, efectivamente, eran hermanos. ii) o, ella afirma que todos los hombres son hermanos porque una pareja originaria funciona como referencia ancestral. En este caso los hermanos aludidos verifican el aserto. iii) o, ella afirma escépticamente, que no existen relaciones de solidaridad y reconocimiento y que el hombre es el lobo del hombre. En este caso la historia particular de los hermanos es la que cobra singular significación. El texto adquiere sentido por referencia a otro texto.

(Este fenómeno es también estudiado por la semiología bajo la denominación de "intertextualidad", Vg: Bajtin, Kristeva y otros).

La problemática expuesta hasta aquí es sólo una de las múltiples dimensiones del asunto que nos ocupa, cuyo tratamiento exhaustivo demandaría un intento diferente al de estos apuntes. Permítasenos, sin embargo, siquiera de manera elemental, aludir a otra de esas dimensiones, ciertamente vinculada con la cuestión de la intertextualidad. Nos referimos a las relaciones entre lenguaje y metalenguaje/obra y crítica literaria/derecho y doctrina (teoría). Se trata de relaciones establecidas entre unos textos que aparecen como objeto de reflexión de otros textos, los cuales se refieren a los primeros para ordenarlos, explicarlos, desentrañarlos, comprenderlos, estimarlos. Si esa relación se mira desde una perspectiva sincrónica, es decir, como acto único e irrepetible, los términos que la integran mantienen su independencia. Si, en cambio, se aprecia desde una perspectiva diacrónica, introduciendo el factor tiempo y entendiéndola como un proceso, los términos que la componen se coimplican y sobredeterminan mutuamente. Un ensayo crítico descubre, pone en evidencia, aspectos no apreciados antes en una obra determinada, supongamos una novela. Ella aparece desde entonces resignificada. Esa nueva comprensión de la novela, influye, a su vez, sobre la siguiente mirada crítica que sobre esa o aun otra novela, se realice más tarde. Así, ambos niveles interactúan y se modalizan. Una cosa semejante ocurre cuando el jurista o el doctrinario introduce interpretaciones novedosas y aceptadas acerca de normas generales o individuales. Las resignifican y así resignificadas constituyen otro objeto de reflexión, distinto del que constituían antes, para las sucesivas lecturas hermenéuticas. Esta circulación (circularidad) del sentido, no es viciosa sino virtuosa. En el caso literario ensancha y profundiza el horizonte temático; en el caso del derecho, permite su actualización y adecuación a nuevas situaciones fácticas que, es sabido, se modifican en nuestra época con incesante vertiginosidad.

Admitido lo anterior, debe concluirse que las disciplinas que se ocupan del lenguaje, de la comunicación, de los signos, del sentido, del discurso, pueden proveer a los juristas insumos de considerable valor para actualizar y profundizar sus estudios, tanto como para problematizar (saludablemente) las matrices teóricas que emplean, las cuales lucen, muchas veces, obsolescencia seculares.

Como las relaciones entre derecho y narración son tan vastas los autores antes invocados han elegido algunas y desechado otras o han enfatizado los aspectos considerados más productivos. Repasemos someramente algunos casos.

2. Ronald Dworkin, por ejemplo, ha escrito un célebre ensayo que se titula, precisamente, "Como el derecho se parece a la literatura" (1997). "...Propongo pues -dice- que podemos mejorar nuestra comprensión del derecho si se compara la interpretación jurídica con la interpretación en otros campos del conocimiento, en particular en la literatura." (pag. 143) Sostiene la tesis de que los jueces actúan como narradores que tienen a su cargo producir un texto. Este, ya tiene un comienzo que otros jueces han escrito; al capítulo que a él le corresponda pro-

ducir, le seguirán otros capítulos, escritos, a su vez, por otros jueces. Su libertad creativa de intérprete, resulta así acotada, porque no puede ignorar el entretejido lógico-argumentativo que lo precede, ni dejar de hacerse cargo –al menos en algún sentido- del que lo sucederá. El deber del Juez será el de interpretar la historia que encuentra, que es dada a su intervención y no inventar(se) una historia mejor. Sin embargo –admite Dworkin- no hay fórmulas algorítmicas que permitan encontrar la solución adecuada. Ella estará orientada -según su conocido punto de vista- por la combinación de normas, principios y valores políticos que permitan la realización de ciertas finalidades sociales y no de otras. El derecho, entendido como una práctica interpretativa será, en opinión de nuestro autor, "... una cuestión profusa y profundamente política." En el ensayo de referencia destaca el isomorfismo existente entre la tarea del crítico literario y la del jurista. El primero, en cuanto intérprete, debe exhibir -sostiene- la lectura o clave o dirección que, de mejor manera, revele al texto como una verdadera obra de arte. Claro que la hemenéutica literaria no es tarea unívoca y que habrá muchas maneras posibles de llevarla a cabo. Sin embargo, ninguna de ellas podrá, al menos válidamente, adulterar la obra original. Hamlet podrá ser pensado como un esquizofrénico, o como un edípico, pero no como un personaje ligero o banal. El juez o el jurista que interpreta, también tiene la limitación de no adulterar el material que analiza: declaraciones de los testigos, confesiones de las partes, alegatos de los abogados, normas aplicables, dictámenes periciales. Por eso, sostiene: "... la opción respecto a cual de los varios y distintos sentidos posibles que pueden estar detrás de la intención del vocero o de la legislación es el correcto, no puede remitirse a la intención particular de nadie y debe ser decidida, por quienquiera que esté encargado, como un asunto de teoría política." (pag.169). Tanto en términos literarios como jurídicos, desecha las tesis intencionalistas (que procuran encontrar la intención del autor), para privilegiar visiones más estructurales o más holísticas. Afirma: "Y por supuesto, hoy por hoy, es una vieja verdad establecida en la sociología de la literatura, y no solo en la contribución marxista a esta disciplina, que el modo o la moda en el arte de la interpretación siempre ha sido muy sensible a, y expresa en sí misma, estructuras políticas y económicas más amplias."(pag.178)

Lo expuesto constituye una breve síntesis del ensayo aludido que, como toda la obra de su autor, es en extremo polémico. Existe una cuota estipulativa algo hipertrofiada en Dworkin; parte de peticiones que no siempre justifica y, claro está, de ese modo llega a conclusiones plausibles. Pero no es el objeto de este trabajo discutir con los autores traídos como ejemplo, sino mostrar esquemáticamente el enfoque que ellos brindan.

3. El crítico y filósofo inglés Terry Eagleton (1987), sin inmiscuirse en el tema del derecho, ha realizado un revelador análisis del proceso de evolución metódica de la crítica literaria, cuyos parentescos y similitudes con los criterios clásicos de la interpretación jurídica, resultan inmediatamente obvios. En un primer momento, sostiene, interpretar el sentido de una obra consistía en "descubrir" la intención del autor. Así, para entender las complejidades del alma de

Raskolnicoff y su acto criminal, era preciso bucear en las agonías existenciales del autor de "Crimen y castigo". O para entender si la sonrisa de "La Gioconda", era producto de su temperamento enigmático o de una tara congénita, resultaba necesario conocer la relación de la modelo con Leonardo y si acaso, este último, poseía un genio descriptivo o irónico. Después vino otro tiempo, en el que la obra de arte se independiza de su autor. Ya no importa la intención originaria. La obra adquiere sentido como unidad, como totalidad, como estructura. Es su equilibrio, la articulación de cada una de sus partes, la que la dota de significación. Es el tiempo del estructuralismo. Uno de sus más caracterizados representantes, Roland Barthes, decía que el autor había muerto, lo sobrevivía el escritor, el pintor, etc. Por último, se produce lo que Eagleton reconoce como la "rebelión del lector"; la obra está abierta a múltiples sentidos (U. Eco), los que en buena medida se constituyen a través de la "mirada" (lectura/interpretación) que sobre ella se despliega. Por eso, cuando leemos un libro más de una vez, mediando tiempo significativo entre un acto de lectura y otro, no conseguimos leer el mismo libro. Somos dos lectores distintos. También por eso, *"El nombre de la rosa"*, para volver a Eco, es un texto con muchas lecturas posibles y distintas: como novela histórica o filosófica o policial o religiosa.

¿No es posible encontrar en estos momentos de evolución de la crítica literaria, una franca correspondencia con el predominio de la exégesis, del método sistemático o de la interpretación creativa de los jueces (de H. Kelsen a J. Frank, de K. Larenz a F. Ost) respectivamente?

4. Marta Nussbaum, la notable filósofa norteamericana, en un bello libro que se denomina "Justicia Poética", (1997) propone que la imaginación literaria que exalta las emociones y los sentimientos debe impregnar, aunque no reemplazar, las reglas que rigen el razonamiento jurídico y moral. "...una ética de respeto imparcial por la dignidad humana no logrará -afirma- comprometer a seres humanos reales, a menos que éstos sean capaces de participar imaginativamente en la vida de otros, y de tener emociones relacionadas con esa participación. ...Aunque estas emociones tienen limitaciones y peligros, y aunque su función en el razonamiento ético se debe circunscribir cuidadosamente, también contienen una vigorosa aunque parcial visión de la justicia social y brindan poderosos motivos para la conducta justa." (Prefacio).

Un punto de vista similar expone el destacado epistemólogo y filósofo francés Edgar Morin. Poco antes de que estas páginas fueran escritas, Morin, de paso por Buenos Aires, fue reporteado por nuestro colega Claudio Martyniuk, para el Diario Clarín. Ante una pregunta acerca de si la ciencia era la única forma legítima de acceder al conocimiento, contestaba: "Me parece que la ciencia es un modo de conocimiento que tiene su valor, su modo de verificación y su búsqueda de objetividad, pero también sus limitaciones ... Las ciencias sociales no pueden revelar las vidas personales, los sujetos con su ambiente, sus pasiones, el odio, el amor. Pienso que si queremos comprender el mundo humano, la literatura es fundamental. A través de las novelas se pueden entender las distintas formas del amor y la ambición, su papel central en nuestra sociedad. La obra de Proust es un ejemplo de un modo de conocimiento más sutil. Y también la poesía, que nos hace comunicarnos con la cualidad poética de la vida. En mi concepto, la vida es una alternacia de prosa y poesía ... Pienso que no hay un solo conocimiento que no tenga valor. El que se verifica a través de las artes, de la literatura es un conocimiento más difícil, con más incertidumbres, pero concierne más fundamentalmente a las personas (Suplemento Zona 30/01/00)"

Según se verá, otros autores también comparten tal perspectiva epistémica.

5. Bert Van Roerdmund, en el trabajo mencionado más arriba explica que, cuando el relato se ocupa del derecho, muestra la imagen que la sociedad tiene de sí misma, como orden social más o menos justo. De este modo, lo narrativo determina (constituye) como imagen autoreferencial, una cierta forma de conocimiento.

Es este autor, quien con mejores recursos pone de manifiesto que la precedencia lógica del acontecimiento por sobre el relato no se altera o invierte sólo en la literatura. Ello también acontece en el derecho porque, en buena medida, el discurso del derecho, se organiza a través de múltiples relatos y, como se explica más adelante, ese género ha superado el recurso al uso del tiempo cronológico. El tiempo del relato es discontínuo y recursivo. En el próximo y final apartado, procuraré, desde mi propia perspectiva, pero sin renunciar a apoyarme en algunas ideas de Van Roerdmund, intentar una explicitación acerca del postulado isomorfismo entre la producción del discurso literario y la del discurso jurídico.

Las conclusiones, si resultaran acertadas, deberían generar efectos pertinentes en dos ámbitos especialmente importantes de la teoría. En primer término, en el que concierne a la base epistemológica que reclama el derecho complejo de las sociedades actuales y, en segundo término, en el de la problemática de la interpretación, en la que siempre se privilegia solo alguna o algunas de sus múltiples dimensiones cognitivas.

6. En la trama del derecho existen, entonces, múltiples relatos, algunos más escondidos que otros, que los operadores jurídicos – en especial los jueces – deben desentrañar y, para ello, comprender. Pero, he aquí el problema y el desafío. La comprensión (verstehen) constituye una de las tradiciones epistémicas más relevantes en relación con las ciencias humanas y sociales, desarrolladas desde mediados del siglo XIX, hasta el presente. Una tradición que evoluciona y se transforma permanentemente y que contiene en su seno autores tan significativos como Dilthey, Weber, Schutz, Winch, Gadamer, Davison, Ricoeur y otros. Todos ellos, ofrecen perspectivas de análisis interesantes y al propio tiempo, disímiles.

Para Dilthey, comprender implicaba ponerse en el lugar de otro, recrear el clima de época y el contexto de la acción estudiada. Alcanzar así un estado de "empatía" entre el investigador y lo investigado. Para Weber era preciso alcanzar un mayor grado de objetivación. Proponía la creación de arquetipos o "tipos ideales" de conducta, para compararlos con las conductas reales y poder comprender éstas, en su distancia o desviación respecto del modelo. Schutz, introdujo la fenomenología de Husserl, haciendo hincapié en el proceso de socialización que hace de cada individuo un sujeto semejante a su grupo de pertenencia y con ello, inteligible su conducta para el grupo. Winch, aporta el giro lingüístico, postulando que la conducta social es aprehensible a partir de los procesos de socialización lingüística. Trae, así, al campo de las ciencias sociales, la filosofía del segundo Wittgenstein. Gadamer funda el proceso comprensivo en la hermenéutica, describiendo la tensa y conflictuante relación entre texto y lector, superada en la síntesis interpretativa. Basten estos ejemplos, no exhaustivos, para exhibir la riqueza y complejidad del proceso que apuramos bajo la idea de comprensión. Todos estos puntos de vista, agregan algo para la comprensión de la "comprensión". Habría que sumar aun a este campo de complejidad y riqueza conceptual, los aportes de la semiología, la teoría del discurso y el psicoanálisis. Con todo ello, tomar razón de la variedad y profundidad de las transformaciones que organizan los horizontes de sentido de la postmodernidad o, dicho de otro modo, la heterogeneidad caleidoscópica que constituye el universo de nuestras representaciones, en tanto seres humanos situados aquí y ahora.

Los fenómenos se han tornado más complejos y los instrumentos para explicarlos y comprenderlos no pueden sino acompañar esa complejidad. Los juristas – tanto como el resto de los cientistas sociales – no deberían seguir conociendo con las mismas categorías de las que se valían veinte o treinta años atrás (siendo que a menudo lo intentan con las de hace siglos).

Detengámonos en la materia narrativa. Si fuera cierto, como se afirmó más arriba, que en la trama del derecho (del proceso, por ejemplo) existen múltiples relatos (el de las normas, el de los acontecimientos descriptos por las partes o los testigos, el de los peritos, los abogados, los doctrinarios o los jueces.) debemos contar, entonces, con recursos conceptuales (teóricos) que nos permitan entenderlos, descifrarlos, tornarlos consistentes, según la perspectiva en la que estemos ubicados en el juego (el juego del proceso), en cada caso concreto. La teoría literaria enseña que la narrativa moderna rompe con la linealidad histórica, reorganizando el tiempo de manera fragmentaria, discontinua y recursiva. En el proceso judicial pasa otro tanto, el tiempo va y vuelve. Cada "hablante" organiza el tiempo de su relato según su propia disposición, de atrás hacia delante, del medio hacia el final, para volver al principio. Es solo la conclusión de su discurso la que atribuye sentido definido a la secuencialidad elegida. El intérprete tiene que tener la posibilidad de "comprender" y atribuir sentido a la heterogeneidad temporal de los relatos a riesgo, en caso contrario, de que resulten para él, inextricables o patológicos.

La literatura moderna rompe también con el representacionalismo como modo (excluyente) de conocer. Durante mucho tiempo se pensó que acceder a lo real implicaba representarlo, como *proyección* hacia el mundo interior y como *reflejo* hacia el mundo exterior. La epistemología de las ciencias sociales piensa hoy a la representación, sólo como momento de un proceso cognitivo más complejo. Alfred Schutz, (1993) sostendría que lo real puede aprehenderse solo como representación (abstracción) de la suma total de perspectivas desde las cuales lo real es observado. Dicho de otro modo, ninguna "mirada" unilateralmente considerada, puede dar cuenta de toda la realidad. La realidad se constituye socialmente, como suma y articulación del conjunto de "miradas" posibles. En ese respecto, la literatura pone de manifiesto de manera ejemplar, como la trama se despliega siempre desde algún lugar, desde algún punto de vista. Y tanto la semiología, cuanto el psicoanálisis, advierten que aquella contiene múltiples sentidos, que se enhebran y articulan según puntuaciones que se producen desde una hermenéutica constitutiva. Esto es, desde una interpretación que ordena las secuencias de los significantes y los significados, para elegir algunos de los múltiples sentidos implicados en la trama. La trama de la novela, de la crónica o del proceso.

Un ejemplo puede ayudar a entender lo que a primera vista parece algo engorroso. La oración: i) 'se casaron y tuvieron hijos´, es bien distinta de la oración: ii) ´tuvieron hijos y se casaron´. Entre i) y ii) no median solo secuencias temporales diferentes, median connotaciones morales y jurídicas bien distintas. Las concepciones generales vigentes, las ideologías, los valores, determinan las interconexiones significativas de los textos y de los relatos y tales concepciones generales son las que se dinamizan a través de la actividad del intérprete, que en ningún caso es solipsística, sino social. No hay un intérprete, sino multiplicidad de intérpretes. Porque su interpretación es social, el intérprete es un sujeto sujetado. Tiene libertad, pero también límites. El relato sobre un hecho acaecido resulta de un material disperso, desordenado y caótico. Quien ordena ese material (novelista, cronista, jurista) selecciona, ordena, desecha, omite (y agrega). La plausibilidad fáctica de los acontecimientos descriptos, depende en gran medida de la coherencia narrativa. Pero no solo de su coherencia interna, sino también de su coherencia con los otros relatos (representaciones, ideologías, valoraciones, precedentes) que circulan en el espacio público de la comunicación.

He aquí algunas relaciones significativas, algunos "descubrimientos" temporales o cognitivos, que alcanzamos cuando abrimos nuestra reflexión "idiosincrática" de juristas, hacia otras reflexiones disciplinarias y nos permitimos romper nuestro aislamiento autológico. En los párrafos precedentes hemos procurado plantear problemas y no ofrecer soluciones; lo que podría no ser poco si fuera cierto, como dice Popper, que el conocimiento siempre comienza por un problema.

Baste destacar, para finalizar, dos de las conclusiones que recorren estas páginas: i) entender desde una matriz problemática, el modo en que los discursos sociales producen sentido, es un modo de entender como (re)producen "sociedad", es decir, consenso, legitimidad, poder, ideología, (Conf. Teun van Dijk, 1999); y ii) la semiología y la teoría del discurso, pueden ser de sustancial ayuda para la investigación teórica en el campo del derecho, a condición de renunciar a las tradicionales visiones reductivistas, que lo conciben como pura esencia o como pura normatividad, para comenzar a comprenderlo en su dimensión social y en su complejidad estructural.

Buenos Aires, abril de 2000.

Referencias bibliográficas

DIJK, Teun Van. *Ideología.* Barcelona: Ed. Gedisa, 1999.

DWORKIN, Ronald. Como el derecho se parece a la literatura. In: *La decisión judicial.* Bogotá: Siglo del Hombre Editores, 1997.

EAGLETON, Terry. La Rebelión del Lector. In: *Revista Punto de Vista.* Buenos Aires, Octubre 1985, N° 24.

NUSSBAUM, Marta. *Justicia Poética.* Sgo de Chile: Ed. Andrés Bello, 1997.

SCHUTZ, Alfred *La construcción significativa del mundo social.* Madrid / Buenos Aires: Paidos, 1993.

VAN ROERDMUND, Bert. *Derecho, relato y realidad.* Madrid: Ed. Tecnos, 1997.

— 2 —

Ronald Dworkin: de que maneira o direito se assemelha à literatura?[1]

MARCELO ANDRADE CATTONI DE OLIVEIRA[2]

Segundo Ronald Dworkin, há uma *única resposta correta* para os *casos difíceis,* e não apenas respostas *diferentes* (Dworkin, 1999; 2000). *Casos difíceis* são, na discussão anglo-americana, situações de aplicação em que não haveria uma regra específica ou clara a reger, em princípio, um caso concreto submetido à apreciação judicial (Dworkin, 2000, p. 175 *et seq.*).

A tese da única resposta correta é inovadora e foi apresentada pela primeira vez nos anos 1970 (DWORKIN, 1978), tendo sido desenvolvida posteriormente (Dworkin 1999; 2000). Fundamentalmente, a tese da única resposta correta não trata de afirmar que, semanticamente, qualquer juiz chegaria a uma mesma resposta, nem mesmo a exigência para se chegar, ainda que aproximadamente, a uma solução ideal.

A tese da única resposta correta é, sobretudo, uma questão de postura ou atitude, definidas como *interpretativas* e *auto-reflexivas*, *críticas*, *construtivas* e *fraternas* em face do *Direito como integridade*, dos direitos individuais compreendidos como trunfos na discussão política e do exercício da jurisdição por esse exigida; uma questão que, para Dworkin, não é *metafísica,* mas *moral* e *jurídica.*

Dworkin, assim, contrapõe-se primeiramente à tradição positivista, segundo a qual, em face de *casos difíceis* só haveria como tomar decisões diversas, cabendo ao juiz escolher discricionariamente aquela a ser tomada. Mas Dworkin, também, contrapõe-se à tradição realista, que advoga uma teoria do direito *sem direitos*, segundo a qual as decisões em nada se ligariam ao passado de uma co-

[1] Dedico este artigo à minha mãe, Juliana Monteiro de Andrade, e aos professores Vera Karam de Chiueri, Cíntia Garabini Lages e Flávio Barbosa Quinaud Pedron, pela interlocução atenta e amiga sobre arte, direito e literatura: sobre a vida. Agradeço a Henriete Karam pela riqueza dos comentários apresentados ao texto; e recebo-os como a quem lhe foram luminosamente abertos caminhos para a possibilidade de renovadas reflexões sobre "Direito e Literatura".

[2] Doutor em Direito Constitucional (UFMG). Professor do Programa de Pós-Graduação em Direito da Pontifícia Universidade Católica de Minas Gerais (PUC/MG). Professor da Faculdade de Direito da Universidade Federal de Minas Gerais (UFMG).

munidade jurídica, mas tão-somente a um futuro a ser projetado politicamente a cada nova decisão passível apenas de legitimação *a posteriori*.

A tese da única resposta correta pressupõe, indissociavelmente, uma reconstrução acerca do que é Direito moderno de uma sociedade democrática compreendida como *comunidade de princípios*: o Direito não se reduz a um conjunto de regras convencionalmente estabelecidas no passado, nem se dissolve em diretrizes políticas a serem legitimadas em razão de sua eficácia ótima. E também como interpretar o Direito: para além do dilema entre descobrir ou inventar uma decisão, a tese segundo a qual o raciocínio jurídico é um exercício de *interpretação construtiva*, de que o Direito constitui a melhor justificação do conjunto das práticas jurídicas, a narrativa que faz de tais práticas as melhores possíveis. A tese da única resposta correta pressupõe, portanto, uma ruptura tanto com o paradigma positivista de ciência e teoria do Direito, quanto uma ruptura com o próprio paradigma positivista do Direito, que se esgotaram.

Dworkin parte, de início, como fio condutor para sua exposição, de uma crítica à versão apresentada por Herbert Hart do positivismo jurídico, crítica essa que se sofisticou ao longo dos anos.

Segundo Hart (1961), o Direito é uma união de regras primárias e secundárias que se diferenciam das demais regras sociais com base num critério último de validade, *a regra de reconhecimento*, convencionalmente pressuposta por uma comunidade jurídica específica (Lages, 2004, p. 484). Para Hart, o Direito possui uma linguagem própria inscrita nas práticas sociais e que, como toda linguagem, possui regras sobre o uso e a significação dos seus termos. Todavia, como toda linguagem, a linguagem jurídica não é capaz de prever e, portanto, de regular, todas as possibilidades do seu uso. A linguagem jurídica, como a linguagem ordinária, possui uma *textura aberta*. Na hipótese de não haver uma regra que preveja o tratamento a ser dado a um caso concreto objeto de apreciação judicial, entre assumir uma atitude formalista e uma atitude cética em relação ao Direito deve-se reconhecer ao juiz, em tais casos, o poder discricionário de escolher indiferentemente, entre possíveis decisões, a decisão a ser tomada. Assim, a argumentação judicial se daria como se uma das partes envolvidas tivesse ou não o direito de vencer a controvérsia, mas, na verdade, o juiz criaria uma solução, apenas limitado pelo já convencionado no passado, legal ou jurisprudencialmente, e a aplicaria retroativamente ao caso.

A tese da discricionariedade judicial é correlata à compreensão de que o Direito é um conjunto de regras, estabelecidas no passado, por convenções explícitas ou não, e que seriam co-extensivas ao Direito. E pressupõe, pois, uma compreensão de como se deve entender e conhecer o próprio Direito.

Assim, o dualismo metodológico entre uma perspectiva interna e uma perspectiva externa de análise do Direito, a partir do qual Hart considera possível compreender as práticas jurídicas de uma sociedade, bem como o fundamento dos direitos e das obrigações jurídicas por ela aceito – por exemplo, a importante distinção, só acessível internamente, entre "ser obrigado" (*being obliged*) e "ter uma obrigação" (*having an obligation*) – sem, contudo, assumir a perspectiva polêmica dos envolvidos em tais práticas, não seria capaz para Dworkin de compreender adequadamente o que essas práticas significam para os próprios implicados.

A compreensão paradigmática de ciência e de filosofia do Direito própria do positivismo jurídico, em que objetividade é sinônimo de neutralidade e de distanciamento, seria para Dworkin um entrave não somente para se tomar a sério elementos específicos dos casos concretos, as pretensões jurídicas concretamente articuladas. Seria também um entrave para reconhecer outros *standards* normativos, os *princípios* e as *diretrizes políticas* (*policies*), *para além* das regras jurídicas (normas explícitas ou implicitamente convencionadas no passado) cujo sentido, inclusive, só pode ser adequadamente justificado à luz desses princípios subjacentes à prática jurídica e que, em relação de prevalência e de prioridade em face das diretrizes políticas adotadas ao longo do tempo, constituem o projeto de construção de uma comunidade fraterna, de cidadãos livres e iguais.

Só aquele que se coloca na perspectiva dos participantes envolvidos em questões jurídicas é capaz de adotar a postura hermenêutica adequada a compreender tais questões.

Não há como compreender sem se comprometer criticamente com uma prática jurídica que diz respeito a todos os que vivem sob o *império do Direito*.

E, por mais que o positivismo jurídico não queira apresentar-se como uma teoria normativa, a oferecer uma justificação interpretativa, não há como sustentar tal pretensão de neutralidade, pois toda descrição nunca é mera descrição, implica uma tomada de posição no mundo, em face do que pretende descrever. Por isso Dworkin afirma que, na tradição anglo-americana, a teoria dominante sobre o que seja o Direito (o positivismo) e a teoria dominante sobre o que o Direito deve ser (o utilitarismo), ambas tributárias, por exemplo, de um autor como Bentham, são faces de uma mesma moeda.

Para apresentar a tese da única resposta correta, Dworkin cria inicialmente um juiz imaginário, o juiz Hércules, dotado de capacidade e sensibilidade sobrehumanas de resgatar principiologicamente toda a história institucional do Direito, considerando adequadamente as pretensões jurídicas levantadas nos casos concretos que lhe são submetidos à apreciação.

A figura do juiz Hércules e a própria tese que ela ilustra deram motivo a muitas controvérsias, em razão da incompreensão de muitos autores do que tal figura metaforicamente representa. É famosa a crítica daqueles que, como Michelman (1986, p. 76), apontaram um suposto isolamento de Hércules e uma presumida desconsideração, por Dworkin, do caráter coletivo e dialógico das construções jurisprudenciais.

Já na década de 1980, Dworkin irá sofisticar a perspectiva de exposição da tese da única resposta correta. E, para isso, irá lançar mão, não apenas da figura de Hércules, mas agora da chamada metáfora do *romance em cadeia* (*chain novel*). A metáfora do *romance em cadeia* ilustra exatamente todo um processo de aprendizado social subjacente ao Direito compreendido como prática social interpretativa e argumentativa, um processo capaz de corrigir a si mesmo e que se dá ao longo de uma história institucional, reconstruída de forma reflexiva à luz dos princípios jurídicos de moralidade política, que dão sentido a essa história.

Fica cada vez mais claro, assim, a partir desse período, que para Dworkin a tese da única resposta correta deve ser compreendida de modo adequado e plausível do ponto de vista interpretativo-construtivo do *Direito como integridade*. Nesse sentido, nas palavras de Vera Karam de Chueiri:

> A resposta certa não é algo dado, mas construído argumentativamente. A sua elaboração sugere a analogia da prática jurídica com o exercício literário, consubstanciando a idéia da *chain of law*, a qual constituir-se-á no *turning point* para a consideração do direito como um conceito interpretativo. (CHUEIRI, 1995, p. 68).

Esse momento decisivo de construção para a concepção dworkiana do *Direito como integridade* é representado pelo artigo publicado originalmente em setembro de 1982, em *Critical inquiry*, e reeditado em 1985, como capítulo 6, da obra *Uma questão de princípio* (Dworkin, 2000, p. 217 *et seq.*). Nesse capítulo, intitulado "De que maneira o Direito se assemelha à literatura", Dworkin irá sustentar a tese de que a prática jurídica é "um exercício de interpretação, não apenas quando juristas interpretam documentos ou leis específicas, mas de modo geral" (Dworkin, 2000, p. 217). Para ele, "o Direito, assim concebido, é profunda e inteiramente político" (Dworkin, 2000, p. 217). Mas se o Direito, por ser uma prática interpretativa, é assim político, não o é em termos pessoais ou partidários, e uma crítica do Direito que não compreenda adequadamente esse seu caráter político e não o diferencie de preferências políticas pessoais apresentará uma compreensão pobre e uma orientação mais pobre ainda (Dworkin, 2000, p. 217). Duas propostas de Dworkin nortearão toda a sua exposição. A primeira é que "poderemos melhorar nossa compreensão do Direito comparando a interpretação jurídica com a interpretação em outros campos do conhecimento, especialmente a literatura" (Dworkin, 2000, p. 217). E a segunda é que o Direito, adequadamente compreendido, "propiciará um entendimento melhor do que é a interpretação em geral" (Dworkin, 2000, p. 217).

Assim, segundo Dworkin (2000, p. 217), o problema central para a *jurisprudência analítica* é o de como compreender o sentido atribuído às proposições jurídicas, ou seja, aos "vários enunciados formulados por juristas ao descrever o que é o Direito com relação a uma certa questão" (Dworkin, 2001, p. 217). Mas, afinal, de que tratam esses enunciados? Quais seriam os critérios com base nos quais se poderia afirmar que um enunciado é verdadeiro ou falso? (Dworkin, 2000, p. 218). Segundo Dworkin (2000, p. 218), os positivistas acreditam que uma proposição jurídica somente poderia ser considerada verdadeira se fosse fruto de um evento legislativo, pois o Direito seria aquilo previsto pelas convenções jurídicas no passado. Por exemplo: "Se o legislativo de Illinois aprova as palavras 'Nenhum testamento será válido sem três testemunhas', a proposição de Direito, de que um testamento de Illinois precisa de três testemunhas, parece ser verdadeira apenas devido a esse evento histórico" (Dworkin, 2000, p. 218).

Entretanto, embora essa afirmação possa em princípio funcionar razoavelmente bem em casos mais simples, esse tipo de análise falha em casos mais difíceis, o que também não quer dizer, mesmo no caso dos testamentos, que a interpretação dos positivistas seja válida. Para ilustrar os problemas que podem surgir nos chamados *casos difíceis*, Dworkin se refere hipoteticamente a uma proposição jurídica que afirma ser constitucional uma determinada ação afirmativa cuja constitucionalidade ainda não tenha sido examinada pelos tribunais (Dworkin, 2000, p. 218). Segundo ele:

> Se isso é verdade, não pode ser por causa do texto da Constituição nem de decisões anteriores dos tribunais, porque juristas razoáveis, que sabem exatamente o que diz a Constituição e o que fizeram os tribunais, ainda assim podem discordar quanto a ser ou não verdade. (Dworkin, 2000, p. 218).

Essa proposição, por exemplo, poderia ser considerada verdadeira, segundo duas possibilidades (Dworkin, 2000, p. 219). Primeiro, supondo-se que o enunciado da ação afirmativa não apresenta uma proposição descritiva, mas expressa o que o falante prefere em termos de uma política pessoal; ou, segundo, que os enunciados controvertidos são tentativas de descrever um direito objetivo (ou até mesmo natural), de modo a se ligar a uma verdade moral também objetiva, em vez de histórica. Todavia, para Dworkin (2000, p. 219), nenhuma dessas possibilidades seria plausível, pois afirmar que uma ação afirmativa, mesmo não julgada pelos tribunais, seria constitucional continuaria sendo uma afirmação que pretende descrever o Direito "como ele é", não como deveria ser, de acordo com uma dada teoria moral. Para Dworkin, há, todavia, uma alternativa melhor:

> As proposições de Direito não são meras descrições da história jurídica, de maneira inequívoca, nem são simples valorativas, em algum sentido dissociadas da história jurídica. São interpretativas da história jurídica, que combina elementos tanto da descrição quando da valoração, sendo porém diferente de ambas. (Dworkin, 2000, p. 219).

Essa alternativa, segundo Dworkin (2000, p. 219), poderá parecer adequada, ao menos num primeiro momento, para vários juristas e filósofos do Direito. Muitos destes costumam dizer que "o Direito é uma questão de interpretação", mas a partir de uma concepção de interpretação muito diferente da apresentada por Dworkin. Para esses juristas, "quando uma lei (ou a Constituição) é obscura em algum ponto, porque algum termo crucial é impreciso ou uma sentença é ambígua, os juristas dizem que a lei deve ser interpretada, e aplicam o que chamam 'técnicas de interpretação da lei'" (Dworkin, 2000, p. 219). Assim, esses juristas compreendem a interpretação como técnica de análise jurídica. Segundo Dworkin (2000, p. 219), a maioria deles presume que a interpretação consistiria, assim, em descobrir a intenção ou a vontade dos legisladores ao terem usado as palavras que usaram, concepção essa que também não é estranha ao *common law*

(Dworkin, 2000, p. 220). Muitos reconhecem, entretanto, que nem sempre seria possível alcançar essa intenção. E é, inclusive, por isso que outros juristas (os realistas) adotariam uma atitude mais cética, ao afirmarem que, quando alguém se refere a uma pretensa intenção ou vontade, isso é "apenas uma cortina de fumaça atrás da qual eles impõem sua própria visão acerca do que a lei deveria ter sido" (Dworkin, 2000, p. 220).

"Contudo", segundo Dworkin (2000, p. 220), "a idéia da interpretação não pode servir como descrição geral da natureza ou veracidade das proposições de Direito, a menos que seja separada dessas associações com o significado ou intenção do falante". Não se trata, aqui, de mais uma vez apresentar o que simplesmente seria uma nova versão da concepção positivista, segundo a qual as proposições jurídicas seriam descrições de decisões tomadas no passado. "Se a interpretação deve formar a base de uma teoria diferente e mais plausível a respeito de proposições de Direito, devemos desenvolver uma descrição mais abrangente do que é interpretação" (Dworkin, 2000, p. 220). Mas isso significa, segundo Dworkin (2000, p. 220), que os juristas não devem tratar a interpretação jurídica como uma atividade especial. "Devemos estudar a interpretação como uma atividade geral, como um modo de conhecimento, atentando para outros contextos dessa atividade" (Dworkin, 2000, p. 220)

Nesse sentido, Dworkin considera que seria *bom* se os juristas estudassem a interpretação literária e outras formas de interpretação artística (Dworkin, 2000, p. 221). E exatamente em razão dos debates e das divisões profundas entre os críticos literários e artísticos acerca do que seja interpretação. "Nem todas as discussões na crítica literária são edificantes ou mesmo compreensíveis", afirma Dworkin (2000, p. 221), "mas na literatura foram defendidas muito mais teorias da interpretação que no Direito, inclusive teorias que contestam a distinção categórica entre descrição e valoração, que debilitou a teoria jurídica".

Segundo Dworkin (2000, p. 221), para que possamos nos beneficiar de uma comparação entre a interpretação literária e a jurídica, é preciso ver a primeira numa determinada perspectiva. Assim, o que interessa a ele não é tanto o que os estudiosos de literatura chamam de descobrir o sentido de um texto, perguntando-se sobre o que um autor quis ou não dizer com o uso de determinada palavra ou expressão, mas as teses que apresentem algum tipo de interpretação do sentido de uma obra como um todo (Dworkin, 2000, p. 221). Essas teses podem às vezes assumir a forma de afirmações sobre os personagens e sobre eventos na *estória por detrás da estória*. Ou, mais comumente, oferecem hipóteses mais diretas sobre o objeto, o tema, o sentido ou tom do texto como um todo (Dworkin, 2000, p. 221-222). Dworkin, aqui, refere-se a possíveis interpretações do *Hamlet*, de Shakespeare (Dworkin, 2000, p. 221-222). Essas afirmações interpretativas, segundo Dworkin, podem ter um propósito prático: servir, por exemplo, a um diretor que esteja remontando uma nova encenação de uma peça. Ou podem ter uma importância mais geral, servindo para se compreender melhor de partes importantes de nosso ambiente cultural (Dworkin, 2000, p. 222). Embora possa surgir aqui uma dificuldade quanto ao sentido pretendido pelo falante a essa ou aquela palavra ou expressão, tais afirmações interpretativas dizem respeito ao objeto ou sentido da obra como um todo, não ao sentido de uma expressão em particular (Dworkin, 2000, p. 222).

Segundo Dworkin, os críticos divergem sobre o modo de responder a questões como essas. O que interessa a ele não é tanto tomar partido nessa discussão, mas tentar absorver as discordâncias numa descrição suficientemente geral daquilo sobre o que discordam. A proposta de Dworkin, a sua *hipótese estética*, que, segundo ele, poderia até parecer "banal", é a seguinte:

> A interpretação de uma obra literária tenta mostrar que maneira de ler (ou de falar, dirigir ou representar) o texto revela-o como a melhor obra de arte. Diferentes teorias ou escolas de interpretação discordam quanto a essa hipótese, pois pressupõem teorias normativas significativamente diferentes sobre o que é literatura, para que serve e o que faz uma obra de literatura ser melhor que outra. (Dworkin, 2000, p. 222).

Essa afirmação pode não encontrar aceitação entre muitos estudiosos, para quem Dworkin estaria confundindo interpretação e crítica literária ou porque, de toda forma, seria relativista e, assim, um exemplo de ceticismo que nega qualquer possibilidade de interpretação (Dworkin, 2000, p. 222). Esclarece Dworkin que sua hipótese estética poderia parecer a muitos como apenas mais uma formulação, muito em voga, segundo a qual "a interpretação cria uma obra de arte e representa apenas a sanção de uma certa comunidade de críticos; existem somente interpretações e nenhuma interpretação melhor de qualquer poema, romance ou peça" (Dworkin, 2000, p. 222).

Frente aos céticos, a hipótese estética de Dworkin não é descabida, fraca ou relativista como pode parecer inicialmente (Dworkin, 2000, p. 222):

> A interpretação de um texto tenta mostrá-*lo* como a melhor obra de arte que *ele* pode ser, e o pronome acentua a diferença entre explicar uma obra e transformá-la em outra. Talvez Shakespeare pudesse ter escrito uma peça melhor com base nas fontes que utilizou para *Hamlet* e, nessa peça melhor, o herói teria sido um homem de ação mais vigoroso. Não decorre daí, porém, que *Hamlet*, a peça que ele escreveu, seja realmente como essa outra peça. Naturalmente, uma teoria da interpretação deve conter uma subteoria sobre a identidade de uma obra de arte para ser capaz de distinguir entre interpretar e modificar uma obra (Qualquer teoria útil da identidade será controvertida, de modo que esse é um caso evidente no qual as discordâncias na interpretação dependerão de discordâncias gerais quanto à teoria estética). (Dworkin, 2000, p. 223).

Em busca de estabelecer uma restrição, algumas teorias contemporâneas de interpretação farão uso de um *texto canônico*: em nome da identidade do texto, todas as palavras devem ser consideradas e nenhuma substituição pode ser realizada, a fim de tornar *o texto* uma obra de arte melhor (Dworkin, 2000, p. 223). Mas uma estória pode manter-se a mesma, ainda que se troquem as palavras no momento de contá-la, como é o caso de uma piada, que pode ser contada de diferentes formas, nenhuma delas *canônica*. Portanto, "o estilo de interpretação de qualquer crítico será sensível às suas convicções teóricas acerca da natureza de um texto canônico e das evidências que o corroboram" (Dworkin, 2000, p. 223). Também, para Dworkin:

> Um estilo interpretativo também será sensível às opiniões do intérprete a respeito da coerência ou da integridade na arte. Uma interpretação não pode tornar uma obra de arte superior se trata grande parte do texto como irrelevante, ou boa parte dos incidentes como acidentes, ou boa parte do tropo ou estilo como desarticulado e respondendo apenas a padrões autônomos das belas-artes. (Dworkin, 2000, p. 223).

O que significa dizer que *não* decorre da hipótese estética que, como um romance filosófico seria esteticamente mais valioso do que uma estória de mistério, um romance de Agatha Christie seja na verdade um tratado sobre o significado da morte, por exemplo. Essa interpretação de Agatha Christie poderia fazer, de um bom texto de mistério, um pobre tratado de filosofia, numa interpretação desastrosa (Dworkin, 2000, p. 224).

Todavia, segundo Dworkin (2000, p. 224), muitos críticos poderão divergir quanto ao que considerar como *integridade*, qual tipo de unidade seria ou não relevante. Buscando responder a isso, diversas escolas de interpretação surgirão ou desaparecerão. Entretanto, as principais diferenças entre as escolas de interpretação são menos sutis, porque não tocam nesses aspectos quase formais da arte, mas "na função e no propósito da arte amplamente concebidos" (Dworkin, 2000, p. 225).

As teorias da arte "não existem isoladamente da filosofia, da psicologia, da sociologia e da cosmologia" (Dworkin, 2000, p. 225). Mas isso não quer dizer que a hipótese estética de Dworkin presume que todos os que interpretam a literatura tenham uma teoria estética plenamente desenvolvida e consciente ou devam assumir ou defender essa ou aquela escola de interpretação (Dworkin, 2000, p. 225):

> Na minha opinião, os melhores críticos negam que a literatura tenha uma única função ou propósito. Um romance ou peça podem ser valiosos em inúmeros sentidos, alguns dos quais descobrimos lendo, olhando ou escutando, não mediante uma reflexão abstrata de como deve ser e para que deve servir a boa arte. (Dworkin, 2000, p. 225).

Por outro lado, qualquer um que interpreta uma obra de arte se vale de certas convicções de caráter teórico sobre identidade e outras propriedades da arte, como também de opiniões explicitamente normativas sobre o que é bom artisticamente. "Ambos os tipos de convicções figuram no julgamento de que uma certa maneira de ler um texto torna-o melhor do que outra" (Dworkin, 2000, p. 226). Essas convicções podem ser inarticuladas ou tácitas, mas nem por isso menos genuínas.

Todavia, nada do que Dworkin afirmou poderia ainda tocar a objeção maior que ele já previra, a de que a sua hipótese estética seria trivial (Dworkin, 2000, p. 226). Diferentes teorias da arte seriam geradas por diferentes teorias da interpretação. Em outras palavras:

> Como as opiniões das pessoas sobre o que constitui a boa arte são inerentemente subjetivas, a hipótese estética abandona a esperança de resgatar a objetividade na interpretação, exceto, talvez, entre os que sustentam a mesma teoria da arte, o que não é muito útil. (Dworkin, 2000, p. 227).

Para Dworkin (2000, p. 227), não haveria dúvida de que a hipótese estética é "banal", no sentido de que ela tem de ser abstrata para oferecer uma descrição daquilo sobre o que uma ampla variedade de teorias discorda. Mas isso talvez não a torne assim tão fraca. A conseqüência é que as teorias acadêmicas de interpretação deixam de ser compreendidas como análises da própria idéia de interpretação e passam a ser vistas como candidatas à melhor resposta para a questão substantiva colocada pela interpretação. "A interpretação torna-se um conceito de quais teorias diferentes são concepções rivais" (Dworkin, 2000, p. 227). No mais, "a hipótese nega as profundas distinções que alguns estudiosos cultivam", a diferença entre interpretação como descrição do "real significado da arte" e crítica como avaliação do seu sucesso ou importância:

> Não há mais uma distinção categórica entre a interpretação, concebida como algo que revela o real significado de uma obra de arte, e a crítica, concebida como avaliação de seu sucesso ou importância. Ainda resta uma distinção, pois sempre existe uma diferença entre dizer quão boa pode se tornar uma obra e dizer quão boa ela é. Mas convicções valorativas sobre a arte figuram em ambos os julgamentos. (Dworkin, 2000, p. 227).

Nesse ponto de suas reflexões, Dworkin passa a enfrentar o problema da objetividade que, segundo ele, é coisa diferente. Para Dworkin (2000, p. 227), permanece sem resposta "a questão de se é acertado considerar os principais juízos que fazemos sobre arte como verdadeiros ou falsos, válidos ou inválidos". A questão da objetividade não concerne apenas a uma teoria estética, é tema de debates mais gerais na ética e na filosofia da linguagem. Dworkin (2000, p. 227) assume que não é possível "demonstrar" se uma afirmação estética é verdadeira ou falsa: "Não se pode oferecer nenhum argumento a favor de alguma interpretação que seja, com certeza, do agrado de todos, ou pelo menos de todos com experiência e formação naquela forma de arte" (Dworkin, 2000, p. 228). E se a demonstrabilidade desses juízos é condição para o que alguns críticos consideram como objetividade, então se podem tomar os juízos estéticos como subjetivos. Todavia, isso não significa que não se possa considerar uma teoria normativa sobre a arte como melhor que outra, ou que não seja possível produzir uma teoria melhor do que as pensadas até hoje. Assim, Dworkin (2000, p. 228) rejeita a posição de Hirsch, segundo a qual somente se poderia a partir da teoria que apresenta tornar objetiva a interpretação e válidas as interpretações particulares. Isso, na visão de Dworkin, seria um equívoco:

> A interpretação é um empreendimento, uma instituição pública, e é errado supor, *a priori*, que as proposições centrais a qualquer empreendimento público devam ser passíveis de validação. Também é errado estabelecer muitos pressupostos a respeito de como deve ser a validade em tais empreendimentos – se a validade requer a possibilidade de demonstrabilidade, por exemplo. (Dworkin, 2000, p. 228).

O que se deve fazer é estudar uma série de atividades em que pessoas acreditam ter boas razões para afirmarem algo considerado válido, e não partir de um ponto de vista individual. Segundo Dworkin (2000, p. 228), "podemos, então, julgar os padrões que as pessoas aceitam, na prática, para pensar que têm razões desse tipo".

A questão da "reversibilidade" – uma teoria da arte dependeria de uma teoria da interpretação e vice-versa – tampouco seria um argumento contra a hipótese estética (Dworkin, 2000, p. 228):

> Meu objetivo é exatamente demonstrar que a ligação é recíproca, de modo que qualquer um chamado a defender uma abordagem particular de interpretação seria forçado a valer-se de aspectos mais gerais de uma teoria da arte, quer ele o percebesse, quer não. (Dworkin, 2000, p. 229).

E o argumento cético de que a "interpretação cria o texto", então, fracassa, pois o que pode ser considerado como obra de arte deve harmonizar-se com o que se considera como ato de interpretação de uma obra de arte, assim como um objeto físico deve adequar-se a uma teoria do conhecimento apenas se o inverso também for válido (Dworkin, 2000, p. 229).

Para Dworkin (2001, p. 229), o principal teste para a hipótese estética estaria no seu poder explicativo e, especialmente, no seu poder crítico. Isso porque as teorias estéticas não podem ser vistas como análises independentes do que significa interpretar algo. Elas tomam por base teorias normativas sobre a arte, de modo que também são vulneráveis às críticas que podem ser formuladas contra a teoria normativa em que se baseiam.

Algumas dessas teorias pressupõem que o valioso numa obra de arte é determinado pela intenção do autor. E, assim, que a arte deve ser compreendida como uma comunicação do tipo *falante/público*. Para os *intencionalistas*, uma teoria da interpretação não seria uma descrição do que é valioso numa obra, mas do que ela significa. E, para se descrever a significação de uma obra de arte, deve-se considerar, em sentido estrito e restrito, as intenções do autor. Por isso, uma teoria intencionalista acredita ser uma melhor teoria da interpretação e não uma hipótese estética. Isso porque essa teoria não se preocuparia em oferecer a melhor interpretação de uma obra, mas uma interpretação que possa ser considerada objetiva.

Todavia, a teoria intencionalista não se pode furtar a dois questionamentos: 1) é possível descobrir o que o autor realmente pretendia? 2) isso é realmente importante? Para os intencionalistas é fundamental saber, pelo menos aproximadamente, o que Shakespeare, por exemplo, pensava sobre Hamlet – o personagem teria sido imaginado pelo autor como um louco ou como alguém que apenas fingia? – para se poder chegar a uma conclusão sobre a peça. É por isso que os intencionalistas tomam como elemento central à interpretação o estado de espírito do autor. Entretanto, o que a tese intencionalista pressupõe é que o valor ou sentido da arte é vinculado ao que o autor pretendia. Logo, vinculada a uma teoria normativa – no mínimo controvertida – e não a uma observação neutra (Dworkin, 2000, p. 231). Assim, mesmo a tese intencionalista ainda pode ser compreendida como mais uma hipótese estética.

Além disso, segundo Dworkin, uma segunda objeção à crítica que apresenta em face das teorias intencionalistas pode, no seguinte sentido, revelar-se bastante interessante:

> Os intencionalistas tornam central à interpretação o estado de espírito do autor. Mas compreendem erroneamente, até onde sei, certas complexidades desse estado de espírito em particular, ignoram como interagem as intenções para uma obra e as opiniões sobre ela. Tendo em mente uma experiência familiar a qualquer um que crie alguma coisa, de repentinamente perceber algo 'nela' que antes não sabia que estava lá. Às vezes, isso se expressa (a meu ver não muito bem) no clichê do autor, de que seus personagens parecem ter inteligência própria. (Dworkin, 2000, p. 231).

Dworkin (2000, p. 232) exemplifica com o caso do livro *A mulher do tenente francês*, de John Fowles - no qual o autor teria mudado de idéia sobre sua estória na metade da obra; mas que também poderia tê-lo feito, anos depois, após ver o filme ou ler o roteiro. O intencionalista acredita que se deve escolher aqui entre duas opções: o autor repentinamente descobre que tinha uma intenção subconsciente ou mudou de intenção depois. Mas nenhuma dessas opções é satisfatória.

No primeiro caso, explicações psicanalíticas se mostram incapazes de resolver problemas desse tipo, pois não podem apoiar-se em provas (empíricas), como os próprios psicanalistas exigem. O que acontece é que as idéias sobre os personagens derivam não de confrontações sobre o eu anterior do autor, mas da própria obra que ele criou. Também não podemos compreender a mudança como uma intenção nova e distinta. Como Dworkin (2000, p. 233) afirma, não se trata de uma opinião sobre que tipo de personagem criar, mas sobre o personagem que o autor já criou. Também não se trata de uma observação voltada para o que os outros irão compreender do livro. O que acontece, então, é que a mudança no texto parte de uma análise do próprio texto já escrito, que tratou seus personagens como se reais fossem. Assim, o autor teve de interpretar sua própria obra, não descobrir o que se ocultava nas profundezas de seu subconsciente. Se uma outra alteração acontece ao ver o filme pronto, não se trata de uma nova intenção, mas de uma nova interpretação da obra.

Os intencionalistas, então, desconsideram que um autor pode separar o que escreveu de suas intenções e crenças, tratando-as como objetos em si. Por isso, o autor pode compreender que novas conclusões são possíveis, que seu livro pode ser lido de modo mais coerente.

> Suponho que considerar algo que se produziu como um romance, um poema ou uma pintura, em vez de um conjunto de proposições ou sinais, *depende* de considerá-lo como algo que pode ser separado e interpretado no sentido que descrevi. De qualquer modo, é assim que os próprios autores consideram o que fizeram. As intenções dos autores não são simplesmente conjuntivas, como as de alguém que vai ao mercado com uma lista de compras, mas estruturadas, de modo que as mais concretas delas, como as intenções sobre os motivos de um personagem particular em um romance, dependem de opiniões interpretativas cujo acerto varia com o que é produzido e que podem ser alteradas de tempos em tempos. (Dworkin, 2000, p. 234).

Talvez fosse até possível, segundo ele, isolar as opiniões de um autor fruto de um momento específico, mas, mesmo que esse conjunto particular de opiniões fosse considerado como "intenções", estar-se-ia ignorando outros níveis de intenções, como a intenção de criar uma obra que não seja assim determinada, justamente por ser uma obra de arte. É por isso que os intencionalistas baseiam o valor de uma obra de arte numa visão restritiva das possíveis intenções de um autor (Dworkin, 2000, p. 235).

A partir da reflexão que foi devenvolvida até aqui, é importante term em mente que não há uma separação estanque entre o papel do artista na criação de uma obra de arte e o do crítico que posteriormente a interpreta. Ao criar, o artista interpreta a obra e, ao interpretar, o crítico também cria (Dworkin, 2000, p. 235). Isso não significa cair no ceticismo de afirmar que não há diferença entre o crítico e o artista.

> O artista não pode criar nada sem interpretar enquanto cria; como pretende criar arte, deve pelo menos possuir uma teoria tácita de por que aquilo produz é arte e por que é uma obra de arte melhor graças a este e não àquele golpe de pincel, da pena ou do cinzel. O crítico, por sua vez, cria quando interpreta; pois embora seja limitado pelo fato da obra, definido nas partes mais formais e acadêmicas de sua teoria da arte, seu senso artístico mais prático está comprometido com a responsabilidade de decidir qual maneira de ver, ler ou compreender aquela obra a mostra como arte melhor. Contudo, há uma diferença entre interpretar quando se cria e criar quando se interpreta e, portanto, uma diferença reconhecível entre o artista e o crítico. (Dworkin, 2000, p. 235).

Dworkin quer assim usar a interpretação literária como modelo para o método central da análise jurídica. E, para isso, busca mostrar como até mesmo a distinção entre artista e crítico pode ser derrubada em certas circunstâncias (DWORKIN, 2000, p. 235). Assim é que ele lança mão da metáfora do *romance em cadeia* (CHUEIRI, 1995, p. 96-108), assim apresentada:

> Suponha que um grupo de romancistas seja contratado para um determinado projeto e que jogue dados para definir a ordem do jogo. O de número mais baixo escreve o capítulo de abertura de um romance, que ele depois manda para o número seguinte, o qual acrescenta um capítulo, com a compreensão de que está escrevendo um capítulo a esse romance, não começando outro e, depois, manda os dois capítulos para o número seguinte, e assim por diante. Ora, cada romancista, a não ser o primeiro, tem a dupla responsabilidade de interpretar e criar, pois precisa ler tudo o que foi feito antes para estabelecer, no sentido interpretativista, o que é o romance criado até então. Deve decidir como os personagens são "realmente"; que motivos os orientam; qual é o tema ou o propósito do romance em desenvolvimento; até que ponto algum recurso ou figura literária, conscientemente ou inconscientemente usado, contribui para estes, e se deve ser ampliado, refinado, aparado ou rejeitado para impelir o romance em uma direção e não em outra. Isso deve ser interpretação em um estilo não subordinado à intenção porque, pelo menos para todos os romancistas após o segundo, não há um único autor cujas intenções qualquer intérprete possa, pelas regras do projeto, considerar como decisivas. (Dworkin, 2000, p. 235-237).

Mas mesmo o primeiro romancista terá a responsabilidade de interpretar até certo ponto como qualquer autor, não apenas a obra em elaboração, mas o gênero em que propõe escrever. E o que se espera nesse exercício literário é que o romance seja escrito como um texto único, integrado, e não simplesmente como uma série de contos independentes que somente têm em comum os nomes dos personagens.

Para Dworkin (2000, p. 237), a decisão de *casos difíceis* é mais ou menos como "esse estranho exercício literário". Tal similitude é mais evidente quando os juízes examinam e decidem casos do *common law*, em que nenhuma lei ocupa uma posição central na questão jurídica e a argumentação jurídica gira em torno de quais regras ou princípios estariam "subjacentes" às decisões tomadas no passado, por outros juízes, sobre casos semelhantes.

> Cada juiz, então, é como um romancista na corrente. Ele deve ler tudo o que outros juízes escreveram no passado, não apenas para descobrir o que disseram, ou seu estado de espírito quando o disseram, mas para chegar a uma opinião sobre o que esses juízes fizeram coletivamente, da maneira como cada um de nossos romancistas formou uma opinião sobre o romance escrito até então. Qualquer juiz obrigado a decidir uma demanda descobrirá, se olhar nos livros adequados, registro de muitos casos plausivelmente similares, decididos há décadas ou mesmo séculos por muitos outros juízes, de estilos e filosofias judiciais e políticas diferentes, em períodos nos quais o processo e as convenções judiciais eram diferentes. Ao decidir o novo caso, cada juiz deve considerar-se como parceiro de um complexo empreendimento em cadeia, do qual essas inúmeras decisões, estruturas, convenções e práticas são a história; é seu trabalho continuar essa história no futuro por meio do que ele faz agora. Ele deve interpretar o que aconteceu antes porque tem a responsabilidade de levar adiante a incumbência que tem em mãos e não partir em alguma nova direção. Portanto, deve determinar, segundo seu próprio julgamento, o motivo das decisões anteriores, qual realmente é, tomado como um todo, o propósito ou tema da prática até então. (Dworkin, 2000, p. 238).

Mas qual seria, então, o objeto de discordância de quem faz objeções à melhor interpretação do precedente jurídico? Na interpretação artística, para ver a obra à sua melhor luz, deve-se levar em conta tanto características formais – de identidade, de coerência e de integridade – como características substantivas de valor artístico. Ambas as dimensões também estão presentes na interpretação jurídica (Dworkin, 2000, p. 239).

> Uma interpretação plausível da prática jurídica também deve, de modo semelhante, passar por um teste de duas dimensões: deve ajustar-se a essa prática e demonstrar sua finalidade ou valor. Mas finalidade ou valor, aqui, não pode significar valor artístico, porque o Direito, ao contrário da literatura, não é um empreendimento artístico. O Direito é um empreendimento político, cuja finalidade geral, se é que tem alguma, é coordenar o esforço social e individual, ou resolver disputas sociais e individuais, ou assegurar a justiça entre os cidadãos e entre eles e seu governo, ou alguma combinação dessas alternativas. (Essa caracterização é, ela própria, uma interpretação, é claro, mas permissível agora por ser relativamente neutra). Assim, uma interpretação de qualquer ramo do Direito, como o dos acidentes, deve demonstrar seu valor em termos políticos, demonstrando o melhor princípio ou política a que serve. (Dworkin, 2000, p. 239).

Essa descrição geral da interpretação jurídica não é uma licença para que cada juiz descubra na história institucional o que ele quiser nela encontrar. Em outras palavras, o juiz deve *interpretar* a história institucional e não *inventar* uma história melhor. Assim, sua interpretação deve *ajustar-se* a essa história. Há aqui um limite, o que não quer dizer que para Dworkin (2000, p. 240) haja alguma fórmula para se saber se uma interpretação é adequada ou se ajusta-se satisfatoriamente a essa história ou não. Assim:

> Quando uma lei, Constituição ou outro documento jurídico é parte da história doutrinal, a intenção do falante desempenhará um papel. Mas a escolha de qual dos vários sentidos, fundamentalmente

diferentes, da intenção do falante ou do legislador é o sentido adequado, não pode ser remetida à intenção de ninguém, devendo ser decidida, por quem quer que tome a decisão, como uma questão de teoria política. (Dworkin, 2000, p. 240).

Nenhuma seqüência de decisões, contudo, é isenta de apresentar contra-exemplos que sugiram direções diferentes. Por isso, exige-se o desenvolvimento de uma doutrina do erro no julgamento dos casos anteriores. Todavia, essa suposta "flexibilidade" não destrói a distinção entre interpretação e decisões novas sobre o que o Direito deve ser (Dworkin, 2000, p. 241).

O senso de qualquer juiz acerca da finalidade ou função do Direito, do qual dependerá cada aspecto de sua abordagem da interpretação, incluirá ou implicará alguma concepção da integridade e coerência do Direito como instituição, e essa concepção irá tutelar e limitar sua teoria operacional de ajuste – isto é, suas convicções sobre em que medida uma interpretação deve ajustar-se ao Direito anterior, sobre qual delas, e de que maneira (o paralelo com a interpretação literária também é válido aqui). (Dworkin, 2000, p. 241).

Todavia, assim como duas leituras diferentes de um poema podem encontrar apoio no texto para demonstrar sua unidade e coerência, a *teoria de ajuste* de qualquer juiz pode chegar, em princípio, a interpretações diferentes.

A distinção entre casos controversos e fáceis no Direito talvez seja justamente a distinção entre casos em que se consegue isso e casos em que não se consegue uma interpretação única. Dois princípios podem, cada um, encontrar apoio suficiente nas várias decisões do passado para satisfazer qualquer teoria plausível de adequação. (Dworkin, 2000, p. 241).

Assim como considerações substantivas acerca do mérito artístico podem desempenhar um papel decisivo quanto às duas leituras possíveis do poema, quanto à dimensão da adequação ou ajuste, o papel da teoria política substantiva será o mesmo no caso da interpretação do Direito, na *dimensão da sua justificação*.

Os juízes desenvolvem uma abordagem particular da interpretação jurídica, formando e aperfeiçoando uma teoria política sensível a essas questões, de que dependerá a interpretação em casos específicos, e chamam isso de sua filosofia jurídica. Ela incluirá características estruturais, que elaborem a exigência geral de que uma interpretação se ajuste à história doutrinal, e afirmações substantivas sobre os objetivos sociais e os princípios de justiça. A opinião de um juiz sobre a melhor interpretação será, portanto, a conseqüência de convenções que outros juízes não precisam compartilhar... Se insistirmos em um grau elevado de neutralidade na nossa descrição da interpretação jurídica, portanto, não podemos tornar nossa descrição da natureza da interpretação jurídica muito mais concreta do que a fiz. (Dworkin, 2000, p. 241-242).

Mas objeções poderiam ser feitas à tese de que "a interpretação jurídica é essencialmente política" (Dworkin, 2000, p. 242). É preciso considerar a distinção entre subjetividade e objetividade na interpretação do Direito, para que se possa escapar dos argumentos levantados, tanto pelos convencionalistas – que esperam encontrá-lo na história –, quanto pelos adeptos do pragmatismo – que acreditam que o Direito é algo criado por juízes de maneira individualista, conforme critérios pessoais (Pedron, 2005, p. 134-136; Lages, 2004, p. 488-495). Frente à literatura, o Direito não apresenta nenhuma vantagem quanto à questão da objetividade, de modo a alcançar a melhor interpretação. Como anteriormente afirmado, trata-se antes de um problema geral de bases filosóficas que permite o desenvolvimento de níveis de concepção do Direito e, assim, da conclusão por um tipo de interpretação tido como certo (Dworkin, 2000, p. 243).

Todavia, mais uma questão deve ser analisada: a hipótese política sobre a interpretação jurídica desenvolvida por Dworkin é realmente contrária ao argumento da intenção do autor? Para os intencionistas, o Direito seria o conjunto de significações pretendido pelos diversos atores do processo jurídico em sentido amplo, mas eles poderiam afirmar que a hipótese estética de Dworkin não é contrária à tese da intenção do autor, já que a interpretação dos legisladores, bem como dos juízes, pode representar a melhor teoria política (Dworkin, 2000, p. 243). Por isso é que a questão deve ser posta sob outra perspectiva, tal como compreende Dworkin:

> Se a presente objeção é realmente uma objeção à argumentação desenvolvida até aqui, ela deve ser compreendida de modo diferente, como propondo, por exemplo, que o próprio "significado" da interpretação no Direito exige que apenas essas intenções oficiais sejam consideradas ou que, pelo menos, haja um firme consenso entre juristas nesse sentido. (Dworkin, 2000, p. 243).

Entretanto, considerando-se pertinente tal crítica e admitindo-se que ofereça uma base sólida, ela teria de se voltar para um *texto jurídico canônico*. Todavia, sssim será possível concluir que a intenção do legislador é complexa, tal como a de um romancista. Dworkin então apresenta o seguinte exemplo:

> Suponha que um constituinte vote a favor de uma cláusula que garante a igualdade de tratamento, sem distinção de raça, em questões que afetam interesses fundamentais das pessoas; mas ele pensa que a educação não é uma questão de interesse fundamental e, portanto, não acredita que a cláusula torna inconstitucionais escolas segregadas. (Dworkin, 2000, p. 244).

Duas intenções poderiam ser identificadas, uma abstrata e outra concreta: proibir discriminação no que é de interesse fundamental; e não proibir escolas segregadas. Pode-se ver que tais intenções são a mesma, embora descrita de duas maneiras diferentes. Qual descrição dessa mesma intenção será tomada como canônica para uma teoria da intenção legislativa?

> Se aceitarmos a primeira descrição, então um juiz que deseja seguir as intenções do constituinte, mas acredita que a educação é uma questão de interesse fundamental, irá considerar a segregação inconstitucional. Se aceitarmos a segunda, não o fará. A escolha entre as duas descrições não pode ser feita mediante nenhuma reflexão adicional sobre o que uma intenção realmente é. Deve ser feita decidindo-se que uma descrição é mais adequada ou com base em outros fundamentos abertamente políticos. (Dworkin, 2000, p. 244).

Cabe, pois, lembrar que a teoria intencionalista se mostra por demais pobre. Se fossem examinadas todas as decisões judiciais sobre uma determinada matéria, talvez se pudesse chegar a explicações de ordem psicológica, econômica ou social que levaram o juiz a pensar o que de fato pensou. Todavia, o resultado da pesquisa seria diferente para cada juiz anterior e uma ordem só apareceria por meio da inclusão de alguma espécie de sumário estatístico (Pedron, 2006, p. 136). Tudo isso ainda não apresentaria utilidade para um juiz decidir no presente um caso semelhante, uma informação similar para um romancista participante da cadeia imaginária. Ainda aqui se exigiria um novo exercício de interpretação que não seria nem uma pesquisa histórica pura, nem uma idéia completamente nova de como as coisas deveriam ser (Dworkin, 2001, p. 245).

Uma saída seria a seleção de um juiz em particular ou de um pequeno grupo de magistrados situados no passado. Caberia perguntar que regra esse juiz ou grupo pretendeu fixar para o futuro. Mas, ao fazer isso, um intencionalista estaria tratando os juízes como legisladores.

> Mesmo assim, no fim das contas, não evitaria os problemas especiais da prestação jurisdicional no *common law*, porque o juiz que assim interpretasse teria de supor-se com o direito de examinar apenas as intenções do juiz ou juízes anteriores que selecionou, e não poderia supor tal coisa, a menos que acreditasse que o que juízes na sua posição deveriam fazer era fruto da prática judicial como um todo. (Dworkin, 2000, p. 246).

Dworkin (2000, p.246), assim, considera que a partir de suas afirmações sobre o papel da política na interpretação jurídica, pode-se encontrar opiniões de cunho liberal, radical ou conservador sobre como a Constituição e as leis deveriam ser e, ainda, como elas são, o que de fato acontece.

Um exemplo é a interpretação da cláusula de igual proteção da Constituição norte-americana, que não pode ser separada de uma teoria sobre a igualdade política e sobre até que ponto essa igualdade é exigida. "A história do último meio século do Direito constitucional é, em grande parte, uma investigação exatamente dessas questões de moralidade política" (Dworkin, 2000, p. 246). E é por isso que, segundo Dworkin (2000, p. 246), juristas conservadores argumentam a favor de supostas idéias ligadas às intenções do autor e acusam os demais de estarem inventando o Direito.

> Mas trata-se de uma vociferação com o intuito de ocultar o papel que suas próprias convicções políticas desempenham na sua escolha do estilo interpretativo, e os grandes debates jurídicos quanto à cláusula da igualdade de direitos teriam sido mais esclarecedores se fosse mais amplamente reconhecido que valer-se de uma teoria política não é uma corrupção da interpretação, mas parte do que significa interpretação. (Dworkin, 2000, p. 247).

Mas qual seria o papel da política no desenvolvimento de determinada interpretação? Segundo Dworkin (2000, p. 247), um autor como Stanley Fish acredita que, na literatura, as disputas são mais "políticas" do que lógicas: uma luta dos professores por domínio. Mas essas observações são externas, pois referem-se a causas de ascensão de uma ou de outra abordagem da literatura.

Dworkin (2000, p. 247) está comprometido com um olhar interno, ou seja, "ao invés de se discutir a política *da* interpretação, um debate sobre a política *na* interpretação" (Pedron, 2006, p. 137). Em outros termos, significa perguntar sobre os limites para o uso de princípios de moralidade política a favor da interpretação particular de uma obra ou de uma abordagem geral da interpretação artística.

> Mas se nossas convicções a respeito dessas questões políticas específicas contam na decisão de até que ponto um romance, uma peça ou um poema são bons, então devem contar também na decisão de qual interpretação é a melhor, entre várias interpretações particulares dessas obras. Ou assim deve ser se meu argumento for fundamentado. (Dworkin, 2000, p. 248).

Para Dworkin, pode-se explorar a ligação entre teoria estética e política. Assim como uma teoria da arte tende a alguma tese epistemológica, alguma concepção sobre as relações válidas entre experiência, autoconsciência e percepção ou formação de valores, uma teoria abrangente de justiça social também se relacionará a questões como essas:

> O liberalismo, por exemplo, que atribui grande importância à autonomia, pode depender de uma imagem específica do papel que os juízos de valor desempenham na vida das pessoas; pode depender da tese de que as convicções das pessoas sobre o valor são crenças, abertas à argumentação e revisão, não simplesmente dados da personalidade, determinados por causas genéticas e sociais. E qualquer teoria política que confira um lugar importante à igualdade também exige suposições a respeito dos limites das pessoas, pois deve distinguir entre tratar as pessoas como iguais e transformá-las em pessoas diferentes. (Dworkin, 2000, p. 248).

Nesse sentido, Dworkin conclui propondo uma investigação sobre se existiriam certas bases filosóficas compartilhadas por teorias estéticas e políticas. Segundo ele (Dworkin, 2000, p. 248), questões e problemas comuns não garantiriam isso. Como pensador liberal, ele se pergunta, por exemplo, se não seria o caso de fazer remontar o liberalismo a uma base epistemológica distinta de outras concepções e então refletir se essa base poderia ser transportada para a teoria estética, levando a um estilo interpretativo distinto (Dworkin, 2000, p. 249). Para Dworkin, contudo, não há garantia de que um projeto como esse teria sucesso, embora desde já ele entenda que "política, arte e Direito estão unidos, de algum modo, na filosofia" (Dworkin, 2000, p. 249).

Referências bibliográficas

CHUEIRI, Vera Karam de. *Filosofia do direito e modernidade*: Dworkin e a possibilidade de um discurso instituinte de direitos. Curitiba: JM, 1995.

DWORKIN, Ronald. *Taking rights seriously*. Cambridge: Harvard University, 1978.

——. *O império do Direito*. Tradução Jefferson Luiz Camargo. São Paulo: Martins Fontes, 1999.

——. De que maneira o direito se assemelha à literatura. In: DWORKIN, Ronald. *Uma questão de princípio*. Tradução Luís Carlos Borges. São Paulo: Martins Fontes, 2000.

HART, Herbert L. A. *The concept of law*. Londres: Oxford University, 1961.

LAGES, Cintia Garabini. Processo e jurisdição no marco do modelo constitucional do processo e o caráter jurisdicional democrático do processo de controle concentrado no Estado democrático de Direito. In: OLIVEIRA, Marcelo Andrade Cattoni de (Coord.). *Jurisdição e hermenêutica constitucional no Estado democrático de Direito*. Belo Horizonte: Mandamentos, 2004. p. 409-515.

MICHELMAN, Frank. Justification and the justifiability of law in a contradictory world. In: PENNOCK, J. R.; CHAPMAN, J. W. (Ed.). *Nomos XXVIII*. Justification. New York: New York University Press, 1986. p. 71-86.

PEDRON, Flávio Quinaud. Sobre a semelhança entre interpretação jurídica e interpretação literária em Ronald Dworkin. *Revista da Faculdade Mineira de Direito*, Belo Horizonte, v. 8, n. 15, p. 15-139, 1. sem. 2005.

—3—

Códigos Narrativos[1]

ELIGIO RESTA[2]

Sumário: 1. O que se diz e de que se fala; 2. Metanarrativas; 3. Como o mundo se torna fábula; 4. O que permanece é fundado pelos poetas; 5. Indícios; Referências bibliográficas.

1. O que se diz e de que se fala

A complexa teia das relações entre direito e psicanálise se foi definindo com o tempo, com tantas estratificações, sem que disso nem um nem outra tivessem conhecimento. O trânsito da *mentalidade coletiva* para suas regras foi uma constante do pensamento jurídico, desde os trágicos gregos a Vico, até Freud e Lacan, inclusive quando aquela noção de *mentalidade* não tinha ainda esse nome. Hoje essa relação é pacífica e rica, e tem uma articulação temática muito orgânica; não queremos reconstruir suas etapas históricas nem os vínculos epistemológicos que a sustentam.

Desejamos, ao contrário, fixar-nos um único aspecto, que podemos definir como lingüístico: diz ele respeito ao mecanismo compartilhado pelo direito e pela psicanálise e o que se tem a fazer não com a estrutura, mas com o meio expressivo que o acompanha. Tal mecanismo é a narração. Ela se revela evidente na psicanálise, em que funciona como reserva simbólica e como processo seletivo das contingências; é também o lugar de uma estratificação semântica. Mostra-se, porém, menos evidente no caso do direito, mas apenas por uma tendência mal-orientada de se pensar o discurso jurídico como um discurso exclusivamente formal e racional em que o jogo entre fato e norma não possa deixar espaço para a «representação». Fá-lo-emos, acrescente-se, pondo junto o código narrativo comum ao direito e à psicanálise com um dos muitos objetos compartilhados pelo direito e pela psicanálise, que é o emaranhado nó da identidade.

É portanto justamente a narração que nos conduz a um ponto de encontro entre uma ordem relatada pela aparente certeza das normas e por mundos da vida, ricos, plurais, insondados, que são maiores e mais complexos do que possa dizer

[1] Tradução, do original italiano, de Dino del Pino.

[2] Professor Ordinário de Filosofia do Direito da Univesità Degli Studi Roma Tre (Itália).

aquela certeza. Aquele terreno então fala de uma recusa entre aquilo que a ordem jurídica afirma de si e aquilo que os mundos da vida se representam; é um tipo de distância de segurança que entre vida e direito, para usar termos mais habituais, se vem a construir e que, embora mudando forma e conteúdo, constantemente se perpetua em muitas experiências históricas. Trata-se de uma tensão dialética entre uma, a vida, e o outro, o direito, que é impossível de reduzir à conhecida contraposição entre fato e normas. É simplesmente uma outra coisa que trabalha sobre essa recusa através de uma dimensão que a representa. Assenta por isso na narração entendida como aquela complexa prática de construção de mundos através de «textos», os normativos e os da vida cotidiana que a eles se referem.

Mas a narração tem necessidade de pacientes passagens que iniciam por uma sobreposição da idéia de material normativo como texto que narra e que é narrado. A narração aparece de repente como produto e como meio, como representado e representante. A ambivalência nos fala da narração e a narração nos fala da ambivalência. Existe aí uma fecunda marca daquela corrente cultural, mais que metodológica, que se desenvolveu nos Estados Unidos, entre Harvard e Yale nos últimos decênios, e que se denomina, justamente, *Law and Literature*. Guido Calabresi, estudioso atento, a reconduz àquela tendência conhecida no debate jurídico como *Law and* ..., em que as conexões (com a literatura, a economia, a política, a psicanálise, a estética, etc.) são relevantes precisamente como tais, porque assinalam a tentativa do direito de se confrontar com todas as outras linguagens (semânticas) influentes, como a sugerir-nos que se trata de confrontos entre «dialetos» (*local values*) diversos. M. Weber, como seu *Economia e sociedade*, deve ser considerado o estudioso que primeiramente invocou o tema dos jogos binários entre as linguagens, justamente porque a sua preocupação consistia em superar os causalismos nos quais um valor dominante determinava todos os outros. Não é por acaso que *Law and* se converte no mesmo momento em *Law as*... e em *Law in*... que confirma identidade e diferenças, como em nosso caso, em que a correlação nos fala do direito como literatura e do direito como objeto de construções literárias.

Tudo isto, entre outras coisas, não havia escapado à atenção de Derrida, a quem, de maneira um pouco voluntarística e ousada, aquele debate dizia respeito; não deveriam, por outro lado, faltar uma reconstrução e algumas críticas nos confrontos daquela experiência. Algumas ocorreram recentemente, entre elas assinale-se a de M. Paola Mittica (*Raccontanto il possibile*. Milano: Giuffrè, 2006), que trabalha sobre o complexo material dos trágicos gregos. As críticas se condensam no papel semântico da narração: Mittica nos conduz pelo complexo mundo daquelas formas específicas da mentalidade coletiva que a tragédia grega, e a *Oréstia* de Ésquilo em particular, instaurou na tradição ocidental. A crítica consiste no fato de que a pontual reconstrução daquela grande narrativa, das Fúrias às Eumênides, da vingança à justiça, dos ordenamentos ctônicos à justiça humana por parte dos homens nos confrontos com outros homens, da responsabilidade pelas culpas no responder a questões a quem te pede para argumentar, não é um outro texto menor ou maior, não é um outro lugar, o teatro, no qual a lei seja encenada. Sobressai do livro – e desejo sublinhar isso – que aquela cena teatral que se articula em torno de Orestes de forma tão enfática não é um *outro modo* de narrar o direito. É o único modo de representá-lo no momento em que uma idéia de *díke* se expõe em um mundo no qual os deuses, dirá Platão, abandonaram a cidade. E aquela cidade é também e ainda a nossa. Fala, não de uma outra origem, mas daquela dimensão do direito profundamente trágica na qual então, como hoje, é necessário *decidir* sobre as culpas dos homens pelos próprios homens: há três milênios, recorda Franco Cordero, que «alguns homens dizem o direito a respeito de outros homens», e, acrescenta, desde alguns decênios, também as mulheres, para relembrar um dos códigos, o masculino e o feminino, que Mittica reconstrói na Oréstia.

O que a tragédia diz e aquilo de que nela se fala não é apenas uma representação poética do *nascimento* de *díke* e do seu *areópago*, mas é a densa reconstrução do caráter trágico da decisão (*deinón tó chrínai*, dirá o coro de Antígona) entre homens nos confrontos com outros homens. Tem lugar inclusive a consciência do auto-engano da normatividade ocidental: disso é exemplo a *nobre mentira* pela qual Atenas, com a ajuda de Peithò engana a violência vingadora das Fúrias. Promete-lhes que se tornarão *estrangeiras residentes*, narrando literalmente o fundamento teológico dos *nómoi,* mas também o seu necessário artifício. Quem fala é aquela que Hillman destaca como *anánche*.

Por que então não existe aí distância entre o texto trágico e o texto jurídico? A razão se deve buscar alhures – e não nos ensaios, embora valiosos, dos *literary lawyers* (se assim se puder dizer) estadunidenses –, ou seja, no sentido da pergunta e da resposta, na lógica dialogante das palavras que deveriam *enganar* a violência e, através disso, decidir sobre a responsabilidade. O texto trágico, sua intriga, o engano que relata, não é outro texto, não é outra representação em relação ao texto judicial, e o *teatro* do processo, com os seus atores, o seu coro, as suas cenas, é o mesmo teatro trágico; da *Oréstia* como de *Antígona*, da *Apologia de Sócrates* como de *O homem sem qualidades*, de Musil, ou do *Estrangeiro*, de Camus. Daquele mundo normativo se fala como é, como teria podido ser e como poderia ser. A narração conjuga realidade e possibilidade, contingência e abertura, decisões assumidas e decisões excluídas, mas não eliminadas: assim, atrás da justiça reaparece a sombra da vingança, e a teologia evoca, não a presença, mas a ausência dos deuses na cidade. O direito é o mesmo texto trágico que decide e conserva memória das escolhas excluídas, mas não eliminadas.

As marcas de tudo isso estão, com Nietzsche, na superfície: as palavras do direito no-lo recordam ainda quando aquelas pistas são abolidas e se sabe, ademais, que a abolição das pistas deixa pistas.

A cena judicial se apresenta habitada por atores concretos, sublimados nos seus papéis predefinidos, que avançam na representação de acordo com economias e lógicas que começam por prólogos e concluem por epílogos. No caso do procedimento judicial, não é sem motivo que tudo seja interligado e concluído mediante uma decisão que traz a *última palavra* sobre o fato. Juiz é, de fato, somente aquele ator que deve proferir a última palavra sobre o caso: pontualmente deve *ius dicere* para que, em nome de uma comunidade, não haja propagação da violência. Desligado da retórica da virtude ou de improváveis profissões de sabedoria, o trabalho importante do juiz é o de dizer a última palavra sobre conflitos e, graças a ela, de inibi-los.

Nessa corrente fria do sistema, mais do que no calor da tradição sapiencial, emergem mais claramente os paradoxos que nenhuma teoria que se deseje afirmar como crítica deverá esquecer. Aqui e lá, nas páginas soltas de uma teoria, pelo olhar mais penetrante, essa consciência emerge com extraordinária plasticidade a partir, nada mais, daquele estrato de sentido original que remete à terceiridade do juiz, a seu inconfundível *poder-saber* de pronunciar palavras. Um estrato de sentido que é ciumentamente guardado e que resiste a uma modernização inconsciente se aloja no modo como se fala no interior da cena judicial. Das palavras e dos seus referentes, tal sentido torna a nos falar para proporcionar memória e soluções para os *dramas* dos conflitos. Tudo começa no procedimento, dizíamos antes, com uma *denúncia* e com uma *citação*, amiúde se procede *oralmente*, se discute naquela disputa regulada que é o debate, mediante interrogatórios e contraditórios, sabedorias de *ad-vogados* saberão extrair argumentos por *memórias* defensivas e arengas, e depois de mais ou menos pacientes audiências a que é destinada a escuta pública, em nome de uma totalidade (um povo, uma lei, uma soberania que solenemente será re-evocada) em que se desatarão redes de palavras dos mais diversos atores, intimados e testemunhas, que terão jurado sobre as próprias palavras, a *pro-núncia* de uma última palavra será confiada a um juiz que enunciará o direito.

Desse complexo *dizer e proceder* que se instaura segundo as minuciosas regras do rito, o resultado final será o veredicto: outra bela história aquela de um dito que esteja ali como verdadeiro, a decretar a verdade ou a assumir-lhe a gestação. Não é na pronúncia e é simultaneamente na pronúncia que se concentrará o poder de dizer a última palavra. A partir desse momento, as palavras afetarão os destinos, que terão, porém, inevitavelmente outras histórias, outras linguagens, outros vocabulários. A normatividade das palavras do juiz estabelecerá alguma possibilidade de que em outra parte da totalidade da máquina se possam tomar outras decisões acerca da possibilidade de outras decisões. A normatividade da decisão considerará sempre uma outra normatividade, até que uma cognitividade não feche o cerco. Será depois necessário verificar se o devedor pagou ou, tendo vendido seus bens, o descontentamento do credor foi reduzido, ou se o imputado cumpriu a pena e a pena ressocializou. Mas as decisões sobre essas coisas estarão sempre além, em outros lugares e em outras gramáticas do sistema.

Longa é a história que guardam as palavras do processo; afunda suas raízes em um tempo dos sistemas sociais em que, assinalávamos antes, a idéia de *responder sobre* algo, quando se percebeu a necessidade de dar nomes a culpas, começou a se confundir com a prática de dar *resposta* a alguém; jogos de metamorfose, mas também prática *mitológica* para a qual a indecidibilidade do *responder sobre* foi dissolvida na mais visível sabedoria do responder a alguém. Tudo o que sucede a partir desse momento é a história de quem deve e a respeito do que teve de responder, mas sobretudo é a história de um *qualquer* a quem responder e do significado a atribuir às palavras desse encaminhar perguntas e dar respostas. *Responder a* e responder *sobre* entrelaçam-se nesse mundo de auto-observações e auto-regulações que os sistemas sociais produziram dentro de si e por si mesmos, e que tanto a tragédia antiga quanto os textos jurídicos modernos continuarão a representar para nós. Existem inclusive datas, emergem arqueologias iconográficas, fragmentos de mundos em que tudo isso se mostra visível: e antes que nos textos e nas práticas de um direito em busca de sua racionalização, no jogo do *deinon* de um *dran* que do mundo grego em diante apresenta-se como moldura para juízos, inclusive dos mais modernos *iusdicentes*.

2. Metanarrativas

A idéia de *contar histórias* é então o terreno comum das linguagens do direito e da psicanálise. Poderíamos defini-los como *mídia*, antes que a televisão lhe matasse o sentido.

Não será mais a época das *grandes narrativas*, como se gosta de afirmar sobre a pós-modernidade, mas não me parece casual que a idéia de *narração* se tenha tornado central nos debates científicos. Isso ocorre em tantos níveis e em tão numerosos contextos a ponto de sugerir que a metanarrativa das ciências sociais contemporâneas se tenha tornado justamente a narração. Narração, advirta-se, e não narrativa, que tem suas virtudes e suas belezas, mas que aparece de qualquer modo como gênero e dialeto bem resguardado por guardas de fronteira das disciplinas. Antes, é justamente a diferença entre narração e narrativa que nos remete para o conhecido *blurring of genres* (mistura de gêneros) e para as verdadeiras e próprias antropologias interpretativas que se escondem nas práticas do senso comum, mais que nos livros e nos outros produtos culturais oficiais. Tem razão Jerome Bruner quando recorda que a narração tem o poder de dar forma a coisas do mundo real e inclusive de conferir um título à realidade, e que nela se condensa uma forma de construção da realidade que confere *sentido* à vida. Aí não há diferença entre contextos públicos e contextos privados: a narração é o lugar em que se sedimentam sentidos possíveis da realidade, mesmo contra, ou diferentemente, ou apesar das *regras* da comunicação.

Isso sucedeu mais em algumas épocas do que em outras, como, por exemplo, no maneirismo político em que a distinção entre narração privada e comunicação pública abria o mundo das liberdades individuais exatamente dentro e apesar da rigidez do absolutismo do soberano, mas pode-se dizer com P. Brooks que é nas dobras de todas as linguagens que a narração sedimenta sentidos possíveis relativamente aos significados que são codificados. Nisso, a narração é a maior reserva simbólica, que conserva traços do modo de construir as vidas. Nenhum contexto narrativo fica excetuado: inclusive o direito, o que está em ação assim como o que está nos livros, narra e condensa sentidos possíveis. O paradigma sugerido é de que aí sempre existe distância entre os sentidos possíveis e os significados normativos, e que essa distância de segurança é bem conservada pelas narrações. Disso bem sabem os advogados que propõem relatos de histórias quando introduzem a causa no tribunal. Têm tanta consciência disso que daquela forma narrativa conseguem extrair situações exemplares e as respectivas deduções. Uma sentença, sabe-se, opera sobre a dupla dimensão do *fato* e do *direito* e faz nascer de sua conexão os *dispositivos* (p.e.m. por esses motivos). É somente por um injustificado orgulho de casta que os juristas continuam a focalizar a atenção sobre as argumentações *em direito*, quando sabem muito bem que é da narração dos *fatos* que se delineia o destino da causa. Sem ignorar, contudo, que nas mesmas argumentações jurídicas, refinadas, cultas, mas com freqüência redundantes, se escondem narrativas metafóricas do mundo e da vida: quando o juiz Antonin Scalia afirma que "a lei, como a natureza, não conhece senão um único pai" está narrando sob forma de motivação da decisão não somente a *sua* sintética leitura biológica da vida, mas também o sacrifício de um vínculo entre o pai biológico e seu filho não-reconhecido em nome de presumível sentido moral das relações familiares que, sem véus, se sobrepôs às normas jurídicas. Bastaria pensar em todos aqueles casos difíceis que da esfera do *bios* estão acabando por ocupar consciências jurídicas e aulas judiciais, do caso Pretty contra U.K. ao conhecido *affaire* Perruche. Pretty é uma senhora que, privada do uso dos membros e considerando indigna a obstinação no tratamento a que é submetida, pede para ser auxiliada pelo marido a interromper a espinha recorrendo aos vários tribunais, inclusive o de Estrasburgo, sob o fio de trágicos paradoxos: ou se renuncia ao interdito do suicídio assistido ou se renuncia ao interdito de discriminação em seus confrontos. As cortes, como é sabido, dão-lhe as costas e *discriminam* Pretty, condenando-a a viver, pelo fato de que, inoperante, não pode, por si mesma, intervir na espinha. Ainda mais evidente é o caso Perruche, que reivindica, contra a *malpractice* dos médicos, mas também paradoxalmente contra os genitores, o singular direito *leopardiano* de não ter nascido. Isso obviamente narra a *duplicidade* da vida e do caráter trágico das decisões baseadas muito mais em *normas* do que proporcionam inteiras bibliotecas.

Mas há, além disso, uma grande gama de motivos que nos levam a raciocinar sobre o mundo jurídico normativo como lugar das narrações. Elas dizem respeito à essência mais íntima do direito, ao seu coração secreto, que desde sempre foi construído sobre a tentativa de estabelecer as coisas sobre as quais se é responsável, quando se vive junto aos demais, através do conhecido jogo narrativo de pergunta e resposta. É aí, nesse coração secreto, no mecanismo da gramática das palavras que sempre o acompanhou, que uma teoria das narrações jurídicas se instaura e se apresenta como uma potente sonda para descrever a aventura do direito na razão ocidental. E aqui se situa a mais relevante proposta do livro que estamos introduzindo.

3. Como o mundo se torna fábula

"Como o mundo verdadeiro se torna fábula" é o tema de Nietzsche no *Crepúsculo dos ídolos* (na verdade, "como fazer filosofia com o martelo"). Justamente dessa consciência surgiram aquelas orientações e aqueles movimentos, sobretudo no ambiente anglo-saxão de tendência crítica (no caso, o movimento dos *critical legal studies*), que explicitamente têm seu ponto de partida na noção de que textos e documentos jurídicos nada mais são do que documentos literários, com os méritos e os defeitos dos documentos literários, penetrados pelo jogo da narração, definidos pelos contextos normativos, mas abertos à idéia, inteiramente cognitiva, da *fábrica das histórias* (J. Bruner. *La fabbrica delle storie*. Roma-Bari: Laterza, 2002). E geral, para o movimento de *Law and literature*, um texto jurídico, inclusive uma sentença, pode mais ser assimilado à narração sobre a qual se exercita a hermenêutica textual do que às leis físicas. Contudo, no lugar mais denso do formalismo jurídico, que se apresenta como doutrina *pura* do direito, pode-se ler que a norma *não tem* um sentido, mas *é* ela mesma um sentido. É exatamente aqui que se aprofunda o olhar: sobre o continuum de narração, observação, representação que o jogo do *texto literário* propõe ao cientista social (E. Resta. *Le stelle e le masserizie*. Roma-Bari: Laterza, 1997, p. 115). Voltemonos, para isso, às páginas de um estudioso importante, P. Berger, que trabalhou, como cientista social, a propósito, com um texto literário, como o de Musil, e com sua reconstrução do tema da identidade. Que se trate da identidade, tema psicanalítico por excelência, não é casualidade, e que se trate de identidade, que na linguagem jurídica é traduzida no *mecanismo reflexivo* do ser ele-mesmo não é irrelevante nem acidental.

O conselho de Peter L. Berger é pontual: não é tão importante explicar por que o indivíduo moderno, ou a identidade moderna, seja deste ou daquele outro modo, ou por esta ou aquela razão. Nem é relevante individualizar a ruptura, sempre mais forte no mundo moderno, entre a identidade individual e as formas de generalização histórica: o homem ocidental, a mentalidade oriental, o metropolitano, a mulher do século XX e assim por diante.

Ao contrário, mostra-se crucial estabelecer *em que* consiste a identidade; a questão torna a descrição de um tipo de *constituency* e, para isso, é necessário recuar em certa medida o olhar (P. L. Berger. *Robert Musil e il salvataggio del sè*. Messina: Rubbettino, 1992, p. 5-6). A descrição, acrescenta Berger, é um procedimento do *ver* e, face aos insucessos de historiadores e de cientistas sociais, é necessário entregar-se ao papel descritivo exercido pela literatura. Por isso, Robert Musil e o seu romance, e Musil e o seu romance não por acaso, tornam-se objeto de interesse para as ciências sociais que desejarem estudar a identidade *mal estudada* pelas mesmas ciências sociais, como se, um pouco banalmente, se tratasse somente de reajustar o percurso metodológico para tematizar melhor o problema de alguma *razão mundana* (M. Pollner. *La ragione mondana.* Bologna: Il Mulino, 1995).

Não podemos senão contentar-nos com o fato de que as ciências sociais não apenas descubram como assumam a narrativa como ponto de referência dos seus problemas, e que R. Musil se torne objeto de estudo, mas sobre isso é necessário entendimento, e as razões não me parece que devem ser aquelas adotadas por Berger. Pode-se de fato perpetuar o risco de considerar a literatura por parte das ciências sociais, e de maneira totalmente gratuita e preocupante, como um tipo de funcionário complementar da observação social. É problemático para alguém afirmar que a literatura é uma fonte de suporte ou um método suplementar ao qual se deve recorrer quando os *protocolos* sociológicos ou não existem ou não funcionaram. Não me parece apenas uma arrogância fora de lugar, mas acredito que seja mesmo uma banalidade, assim como injustificado se apresenta o assunto do desconstrucionismo, que reduz o universo a *texto generalizado* .

O motivo pelo qual a semântica histórica evidenciou já há tempo aquele estilo de observação e de escrita que Cliford Geertz definiu como *blurring of genres* busca-se alhures e de maneira mais pontual; o exemplo da identidade não é absolutamente excêntrico mas faz parte plenamente dessa história em que as diferenças disciplinares não correspondem mais aos limites das observações. Como é sabido sobre isso, a discussão é antiga e sempre atual, valendo a pena retomá-la marginalmente a propósito do tema da identidade. Diga-se ainda, no entanto, como no caso da identidade, que se as ciências sociais operassem com um mínimo de auto-ironia compreender-se-ia que as próprias observações atuam estruturalmente com elevadas quotas de desconhecimento e de parcialidade, que as *descrições* são dispositivos seletivos e que justamente aquilo mesmo que as ciências sociais não podem observar pode ser objeto de observação por parte da literatura. A exclusão não depende de *limites* metodológicos, mas do código mesmo da identidade: entre a *contingência* da observação sociológica e as *possibilidades* da observação literária dá-se a mesma relação de seleção redutora que os historiadores indicam no processo de seletividade que a fórmula de Gadamer da *Wirkungsgeschichte* nos explica com clareza: a história é uma história de eventos sobrevividos, diria Elias Canetti. Cada evento que se apresenta sob o nome de fato histórico esconde uma história múltipla tecida de possibilidades afinal selecionadas. Luhmann definiria a história efetual como uma "complexidade já reduzida," não para minimizar o trabalho do historiador, mas para lhe fornecer ulterior matéria de pesquisa, para que obtenha mais informações sobre aquele mundo de possibilidades que foi eludido mas não eliminado. A tal redução seletiva está no coração secreto da teoria da ação social. Desde sempre se sabe que a ação é um processo de condensação em que operam determinação e indeterminação, que as escolhas do ator dependem de um mundo de escolhas que lhe é estranho, que ela é seleção de um campo de possibilidades decididas no interior da cultura, que, em uma palavra, a ação é decisão; a ação tem a sua identidade, o seu *eigen*, que, como qualquer diferença, reclama contingências.

Além disso, convém não esquecer que "aquele que age não pensa" (Goethe) e que seus processos seletivos são, além disso, inconscientes. As ciências sociais dos últimos vinte anos mais não fizeram do que esforçar-se para demonstrar a existência de componentes não-racionais na ação racional, entremeados à motivação para a ação e suas dissonâncias cognitivas, de quadros de referência *bounded*, de justificativas *ex post* do *continuum* de efeitos e motivações (J. Elster), evidenciando a forte separação entre a ação e o seu mundo de possibilidades eludidas, mas não eliminadas. E o que é, afinal, a história do pensamento social deste século se não a tentativa de ampliar progressivamente o campo de referência da ação daquele que emerge visivelmente como um *iceberg* na vida consciente, na esfera pública, na dimensão mensurável da racionalidade, em direção a um mundo *invisível* de possibilidades? Aquilo que vemos na ação social é exatamente a *wirkung* da história, uma dimensão que sobrevive e que se confronta com as mil exclusões que operou.

Logo, a identidade que *poderia ser*, ou *teria podido ser*, ou *é*, porque algo foi eliminado por atores e observadores, associa-se de forma evidente a esse jogo de exclusões. E então a literatura, que por tarefa trabalha sobre possibilidades, mesmo quando se dedica ao realismo mais cru, deixa de ser fonte de suporte e adquire o caráter do maior e mais autêntico observatório social. Suas observações não apenas se produzem dentro do sistema social, sendo uma parcela da semântica histórica, como têm a virtude de acrescentar à contabilidade dos mundos *conhecidos* aquela, mais relevante, dos mundos possíveis.

Porém há mais: não se trata de um enésimo conflito, como existem tantos, até a saturação, entre as *faculdades* das disciplinas. O problema da identidade está todo em um procedimento de observação e descrição que não pode se não reproduzir mimeticamente "aquele vazio espaço invisível" sobre o qual a identidade mesma se constrói. *Descrevê-la*, já o dissemos, torna a ser o jogo de uma observação que assinala limites, do exterior para o interior de um exterior, recaindo em todos os paradoxos das *leis de forma*; e as descrições da literatura podem registrar e incorporar paradoxos para além do que não se podem permitir, nem sabem fazê-lo, as ciências sociais.

Por isso Musil, por isso *O homem sem qualidades*, em que a identidade se decompõe e simultaneamente se salva, em que o jogo da identidade se joga até o fundo, escavando em todas as combinações possíveis do eu, sem a obsessão de dever descrevê-la, e por isso mesmo melhor a descrevendo. O porquê reside todo no fato de que as observações da identidade são observações no interior de identidades e a partir das identidades e, por isso, paradoxais até o fundo, mas tendo a consciência de o serem. Mas o porquê também reside no fato de que, trabalhando sobre a identidade – e contemporaneamente a Pirandello, Svevo, Joyce, imediatamente depois de Proust – Musil pôde sugerir como os códigos *verdadeiro-falso* são roupas apertadas que podem ser substituídas por outras mais adequadas; não sendo última a da *contingência-possibilidade*.

Dessa forma, a identidade é reenviada constantemente aos seus limites, exatamente como os seus observadores, em um ponto que, como o anel de Clarisse, encerra "a alma e a exatidão", guardando-as em um lugar que se subtrai, não por astúcia, às descrições mais banais. Então, *O homem sem qualidades* ou o *Algumas qualidades sem o homem* torna-se, para o cientista social, um dos textos fundamentais de referência, porque nele as identidades se desenham como sugestão possível quanto mais sejam hábeis para se refugiarem em *vazios espaços invisíveis*. Aí, as identidades se replicam e se decompõem, ajustam-se suas características e confundem-se os seus planos: o *viviseccionador de almas* (Ulrich) tem o seu duplo no *viviseccionador de corpos* (Moosbrugger), as vidas das paixões do eu se dissolvem no eu imaginário de um território "arruinado por um nome errado". Quem quisesse entender como o eu tenha deixado de ser, e já há tempo, e por processos sociais relevantes, um soberano que cumpre atos de governo deveria atravessar os mil riachos em que a identidade de Ulrich e a de Moosbrugger se separam e se recompõem. Moosbrugger é o modelo mais inconcebível e, por isso, o mais verdadeiro, de identidade; aquele em que se condensam os mil problemas que os tratados das ciências sociais mais distintas e distantes deveriam ter sondado quando tivessem estudado a identidade.

Moosbrugger é justamente o enigma de uma identidade que discursos públicos não poderão jamais inteiramente reduzir à unidade; e a verdadeira loucura não é a sua, mas aquela de quem procura reduzi-la a um fio comum. Moosbrugger é um dos tantos casos judiciais que *constrói* e coagula a atenção de um eu coletivo que nele se duplica. Quando surge manietado entre dois guardas, o seu olhar, as suas costas, o seu digno porte, em uma palavra, o seu semblante e a sua figura já estão marcados pelo que ele praticou. Ser e comportar-se confundem-se com injustificável gratuidade. É enigma que retorna como réplica de uma identidade possível, que transparece daquela pequena dúvida que naquele tempo qualquer chefe de repartição teria deixado escapar, de noite, na cama, com a mulher: "e se eu fosse Moosbrugger?"

O problema da descrição da identidade é dos tribunais, que devem estabelecer o quanto Moosbrugger, que matou e violentou, seja capaz de entender e de querer, e até que ponto. Reduzir à unidade uma identidade integrada por mil porções, por mil tempos todos verdadeiros, mas não harmônicos, é um esforço romântico e desesperado que nenhum kantismo poderá resolver. Assim, quando o artifício do direito que se consuma nas salas de tribunal se revela muito inadequado, vem em seu socorro o anjo complementar da medicina, que deve estabelecer como podem existir na mesma mente – ou no mesmo corpo? – tantos indivíduos de tal forma diversos: o que viviseccionou e o que se acha ali, com olhar atento e pronto para inofensivamente responder às questões. Não podendo chegar a meias conclusões (meio enfermo ou meio consciente), deve decidir sobre a identidade, mas não sobre a base da identidade.

E Moosbruger replica ao infinito a duplicidade; combate a sua guerra nas salas de tribunal como no único lugar em que seu verdadeiro heroísmo se pode manifestar, para afirmar a sua identidade de homem consciente, que, nos gestos que faz, não deve ser confundido com os vazios e anárquicos faladores. Mas a guerra pela sua identidade de sujeito consciente, capaz de usar a seu modo palavras polidas, aperta-lhe a corda ao pescoço mais rapidamente; somente então, mas inconscientemente, atua como palhaço para seu advogado de defesa que havia anunciado recurso contra sua sentença de condenação.

O seu mundo representa sobre si a impossibilidade de definir a identidade: conhece os pequenos mundos das suas celas, feitos de exatas geometrias e deles vive com relativa pacificação. Mas também virou o mundo buscando trabalho e fugindo quem sabe de quê. A sua cultura o leva a incorporar o relativismo dos nomes para o qual o esquilo da Alsácia se chama de um modo, e em perdidos lugares austríacos, de outro modo: assim, para o psiquiatra que lhe pergunta quanto é vinte e dois mais vinte e dois, sabe que uma resposta muito óbvia é inadequada e incorreta. Assim, responde que é de quarenta a cinquenta, e ei-lo a piorar a sua situação de meio-enfermo da mente. E Moosbrugger, que Clarisse dionisiacamente vive com a ebriedade do sonho de uma dança, é todos os mundos possíveis juntamente; para Nietzsche é homem, não *übermensch*, que não pode conservar os mil fios dispersos pelos quais é constituído. É a imagem especular e invertida das inúmeras qualidades sem homem. O enigma da sua identidade se reduplica no enigma da descrição de sua identidade e o fato de que o teatro da representação seja aquele das salas de um tribunal, em que a identidade é decidida, ilumina um aspecto inquietante dos modos nos quais os sistemas sociais sempre elaboraram o dilema da identidade. Mas os círculos entrecruzam as suas figuras: Clarisse duplica a sua loucura sobre a de Moosbrugger, mas o *saber* do pai de Ulrich, insigne jurista, cumpre, como Moosbrugger, a sua guerra para que não passe na reforma dos códigos um princípio *contraditório* da imputabilidade penal e certo artigo de procedimento conserve uma conjunção em vez de uma partícula disjuntiva capaz de garantir que um princípio de identidade que vive desde o quarto de século depois de Cristo não seja dilacerado pela fúria modernista dos tempos (e pelo arrivismo de um seu colega adversário). E esse princípio pretendia proporcionar a capacidade de compreender e de querer uma imagem unitária e não-fragmentada, graças à qual o ser e o comportar-se não deveriam estar em contraste. Jogos de identidade sobre a identidade.

Mas agora, ao reler e estudar Musil, o que convém sublinhar é que a óptica está integralmente deslocada. O problema não consiste no fato de que "os grandes escritores podem não ser bons em proporcionar teorias e explicações, mas, se não fazem mais, sabem ver" (Berger). "Se não fazem mais" não constitui somente um eufemismo, esconde muito. Ao contrário, é a identidade que se vai colocar em uma linha limítrofe em que todos os jogos de *observação*, *descrição* e *regulação* se mostram paradoxais. E as ciências sociais que quisessem esquecer essa dimensão relevante terminariam, não por acaso, por se assemelhar sempre mais ao conhecido peixe preso na rede, que quanto mais busca escapar mais se enreda nas malhas.

A diversidade da literatura reside no fato de que põe a identidade como questão de limite, entre possibilidade e contingência, a identidade dos atores como a sua própria identidade. E isso deve ser captado pelas ciências sociais como movimento feito por elas mesmas em direção a essa dimensão de limite; assim, a contingência do eu deixa de ser *qualidade* do objeto de observação, fixada e engaiolada de uma vez por todas, para tornar-se dispositivo do observador, reinserindo-se no mesmo circuito que descreve. Dito em outras palavras, as ciências sociais, ao falarem da identidade, deveriam adquirir *estilos narrativos* superiormente capazes de aproximar aquele infinito mundo de possibilidades que nenhuma teoria e nenhum saber disciplinar jamais puderam decifrar sob a forma de modelos e de práticas conceituais até agora experimentadas. A narração reabre o campo que as ciências, todas, mas sobretudo as jurídicas, parecem estar orientadas para fechar; somente assim aquele paradoxo se torna menos obsessivo e mais fecundo.

Por tudo isso, retornar a Musil não assume o significado de um *divertissement* ou de um trabalho marginal, porque naquelas narrações o peregrinar da identidade é o verdadeiro tema: das suas decomposições aos aparentes vínculos, de um mundo de *desencantos estatísticos* da identidade à busca inquieta em direção a *die andere Zustand.* Por isso tem ainda sentido a apaziguadora certeza de saber que aquele mundo da identidade está repleto de uma multidão de *anjos*, o anjo da medicina, o anjo da jurisprudência, o anjo complementar da ética, o anjo em permanente serviço efetivo da matemática, o anjo invisível que preside irrefreavelmente uma *vida verdadeira* que cada um esconde e busca. Mas manter juntas as mil identidades e as numerosas multidões de anjos requer um olhar analítico de surpreendente profundidade que somente a arte combinatória (termos leibnizianos) pode atribuir às páginas da escritura, que, da prática composicional de um texto, se duplica sobre a prática hermenêutica dos seus leitores.

4. O que permanece é fundado pelos poetas

A vantagem combinatória da leitura do direito como texto é a de perseguir em suas narrações, dissemos acima, aquilo que diz e aquilo de que fala. E os seus relatos, sabe-se, são complexos, mesmo quando se mostram pobres, como quando, por exemplo, as *Disposições preliminares do Código Civil* italiano estabelecem quais são as *fontes* desse mesmo documento legal.

O direito, como a democracia, não esconde de si mesmo nem os próprios paradoxos nem as próprias virtudes; com freqüência raciocina sobre si em termos de *artificial reason* ou de *bouded rationality,* e reafirma a própria necessidade justamente porque não faz mistério de sua limitação; a sua força reside paradoxalmente em sua convencionalidade. Deixa porém abertas janelas que ampliam o olhar sobre sua incompletude: fazem-no consentindo ao debate público a mais feroz crítica, mas salvando a possibilidade de sua existência, apesar de tudo. Incorpora, e não os esconde, os limites ínsitos no defeito de correspondência; internaliza, como se diz, a transição da verdade à caridade, mas desloca a discussão sobre sua incongruência para outros terrenos menos escorregadios: marcas desses deslocamentos estão já em suas palavras. Uma, em particular, é mais eloqüente que outras: *observação*. Pode-se observar um objeto, um evento, uma ação com dimensões não mais que cognitivas, mas se deve simultaneamente observar uma regra, transformando continuamente a cognição em normatividade. Típico jogo duplo da correspondência relativa entre direito e realidade, a observação aciona jogos nos quais os observadores são inseridos em cadeias simbólicas apenas aparentemente incongruentes. Pode-se observar o cumprimento das regras, pode-se ser observador interno de observadores externos, e assim por diante, em uma vertiginosa seqüência em que o posto do observador define os limites das operações. Banalmente, poder-se-ia dizer que se trata de uma questão de pontos de vista, em que a força do direito está justamente na imunização dos próprios pontos de vista: não foi por acaso que a teoria analítica insistiu na diferenciação entre *ponto de vista interno* e *ponto de vista externo*, tendo para isso até preparado uma teoria do reconhecimento. Em palavras simples, quem observa em um processo como observador interno observa diversamente de quem observa um processo como observador externo, e assim por diante, ao infinito. Mas tudo então se reduz a um jogo de labirintos e de cartões mata-moscas? Não se trata disso: a crítica de fora é sempre possível, mas será relevante quando o direito disser que é relevante: o conhecido episódio da sentença da Corte Constitucional italiana sobre a ignorância da lei é um teste emblemático. A linguagem – e o déficit de *correspondência* – sempre poderá estar em discussão, mas somente como operação cognitiva.

Melhor do que qualquer tratado científico (mas de qual ciência?) é a literatura, que, não por acaso, nos conta esses jogos complicados: a literatura, diz-se, "funda aquilo que permanece". Quem, melhor do que ninguém, explicou a infinita conexão entre os jogos de observação foi, não por acaso, um dramaturgo que se ocupou de direito e de justiça, F. Dürrenmatt.

Em um dos últimos escritos, reelaborando velhas histórias das *Mil e uma noites* (*Monstervortrag über Gerechtighkeit und Recht*, trad. it. *I dinosauri e la legge*. Torino: Einaudi, 1994) reconstruiu os possíveis pontos de vista (interno-externo, global-local, simples-complexo) sobre o direito e a justiça mediante puros jogos de observação. A metáfora utilizada é a da cena de um furto, que é observada por um profeta da colina, o qual infere algumas conclusões evidentes, e de Alá, que observa o profeta, que observa a cena (E. Resta, *Il diritto fraterno*. 4. ed. Roma-Bari: Laterza, 2005).

Se o profeta observa as ações e deduz observações das observações dos atores e compõe o fio de uma história com base naquilo que vê e julga, como o moderno juiz, *iuxta alligata et probata*, somente Alá usufrui de observações mais altas e pode julgar diversamente.

As observações do profeta são apenas uma pequena coisa ante as observações do deus: o seu ponto de observação é mais elevado e pode interligar fios que o profeta não consegue juntar. Pode observar observações de observações de observadores.

Mas ao mesmo tempo o relato sobre direito e justiça (uma conferência proferida por Dürrenmatt na Faculdade de Direito de Mogúncia) põe em confronto o ponto de vista do narrador e o ponto de vista do jurista sobre temas do direito e da justiça. Compara as observações e as linguagens de dois sistemas diversos. Cada um pode operar com a própria linguagem e com a própria ordem auto-substitutiva (uma razão com uma outra razão, o erro com o erro, a justiça com a justiça) e não somente os atores, mas também os observadores. Não nos é possível parar, ainda que se deva, ante as observações do juiz moderno; outros olhares existem que não podem pertencer aos juízes modernos, mas que relatam como teria podido ser. E sobre como poderia ser nos relata o narrador que pode reconstruir mundos diversamente de como pode fazer um juiz. E temos necessidade de um e de outro, e nunca apenas somente de um ou somente do outro; mesmo o simples fruidor tem necessidade de artes combinatórias que os *textos* lhe podem fornecer (E *textos* são inclusive as testemunhas das histórias, inclusive quando *contam histórias*).

Fecha-se o cerco para o raciocínio jurídico quando não se pode *ver além* e é necessário tomar uma decisão evitando o *recursus ad infinitum*. Mas o narrador não tem esse vínculo e pode observar aquilo que não se pode observar. O jogo paradoxal já está iniciado. A estrutura narrativa é construída sobre observações de observações de observadores: mudam as conclusões e se combinam de forma diversa, adotando os diversos pontos de observação e as gramáticas dos diversos observadores. Além de se constituir como uma explícita metáfora do direito moderno, com a sua separação (autonomia) da teologia e da moral, a novela de Dürrenmatt é a melhor reconstrução do que seja um *sistema* do direito e de como ele depende da estrutura e do significado da observação. As perguntas são fundamentais: o ponto de vista do observador é interno ou externo? Deve ser interno ou externo? É possível que do exterior se possa compreender o funcionamento interior? Qual o sistema que do interior compreende e recebe o exterior? Mas, sobretudo, qual é o interior e o exterior de um sistema?

À gramática da visão cabe uma grande tarefa, que consiste em isolar os elementos que integram um sistema, em reconectá-los e reintegrá-los na unidade, em identificá-los e diferenciá-los. Na história de Dürrenmatt, as aparentes conexões entre as narrativas de um furto se podem revolver integralmente pelo ponto de vista da moral e da religião, mas isso pressupõe que se possa ver aquilo que não se pode ver ou que somente um Deus pode ser *tudo* e interligar os fios aparentemente mais dispersos e imprevisíveis.

O direito moderno decide ver aquilo que pode ver para evitar o *recursus ad infinitum*, delimitar seu campo de observação e proceder a uma convencional, mas corajosa, busca de identidade. A sua história é toda construída em função da pesquisa de uma unidade e de uma autonomia que o definam como sistema dotado de uma identidade e de uma diferença, e de uma identidade enquanto diferença e de uma diferença enquando diferença entre uma identidade e uma diferença. E, para fazer isso, o direito deve dissolver os paradoxos da observação. Apresentar-se como unidade e como autonomia significa tornar suportável, revolver os paradoxos da identidade e da *sua* diferença, que são problemas da observação e da comunicação. A sua história é a história desse paradoxo, de seus momentâneos sucessos, mas também de seus *auto-enganos*.

O *texto* narrativo de direito, então, como qualquer outro texto, fala sobre si mesmo de maneira ambivalente: daquilo que diz a daquilo de que fala, daquilo que é, mas também daquilo que nele falta, das suas presenças e das suas ausências, e assim por diante. E o faz necessariamente, ainda que em seu detrimento; quem quiser avaliar a dimensão, que é a mais relevante, deste *doppelgänger* deverá ler o texto jurídico não em sua redução a proposições técnicas, mas como narração.

5. Indícios

O título de um ensaio que figura na hoje ilimitada literatura que se dedicada ao problema nos sugere, por simples acaso e de forma totalmente involuntária, uma secreta cumplicidade entre aquele procedimento científico e narrativo que circula com o nome de *paradigma indiciário* e o problema (da pesquisa) da identidade. A despeito do conteúdo de ensaio, informado, acurado, mas não entusiasmante, o seu título é belíssimo: *identifying identity* (P. Gleason. Identifying identity: a semantic history. *Journal of American History*, Bloomington, v. 69, n. 4, p. 910-931, 1983). E não apenas porque coloca juntos, em um oxímoro, dois processos ligados, mas contraditórios; tais são a identidade, que implica irrepetibilidade, unicidade, e a identificação, que pressupõe em certo grau a perda da identidade em favor da despersonalização em algo ou em alguém. Não porque entre os dois conceitos, de identidade e de identificação, se encontrem todas as nuances e todas as possíveis variantes que sugere a complexidade de tais condições. Mas por algo de distinto, de incongruente.

Sei quanto importa na prática da comunicação a *perspective by incongruity* pela qual se busca uma coisa e se encontra outra totalmente incongruente, mas relevante; e é conhecido também que existe uma forte correlação entre os procedimentos científicos das ciências sociais e o modelo indiciário, do qual a lei mertoniana da *serendipitidade* é apenas um pequeno exemplo. Mas o vínculo que me vem incongruamente sugerido por aquele título é casual e de natureza totalmente distinta.

Não é preciso ser foucaultiano rigidamente observante para associar mecanicamente práticas de *identificação* com procedimentos policiais. Constitui um saber inquisitório aquele que se liga a marcas, indícios, critérios de reconhecimento, retratos falados, pistas com que reconstruir histórias, pequenos detalhes para relacionar eventos. Procedimento metafórico é esse, indiciário, capaz de remontar de fragmentos a conjuntos, mas também arrogante, porque classifica e controla, situa em espaços definidos, infere. Por outro lado, ele é metáfora venatória relacionada ao caçador que segue os rastros de sua presa e os rastros apontam os sinais de uma passagem, e a passagem, uma presença: indícios com que reconstruir uma história. A esta se liga um dos tantos relatos sobre a invenção da escrita; ela não seria mais que a estrutura de uma aplicação analógica construída pela imitação de rastros deixados pelos pássaros sobre a areia. Os sinais da escrita reenviam sempre o leitor à história que a sua combinação relata. Em *O nome da rosa*, Guilherme, cientista de crença baconiana, oferece a exemplar reconstrução de uma história de *pistas*, à maneira de Voltaire como dos grandes policiais. E de modelos de paradigma indiciário tanto a narrativa quanto a literatura científica oferecem uma gama infinita. C. Ginzburg nos havia disso proporcionado, há anos, uma leitura exemplar (seja no ensaio sobre *Tracce*, seja em *Indagine su Pietro*).

O procedimento indiciário opera sobre traços e pequenos detalhes, e mostra-se capaz, quando o é, de remontar de elementos conhecidos a elementos desconhecidos. O trabalho de reconstrução do ignoto através de pequenos elementos conhecidos é o típico processo de identificação. Vincula-se para identificar, para atribuir um nome, para dar aparência, para reconstruir um passado, para iluminar um semblante: em uma palavra, para *dar* uma identidade, recompor a forma dispersa ou esquecida e, por isso, confusa e privada de *Eigenwert*. G. Simmel, que trabalhou sobre *Il volto e il ritrato*, faz disso um uso inimitável.

O exemplo de que se pode partir situa-se em uma zona liminar entre o analítico e o policial, e incorpora a interrogação a que a crítica de arte sempre se propõe quando se acha frente a um quadro ou uma escultura sem assinatura, isto é, quando necessita atribuir paternidade a uma obra vinculando a *identidade* da obra à identidade do artista: questão difícil de solucionar, que prevê um duplo procedimento, primeiramente indiciário, depois analógico.

A isso diz respeito uma experiência relatada por Freud quando, em uma de suas visitas à Itália, ele, que era freqüentador de salas de arte, se envolveu em uma forte discussão provocada pela atribuição de paternidade dos quadros. A escola dominante chegava à atribuição dos quadros mediante uma modelística que chamaríamos hoje de estrutural: por grandes variáveis. Um quadro se reconhece pelo uso da perspectiva, pela luz que em geral vem de um lado, pela forma do claro-escuro, pela técnica retratística ou paisagística, pela *mão* ou pela *cor*: as recorrências estruturais apontam para modos de trabalhar, e pelas técnicas pictóricas é possível inferir a identidade escondida do pintor. Freud leu em uma revista um ensaio publicado sob pseudônimo que o impressionou profundamente: nele se propunha uma técnica de atribuição inteiramente distinta. Justamente aquelas recorrências estruturais, e exatamente porque gerais, são as menos autênticas e as mais falsificáveis: podem ser trabalhos de aula e de imitadores (como nos ensina a notória e divertida piada de Livorno na qual os rapazes eram enganados por ilustres simuladores que faziam crer que eram autênticas esculturas de Modigliani, reencontradas por acaso, imitações *amadorísticas*, e nunca como neste caso, *por amor*

Aquelas técnicas não indicavam o caminho correto para a reconstrução da identidade; era necessário, ao invés, buscar o *eigenwert* de uma pintura e do seu autor, não em grandes estruturas fáceis de *replicar*, mas em pequenos e insignificantes detalhes, do corte das unhas à forma do lobo da orelha, a uma não aparente ruga na face, e assim por diante. Não era uma concessão ao *primitivismo* (Abe Warburg teria falado do flaubertiano "Deus está no detalhe"), mas a exata indicação de um método analítico atento à depuração da linguagem por sentidos muito comuns e muito gratuitos e, por isso, facilmente reprodutíveis. Benjamin teria pouco depois aprofundado o sentido, falando da obra de arte na idade de sua reprodutibilidade técnica.

Quem escrevera esse ensaio era um médico italiano, coisa que Freud não estranhou, por reconhecer nessa técnica de reconstrução da identidade aquele procedimento, já uma vez definido como *arte*, típico da semiologia médica. Consiste ele na reconstrução da uma história a partir de sintomas aparentemente incongruentes (o colorido da tez como *indício* do mau funcionamento hepático, etc.). Impressionou a Freud porque tal procedimento era aquele típico da análise da psique que deve reconstruir a obscuridade de uma identidadea partir de seus sintomas visíveis. E seria interessante que em sociologia se relesse Durkheim sob este ponto de vista, como um dos primeiros que usaram esse procedimento: os fenômenos morais que fogem à observação podem ser decifrados mediante os seus símbolos visíveis. Ora, o *pequeno detalhe*, sinal de autenticidade por onde começar a reconstrução da identidade, tem na leitura freudiana a mesma função heurística do *lapsus*: não a linguagem *pública*, governada por códigos externos, mas a linguagem liberta de vínculos exibe uma distância entre a identidade construída e a identidade removida: excluída, mas não eliminada. E sobre esta opera o analista para ajudar a *reconstruir*, desde os detalhes que refluem, a identidade que se oculta.

Assim Freud relata no segundo ensaio, *O homem Moisés e o monoteísmo*, o quanto o episódio da identificação de uma obra e de seu autor influíram sobre sua formação: "muito antes de sentir falar em psicanálise" teve conhecimento de alguns ensaios publicados em língua alemã por Ivan Lermolieff (Morelli, médico italiano e depois senador na última década do século passado). O método de Morelli ensinava a *distinguir* as imitações dos originais e, segundo a expressão literal de Freud, "construía novas individualidades artísticas a partir daquelas obras liberadas por atribuições precedentes". É evidente como a identificação faça *justiça* a falsas identidades e o método analítico não é outra coisa se não essa tentativa. Assim, o *Moisés* de Miguel Ângelo, através do detalhe do dedo que interrompe um movimento da barba, pode ser reconstruído diversamente daquele reconhecido pela tradição bíblica: não atirava, furioso, as tábuas da lei, mas continha a pulsão. A sua *verdadeira* identidade mudava, mas não saberemos nunca se a representação da mudança era de Miguel Ângelo ou de Freud, que interpretava Miguel Ângelo: de qualquer forma, o detalhe deslocava representações e a identidade sofria "uma irrupção do tempo" (*einbruch*). O efeito é o de uma duplicação do jogo identitário, dentro e fora, no sujeito e no objeto.

A identidade pode aparecer e pode ser, pode-se mascarar e reaparecer, ocultar-se em qualquer lugar e mostrar-se: o problema se torna do observador externo, que deve decifrar caracteres definitivos da identidade, oscilando sempre entre aquilo que se mostra e aquilo que é, da sua representação externa ao seu modo de ser interno. Então, a identidade se apresenta sob dupla forma: na linguagem dos espiões e da psiquiatria a *dupla identidade* é uma estrutura recorrente; assim como nas festas do carnaval e no teatro, a máscara funciona como identidade do *duplo*. Mas a natureza dupla da identidade não é uma aquisição nova nem inesperada quando se pensa que, na origem da experiência moderna, a autonomia da esfera privada se produz exatamente graças a essa prática de *duplicidade*.

Em pleno absolutismo político, quando o príncipe se representa ainda como o único e fiel *speculum societatis* e impõe do alto linguagens públicas que controlam e governam cada ângulo recôndito da vida privada dos súditos, realiza-se a primeira grande conquista de autonomia da esfera privada através de um processo de diferenciação significativo. Relata-nos Leo Strauss, em *The art of writing*, que exatamente durante – e graças a isso – o absolutismo do príncipe, a comunicação privada e a escrita começam a operar com um duplo código: respeito formal do *canone* contra uma comunicação e uma escrita *between lines*. A linguagem se torna cifrada e se dirige a interlocutores capazes de se entenderem, exatamente como entre escritor e leitor as mensagens são decifráveis pelas entrelinhas. Como em arquitetura se respeita a maneira pública e autoritariamente imposta e, por isso mesmo, nos pode ser concedida liberdade nos pequenos detalhes, assim a vida privada usa a duplicidade da dissimulação para evitar a censura obsessiva do soberano.

O *maneirismo* político, assim se chama (R. Schnur), é a primeira grande separação entre a esfera da vida pública e a identidade privada; decompondo a natureza compacta da vida pública, celebra a identidade dos indivíduos como sendo o lugar em que "o soberano não pode comandar as consciências". A identidade se retrai no segredo da comunicação, opera estratégias de fuga e de embuste e começa a apresentar-se como maior que a vida pública, que se iludia em contê-la. O subtrair-se e o expandir-se da identidade requeriam jogos de auto-observação e autodescrição em que nenhum observador externo podia, legítima e eficazmente, introduzir-se.

Que a semântica da observação há tempo já estivesse abrindo espaços de experiência e redefinindo seus horizontes de expectativa, atribuindo relevância ao tema da auto-observação e da auto-regulação do mundo da identidade individual, está sugerido pela história complicada das formas de vida, pelos progressivos ajustamentos da legitimação do poder político e pelas representações que os saberes sobre ela produziam. Enquanto há tempo se haviam separado os dois corpos do rei e a soberania tinha começado a elaborar afanosamente as suas diferenças, o indivíduo medieval se vinha definindo, seja apenas no plano moral e religioso da sua *imitatio Christi*, que caracteriza o modelo do *santo*, seja como um verdadeiro e próprio objeto de investigação autônoma, mas coletivamente relevante. Le Goff (*L'uomo medievale.* Roma-Bari: Laterza, 1978) desenha um mapa significativo da obsessão medieval pela busca da individualidade, que já em C. Morris (*La scoperta dell'individuo. [1050-1200].* Napoli: Liguori, 1985) e em G. Misch, historiador da autobiografia, estava esboçada. Tal mapa, que se condensa no modelo de inefabilidade do indivíduo, articula-se em torno de pontos bem precisos: a consciência da caducidade, a qualidade de decifração de mundos sempre pouco transparentes aos quais a história sobrepõe as vidas coletivas, o duplo vínculo de submissão e rebelião, o exercício da memória que assegura *tradição*. Nesse mapa, o indivíduo é o veículo de mecanismos que estão em condições de assegurar, mediante a exclusiva observação e regulação do eu, a inteira sobrevivência das coletividades. A personalidade individual em torno da qual se sedimenta esse processo torna-se o *mediador* entre a cultura e a totalidade do sistema social (A. Gurevic. *La nascita dell'individuo nell'Europa medievale.* Roma-Bari: Laterza, 1996, p. 19); a auto-observação começa a funcionar, diria N. Luhmann, com o modelo do termostato, regulando o clima e por ele simultaneamente sendo regulado, e o *medium* do mecanismo regulador torna-se o indivíduo, que assume o saber sobre a autonomia de sua consciência.

Obviamente é decisivo, do ponto de vista da semântica histórica, não a presença de um tema, mas o modo como se define a sua relevância. Certamente, o tema da individualidade não é novo nem estranho às reflexões que as disciplinas e os gêneros literários produziram; a ética, a política e a retórica estão cheias delas. Mas essa presença não se mostra suficiente para construir a relevância de um tema como geral e como relacionado à totalidade da regulação do sistema social. Pode haver traços, acenos, antecipações, verdadeiras e próprias discussões que ocupam parcelas centrais do debate, mas, não obstante, não se trata ainda de *temas* da sociedade. Com exemplo na vida pública fala-se, embora difusamente, no mundo antigo, em seus documentos históricos como nos textos legais, mas a vida pública, como se sedimentou através das suas diferenças com a vida privada, por um lado, e, por outro, com a vida comum no mundo moderno, não existe como problema. O problema da ordem social tem certamente seu nome no mundo antigo, mas para o sistema social começa a ser tema relevante somente com o advento das guerras civis de religião no século de seiscentos. Ainda hoje falamos de *amizade*, mas ela não tem a mesma espessura temática, a mesma relevância que tinha a *philia* na pólis grega; ela hoje aparece em vozes isoladas dos índices analíticos de tratados e enciclopédias muito acurados; no mundo grego, a ética – que era dfícil distinguir entre pública e privada – construía-se integralmente em torno da *philia*. E o tema da identidade individual não escapa a esses jogos da semântica.

Disso nos recorda Michel Foucault, estudioso da ambivalência, talvez mais que do poder, que dedicou ao *sujeito* e às suas representações os estudos mais originais. Foucault mostrou como as tecnologias do eu começam a produzir-se muito antes de nascer essa categoria recente e iluminística do sujeito. Mas a presença de tecnologias, a insistência sobre *como* se produz cura e controle do eu estão no máximo dentro de uma representação ou arqueológica ou (depois) genealógica de formas, certamente, de poder, mas cuja relevância encontrará condensação muito tempo depois, com nomes e características todas diversas. Conhecida, embora discutível, a reconstrução que faz Foucault da *epiméleia eautoû* (*souci de soi*) que se vem definindo tanto mediante o uso dos prazeres quanto, e talvez mais, nas práticas do discurso. Esplêndidas as conferências americanas, em que reelabora o modelo da *parrésia*, o dizer a verdade: dizer tudo literalmente, mas também falar sem freio, dizer o verdadeiro contra as aparências, mas também exprimir palavras em liberdade (M.Foucault, *Discorso e verità*, Roma, 1996). Há um momento em que a *parrésia*, de correta prática do discurso público e político, de jogo hermenêutico e de jogo erístico e retórico, se transforma em modalidade de uma interação privada entre outros não mais generalizados, para acabar, e é esse o ponto, em um modelo de auto-observação e auto-regulação. A *parrésia* é a arte do não-mentir a si mesmo, desafio de estável coerência e busca incessante de transparência entre os diversos eus, de que somente um é o *verdadeiro*. Da verdade do discurso à verdade do eu o caminho é longo e atravessa mil passagens: aquilo que os combina é a visibilidade dos muitos discursos e a interiorização dos muitos eus. Existe um *eu* do eu em que se pode operar com o código verdadeiro-falso, ou verdadeiro-aparente, no qual o juiz ou o hermeneuta não é estranho, mas interno à mesma individualidade. Será necessário estar atento, porque a *parrésia*, como modalidade de auto-representação, de prática exclusiva e em certo sentido elitista, do ensaio cínico e epicureu, se torna dispositivo generalizado do jogo identitário; mas a semente, como se diz, já foi plantada. O contrato parrésico que podia regular informalmente as relações entre duas diferenças (eu-outro, detentor do poder crítico, potente-sábio) vem a decair nas modalidades da existência de um único indivíduo e ilumina suas inúmeras faces. Permanece *teche tou biou* sensível às mil prescrições que as inúmeras éticas sugerirão, mas, enquanto isso, traz à superfície um jogo escondido em que o indivíduo começa a elaborar a sua identidade com toda a inquietude de quem descobre encontrar-se frente a esferas de invisibilidade que reúnem sujeito e objeto da observação; a inquietude de quem descobre indiferenciações entre as muitas identidades que emergem de uma diferença excessivamente gratuita entre o indivíduo e os seus mundos. Para concluir: não é muito, mas é paradoxalmente excessivo, ter individuado não o problema comum, mas o lugar onde buscar aquilo que direito e psicanálise compartilham. O vertiginoso salto que demos nos deslocou dos conteúdos psicanalíticos e jurídicos para a linguagem comum com que esses *discursos* falam disso. É uma técnica de aproximação muito gradual: seria um novo paradoxo, afinal, se psicanaliticamente pensássemos que aquilo que se diz não corresponde àquilo de que se fala, e depois supuséssemos uma ideal recompreensão do dizer e do seu objeto nas práticas do direito. Se o direito é a prática lingüística de fazer coisas com as palavras, aquela recompreensão deverá ser posta em discussão. É o que buscamos mostrar.

Referências bibliográficas

BERGER, Peter. L. *Robert Musil e il salvataggio del sè.* Messina: Rubbettino, 1992.

BRUNER, Jerome. *La fabbrica delle storie.* Roma-Bari: Laterza, 2002.

DURRENMATT, Friedrich. *I dinosauri e la legge.* Torino: Einaudi, 1994.

FOUCAULT, Michel. *Discorso e verità.* Roma: Donzelli, 1996.

GLEASON, Philip. Identifying identity: a semantic history. *Journal of American History*, Bloomington, v. 69, n. 4, p. 910-931, 1983.

GUREVIC, Aron. *La nascita dell'individuo nell'Europa medievale.* Roma-Bari: Laterza, 1996.

LE GOFF, Jacques. *L'uomo medievale.* Roma-Bari: Laterza, 1978.

MITTICA, Maria Paola. *Raccontando il possibile*, Milano: Giuffrè 2006.

MORRIS, Colin. *La scoperta dell'individuo. (1050-1200).* Napoli: Liguori, 1985.

POLLNER, Melvin. *La ragione mondana.* Bologna: Il Mulino, 1995.

RESTA, Eligio. *Il diritto fraterno.* 4. ed. Roma-Bari: Laterza 2005.

——. *Le stelle e le masserizie.* Roma-Bari: Laterza, 1997.

A condição humana, a produção da subjetividade e o sentido do direito

— 4 —

Kafka, *kavka*, K.: do nebuloso ao que se revela como surpresa[1]

VERA KARAM DE CHUEIRI[2]

Sumário: 1. Nebulosidade, 2. Revelação, 3. Surpresa, o tempo sem tempo ou a aporia do tempo, 4. Kafka, kavka, K, 5. Autoridade e Direito.

Martha Nussbaum, no início do seu livro *Love's Knowledge,* afirma que há algumas visões de mundo e de como nele se deveria viver, as quais enfatizam a sua surpeeendente variedade, complexidade e mistério, sua beleza imperfeita e, que tais visões, não podem ser total e adequadamente traduzidas na linguagem convencional da prosa filosófica – um estilo notadamente monótono e carente de imagninação –, mas somente em uma linguagem em si mais complexa, mais alusiva e mais atenta ao específico.[3] Derrida, em seu livro *Acts of Literature,* fala sobre a "economia" da literatura e de como, *as vêzes*, a literatura parece ser mais poderosa do que outros tipos de discurso, como o discurso histórico e filosófico. *As vêzes,* pois depende de singularidades e contextos.[4] O fato é que a experiência literária, vai além da unidade e totalidade da filosofia e da ciência, além da *enciclo-paedia.*[5] Neste sentido, não haveria como começar este ensaio, senão com Kafka (e a advertência do guardião): (...) *versuche es doch, trotz meines Verbotes hineinzugehen* (...) *Ich bin mächtig.*[6]

O homem do campo e o guardião estabelecem o *leitmotiv* deste trabalho: estamos compelidos por esta cumplicidade entre a filosofia, o direito e a literatura. Assim, para se (re)pensar o direito, na complexidade e com a sensibilidade que se lhe exige, há que se levar em conta a imaginação literária. A filosofia e a teoria do direito não devem apenas pressupor, mas estar comprometidas com esta trama. Parafraseando Derrida, minha inclinação incial não era, realmente,

[1] Dedico este ensaio a Deborah Mitchel, *in memorian.*

[2] Professora adjunta de direito constitucional da faculdade de direito da UFPR.

[3] Martha Nussbaum, *Love's Knowledge* (New York and Oxford: Oxford University Press, 1990), 03.

[4] Jacques Derrida, *Acts of Literature* (New York and London: Routledge, 1992), 43.

[5] Critchley, Simon. *Very little* (...), *almost nothing.* (New York and London: Routledge, 1997), 33.

[6] Franz Kafka, "Vor dem Gesetz," *Gesammelte Werke,* (European Union: Eurobuch, 1998), 34.

em direção ao direito, mas à literatura, ou melhor, em direção à alguma coisa que a literatura, mais facilmente do que o direito, acomoda.[7] Impelida por esta cumplicidade entre a filosofia, o direito e a literatura, seja através da prosa convencional da filosofia e teoria do direito ou da prosa literária de Kafka resta-me, então, desconstruí-la, para que dela se possa extrair algo, como o soro de que, invariavelmente, carece o trabalho acadêmico, ou como bem diz Augusto de Campos, a *linguagem inevitavelmente pesada e pedante das teses sem tesão e das dissertações dessoradas.*[8] Este ensaio pretende, a partir da estória *Vor dem Gesetz* (*Diante da lei*) de Kafka –, a qual, por sua vez, se repete em uma passagem, no final de *Der Prozess* (*O Processo*)- problematizar o direito e o que a ele se relaciona, como a autoridade que o institui e o mantém. Outras questões pertinentes ao direito podem ser inferidas do *Diante da lei,* entretanto, neste trabalho, limitar-me-ei a destacar o entrelaçamento do direito com a filosofia e a literatura, isto é, ao que é forma e que, no seu desdobramento (ou desconstrução) revela os seguintes conteúdos: 1. nebulosidade; 2. revelação; 3. surpresa; 4. Kafka, *kavka,* K.e 5. autoridade e direito.

1. Nebulosidade

Diante da lei está seu guardião a mediar seu acesso. O homem do campo roga ter acesso, ser admitido, sujeitar-se à lei, ao que o guardião responde: *Es ist möglich* (...), *jetzt aber nicht. Vor dem Gesetz* é a estória de quem quer pertencer ao Direito e neste movimento de pertencimento ao Direito se sujeitar. Mas *Vor dem Gesetz* é também a estória dos sem-lei, dos *outlaws* ou *ban(d)idos*. Não por acaso a trama kafkaniana nos enreda no mundo dos escritórios, dos cartórios, das salas escuras, surradas e emboloradas e dos tribunais.[9]

Joseph K., no começo do *Processo (Der Prozess)* é tomado de surpresa em seu quarto de dormir pela *lei*: dois guardas e um inspetor: (...) *Das ist alles, was wir sind, trotzdem aber sind wir fähig einzusehen, dass die hohen Behörden, in deren Dienst wir stehen, ehe sie eine solche Verhaftung verfügen, sich sehr genau über die Gründe der Verhaftung und die Person des Verhafteten unterrichten. Es gibt darin keinen Irrtum. Unsere Behörde, so weit ich sie kenne und ich kenne nur die niedrigsten Grade, sucht doch nicht etwa die Schuld in der Bevölkerung, sondern wird wie es im Gesetz heißt von der Schuld angezogen und muss uns Wächter ausschicken. Das ist Gesetz. Wo gäbe es da einen Irrtum?*[10] Não somente a prisão, mas a autoridade e o direito sob o qual K. é detido tornam-se, desde este momento, nebulosos: *von wem bin ich angeklagt? Welche Behörde führt*

[7] Derrida, *Acts of Literature*, note, Interview, 02.

[8] Augusto de Campos. *O anticrítico*. São Paulo : Companhia das Letras, 1986, 09.

[9] Walter Benjamin, *Illuminations*. (New York: Schocken Books, 1969), 112. Ver esta belíssima passagem de Benjamin sobre Kafka.

[10] Kakfa, "Der Prozess," *Gesammelte Werke*, 319-20.

das Verfahren? Sind Sie Beamte? Keiner hat eine Uniform (...).[11] Essa atmosfera pouco clara, nebulosa, do *Processo* provoca, por um lado, a mesma sensação de surpresa que K. (e nós, leitores) sentimos diante (da autoridade) da lei (e da literatura) e, por outro lado, é sobre o que o direito e a literatura tratam: o ambíguo, o opaco, o nebuloso.

Walter Benjamin fala sobre o "ponto nebuloso" (*cloudy spot*) que está sempre lá, na literature e no direito. Conforme diz Hamacher, *quando Benjamin fala sobre o "cloudy spot" no interior da parábola "Diante da lei", essa reminescência toca no ponto do texto de Kafka, no qual ele menciona o "interior" da lei. Ela traz a parábola em proximidade com a lei: o "ponto nebuloso" na parábola é a lei que proíbe sua própria apresentação, mas é, ao mesmo tempo, a lei proibida; é a lei proibida e a lei que proíbe (inóspita) e assim, é a lei que proíbe a si mesma e a todo "si mesmo", a lei como afastamento da lei, a lei sem lei.*[12] Deleuze e Guattari falam de um rizoma ou de uma cova ao se referir à prosa de Kafka e, aqui, novamente, a idéia de obscuridade está associada a ela.

Benjamin, de maneira sensível, afirma que o *Processo* não é, senão, o desdobramento do *Diante da lei.*[13] Nesse movimento de desdobramento, a prosa de Kafka se transforma em fragmentos de prosa, o que é quase poesia. Não é uma alegoria ou uma doutrina, mas uma realiadade poética. Forma e conteúdo, na prosa fragmentada de Kafka, de alguma forma, adiam a si mesmos. Em uma passagem do seu *Diário,* datada do dia 08 de dezembro de 1914, Kafka escreve: *Yesterday for the first time in ever so long an indisputable ability to do good work. And yet wrote only the first page of the "mother" chapter, for I had barely slept at all two nights, in the morning already had indications of a headache, and had been too anxious about the days. Again I realized that everything written down bit by bit rather than all at once in the course of the larger part (or even the whole) of one night is inferior, and that the circumstances of my life condemn me to this inferiority.*[14] Há muitas razões que justificam a prosa fragmentada de Kafka, mas, principalmente, o tempo (ou a sua falta) e o espaço do homem e do escritor, os quais alinhavam um *textum,*[15] cuja trama ganha vigor, desdobra-se até alcançar e aproveitar a noite (a vigília) de onde ela é originária e lá, *painfully to retain him who was unable to bring it forth into the light.*[16]

Ler os textos de Kafka, desconstrutivamente, é resistir a sua acomodação nas categorias literárias de mimesis, referência, forma, conteúdo, gênero, origem, intenção, etc., na medida em que a minha (ou qualquer outra) leitura é feita daquilo que não é dado a ler no texto. Uma leitura desconstrutivista não chama a atenção, por exemplo, para a fraqueza do autor ou sua grande erudição, mas para

[11] Kafka, "Der Prozess," *Gesammelte Werke*, 324.

[12] Werner Hamacher, *Premises* (Stanford, California: Stanford University Press, 1999), 301.Tradução livre.

[13] Benjamin, *Illuminations*, 122.

[14] Franz Kafka, *The Diaries* (New York: Schocken Books, 1976), 320. December 8th, 1914.

[15] *Textum, textus, tecido, textura* etc. Ver Derrida, *Dissemination,* and *Pharmacy of Plato.*

[16] Maurice Blanchot, *The Space of Literature* (Lincoln and London: Nebraska University Press, 1982), 60.

o fato de que, aquilo que o autor apresenta está, sistematiamente, relacionado ao que ele não apresenta.

Parábolas que, ao invés, são parábolas distorcidas e uma doutrina que, conforme Benjamin, não existe, mas da qual nós podemos ter uma alusão, eis o gênio Kafka. Para Benjamin, os fragmentos de prosa de Kafka poderiam ser vistos como predecessores preparando a doutrina. Entretanto, não me interessa discutir a relação de Kafka com a religião, como também as considerações de Benjamin sobre Kafka e o misticismo. O que eu quero, antes de mais nada, é enfatizar o que diz Benjamin sobre a prosa kafkaniana quando ele afirma que *in the stories which Kafka left us, narrative art regains the significance it had in the mouth of Scheherazade: to postpone the future.*[17]

Pois bem, *Diante da lei* pode ser visto como uma parábola se se levar em conta o seu valor aparente (*face value*) e parábolas aludem à doutrina. Ainda, aforismos podem ser a forma do texto de Kafka. Contudo, nem parábola, nem doutrina alguma, mas fragmentos de prosa; de uma prosa sem fim é o tecido tramado pelo *Diante da lei.* Fosse este uma parábola (e agora me referindo especificamente ao conteúdo) e uma função pedagógica ou moral, ao invés de um ponto obscuro, haveria aí. Fosse ainda uma doutrina e uma exegêse seria o caso para compreender sua narrativa. Mas os textos de Kafka são feitos para evitar a sua interpretação. A tarefa aqui não é (e não poderia ser) exegética, pois sacrificaria o autor, sua obra, como também este ensaio. O prórpio Kafka era consciente do fato de que seus textos não para ser intrepretados e *he took all conceivable precautions against the interpretation of his writings.*[18] A tarefa aqui é a de desconstruir a narrativa de Kafka e neste movimento (de desconstrução) discutir o entrelaçamento da filosofia, com o direito e a literatura.[19]

Benjamin geralmente se refere ao *Diante da Lei* como uma parábola, entretanto sublinha que as parábolas de Kafka nunca se esgotam pelo que está lá explicado e, assim, mesmo frustando um tipo de interpretação que busca um significado único no texto, suas parábolas são dadas a uma *exegesis* obstruída: *a judgment, and indeed the slow execution of the text. Even the deferral of interpretation interprets.*[20] Por esta razão, ao invés de parábolas, aforismos ou doutrinas, eu prefiro pensar na forma do texto de Kafka como fragmentos de prosa, isto é, uma narrativa que, invariavelmente, posterga a decisão, assim com Scheherazade e, ao fazê-lo, produz a decisão.[21] A prosa kafkiana mostra que há alguma coisa, tanto na literatura quanto na filosofia e no dirieto, que não pode ser compreendi-

[17] Benjamin, *Illuminations,* 129.

[18] Idem, 124.

[19] Da perspectiva da desconstrução,especialmente de Derrida, "*no* text is wholly governed by the concepts and oppositions of philosophy, *every* text can be read (...) as 'literary'. Equally, no text could be *wholly* 'literary': all acts of language and interpretation depend on philosophical categories and presuppositions". Derrida, *Acts of literature,* 07.

[20] Hamacher, *Premises*, 298.

[21] Idem, 298.

da. Alguma coisa que torna as reivindicações por auto-suficiência e completude de cada um destes discursos questionáveis e vagas. Apesar da decisão produzida por cada leitura do texto, apesar do fato de que cada crítica do texto acha que o domesticou, o *textum* de Kafka é sempre surpreendente. Nós (leitores, críticos, estudiosos (...) estamos sempre tentando desfazer, através da nossa interpretação, a trama que Kafka tece, entretanto, a trama nunca completamente se desfaz e a interpretação é sempre uma interpretação frustrada, pois o significado do *textum* de Kafka é, apenas, alinhavado, e não exatamente costurado por qualquer interpetação que seja.

Ao rejeitar o dever de uma narrativa exemplar, pedagógica e doutrinária, a prosa de Kafka chama atenção para o que é nebuloso e que lá não está presente, na medida em que está antes ou depois. Assim, *Diante da lei* está lá, antes (da lei) da parábola, *and it does so by not presenting a rule, a teaching, a doctrine, a moral, a law; by inhibiting itself and dissembling itself; and as a "cloudy spot", by placing itself before its own function of presentation before itself as a parable.*[22] O *Diante da lei* é ele próprio a nebulosidade de todas as parábolas, da prosa fragmentada de Kafka, a perturbar a autoridade da (lei da) ficção na tradição da ficção doutrinária educativa. Neste sentido, o *Diante da lei* permanence diante da lei (da ficção), assim como o homem do campo. De fato, tanto para o texto (forma) ou para o homem do campo (conteúdo) a lei é obstruída: esta é a lei da lei. Assim, a lei é, ao mesmo tempo, proibida e proibição. Não se pode ter acesso à lei mas, sim, aos seus representantes, os quais são, ao mesmo tempo, seus interruptores e seus agentes.

Em *O Processo,* três funcionários públicos, três tipos desconhecidos, três empregados do banco entram em cena e provocam a atenção de Josef K.: "(...)*Und um Ihnen das zu erleichtern und Ihre Ankunft in der Bank möglichst unauffällig zu machen, habe ich diese drei Herren Ihre Kollegen hier zu Ihre Verfügung gehalten". "Wie?" rief K. und staunte die drei an. Diese so uncharakteristischen blutarmen jungen Leute, die er immer noch nur als Gruppe bei den Fotografien in der Erinnerung hatte, waren tatsächlich Beamte aus seiner Bank, nicht Kollegen, (...). aber untergeordnete Beamte aus der Bank waren es allerdings.*[23] Uma incessante transformação move *O Processo*, na medida em que, aquilo e aquele que parece estar fora da lei, por meio de uma aporia, está dentro dela. Três (funcionários, empregados do banco, pessoas comuns (...) que logo não são mais funcionários, ou empregados do banco, ou pessoas comuns, nem três, mas quatro, cinco, uma multidão, como se um dos pontos de um triângulo fosse aberto e este se transformasse num quadrado ou em qualquer outra figura ou começasse a proliferar ou, ainda, porque os lados do triângulo não param de se deformar.

[22] Hamacher, *Premises*, 301.

[23] Kafka, "Der Prozess," *Gesammelte Werke,* 327-328.

Kafka geral e genialmente sacrifica (e de alguma forma subverte) a lógica do enredo, tecnicamente compreendida como *essentially a spatial constrict, a design of events, with a casual scheme for beginning, middle and end,*[24] em nome do adiamento do tempo – que a todo momento é redefinido – em um espaço que, surpreendentemente, (para nós leitores) – é aquele dos estranhos túneis, rizomas, labirintos e múltiplas portas. A própria idéia de enredo ou trama não se encontra no *textum* de Kafka, especialemnte porque para o autor estar enredado significa escapar da seqüência de eventos, linearmente organizada no tempo, em um esquema de começo, meio e fim. O tempo de ser e o tempo do texto estão sempre em suspensão, e o tempo dramático da literatura de Kafka, de forma alguma, é, simplesmente, dramático: *Diante da lei está um guardião. Em direção deste guardião vem um homem do campo e roga admissão na lei* (...) *"É possível", diz o guardião, "mas não agora".* (...) *Ele (o homem do campo) decide que é melhor esperar até ele ter permissão para entrar. O guardião lhe dá um banquinho e deixa-o sentar em um dos lados da porta. Ali ele fica, dias e anos.*[25]

Joseph K. é, de antemão, acusado e ele se desloca de uma repetição a outra e, com ele, o clímax é sempre adiado. Não faria diferença alguma se se trouxesse a útlima cena de *O Processo* para o seu começo. Aonde que quer a narrativa pareça chegar junto com a sua elucidação, ela frustra quem espera uma explicação, na medida em que não chega ao ponto daquilo que se pressupõe explicar. Blanchot afirma que *(t)he endless wanderings of thought, its new beginnings taking off from an image that breaks that reflection, the meticulous rigor of reasoning applied to a nonexistent object, constitute a style of thinking that plays at generalization but is thought only when caught up in the density of a world reduced to a the unique instance.*[26] Nós, leitores, seguimos através de algo opaco (novamente aqui o ponto nebuloso) que não compreendemos ou, quando chegamos a compreender o significado, não podemos mais voltar à escurisão da qual este (o significado) é a luz. Neste sentido, como anteriormente já disse, ler Kafka ou interpretá-lo é uma tarefa impossível. Somos como dois leitores que nunca podem se encontrar, pois somos um, depois o outro e compreendemos sempre mais ou sempre menos do que é necessário.[27]

O *textum* que Kafka tece com escritórios, salas escuras e bolorentas, tribunais, pensões, senhorios, guardas, carcereiros, homens do campo, escriturários, etc. apenas alinhava, e não exatamente costura a trama, na medida em que está sempre suscetível a alterações. O que aparece, ou melhor (me apropriando do diálogo de Benjamin com Gershom Scholem), aquilo que é revelado pelo *textum* de Kafka, pelo homem do campo, pelo guardião, por K. etc não tem significado: aparecer enquanto tal é o que conta. Scholem fala sobre o nada, a insignificância da revelação. *A state in which revelation appears to be without meaning, in*

[24] Wylie Sypher, *The Ethic of Time* (New York: A Continuum Book, 1976), 44.

[25] Kafka, "Vor dem Gesetz," *Gesammelte Werke,* 34. Tradução livre.

[26] Blanchot, *The Work of Fire*, p. 03.

[27] Idem, p. 04.

which it still asserts itself, in which it has validity but no significance [in dem sie gilt, aber nicht bedeutet].[28] A aparição do homem do campo, do guardião e de K. tem uma força reveladora mas sem conteúdo ou significado. Os personagens aparecem e através da sua aparência, ou melhor, ao aparecer, eles fazem a trama se desenvolver. Não é um conteúdo propositivo que, através de toda trama nos enreda, mas sim a aparição reveladora dos personagens. Essa aparição dos personagens não levanta ou propõe dogmas, crenças, idéias ou significados, todavia ela tem sua validade.

Ao invés de considerar esse processo (de aparição) como uma relação mística, poder-se-ia, seguindo Hegel, considerá-lo, fenomenologicamente, como uma relação essencial. Ao tomar um atalho fenomenológico, a revelação (como aparição) torna-se uma categoria chave para a prosa fragmentada de Kafka, entretanto, despida de um significado teológico. Assim, eu poderia argumentar em dois diferentes sentidos: de um lado, a própria literatura (como um texto) é desde já uma manifestação (e uma supresa no sentido de evento) e, de outro, no texto literário, particularmente no de Kafka, a manifestação, isto é, a (supreendente) aparição dos personagens, em relação a nós, leitores, é o que move a trama. Neste sentido, o item seguinte fará uma breve remissão à *relação essencial* de que fala Hegel, como também às categorias da Aparência, Essência, Noção/Conceito e Revelação. Daí, concluir (com Hegel) que a verdade da aparência é a relação essencial e, assim, que a aparência deve ser compreendida no *gerúndio,* como aquilo que está acontecendo ou que é revelador (ao se revelar).

2. Revelação

Segundo Hegel, nós vemos as coisas na medida em que elas aparecem para nós, e não porque elas estão imediatamente lá (e nada no *Diante da lei* ou no *Processo* está imediatamente lá). A força da aparência resta neste movimento de aparecer e quando nós vemos as coisas aparecendo elas são consideradas umas em relação às outras.[29]

A aparência implica esse movimento de uma reflexão-em-si-mesmo, a qual é, ao mesmo tempo, uma reflexão-em-um-outro. Essa identidade entre essência e aparência as torna uma, no sentido de que é a própria essência que aparece. Talvez, uma maneira apropriada de se referir a este "um" da aparência com a essência é pensá-las a partir da relação (ou movimento) que elas estabelecem entre si. Uma relação ou movimento que conduz à substantivação do gerúndio, isto é, ao *aparecendo.*

Há que se considerar (hegelianamente) que a coisa é uma contradição. Por um lado, ela é refelxão-em-si-mesma e, como tal, totalmente independente de qualquer outra coisa e, assim, auto-subsistente. Por outro lado, ela é relexão-em-

[28] Gershom Scholem, Letter to Benjamin, 20 September 1934. Gershom Scholem ed., *The Correspondence of Walter Benjamin and Gershom Scholem 1932-1940* (New York: Schocken, 1989), 142.

[29] Charles Taylor, *Hegel*, (Cambridge, UK: Cambridge University Press, 1997), 273.

um-outro, ou seja, completamentamente dependente do outro. Vale dizer, ela é existência, cuja independência se anula e torna-se dependência. Neste sentido, a existência é aparência.

A aparência é uma contradição de uma reflexão-em-si-mesma que é, ao mesmo tempo, reflexão-em-um-outro. Essa identidade nós leva a concluir (com Hegel) que a aparência é idêntica à assência (que aparece). A reflexão-em-si-mesma e a reflexão-em-um-outro são, então, idênticas. Esse movimento gera uma unidade. Essência e aparência são "um", no sentido de que é a própria eesência que aparece. Para Hegel o mundo é, conformemente, aparência, mas aparência é essência e, por conseguinte, é essencial para a essência aparecer.

Na *Encyclopedia*, Hegel (re)coloca a mesma discussão em termos de uma relação entre conteúdo e forma. O ponto a ser sublinhado é também o da relação trazida pelos elementos numa totalidade ou dessa totalidade de elementos e a realidade subjacente.

Hegel avança em seu argumento dizendo que a aparência é aquilo que se manifesta e constitui um mundo (da aparência). O que acontece é que o mundo da aparência e o mundo-em-si-mesmo contituem cada qual uma totalidade em si mesma. São ambos auto-subsistentes e, como diz Hegel, *the one is supposed to be only reflected Existence, the other immediate Existence; but each continues itself in its other and is therefore in its own self the identity of these two moments.*[30] Este *continuar* nada mais é do que a *relação essencial* que, finalmente, permeia toda a discussão sobre aparência. O resultado de uma *relação essencial,* ao qual chega Hegel, *expia* a multiplicidade do mundo – no sentido de que compensa – redimindo a totalidade do que poderia ser pior, isto é, a impossibilidade de conciliação e reconciliação dos seus elementos (na sua manifestação).

No âmbito da relação essencial, novas categorias surgem como todo e parte, força e sua manifestação, interno e externo, com o traço distintivo de que cada categoria consiste de dois lados, os quais são, completamente iguais, um em relação ao outro. Um lado é exatamente o outro, sob um aspecto diferente. A subsistência de cada lado tem, igualmente, seu significado, somente na relação com o outro ou no que Hegel chama de unidade negativa. Os lados da relação essencial são postos como totalidades auto-existentes. A mesma oposição do positivo e negativo, mas ao mesmo tempo um mundo invertido.

A lógica da *Lógica* de Hegel não significa o pensamento lógico considerado em si mesmo, mas o Ser revelado no e através do pensamento ou do discurso. (*Logos*). Tudo que é verdadeiro é uma entidade real, isto é, o Ser em si, o qual é revelado pelo pensamento ou pelo discurso. Assim, a noção/o conceito (*Begriff*) de ser significa tomar a realidade, conceitualmente compreendida, através de um discurso coerente. O Ser é, assim, revelado, pelo conceito na medida em que existe. A estrutura do pensamento/discurso é, assim, determinada pela estrutura do ser que ele revela. Portanto, se para Hegel o ser é dialético, o que revela é tam-

[30] G.W.F. Hegel, *Science of Logic* (Atlantic Highlands, NJ: Humanities Paperback Library, 1996), 510.

bém dialético. *Thought is dialectical only to the extent that it correctly reveals the dialectic of Being that is and of the Real that **exists**.*[31] O traço fenomenológico do método hegeliano é o que justifica sua dialética, na medida em que há uma dialética do pensamento científico através e, tão-somente, porque há uma dialética do ser que o pensamento revela.

É de se notar que para Hegel, desde o começo da *Lógica* e do movimento dialético das categorias, o mundo como um objeto do conhecimento é estruturado por conceitos. A lógica do conceito é a da identidade do conceito com a coisa. Assim, o conceito compreende toda a determinação, toda a diferença e toda a exterioridade da efetividade real. Neste sentido, Jean-Luc Nancy diz que *that is why the concept in this sense is the element on which it is revealed (...) that "the Appearance, far form being incompatible with essentiality, is a manifestation of essence". The Concept, in truth, is the Appearance grasping itself as truth, rather than opposite of a merely phenomenal appearance.*[32]

Uma leitura convencional da seguinte passagem, *(p)hilosophy is not meant to be a narrative of happenings but a cognition of what is true in them* sugere, inicialmente, que a empreitada filosófica é compreender aquilo do que o evento é apenas aparência. Isto significa que a empreitada filosófica é, primeiro, para se compreender a verdade contida naquilo que acontece e, posteriormente, com base nessa cognição e, à luz daquela verdade, se compreender aquilo que aparece externamente. Ou seja, parece que a eventualidade (*eventfulness*) do evento é apenas a aparência ou apresentação da verdade, sua face externa. Entretanto, o evento não é necessariamente um evento inessencial, um mero evento. Assim, é possível se ter uma compreensão menos convencional da passagem acima, segundo a qual, a eventualidade (*eventfulness*) do evento permanece tão essencial quanto o evento compreendido.

A tarefa filosófica é saber a verdade daquilo que acontece e compreender o acontecimento enquanto tal. Como eu disse em algum momento atrás, a diferença que faz a diferença resta neste acontecer/aparecer/surpreender ou acontecendo/aparecendo/surpreendendo. Neste ponto, é possível pensar a essência nos termos do acontecimento, ao invés da substância e, aqui, eu concordo com Jean-Luc Nancy quando ele sublinha que a era própria de Hegel na filosofia, o período do fechamento/abertura moderno consiste na surpresa: *gnawing anxiety about the event.*[33] Assim, a eventualidade do evento surge da surpresa e, justamente por isso, a surpresa é essencial ao conceito. A surpresa está, de fato, além do que acontece, no sentido do próprio acontecimento. A essência, o ser do evento (o acontecimento), é a surpresa. A lógica da surpresa da *Lógica* de Hegel está no âmago da filosofia. *From the beginning of philosophy until its end (which*

[31] Alexandre Kojève, *Introduction to the Reading of Hegel.* (Ithaca and London: Cornell University Press, 1969), 170-71.

[32] Jean-Luc Nancy, "The Surprise of the Event". In Stuart Barnett (ed.), *Hegel After Derrida* (New York and London: Routledge, 1998), 92.

[33] Nancy, "The Surprise of the Event," *Hegel AfterDerrida*, 95.

re-enacts its beginning all over again), this surprise would constitute the sum of what was at stake (...).[34]

É importante salientar que a filosofia para Hegel é um sistema e não é possível (e também não é a minha intenção aqui) reduzir a leitura de Kafka (e da literatura) a tal sistema e suas categorias. É tão problemático quanto autoritário reduzir o *textum* de Kafka a um sistema filosófico. Todavia, a dialética das categorias (a verdade da Aparência é relação essencial e a Aparência tem que ser compreendida como aparecimento, isto é, o acontecimento, o revelatório) nos mostra que um momento de surpresa está lá, como aquilo que agita e move o sistema lógico. O surpreendente sobre a surpresa é o que, talvez, esteja lá, tanto no sistema lógico quanto no *textum* literário de Kafka, isto é, o elemento da tensão, o tom surpreendente da existência, a tensão do arco da existência. Talvez, o entrelaçamento da filosofia com a literature seja a tensão, o arco, a extensão. Uma leitura totalitária da totalidade de Hegel insiste em desenvergar o arco filosófico.

Uma elementar inferência que tiramos da *Lógica* é que estamos constrangidos por uma totalidade, porém não uma totalidade simplista e totalitária, mas uma complexa e contraditória totalidade ou, ainda, uma (in)tensa surpreendente totalidade.

Aquilo que acontece, a surpresa, o evento na sua eventualidade, o verbo em seu tempo contínuo, implica um outro tempo ou, melhor, é o tempo. Nada precede ou sucede este tempo, na medida em que ele é o que está acontecendo. No entanto, como reconhecer que nada precede ou sucede o tempo? É a própria origem do tempo intempestiva? É o tempo um tempo vazio (sem tempo)? Portanto, é o evento enquanto surpresa um tempo sem tempo? Isso significa que o tempo é uma aporia?

3. Surpresa, o tempo sem tempo ou a aporia do tempo

Na tradição da filosofia occidental, desde a *Physics* de Aristóteles, o tempo é concebido em relação ao movimento e ao espaço. *But as time most usually supposed to be motion and a kind of change (...) Now the change or movement of each thing is only in the thing which changes or where the thing itself which moves or change may chance to be. But time is present equally everywhere and with all things.*[35] É de se notar que a discussão de Aristóteles sobre o tempo, no livro IV da *Physics* sublinha a sua aporética estrutura: o tempo é aquilo que, *either does not exist at all or barely, and in the obscure way.*[36] O tempo é o que não é, ou seja, o momento do tempo, o seu "agora" é, simultaneamente, aquilo que não é mais, tanto quanto aquilo que ainda não é: *(o)ne part has been and is not, while the other is going to be and is not yet.*[37] Aristóteles observa, ainda, que se o tempo

[34] Nancy, "The Surprise of the Event," *Hegel After Derrida*, 97.

[35] Aristóteles, "Physics", *The Complete Works* I, (Princeton, NJ: Princeton University Press, 1984) p. 370-371.

[36] Idem, p. 370.

[37] Idem, ibidem.

é divisível e existe, suas partes devem também existir. Todavia, algumas partes do tempo foram, outras serão e nenhuma é no presente. Conforme diz Derrida,[38] o tempo é inicialmente concebido por Aristóteles em conformidade com sua relação a uma parte elementar, o agora, o qual em si é afetado – como se ele ainda não fosse temporal – por um tempo que o nega ao determiná-lo como um agora passado ou um futuro agora. *O "nun", o elemento do tempo, neste sentido não é em si temporal. Ele é temporal somente no momento em que se torna (temporal), isto é, quando deixa de ser, ao se tranpor ao nada, na forma de ser-passado ou ser-futuro. Mesmo se ele é encarado como (passado ou futuro) não sendo, o agora é determinado como o núcleo intertemporal do tempo, o núcelo não modificável da modificação temporal, a forma inalterável da temporalização. O tempo é o que supera esse núcleo, ao afetá-lo com nada. Mas para ser, para ser um ser, não se deve ser afetado pelo tempo, não se deve vir a ser (tornar-se) passado ou futuro. Participar no ser, na ousia é, assim, participar no ser-presente, na presença do presente. Seres são o que é.*[39] O tempo é, portanto, definido em termos do que é sem ser ou do que nunca é presente ou do que só vagamente é. O tempo é nada e não pertence a ninguém.

Hegel (re)prensa a *aporia* do tempo de Aristóteles, porém, dialeticamente. Na *Encyclopedia,* Hegel recoloca a aporia: *Die Negativität, die sich Punkt auf den raum bezieht und in ihm ihre Bestimmungen als Linie und Fläche entwickelt, ist ber in der Sphäre des Aussersichseins ebensowohl für sich und ihre Bestimmungen darin, aber zugleich als in der Sphäre des Aussersichseins setzend, dabei als gleichgültig gegen das ruhige Nebeneinander erscheinend. So für sich gesetzt, ist sie die Zeit.*[40] Tempo e espaço são categorias da natureza, isto é, da idéia enquanto exterioridade e, como tal, eles são imediatos, vale dizer, abstratos e indeterminados. A dialética do espaço, do seu ser, o mostra como tempo. Espaço (enquanto tempo) acontece pontualmente no momento de negação da negação. O ponto se coloca para si mesmo como um ponto-agora, sempre como esse ponto e daí ele tem a realidade no tempo.

O movimento de se tornar é tanto o de vir a ser quanto o de deixar de ser (morrer). Isso significa que o ser do tempo é o agora. *But it is not in time that everything comes to be and passes away, rather time itself is the becoming, this coming-to-be and passing away, the actually existent abstraction, Chronos, from whom everything is born and by whom its offspring is destroyed.*[41]

Heidegger acusa de trivial a concepção do tempo de Hegel.[42] Mas o que chama a nossa atenção na (re)leitura de Hegel da aporia do tempo é a negação da negação que é o tempo. Um passo além da dialética de Hegel e esse movimento

---

[38] Jacques Derrida, *Margins of Philosophy* (Chicago: University of Chicago Press, 1986), p. 40.

[39] Derrida, *Margins of Philosophy,* p. 40.

[40] G.W.F. Hegel, *Encyclopadie der Philosophischen Wissenchaftern* (Verlag Von Felix Meiner: Leipiz, 1949), p. 212.

[41] Hegel, *Encycloapedia,* § 258.

[42] Martin Heidegger, *Being and Time* (New York: State Univresity of New York Press, 1996), p. 393.

conduz à negatividade do tempo ou ao tempo vazio e, como tal, ao evento. O tempo ou o evento *perform* ou são o lugar da existência.[43] Mais do que vir a ser, o tempo ou o evento é o acontecer de alguma coisa: o aparecendo e o desparecendo. Entretanto, o evento não é presentável no sentido de que há alguma coisa não presentável presa no próprio presente, a qual é sua diferença estrutural.[44] Que esta diferença estrutural do presente não é presentável não significa que ela não é pensável. Para pensar esta diferença estrutural, ela deve surpreender a si mesma no seu objeto. Uma surpresa (que vem-a-ser) responde ao acontecer do presente. Seguindo o argumento de Jean-Luc Nancy, o evento é o evento enquanto ele acontece, enquanto ele vem-a-ser, significando este "enquanto", tanto a sua função modal quanto a sua função temporal. Em outras palavras, o evento é o próprio tempo enquanto tempo do acontecimento e o tempo do acontecimento é um tempo "vazio".

Este (tempo) vazio é, em termos hegelianos, a negatividade para si mesma. Entretanto, diferente de Hegel, a relação da negatividade com ela mesma não é abstrata, mas não-abstrata. Acontecer é, assim, a negatividade para si mesma, é o evento, é o tempo vazio no qual, "para si mesma" significa o tempo da existência. *Negativity, here, does not negate itself, and does not raise [relève] itself out of itself. It does something else; its operation or its in-operation is other and obeys another mode. One might say that it extends itself: tension and extension – by which alone something will be able to appear as "passage" and "process"- ex-tension neither temporal, nor local, of the taking place as such; spacing by which time arises; tension of nothing that opens time – "Spanne", as Heidegger says.*[45]

De Aristóteles nós aprendemos que não somente as coisas humanas formam um círculo, mas que há círculo em todas as coisas que vieram a ser ou morreram. Isso quer dizer que há um círculo do tempo, cuja medida é dada pelo movimento circular: *kronos* está conectado com *sphaira.* Como eu afirmei antes, a *Lógica* de Hegel (re)concilia dialética com circularidade. Para Hegel, o tempo obedece a um curso circular e é concebido como um círculo – segundo Heidegger, um conceito vulgar.

O tempo dramático segue, tradicionalmente – leia-se, no drama grego –, a revolução, o movimento da terra e pode também ser descrito como um círculo (de vinte e quatro horas). Conforme afirma Agnes Heller, *time as a unit-the time of repetition and repeatability.*[46] Por outro lado, o tempo histórico *is not circular and neither is it linear, at least not quite (...) It is also frequently pointed out that historical time, in the form of linear time, appears first in the Bible, especially*

[43] Nancy, "The Surprise of the Event," *Hegel AfterDerrida*, p. 98.

[44] Idem, p. 99.

[45] Idem, p. 100.

[46] Agnes Heller, *The Time is Out of Joint* (Lanham, Boulder, New York, Oxford: Rowman & Littlefield Publishers, Inc., 2002), p. 120.

in the Book of Kings, where the events constitute time.[47] Todavia, nas tragédias gregas, ambos os tempos, cíclico e histórico, estão presentes, na medida em que a tragédia respeita tanto o ciclo das estações (repetição) quanto a irreversibilidade do passado. Esse fato nos permite pensar que mesmo para os gregos há tempos (no plural).

O tempo literário pode também ser plural e dramático, mas não no sentido das tragédias gregas. Em Kafka, o dramático é, ao contrário, a interrupção do tempo, o adiamento que, de alguma maneira, pára o tempo. O tempo é interrompido. Num certo sentido, o círculo do tempo é (inter)rompido. Em (e para) Kafka a vida é tão intensamente enredada que seu curso *natural* é o da suspensão e da surpresa (ao menos, para nós leitores). Uma ruptura no círculo do tempo, na sua concepção filosófica vulgar (segundo Heidegger), sugere uma outra (menos vulgar) concepção do tempo, a qual o considera, não mais um círculo, mas sim um salto. A supresa nada mais é do que um salto. *The tension, the extension of the leap – the spacing of time- the discord of being as its truth: this is surprise.*[48] O tempo permanence suspenso na tensão e extensão do salto. A vida permanence suspensa no/através do tempo. Estar lá (no mundo ou no texto) é sempre uma surpresa a subverter o ciclo da vida, a sucessão dos dias e noites, como também o ritmo do enredo, o seu movimento crepuscular. Assim, cada vez que o homem do campo tenta ter acesso à lei e é impedido, eis a supresa e o salto: *estas são dificuldades que o homem do campo não esperava; a Lei, pensa ele, deveria ser, indubitavelmente, acessível a todo tempo e a todos, mas como ele agora observa de perto ao guardião em seu casaco de pele, seu nariz grande e pontudo e sua barba à tartaro, longa, fina, negra, ele decide que é melhor esperar até que ele tenha permissão para entrar. O guradião lhe dá uma banqueta* (...).[49]

Entretanto, no *Diante da lei,* o tempo também segue seu curso linear a significar não mais que uma mera sucessão cronológica de eventos. *Durante esses muitos anos o homem fixou sua atenção quase, ininterruptamente, no guardião.*[50] Cada tempo ou momento em Kafka não é, senão, uma surpresa, um salto. Ao invés de um círculo, pode o tempo ser descrito como um salto; o tempo do evento (enquanto surpresa) é como um salto. É o *agora* do evento que salta juntamente com o *não ainda*. Em outra trama literária, Hamlet afirma: *The time is out of joint.*[51] *Joint* significa junção, conexão, ou lugar. *Out of joint* é o que ou quem está *des*conjuntado, *des*conectado ou *des*locado. Em alemão o verbo *verrücken* significa mover, desarrumar, deslocar. Ainda, o particípio do verbo, quando se transforma em um adjetivo, isto é, *ver-rückt,* significa louco, doido, não-domesticado. Os adjetivos *deslocado* e *louco* referem-se a quem ou ao que "é" ou "está" fora (do tempo e do espaço). O senso comum se refere a quem ou ao que está

[47] Heller, *The Time is Out of Joint,* p. 120.

[48] Nancy, "The Surprise of the Event," *Hegel After Derrida,* p. 102.

[49] Franz Kafka, "Before the Law," *The Complete Stories*, (New York: Schocken Books, 1971), p. 03.

[50] Idem, ibidem.

[51] William Shakespeare, *Hamlet* (New York: Signet Classic, 1982) 64. Act I, Scene V.

deslocado, como louco, doido ou selvagem.A fisionomia do mundo de Kafka parece *verrückt, deslocada,* isto é, tanto louca quanto desconectada, desconjuntada. A aparência louca, desarranjada, desconectada e deslocada do nosso tempo não é um problema para Kafka, na medida em que o (nosso) tempo é (sobre) isso: *out of joint.* Kafka desarranja, desloca a aparência, aparentemente normal do (nosso) tempo.: *(s)omeone must have been telling lies about Joseph K., for without having done anything wrong he was arrested.*[52] Portanto, não há um sentido único de tempo em Kafka, mas sim tempos desarranjados.[53] Agnes Heller, em seu belo livro sobre Shakespeare,[54] desde o título, afirma que *(t)he time is out of joint.* Ao longo da narrativa, ela sublinha em várias das obras de Shakespeare o tempo histórico, particular, político e existencial, como também, o *tempo* dos seus versos.

De volta a Kafka, ao seu *textum,* vê-se que o ato de escrever significa não meramente uma forma de literatura, mas uma enunciação que é sempre histórica, política e social. *Never has there been a more comic and joyous author form the point of view of desire; of enunciation. Everything leads to laughter, starting with "the Trial". Everything is political, starting with the letters to Felice".*[55] Neste sentido, *Vor dem Gesetz/Diante da Lei* (e *O processo* como o desdobramento desta pequena prosa) pode ser uma narrativa das experiências do tempo: ciclos, linhas, saltos, os quais podem ser traduzidos em outras experiências: jurídicas, políticas, éticas e pessoais.

4. Kafka, *kavka,* K

Kafka afirma em seu diário: "*(o)nly writing is helpless, cannot live in itself, is a joke and despair.*[56] A possibilidade mesma de escrever e da literatura é, segundo Derrida, *the essential nothing on whose basis everything can appear and be produced within language.*[57] Nada *essential*, ausência pura na qual toda presença está anunciada, eis o que instiga alguém (o autor) a trabalhar, ou seja, eis a inspiração. É este vazio que constitui o objeto literário, cuja origem está escondida ou, em outras palavras, é uma não-origem. Se escreve para dizer que este que escreve não pode escrever, certamente, nada. Escrever é, assim, impotente: frivolidade e desespero.

A origem do escrever é uma não-origem, na medida em que ela não está em si mesma, tampouco *in the conventions of a life and a language to which it is continually bound without being able to derive from them a law for its presenta-*

[52] Kafka, *The Trial*, p. 01.

[53] Segundo Sypher, *there is no such thing as 'the' Greek sense of time; there are mainly, as in Hamlet, times out of joint.* Ver Wylie Sypher, *The Ethic of Time* (The Seabury Press: NY, 1976), p. 03.

[54] Heller, *The Time is Out of* Joint, p. 01.

[55] Deleuze and Guattari, *Kafka: Toward a Minor Literature,* p. 42.

[56] Kafka, *The Diaries,* 397-8. Rer December 6th, 1921.

[57] Jacques Derrida, *Writing and Difference* (Chicago: Chicago University Press, 1978), p. 08.

tions.[58] Sem um "eu" (*self*) e sem uma norma baseada neste "eu" (*self*) para lhe dar suporte, escrever é sem salvação. Pois bem, a única lei é a de que não há lei para escrever, mas sim, frivolidade e desespero. Na origem do escrever, da literatura, há, assim, uma aporia: ausência pura, inspiração que na sua mais primordial forma é nada e, assim, desespero. Entretanto, para Kafka, essa não-origem (*homelessness*) do ato de escrever e da literatura, logo se transforma em frivolidade, uma brincadeira, a qual, com certeza, ele faz muito bem. Conforme Hamacher, (...) *all talk of absence, losing, and missing the mark is not only hypothetical; it misses the mark in principle. It has forfeited the epistemic security that would have been able to provide a background for the pathos of failure and the pathos of salvation.*[59] De fato, a aporia que está na fundação da literatura (de Kafka) gera um interessante movimento, qual seja, a literatura não resta sobre si mesma, mas também não resta sobre essa não-origem (*homelessness*) da sua ausência, se movimentando *in a realm in-between, a hybrid realm that no longer bears a canonical or even a disposable name.*[60] Portanto, não é apenas o caso de se perguntar o que é a literatura, mas também o que perguntar (o que é a literatura) é.

A literatura inicialmente chama a nossa atenção ao "o que é" da questão perturbando a autoridade e a pertinência da questão. Trata-se, pois, de voltar novamente a nossa atenção, à origem, *die Herkunft,* ao lugar, ao nome que se chama e que pode ser esse campo híbrido: Kafka, *kavka,* K.

Kafka (não) era tcheco, mas um tcheco judeu. Ele era um estrangeiro para a comunidade cristã tcheca. Como judeu, ele não era, exatamente, exemplar, pois não se devotava completamente à comunidade judaica e sempre manteve uma certa indiferença em relação a esta. Entre os judeus, Kafka não se sentia confortável com sua linhagem burguesa, ainda que ele não pertencesse à comunidade judaica do leste europeu que, na sua visão, personificava o povo judeu. Entretanto, Kafka era um escritor judeu-tcheco que falava alemão e que também não se ajustava lá muito bem entre os tchecos. Em uma de suas cartas para Milena, ele comenta: *Then there is the question of being Jewish. You ask me if I'm a Jew, maybe that's just a joke, maybe you're only asking if I'm one of those anxious Jews, in any case as a woman form Prague you can't be as innocuous in this respect as Mathilde, Heine's wife.*[61] Mais para frente, ainda na mesma carta, ele fala sobre sua irmã mais nova, da qual se supunha que iria se casar com um cristão tcheco; *once he was talking with one of your relatives about his intention of marrying a Jew, and this person said: 'Anything but that, just don't go getting mixed up with Jews*!'.[62] Bem no começo da estória *Investigações de um cão,* o narrador diz: *How much my life has changed, and yet how unchanged it has remained at bottom! When I think back and recall the time when I was still a member of the canine community,*

[58] Hamacher, *Premises*, 295.

[59] Idem, ibidem

[60] Idem, 296.

[61] Franz Kafka, *Letters to Milena*, (New York: Schocken Books, 1990), 19. Meran, May 30, 1920.

[62] Idem, ibidem

sharing in all its preoccupations, a dog among dogs, I find on closer that from the very beginning I sensed some discrepancy, some little maladjustment, causing a slight feeling of discomfort which not even the most decorous public functions could eliminate (...).[63]

Apesar de ser um judeu-theco que falava alemão, Kafka não pertencia à comunidade boêmia e, mesmo vivendo lá, ele nunca se sentiu pertencente à Áustria. Ao se referir à tradução que Milena fez de um dos seus escritos, ele afirma: *I am moved by your faithfulness toward every little sentence, a faithfulness I could not have thought possible to achieve in Czech, let alone with the beautiful natural authority you attain. German and Czech so close to each other?*[64] Neste belo e vasto material das cartas que escreveu a Milena, Kafka literalmente pede a ela que lhe escreva em tcheco, uma vez que ela pertence a esta língua e somente lá, no refúgio da língua tcheca, ela pode ser achada na sua inteireza, enquanto em alemão há uma parte dela, a parte que está se preparando para Viena. Ao falar de si próprio, Kafka afirma: *I have never lived among Germans. German is my mother tongue* (...).[65] Assim como Shylock para a sociedade de Veneza, Kafka era um estranho/estrangeiro: era sua fé e seu destino. Conforme ele pergunta a Milena: (...) *but do you also enjoy foreignness for its own sake?*[66]

Tcheco, judeu ou alemão ou a mistura, o híbrido; a origem como não-origem. A experiência de Kafka de ser (judeu, tcheco, alemão) é de desterritorialização. Em tcheco, *kavka* significa gralha, e uma gralha costumava ser o emblema da companhia do pai de Kafka, o qual foi achado em seus (do pai) materiais de papelaria. *Die Herkunft,* o nome, aquilo no que se (re)conhece como singular. Portanto, *kavka* é um particular "eu" até se tornar um conceito e, assim, um termo geral. O nome, a marca (da identidade) é tanto particular quanto geral. Quando *kavka* se torna Kafka, ainda ele, o nome, não se conforma a uma regra invariavelmente válida, mas também não se refere, meramente, a um particular "eu". Kafka é a regra para toda a família, ou seja, há uma classe de pessoas chamada Kafka, mas é isso também o que diferencia como Franz, um membro dessa classe, dessa família, conhecido exatamente por ser Kafka (ou *kavka*). Mas Kafka pode ainda ser identificado como K., porém K. é aquele que está diante da lei ao ser acusado como um fora-da-lei.

É claro que o nome, a assinatura Kafka atravessa a classe literária, mas no momento que ele (o nome) se torna K. ou Gracchus (o caçador), trata-se já de uma singular peça literária. Gralha, cujo significado em tcheco é *kavka*, uma vez traduzida para o italiano, torna-se *gracchio*. Desta forma, há *kavka, gracchio,* Kafka, K., Gracchus: transformação, transmutação e tradução. *Wherever names and nouns, singular and general terms, can be generated from one another*

[63] Kafka, "Investigations of a Dog," *The Complete Stories*, 278.

[64] Kafka, *Letters to Milena,* Ver Meran, end of April, 1920, p. 07-08

[65] Idem, p. 14

[66] Idem, p. 03

through antonomasia, critical distinctions in the domain of concept are no longer possible without qualification. And the same can be said of the production of concepts, the transparency of the particular within the general, and the subsumption of an individual under a universal law-, all which are demanded by conceptual thought. Virtually all words, not only nouns, construct a gloomy court around themselves by means of antonomasia, a court that becomes impenetrable once antonomasia spins out an entire story.[67] Não é exatamente a antonomasia que me chama a atenção, mas os vários "trans" (passagens) - transformação, transmutação, tradução - que se acha nos textos de Kafka: de um mundo a outro, de um significado a outro, de uma pessoa a outra (pessoa ou animal).

(Trans)formação, (trans)mutação e (tra)dução colocam a questão da identidade (do e no texto) desde uma perspectiva que, necessariamente, implica o outro, na medida em que o prefixo "trans", do latin, significa através, sobre, além, ou do outro lado. Por esta razão, daqui para frente, minha leitura do *textum* literário de Kafka focará na identidade: do próprio texto e no texto (do nome, da pessoa, da coisa, do lugar). Tal leitura, se deve, sobretudo, ao fato de que a literatura, a filosofia e o direito, nas suas narrativas e no entrelaçamento das suas narratives problematizam suas identidades, como também a identidade de seus sujeitos.

Olhando para o Kafka, o homem, o escritor, não sem uma grande aflição, ele lida consigo mesmo. Isso fica claro nos seus *Diários,* literalmente nos seus escritos diários (ou na sua vida), na recorrência dos pensamentos suicidas, pois ele não tinha (o) tempo (para escrever ou exisitir). Por causa do seu trabalho burocrático, parecia que quando ele tinha tempo para escrever (e viver) seus conflitos desapareciam. Mas não é isso que acontece quando, depois de largar o emprego, ele parece dispor de mais tempo. Mesmo quando ele está doente e tem "todo" tempo para escrever (e viver), seus conflitos persistem. A falta de tempo de Kafka (para escrever e ser) não seria, simplesmente resolvida com mais tempo, mas sim considerando um outro tempo, um tempo sem tempo.

Mas a vida (e viver) para Kafka é a experiência aborrecida do tempo da burocracia, das obrigações e deveres da burguesia (judaica) do leste da Europa. No seu diário, precisamente nos seus escritos de 23 de setembro de 1912, Kafka diz: *This story, "The Judgement", I wrote at one sitting during the night of the 22nd-23rd, from ten o'clock at night to six o'clock in the morning. I was hardly able to pull my legs out from under the desk, they had got so stiff form sitting. The fearful strain and joy, how the story develop before me, as if I were advancing over water. Several times during this night I heaved my own weight on my back. How everything can be said, how for everything, for the strangest fancies, there waits a great fire in which they perish and rise up again. How it turned blue outside the window. A wagon rolled by. Two men walked across the bridge. At two I looked at the clock for the last time. As the maid walked through the ante-room for the first time I wrote the last sentence. Turning out the light and the light of*

[67] Hamacher, *Premises,* 310.

day. The slight pains around my heart. The weariness that disappeared in the middle of the night. The trembling entrance into my sisters' room. Reading aloud. Before that, stretching in the presence of my maid and saying, "I've been writing until now." The appearance of the undisturbed bed, as though it had just been brought in. The conviction verified that with my novel-writing I am in the shameful lowlands of writings. "Only in this way can writing be done, only in such coherence, with such a complete opening out of the body and soul".[68] (grifei)
Como se pode observar, o movimento do tempo tedioso e opressivo do homem Kafka ao tempo sem tempo, ou melhor, a um tempo desconjuntado, desconectado ou deslocado, acontece somente quando o homem dá lugar ao nome, à marca, à literatura: Kafka. É lá, na literatura, que Kafka experiencia o encantamento de um tempo desconjuntado (*out of joint*). É, assim, lá, nos seus escritos literários, que a identidade é colocada em questão. É no acordar do homem que o escritor modela as identidades nebulosas dos seus sujeitos.

Na literatura de Kafka, nas suas várias experiências do tempo, a identidade é colocada em questão através da, aparetemente, normal aparência dos tipos mutáveis de seus personagens. Isso é bem claro em *A metamorfose,* ou numa pequena estória chamada *the Crossbreed.* Em *O processo,* os personagens não se transformam em alguma outra coisa ou outra pessoa, entretanto oficiais podem ser tomados como empregados do banco, pessoas comuns ou funcionários do tribunal, no sentido da multiplicidade do mesmo. Distintas identidades funcionam como se fossem uma.

Pensando no conceito aristotélico de identidade como matéria/substância (*ousia*),[69] seria um grande desafio chegar à matéria/substância nos tipos híbridos de Kafka. Se nossa materialidade/substancialidade é nossa identidade, haverá algo que é exclusivo para cada pessoa apesar das transformações que uma pessoa pode sofrer no decorrer da sua vida.

Em vez de uma referência material para a identidade, relativamente a Kafka e sua literatura, poder-se-ia focalizar a atenção naquilo que não é substancial, mas institucional. Não estou, com isso, descurando das outras esferas de constituição da identidade, mas considerando que a nossa identidade é mediada por fontes institucionais e por isso, vale a pena observá-las.

Em *O processo,* por exemplo, quando um empregado do banco pode ser tomado por um funcionário do tribunal ou por um guarda é o institucional que aparece anulando todas as diferenças em nome de uma instituição que torna-se o *tribunal* para todas as identidades. Justamente por isso, que nunca se é substancialmente e, aquele que vem a ser, nunca é predicado. Dito de outra maneira, a matéria/substância dele ou dela é, no máximo, remota e a identidade constituída nos e através dos túneis do poder, do Estado e do direito.

---

[68] Kafka, *The Diaries,* 212-13. See, September 23rd, 1912.

[69] "Ver Aristóteles, "Physics," *Complete Works,* 316-325. Ainda, Heller, *The Time is Out of Joint,* 33.

Kafka, talvez por sua própria experiência, suas próprias redes de identidade, nas quais seu reconhecimento foi sendo tecido, tanto como judeu quanto tcheco ou boêmio, perturba as fontes institucionais de reconhecimento, como a família, a igreja, o Estado e o direito. Estar diante da lei pode ser tanto uma tentativa de ser (ou pertencer) a uma instituição e, assim, uma tentativa em direção ao reconhecimento de um outro institucional ou, ainda, um ato de resistência em pertencer a, em obter o seu reconhecimento de uma instituição, cuja autoridade é duvidosa.

Um conceito substancial de identidade, como o de Aristóteles, não leva o outro em consideração. Aristóteles literalmente afirma que somente a material/substância é o que vem a ser sem qualificação. Ela primeiramente é ou acabou de ser. Neste sentido, se é, essencialmente, por natureza e a sua matéria/substância não muda, apesar de qualquer modificação que possa acontecer ao longo da sua vida. O que muda na própria pessoa (no seu "eu" (*self*) não é a sua material/substância, isto é, a primeira categoria que constitui a pessoa como tal, mas sim o que lhe é atribuído acidentalmente. (...) *(I)n nature nothing acts, or is acted on by, any other thing at random, nor may anything come from anything else, unless we mean that it does so accidentally.*[70] Isso do que todas as outras coisas são predicadas e do que em si não é predicado de mais nada se diz, em grego, *hupokeinemon,* cuja tradução para o latim é *subjectum.* Sujeito é, então, isso que continua através das mudanças e conhecer o sujeito, quem se é, implica um movimento de reconhecimento da sua constituição como ser primeiro. Tal movimento não é, senão, um olhar sobre a *(meta)physics*; um olhar sobre a natureza subjacente à matéria. Neste sentido, ao se afirmar quem é mais puramente, mais essencialmente judeu, tcheco ou boêmio (...) nos permitiria traduzir o que é ser judeu, tcheco ou boêmio em geral. Todavia, uma essência híbrida, uma essência que nos permitiria "hifenizar" a identidade, isto é, um sujeito judeu-tcheco-boêmio ou Kafka-*kavka*-K., ou ainda, um cruza, meio gatinho, meio cordeiro parece não ser possível em termos aristotélicos.

Quando se abandona a noção aristotélica de identidade (substancial) e se assume a noção moderna, intersubjetiva, de identidade resta a dificuldade em relacionar esta útlima aos tipos híbridos de Kafka (aos tipos hifenizados). A intersubjetividade moderna resta silenciosa ao "hífen" e esse silêncio *does not pacify or appeases anything, not a single torment, not a single torture. It will never silence their memory. It could even worsen the terror, the lesions, and wounds.*[71] Ademais, um hífen não é suficiente para ocultar o sofrimento, os gritos e o barulho das armas. No âmbito da modernidade política e jurídica, isto é, no âmbito do Estado de Direito, no curso das façanhas do liberalismo e da social democracia, a identidade tem sido semrpre dogmaticamente pressuposta como uma questão de se obter um *status* político e jurídico; como uma questão de pertencimento a uma instituição jurídico-política. Este tipo de reconhecimento dado por um outro institucional como o Estado e o Direito, parece, para nós, sujeitos modernos,

[70] Aristóteles, "Physis," *Complete Works*, 321. See also Aristóteles's *Metaphysics*, books delta and zeta.

[71] Derrida, *Monolinguism of the Other*, 11.

"cidadãos", uma grande conquista. Entretanto, ele (o reconhecimento) não abre espaço para aqueles que experienciam identidades perturbadas.

Kafka conhecia (ou sentia) bem o sofrimento da sua identidade desarranjada, e nós sabemos (e sentimos) que um *status* jurídico, como a cidadania, não cobre todos os modos de pertença. Há muitos casos de pessoas que somente obtiveram sua cidadania no curso de suas vidas porque assim determinaram o Estado e o Direito, os quais, de repente, com base em argumentos opostos e com a mesma autoridade a retiraram. Há pessoas que pertencem à segunda, terceira geração de imigrantes e que ainda restam privados da cidadania e distantes da sua origem. Eles se tornam um tipo quase-nacional de origem estrangeira.

Se a esfera de reconhecimento é esta do Estado e do Direito, importa pensar em que bases o Estado e o Direito sustentam sua autoridade para definir a identidade das pessoas (a nossa) e, também, porque a (nossa) identidade, uma vez estabelecida pela autoridade, não admite ser hifenizada.

Kafka claramente duvida da autoridade institucional e ao duvidar dela, ao questioná-la, ele mostra que na literature e, talvez, somente na esfera literária se pode ter o reconhecimento de uma identidade desarranjada (ou hifenizada). Uma autoridade obscura ou nebulosa não significa, necessariamente, uma autoridade suspeita. É claro que ela pode ser suspeita, mas isso é o mínimo. Uma crítica menos ingênua à autoridade do Estado e do Direito tem que levar em conta que por nebulosa ou obscura pode se estar referindo à sua estrutura incerta ou ambígua a qual é, sistematicamente, ignorada. K. é grotescamente acusado e culpado por uma autoridade tão impessoal e invisível quanto a sua culpa: *(w)ho could these men be? (...) What authority could they represent.*[72]

5. Autoridade e Direito

"You can't go out, you are arrested!"[73]
Autoritas, non Veritas facit Legem.[74]
"Don't be deluded", said the priest.
"How am I being deluded?" asked K.[75]

Guardas, funcionários dos tribunais, juízes detem poder e por isso se deve obediência a eles: "(...) What authority is conducting these proceedings? Are you officers of the law? (...)".[76] No âmago da óbvia afirmação acima feita – e no âmago do discurso político e jurídico – resta a sempre perturbadora questão de

[72] Kafka, *The Trial*, p. 04

[73] Idem, p. 03.

[74] Ver Carl Schmitt, *The Crisis of Parliamentary Democracy* (Cambridge, Mass. and London: The MIT Press, 2000) 43. Ver ainda Hobbes, *Leviathan or the Matter, Forme and Power of a Commonwealth Eclesisticall and Civil* (New York: Touchstone Book, 1997), 198. "And first, it is manifest that law in general, is not counsel, but command."

[75] Kafka, *The Trial*, p. 213.

[76] Idem, p. 11.

por que se deve (o homem do campo, K. ou qualquer um de nós) obedecer. É inevitável sobrestar a discussão neste ponto e dar um passo atrás no sentido da constituição da autoridade, sua origem e, daí, tentar responder à questão sobre por que se deve obedecer; porque a sintática e a semântica da sentença não é fortuita, isto é, porque em termos de obediência há sempre um dever.

A autoridade a qual me refiro (ou a que se refere Kafka, K. e o homem do campo) é a que se constitui na esfera pública. Hannah Arendt, em *Between Past and Future,*[77] aponta que nós não somos teorética e praticamente capazes de saber o que, exatamente, é a autoridade. Todavia, através de uma reconstrução histórica dessa categoria, Arendt esboça o que a autoridade não é ou nunca foi para se aproximar do seu significado e da sua força. Na esteira de Arendt, é necessário distinguir a autoridade do poder, da violência e da persuasão, na medida em que a obediência resta no centro de todas estas categorias. Assim, para Arendt, a autoridade não tem nada a ver com o poder coercitivo ou a violência ou, em outras palavras, quando quer que alguém faça uso da força para ser obedecido é porque sua autoridade falhou. Isso não aconteceria caso houvesse um ato de reconhecimento por parte daquele que obedece em relação à pessoa à qual se é submisso/a. A autoridade também é diferente da persuasão, pois esta implica uma ordem igualitária e um processo de argumentação e, sempre que argumentos estejam em jogo, a autoridade é deixada em suspenso. Por isso, uma definição apropriada de autoridade tem que se opôr ao poder coercitivo, à violência e à persuasão e, para tanto, Arendt retoma a tradição romana e sua noção de *auctoritas,* a qual se encontra na fundação de Roma.

Auctoritas conduz ao passado, contudo a um tempo que tem sido sempre (re)presentado na tradição antiga. O *auctor* é, justamente, o fundador, o criador e o verbo em Latim *augere/augeo*, do qual *Auctoritas* é derivada, significa aumentar, ampliar, fortalecer. A política é o sempre-recorrente ato de fundar Roma e sua autoridade constitutiva tem a ver com a força, mas não no sentido da coerção, da violência ou da persuasão, mas sim do fortalecimento dos alicerces.

Há um significado sagrado no ato de fundação, e a coisa fundada o retém, restando aí a autoridade, a qual é revivida através da política. Neste sentido, a autoridade está intimamente ligada à tradição, através da qual o passado foi consagrado. *Tradition preserved the past by handing down from one generation to the next the testimony of the ancestors, who first had witnessed and created the sacred founding and then augmented it by their authority throughout the centuries. As long as this tradition was uninterrupted, authority was inviolate.*[78] Portanto, o passado é sempre vinculante, e a tradição que brota dos precedentes não deve ser quebrada sob pena de a autoridade desvanecer.[79] A quebra com a tradição, a

[77] Hannah Arendt, *Between Past and Future* (Penguin Books: NY, 1993).

[78] Arendt, *Between Past and Future*, 124.

[79] Para Arendt, a autoridade desapareceu do mundo moderno. Nas suas palavras, *the loss of tradition in the modern world does not at all entail a loss of the past, for tradition and past are not the same (...)With the loss of tradition we have lost the thread which safely guided us through the vast realms of the past, but this thread*

perda da autoridade, ameaça a necessária solidez e permanência do mundo em que vivemos.

É de se notar a influência grega sobre o pensamento político romano, a qual remete aos "pais fundadores" do pensamento ocidental, na medida em que a sua filosofia e poesia foram decisivas para os alicerces políticos romanos. Desde os gregos, a autoridade está divorciada da coerção, da violência e da persuasão. É interessante a leitura que faz Arendt da *República* de Platão, especialmente do esforço deste em achar uma forma legítima de coerção e da sua crença de que a razão poderia, através dos filósofos, exercitar tal coerção. Neste sentido, as idéias tornam-se padrões para a existência humana, para o comportamento moral e político, governando-os e obrigando-os e, por isso, são decisivas. Para o filósofo, a razão é soberana, e as idéias, o padrão para ser/estar na *polis*. A razão governa na República e daí o conflito entre o filósofo e a *polis*, como também a necessária atitude política do filósofo ao reivindicar a si o papel de governante. A autoridade empregada pelo filósofo é necessária para a instituição da ordem política mas, por outro lado, é uma ameaça à ordem política.[80]

Apesar do fato de o filósofo governar sobre os afazeres mundanos, como a vida na cidade e, apesar das tensões aí implicadas, tanto o filósofo-governante quanto os governados são mutuamente surpreendidos (e sujeitos) pela dominação de algo externo ao reino das coisas humanas. Na leitura do mito da caverna, Arendt enfatiza o interesse comum entre o filósofo-governante e os governados, entre a contemplação e a ação pois ambos desejam ver.[81] Assim, no conceito de autoridade está refletida essa relação platônica entre o governante e os governados, todavia nem Platão nem Aristóteles oferecem um conceito de autoridade resultante da vida da cidade, isto é, da experiência política.

Platão opõe pensamento e ação e afirma que o filósofo deveria ser soberano ao governar na *polis*. Aristóteles, por sua vez, anteve na natureza a relação entre governante e governados, comando e obediência e a idéia de autoridade aí impli-

was also the chain fettering each successive generation to a predetermined aspect of the past. It could be that only now will the past open up to us with unexpected freshness and tell us things no one has yet had ears to hear. But it cannot be denied that without a securely anchored tradition- and the loss of this security occurred several hundred years ago- the whole dimension of the past has also been endangered. We are in danger of forgetting, and such an oblivion-quite apart from the contents themselves that could be lost-would mean that, humanly speaking, we would deprive ourselves of one dimension, the dimension of depth in human existence. For memory and depth are the same, or rather, depth cannot be reached by man except through remembrance. Ver Arendt, *Between Past and Future,* p. 94.

[80] Conforme assevera Baracchi, *(t)he philosopher comes to appear as the de-forming and trans-forming force, the dynamizing impulse operative within the city, disrupting the closed circle of doxastic determinations and breaking through the fixity of necessity in its purely mechanical aspects.* Ver, Claudia Baracchi, *On Myth, Life and War in Plato's Republic* (Blommington and Indianapolis: Indiana University Press, 2002), p. 40.

[81] Arendt, *Between Past and Future*, 114-115. *(T)he whole realm of human affairs is seen from the viewpoint of a philosophy which assumes that even those who inhabit the cave of human affairs are human only insofar as they too want to see, though they remain deceived by shadows and images. And the rule of the philosopher-king, that is the domination of human affairs-by something outside its own realm is - justified not only by an absolute priority of seeing over doing, of contemplation over speaking and acting but also by the assumption that what makes men human is the urge to see (...).*

cada funciona como um pré-requisito para instituição da esfera política.[82] Ser um cidadão da *polis* ou, a consciência de pertencer à *polis,* já é uma etapa posterior à relação de autoridade determinada pela natureza na esfera privada. O que Arendt enfatiza é que para Aristóteles, *a state is a community of equals, aiming at the best life possible,*[83] conduzindo à idéia de que na esfera política não há diferenciação entre governantes e governados, porém, por natureza há uma diferença de autoridade entre estes, a qual se vê na estrutura familiar grega. Há, pois, duas possibilidades para existir no mundo (grego-aristotélico): na esfera privada dos desiguais e na comunidade de iguais, a *polis.* A autoridade é principalmente experiementada naquela (pré-política) esfera.

Embora os gregos não ofereçam um conceito de autoridade eles incorporam a sua exata idéia, na medida em que fundam a tradição e marcam o início do pensamento ocidental sendo eles mesmos a autoridade. Por isso é possível traduzir a filosofia grega através da *auctoritas* romana no sentido de algo que desde a sua fundação vinculou todas as futuras gerações, isto é, uma força vinculante, porém, não-violenta.

Os romanos eram conscientes de que a durabilidade e continuidade da comunidade política dependia da conservação do passado, através da tradição e isso tornou os gregos autoridades para o pensamento filosófico ocidental. Esse vínculo que os romanos estabeleceram com os ancestrais gregos dá a exata noção de autoridade enquanto uma força não coercitiva, capaz de constituir a organização política.

A força vinculante do passado e a espansão da tradição foram apropriadas pela igreja de Roma e tal apropriação levou a um conteúdo diferente da autoridade, especialmente por conta de uma justificação transcendente que lhe foi atribuída. A igreja aceita a distinção entre autoridade e poder e, em nome da primeira, trabalha pela preservação das fundações eclesiásticas, reafirmando-a na base de um permanente compromisso sagrado com um Deus cristão e suas regras transcendentes. Entretanto, além de fortalecer as suas fundações eclesiásticas, a igreja de Roma se envolve com afazeres seculares. Em nome do poder, a igreja de Roma supera *the antipolitical and anti-institutional tendencies of the Christian faith*[84] e experimenta um processo de politização. A conseqüência deste fato é que, apesar da autoridade sustentar a comunidade cristã em torno dos feitos do passado, revividos através dos ritos e da tradição, especial e principalmente a morte e a ressureição de Cristo e sua promessa para (nós) todos (cristãos), a manutenção da comunidade política na terra depende do poder. A autoridade, assim, se separa do político adquirindo uma dimensão temporal e transformando-se em poder.

É interessante lembrar que a apropriação do conceito romano de autoridade pela igreja, a qual incorporou, também, na estrutura da sua doutrina a filosofia

[82] Ver Aristóteles, "Politics," *Complete Works,* 1986 ff. Book VII of *Politics* (1328 ª 35).

[83] Aristóteles, "Politics," *Complete Works*, 2108 and also Arendt, *Between Past and Future*, p. 116.

[84] Arendt, *Between Past and Future*, p. 125.

grega, não foi um processo fácil, embora conveniente. Desde os primeiros sinais de fraqueza do império romano havia a convicção de que o cristianismo, ao recomendar a renúncia deste mundo, afastou os cidadãos de Roma da sua comunidade política. Como se a prática das virtudes cristãs causasse a ruína da comunidade terrena. Por outro lado, havia a convição (e essa era a de Agostinho) de que não foi o cristianismo o responsável pela queda do império, mas seus próprios vícios. Quando a igreja se deu conta de que o desenvolvimento religioso do novo credo tinha chegado ao fim e desejando assumir as responsabilidades políticas, ela se viu confrontada com o fato de impôr padrões absolutos a uma esfera constituída de afazeres e relações humanas.[85] Para que fossem salvos e premiados com a eternidade, os homens deveriam seguir tais padrões, os quais eram fruto do espírito divino, na orientação das suas vidas mundanas. Isso fortaleceu a autoridade da igreja de maneira que os seus fins se tornaram prioritários em relação aos fins temporais e ao poder secular. As consequências daí foram diversas: o peso da culpa eterna, não obstante o alívio que se poderia experimentar através da pena que expiava os pecados; em relação aos afazeres políticos, a diluição do conceito romano de autoridade e a pretensão de que ele fosse preenchido com outro conteúdo, nomeadamente, o poder coercitivo. Neste passo, o poder e a violência se institucionalizam na igreja e no Estado, e o medo torna-se o óleo das suas engrenagens. O catálogo de castigos e o poder de coerção manipulados pela igreja e pelo Estado não tinham qualquer proximidade com o espírito e os ensinamentos de Jesus escritos na bíblia.[86]

Maquiavel teve um precioso diagnóstico do declínio da autoridade na política italiana, e o seu *Discorsi* pode ser lido como uma tentativa de recuperar a autoridade baseada no significado romano de fortalecimento dos alicerces. Ele imputa à igreja de Roma a causa do declínio e ruína da Itália, tanto pelo fato de ter experimentado o poder temporal, como pela sua incapacidade em estender seu poder por todo o território, causando fragmentação e enfraquecendo a própria esfera da polítca como um lugar (e um discurso) sem fundação. A trindade romana constituída pela religião, tradição e autoridade foi substituída por uma pluralidade de poderes, irracionais, violentos e mundanos. Maquiavel denuncia um tipo de humanismo moral, cujos valores serviram ao uso imoderado da violência diante da qual se deveria resignar. Daí o seu esforço para reconduzir a Itália às experiências políticas dos romanos, despidas das interpretações feitas pelo cristianismo. Neste sentido, ele retoma o conceito romano de autoridade, sem o qual não seria possível reunificar a Itália e restituir à política a sua dignidade.

Para Maquiavel, o ato de fundação é a principal ação política, o maior feito no estabelecimento da esfera pública e política, de modo a viabilizar a própria política. Não é ele um evento que ficou no passado, devendo ser revivido a todo momento, justificando para este fim supremo, o recurso a todos os meios possíveis. Maquiavel era um homem de ação, de realização e do presente. Seu realismo

[85] Arendt, *Between Past and Future*, p. 132.

[86] Idem, p. 133.

significa que toda ação presente remete aos eventos passados e às lutas históricas em que se opõem dominantes e dominados.

A retomada do conceito romano de autoridade por Maquiavel o remete à idéia de ação. Hobbes, no *Leviathan*, afirma: *the right of doing any action, is called AUTHORITY. So that by authority, is always understood a right of doing any act; and done by authority, done by commission, or license from him whose right it is.*[87] Na esteira de Hobbes, a pessoa que tem direito a ou está autorizada a dar ordens, tomar decisões, impôr obediência tem autoridade. Essa pessoa que age (dá ordens, toma decisões, etc.) pode ser tanto o autor (*author*) como o ator (*actor*). Ambos estão autorizados a fazer algo no sentido de que têm autoridade. Essa dupla perspectiva de ser diretamente a autoridade ou de sê-lo por representação está presente na origem latina da palavra *persona* que significa máscara, disfarce, aparência exterior de um homem. Assim, *persona* é aquele/a que representa através da fala e da ação, o ator; e personificar é o ato de (se) representar. Em resumo, a autoridade é para ser mostrada.

Se, por um lado, Maquiavel recorre aos romanos e redescobre o conceito de autoridade como o fortalecimentos dos alicerces, por outro, ele reinterpreta tal conceito, em termos de uma justificação dos meios para se alcançar um fim nobre: reunificar o Estado italiano, resgatar a sua dignidade e, como isso, reinstalar a esfera pública e política. Há, portanto, uma espécie de racionalização da violência, ou seja, Maquiavel repensa o conceito romano de autoridade, mas com um novo (e crucial) elemento: a violência. Uma violência que é fundadora, constitutiva. Este tipo de violência está no âmago das revoluções modernas, como também do poder constituinte e do Estado moderno. Ela foi racionalizada no conceito de autoridade. Isso não significa que no mundo moderno se corrompeu ou perdeu o conceito de autoridade, mas sim que, finalmente, se assumiu o seu inexorável vínculo com a violência.

Uma relação interessante é a que se pode fazer com a da palavra alemã *Gewalt,* a qual significa violência, força, autoridade e poder legítimo. A dificuldade de traduzir *Gewalt* somente como violência, coincide com a dificuldade (e o prazer) deste ensaio e a sua premissa acerca da aporética constituição do direito. É a mesma dificuldade que Joseph K. sentiu quando não pode entender a força sob a qual estava sendo preso. Portanto, como distinguir a violência da *violência,* isto é, da força do direito, da autoridade e do poder legítimo (uma distinção entre a violência que institue e a que conserva e aplica o direito)? E como justificar essa violência original, institutiva que estabelece a autoridade (violência racionalizada)? Eu gostaria de enfrentar estas incômodas e importantes questões da seguinte maneira: considerando que essa violência que institui o direito, a qual eu venho chamando de violência original ou institutiva é experimentada por quem quer que se encontro *diante da lei* e que, em si, não é legal nem ilegal, justa ou injusta, nada melhor do que Kafka e sua prosa para discuti-la. Entretanto, quando essa

[87] Hobbes, *Leviathan*, 125.

violência deixa de ser instituinte e se estabelece como ordem constituída há que se enfrentar o problema do direito e da sua aplicação ou o que do *Diante da lei* é seu desdobramento, isto é, *O processo.*

A imagem que Kafka nos mostra através da narrativa do *Diante da lei* é a de um homem do campo que fica diante de um guardião. De fato, o homem resta diante da autoridade do guardião. Genericamente, poder-se-ia dizer que esta é uma relação típica de autoridade, pois o guardião exerce um tipo de influência ou controle sobre o homem do campo: *if you are so drawn to it, just try to go in despite my veto. But take a note: I am powerful* (...).[88] O homem aceita a recomendação do guardião, não sem reparar no seu casaco de pele, seu nariz cumprido e pontudo e sua barba preta, rala e longa. Assim, este homem senta em um dos lado da porta e lá permanence anos. Considerando que o guardião está autorizado por um sistema de regras jurídicas ou por convenções jurídicas para exercer seu poder sobre o homem do campo, poder-se-ia dizer, por outro lado, que sua autoridade é institucionalizada através do direito. Isso significa que há alguns cirtérios estabelecidos, a partir dos quais aquilo que o guardião fala deve ser obedecido.

O *diante da lei* de Kafka mostra o paradoxo que habita a teoria do direito, qual seja: qualquer manifestação de autoridade depende de um sistema de regras ou convenções jurídicas que conferem tal autoridade. Entretanto, para as regras e convenções jurídicas existirem, deve haver uma fonte investida de autoridade para criá-las. Os filósofos do direito buscam, desesperadamente, resolver este paradoxo, através de diferentes respostas. Do lado do positivismo, Hans Kelsen e Herbert L.Hart, apesar do seu vínculo com diferentes tradições jurídicas – Romano-Germânica e Anglo-Americana – concordam que a autoridade do direito não pode ser pensada senão a partir da norma/regra jurídica, pois em certo sentido, dela depende.

Kelsen resolve o paradoxo através de uma operação lógica, segundo a qual há uma norma fundamental (*Grundnorm)* da qual outras normas são inferidas. Aquela é uma norma pressuposta e, baseadas nela, todas as demais normas jurídicas são válidas. O conteúdo da norma fundamental nada tem a ver com qualquer tipo de justificação, mas sim com o estabelecimento de um critério para produção de normas jurídicas válidas. Por ser pressuposta, a norma fundamental não depende de autoridade alguma, não se submetendo, ela própria, a critério algum de validade. Isto é, ela é anterior ao ato constituinte de fazer a constituição ou, até mesmo, aos costumes dos quais surge a constituição. A norma fundamental é, assim, o estabelecimento do próprio fato de criação do Direito, isto é, o ponto de partida do processo que cria o direito.[89]

Dado o fato de que o critério de validade da norma jurídica é uma norma superior, isto significa que toda vez que houver uma norma jurídica, o seu sentido subjetivo é interpretado de acordo com seu sentido objetivo. Conforme

[88] Franz Kafka, "Before the Law," *The Complete Stories,* 03.

[89] Hans Kelsen, *Teoria Pura do Direito* (Coimbra: Armenio Amado Editor, 1979), 270.

sugere Kelsen, a proposição que descreve a norma fundamental é do seguinte tipo: nós devemos nos comportar de acordo com o que a Constituição prescreve. Ela (a proposição) não afirma valor transcendente algum ao direito positivo. A própria norma fundamental é a condição lógico-transcendental para afirmar que uma dada ordem jurídico-positiva é válida. Para evitar um regresso *ad infinitum* na cadeia de validação, Kelsen afirma que, lá no início, aqueles que promulgaram a primeira constituição estavam autorizados por uma norma hipotética: a norma fundamental (*Grundnorm)*. A validade não somente denota filiação ao sistema de normas, mas denota também obrigatoriedade: uma norma válida deve ser obedecida.

O positivismo jurídico associado a Hart sustenta que em qualquer lugar que haja Direito, haverá um padrão a determinar que normas na comunidade são as jurídicas. Esse padrão é o que Hart chama de regra de reconhecimento, a qual é uma regra posta (e não pressuposta) que representa um complexo de práticas sociais, servindo como critério de validade para as outras regras no sistema. Hart alerta que a idéia de um critério superior não contempla a idéia de um poder legislativo ilimitado, ainda que em sistemas jurídicos mais simples ambas pareçam convergir.[90] Nos Estados constitucionais modernos não há poder legislativo ilimitado, e a constituição funciona como a regra de reconhecimento, isto é, como critério fundamental de validade. Para Hart, a questão relativa à validade da regra de reconhecimento é enganosa, pois diferente das demais regras jurídicas, a regra de reconhecimento é uma questão de fato e tem a ver com a prática dos tribunais, dos juízes, dos demais funcionários da jurisdição e das pessoas em identificar o direito através de um determinado critério. A regra de reconhecimento está embutida nas práticas e, assim, é considerada por todos, na sua auto-evidência, válida. Portanto, para Hart, a autoridade do direito não depende de uma regra jurídica (no sentido sugerido por Kelsen), pois ambas surgem no mesmo momento.

Na busca de superar o positivismo, Ronald Dworkin defende que a autoridade do direito é antes uma questão de princípios acerca dos direitos das pessoas do que a existência de uma norma fundamental. Ela depende de considerações acerca das interpretações moralmente relevantes dos princípios estabelecidos na ordem jurídica, especialmente na constituição. Se obedece ao direito por uma questão de princípios, cujo sentido paradigmático está na igualdade, segundo a qual não basta tratar todos os cidadãos igualmente, mas sim com igual respeito e consideração. Desta forma, as práticas jurídicas (o direito) devem ser interpretadas à luz da igualdade e, por isso, elas gozam de autoridade.

Para Dworkin, o direito positivo não pode escapar de um conteúdo moral, o qual emerge da formação da vontade política do legislador e dos compromissos políticos estabelecidos na esfera pública. Neste caso, a aplicação do direito de-

[90] Hebert L. A. Hart, *The Concept of Law* (Oxford: Clarendon Press, 1972), 103. This is the case of United Kingdom where the legislature is subject to no constitutional limitations and competent by its enactment to deprive all other rules of law emanating from other sources of their status as law. In this case, the rule of \recognition refers to the enactment by the legislature as the supreme criterion of validity.

manda um exercício hermenêutico na busca do melhor argumento que, baseado em um princípio, é capaz de justificar uma decisão que suporta um direito. Ao trazer conteúdos morais para a identificação do Direito, Dworkin dá um passo significativo a frente do positivismo. Para tanto, a questão da validade torna-se mais complexa do que a redução positivista (Kelsen-Hart) à autoridade de uma regra última e fundamental em um sistema jurídico auto-referente, pois será uma questão de coerência.

É possível afirmar que Kelsen, Hart e Dworkin são motivados pela mesma inquietude, qual seja, a questão da origem (da autoridade) do direito, a qual Kafka, genialmente, fala na dramática narrativa do (estar) *Diante da lei.* Como justificar a força, a autoridade, a violência (constituída) com base na qual se obedece? Nas suas tentativas de dar uma resposta, nenhum dos teóricos do direito assume a aporética estrutura do direito. Talvez uma possível, contingente resposta ou justificação ao problema do direito e do respeito que se deve ter *diante* dele é assumir que o direito – enquanto objeto de muitas narrativas, como as Kelsen, Hart e Dworkin – é em si contraditório e incompleto. Uma atitude desconstrutiva em relação ao direito nos incita a pensar em (e a tomar) um caminho, o qual, originalmente, é um não-caminho (*non- chemin*), um caminho invulgar, na medida em que seu acesso é dado pela sua inacessibilidade.

Há algumas passgens em *O Processo* – no sentido mesmo de caminhos – através das quais K. poderia ter acesso ao direito/à lei, mas ao contrário, estas passagens adiam ou impedem-lhe o acesso, levando-o a algum outro lugar. Os áticos, suas inesperadas portas e espaços escondidos prometem o encontro que nunca acontece. Lá habita o advogado, o juiz de Direito, Leni, Tintorelli e muitos outros que poderiam levá-lo ao Direito/à lei. Entretanto, paradoxalmente, K. (ou o homem do campo, ou nós) conhece(mos) o direito/a lei, na medida do seu não-acesso.

Derrida, em seu *Acts of literature,* diz que o *Diante da lei* é a estória desta inacessibilidade, dessa inacessibilidade à estória, a história dessa história impossível, o mapa do caminho proibido: nenhum itinerário, nenhum método, nenhum caminho para se alcançar a lei, ao que aconteceria lá, ao *topos* do seu evento.[91] Tal aporia conduz ao debate travado entre Carl Schmitt e Hans Kelsen acerca da soberania e do direito. Schmitt ressalta o *topos* excepcional sobre o qual a soberania marca o limite do Direito. O paradoxo da soberania ou o esquema da exceção soberana é experimentado pelo homem do campo (e por K.), na medida em que o Direito a eles se aplica, desaplicando-se. Schmitt chama a atenção para o fato de que o poder do Estado declina do Direito para criar o Direito. Isto constitue o que ele chama de *Ausnahme.* Mas isto é outra história (...).

[91] Derrida, *Acts of Literature*, 196.

— 5 —

¿Cual es la ley de Robert Walser?

JAIME FRANCISCO COAGUILA VALDIVIA[1]

Sumário: Uno: Un paseo con Walser, Dos: Jacob Von Gunten, Tres: El hombre civilizado, Cuatro: Enfurecer un poco a la ceñuda ley, Cinco: Aquí nos falta la naturaleza, Seis: Epílogo.

"Podría decirse que al escribir se ausenta"
W. Benjamin

Uno: Un paseo con Walser

La vida del escritor suizo Robert Walser nacido en Biel en 1878 no puede ser más elocuente, porque transcurrió sucesivamente entre las labores de criado de una familia aristocrática, dependiente de librería, empleado en dos bancos, obrero en una fábrica de máquinas de coser, redactor de avisos clasificados e incluso secretario de un abogado.[2] Además se puede decir que transitaba los enrevesados caminos que median entre la cordura y la demencia, de tal forma que sus textos más lúcidos parecen haber sido escritos al borde la razón, en ese extremo donde la libertad desafía las convenciones y el "incendio de un teatro puede verse como un desastre encantador".[3]

Por eso este autor puede ser considerado como un escritor típicamente suizo, a causa de esa habilidad de hacerse invisible ante los demás y por esa vieja costumbre también suiza de arrojarse al mundo simplemente caminando. Su literatura del desarraigo se hacía en medio de largos paseos y era el producto de antiguas insatisfacciones.

Belén Gaché a propósito del tema ha escrito que:

Las caminatas eran el centro no solamente de los libros de Robert Walser sino también de su propia vida solitaria. El poeta suizo parecía apegarse ontológicamente a la deriva, rebotando de una ciudad

[1] Juez Provisional Especializado en lo Penal, Magíster en Derecho, Profesor de la Universidad Católica de San Pablo y Universidad Católica Santa María de Arequipa (PERU).

[2] PAULS, alan. en "Menos que cero" de "radar" de página/12, Buenos Aires. vid. <*www.página12.com.ar/2000/suple/radar/00-03/00-03-05/nota2.htm*>.

[3] CALASSO, roberto. en *Qué difícil llamarse Kafka*. Del suplemento de cultura "confabulario" del diario "universal", México DF, 16 de octubre del 2004. vid. <*www.eluniversal.com.mx/graficos/confabulario/16-octubre-04.htm*>.

a otra, de un empleo a otro. Mientras lo hacía, miraba todo desde la perspectiva del que se encuentra fuera, con la fragmentación propia del que contempla las cosas solo de paso.[4]

Esta relación sin compromisos parece representar una suerte de desprecio por la vida en sociedad e implícitamente una nostalgia por el estado de naturaleza. No se explican de otra manera las reflexiones de sus novelas *"El Paseo"* (1917), *"El Ayudante"* (1908), *"Los Hermanos Tanner"* (1907) y sobretodo *"Jakob Von Gunten"* (1909), donde se configuran simultáneamente: una bizarra concepción del *deber* en tanto subordinación y/o insurrección, la paradoja del hombre civilizado en tanto objeto de la ley y la recurrencia a ser educado por la vida más que por principios aristocráticos.

Mucho se ha escrito acerca del parentesco literario entre la obra de Robert Walser y el escritor checo Franz Kafka, aunque se puede decir que estilísticamente existe en el primero un afán frenético por esconderse y dispersarse hasta llegar a la nada, al cero absoluto; mientras que en segundo permanece una geometría mordaz, una oscilación milimétrica entre lo mínimo y lo enorme.[5] Si en Walser el hombre encuentra en el sometimiento servil la forma de sobrevivir en la sociedad, en cambio en Kafka persiste el propósito de comprender el funcionamiento de un mundo extremadamente burocratizado y absurdo. Es claro que ambos intentos fracasan, porque los dos acaban en la locura o simplemente en la muerte.

Walser no alcanzará la gloria en vida y solamente décadas después será rescatado del olvido en un tiempo en el que se trata de reconstruir el pacto social, la literatura de viajeros alcanza un auge inusitado y los escritores a veces parecen espectros mediáticos. Destino contradictorio para un escritor suizo que quiso pasar desapercibido y pereció sobre la nieve cuando caminaba por los alrededores de un asilo psiquiátrico de Herisau el año de 1956. No sin antes dejar premonitoriamente su testimonio en un poema:

Ofrenda de una calma y de una amplitud inéditas
me ablanda el mundo blanco de la nieve
Mi ansiedad diminuta se agiganta
y en lágrimas se ahoga lo más hondo.

Walser murió efectivamente entre la nieve, solitario en medio de la absoluta naturaleza blanca. ¿Acaso se puede imaginar un paseo con más pureza?

Dos: Jacob Von Gunten

La novela "Jakob Von Gunten" (1909) es la tercera novela de Robert Walser y también la más amada por su autor. A través de esta obra de pocas páginas, Walser narra la historia del joven Jakob en su paso por el Instituto Benjamenta, donde debe adquirir los conocimientos necesarios para entrar al servicio de al-

[4] GACHE, Belen. en *Literaturas nómades: ciudades, textos y derivas* de "Cuadernos del Limbo". Buenos Aires, año 1, nº 1 primavera del 2003. Vid. <*www.findelmundo.com.ar/belengache/limb01.htm*>.

[5] CALASSO, R. Op. Cit. s/p.

guien, por lo que los deseos del protagonista se reducen a ser tratado con severidad para saber lo que significa dominarse.[6]

El Instituto Benjamenta está regentado por sus directores Herr Benjamenta y Fraulein Benjamenta, quienes les ofrecen una rígida formación que comprende una parte teórica y una parte práctica. La primera consiste en aprender de memoria las labores de su oficio y la segunda, en repetir una especie de baile o gimnasia. El Instituto no cuenta con muchos estudiantes, pero entre ellos destacan Kraus, Schilinski, Heinrich, Schacht, Hans, Peter, Fuchs y otros; los que tienen roles definidos y entrarán en contacto con Jakob en diferentes momentos de la novela.

En el Instituto, Jakob aprende a valorar las cosas simples de la vida, recibe instrucción en Ciencias Naturales, Historia, Francés y Aritmética y las principales clases se dirigen a instruirlo en paciencia y obediencia, con la finalidad de transformarlo en un personaje modesto y subordinado. Jakob comprende con éxito los principios básicos de su educación y paulatinamente todos su compañeros son colocados en diferentes puestos de trabajo. La clausura del Instituto se precipita debido a la muerte de Fraulein Benjamenta, y ante esta situación, Jakob acepta el ofrecimiento de su preceptor Herr Benjamenta de partir juntos a conocer la vida y emprender un viaje en medio del páramo para vivir, respirar, ser, desear y sobretodo soñar. Así el Instituto Benjamente ha logrado el propósito de preparar al joven Jakob Von Gunten para asumir el reto de la vida adulta, cerrando una incierta adolescencia y aperturando un período aún mayor de incertidumbre; pero con la ventaja de que el protagonista conoce el significado de la *"obediencia"*.

J.M COETZEE advierte en el protagonismo de Jakob Von Gunten una suerte de héroe tradicional de los tardíos cuentos alemanes,[7] y tiene razón porque a través de toda novela existen reminiscencias a los antepasados de Jakob de origen noble y una añoranza por un pasado gobernado por amos, conquistadores y reyes. No es casual entonces la referencia a la relación entablada con Herr Benjamenta y Jakob en una nueva versión quijotesca de estudiante-escudero o director-caballero, que parten hacia el mundo con la firme idea de hacer sinceramente el *bien*.

De esta forma la novela plantea la dualidad de los sentimientos encontrados del joven Jakob en cuanto a la contraposición mundo civilizado (hombre esclavo) y naturaleza (hombre libre), y por ello incide con especial énfasis en el carácter de las normas que regulan el comportamiento de los ciudadanos y su complejo efecto en el fuero interno. La obediencia y la pasión por el autodominio aluden al influjo o tal vez al poder del Derecho en la conciencia del ciudadano.

---

[6] WALSER, Robert. *Jakob Von Gunten*. Madrid: Ediciones Siruela S.A., 2000, Segunda Edición, p. 41.

[7] COETZEE, J.M. en *The Genius of Robert Walser*, del The New Yorker Review of Books, volume 47, number 17, november 2, 2000. VID. <*www.nybooks.com/articles/13878*>.

Tres: El hombre civilizado

Según Jean Jacques Rousseau el pacto social es la única forma de encontrar una fuerza común de defensa y protección de la persona y los bienes de cada asociado, a través del pacto cada uno adquiere la calidad de ciudadano como partícipe de la autoridad soberana y de súbdito por estar sometido a la leyes del Estado. El cambio del estado natural al estado civil significa la renuncia a la libertad natural por la libertad civil, que a su vez está circunscrita por la voluntad general;[8] así la formación del pacto marca el inicio de la noción de deber e inaugura el marco ideológico de las repúblicas modernas.

Desde su concepción el Instituto Benjamenta es propiamente una organización de transición entre una sociedad premoderna basada en relaciones de vasallaje y una sociedad moderna cuyo referente más inmediato es la ley. El Instituto tiene entonces la misión de preparar a sus estudiantes para afrontar una moderna concepción del deber dentro de un contexto de las nuevas organizaciones sociales. Walser aprovecha el escenario del Instituto para dejar bien patente su desconfianza ante este nuevo modelo de sociedad y su preocupación por la restricción de las libertades individuales. Un fragmento elucidador sobre el particular en *"Jakob Von Gunten"* es el que sigue:

> El hombre civilizado nace, vive y muere en esclavitud; al nacer le cosen en una envoltura; cuando muere, le clavan en un ataúd; y mientras tiene figura humana, le encadenan nuestras instituciones.[9]

Acerca de los mismo J.M. Coetzee opina que el mundo alegórico del Instituto, el cinismo sobre la sociedad y sus valores, la elevación de la obediencia como la más alta virtud, la apelación al destino y a los nobles ancestros, son circunstancias que proféticamente contribuyeron a hacer atractivas las ideas hitlerianas.[10] Esta interpretación tiene su asidero en el rol que Walser confiere a la obediencia y la misión que tiene el hombre civilizado al interior de la sociedad, en la que deja su libertad individual, *"la unidad numérica"* y se somete a las instituciones sociales, al *"entero absoluto"*.

En esta concepción el hombre civilizado es la unidad fraccionaria que determina el denominador y cuyo valor se expresa en relación al cuerpo social; por lo que incluso las buenas instituciones tienden a borrar la naturaleza del hombre y a privarle de su existencia absoluta en beneficio del todo.[11] Un sometimiento de tal envergadura hace desaparecer al sujeto en el sistema político y lo convierte en presa fácil de los gobiernos autoritarios, ya que lo que prima en ese caso son los intereses del Estado. Sin embargo esta apreciación puede ser rebatida en otro pasaje de la misma novela, ya que el protagonista al afirmar que será un *"encan-*

[8] ROUSSEAU, Jean Jacques. *El Contrato Social*. Madrid: Editorial SARPE, 1983, p. 40-48.

[9] WALSER, R. Op. Cit., p. 17.

[10] COETZEE, J.M. Op. Cit. s/p.

[11] WALSER, R. Op. Cit., p. 11.

tador cero a la izquierda"[12] se escaramuza entre la obediencia y la insurrección, entre la humilde resistencia o la exaltación totalitaria, entre la subordinación a la ley y su claro quebrantamiento.

En este orden de ideas las críticas al contrato social se develan ambiguas, pues por una parte muy modernamente se cuestiona la hipertrofia del poder y por otro lado se acepta sumisamente el imperio de la ley. Aunque se puede concordar con J.M. Coetzee en que ambas son posturas igualmente totalitarias, y esta situación revela uno de los más graves problemas de los actuales sistemas democráticos: la oscilación entre la satisfacción de las libertades individuales y los valores mínimos que deben regir una sociedad civilizada.

Jakob Von Gunten es conciente de la muerte de las monarquías y la crisis de la forma premoderna de entender el mundo, y mientras permanece en el Instituto Benjamenta tiene el firme propósito de aprender a ser un subordinado con la esperanza de llegar a ser *"moderno y de alguna manera apto para prestar servicios"*. Evidente ambivalencia del destino, como si de pronto Jakob pudiera transformarse de sutil sirviente de una familia aristocrática en un casi invisible funcionario estatal, ambos sometidos a la severa autoridad del señor o al rigor implacable de la ley respectivamente.

La incertidumbre se revela cuando el propio Jakob anota con pesimismo que quizás *"los hombres de hoy seamos todos una especie de esclavos dominados por una concepción del mundo enojosa, innoble, fustigante"*,[13] y apela finalmente a la satisfacción minimalista de la riqueza interior de cada uno, dejando de lado los valores de la sociedad organizada. Walser de esta forma se desarraiga del pacto y privilegia el propio autogobierno, se proclama defensor de la libertad natural y confronta la libertad social, lo que coincide con el testimonio personal de su vida de paseante, de eterno disidente del trabajo, de la literatura y las fronteras de la propia lucidez.

Así la muerte de Walser en un hospital psiquiátrico resulta el perfecto correlato a una vida que hizo de los aplazamientos un regla inflexible y de la subordinación una política del disentimiento.[14]

Cuatro: Enfurecer un poco a la ceñuda ley

El esquema del rol de la ley al interior del Instituto Benjamenta está reflejado claramente en la forma como el estudiante Kraus entiende las normas vigentes, primero en tanto referidas a los seres humanos y compuestas de obligaciones.[15] Para Kraus solamente existe *gente honrada* y *gente pilla*, lo que implica que la *gente honrada* es aquella que cumple con sus obligaciones, mientras la *gente*

[12] WALSER, R. Op. Cit., p. 10.

[13] Idem, p. 62

[14] PAULS, Alan. Op. Cit. s/n.

[15] WALSER, R. Op. Cit., p. 39

pilla es la que reniega de ellas. Dentro de la ley lo más importante es la coacción que obliga y las numerosas e inexorables reglas,[16] por lo que los sujetos son piezas de esa maquinaria donde el Derecho debe imprimir ciertos valores seguros y firmes pero de cumplimiento inexorable.

Inmanuel KANT ha escrito que el concepto de Derecho puede situarse directamente en la conexión de la coacción recíproca general con la libertad de todos e incluso acepta que ambos conceptos equivalen a lo mismo.[17] Esta visión del Derecho en tanto coacción gobierna el contexto de la novela en su integridad, ya que las reglas del Instituto Benjamenta se fundamentan por sobretodo en un ejercicio dosificado del poder de coacción a través del control del cuerpo y la regulación sistemática de la memoria, la coacción de la ley se imprime también en la mente de los estudiantes en una preparación para la vida en sociedad. Pero Walser como en otras partes de la novela se regocija desafiando a las reglas, enfrentando la debilidad de las obligaciones jurídicas, cuando propone que una vida sin deber sería ignominiosa, y es que la ley ha sido creada precisamente para ser transgredida. Esta conclusión se revela del siguiente párrafo:

> La prohibición de hacer algo resulta a veces tan atractiva que no se puede por menos que hacerlo. Por eso me agradan tanto las coacciones de cualquier tipo: consienten el placer de transgredir la ley. Si en este mundo no hubiera ningún mandamiento, ningún deber; me moriría, me consumiría, me anquilosaría de aburrimiento. Necesito vivir espoleado, forzado, sujeto a tutela.[18]

Esta cita tiene su justificación en la visión de Walser sobre la obediencia a las reglas de la sociedad, el verdadero valor estriba en la norma y no en el sujeto, la obligación adquiere motivaciones propias y se conduce en la sociedad como una red invisible que aprisiona al sujeto. Es interesante pero los personajes de Walser solamente pueden sobrevivir en tanto cumplen o transgreden normas, luego de ello su vida carece de sentido absoluto, son ceros enormes despojados de cualquier cualidad. En el fondo la crítica walseriana apunta a deconstruir que existe detrás de la noción del deber, quizás coacción, fuerza o placer. Dentro del Instituto, Kraus como ente reproductor del poder, cree que sólo es posible la coacción entre los seres humanos y se puede decir que el ejercicio de la autoridad le otorga placer, la satisfacción del cumplimiento del deber. Por su parte Jakob si bien es cierto asume con obediencia los dictámenes de Kraus, cree asimismo que es necesario enfurecer un poco a la ley, desenfadarla en pro del libre albedrío. Así aparece del siguiente texto:

> Al final soy yo, y nadie más que yo, quien decide. Siempre consigo enfurecer un poco a la ceñuda ley, y luego me dedico a apaciguarla. Kraus es el representante de todas las normas vigentes aquí, en el Instituto Benjamenta, de ahí que yo ande siempre desafiando un poco al mejor entre todos mis condiscípulos.[19]

---

[16] WALSER, R. Op. Cit., p. 52

[17] KANT. Inmanuel. *Introducción a la Teoría del Derecho*. Madrid: Marcial Pons Ediciones Jurídicas y Sociales S.A., 1998, p. 48.

[18] WALSER, R. Op. Cit., p. 24-25.

[19] Idem, ibidem.

La decisión de la obediencia a las leyes nos retrotrae nuevamente al pacto social, porque si por una parte de acuerdo a Rousseau se aceptan ciertas normas de convivencia para evitar el caos, también es cierto que llegan momentos en que dicho acuerdo se quiebra y es necesario reconstruirlo, *"apaciguarlo"*, dejar que los tejidos sociales muertos desaparezcan en medio de nuevos ordenamientos. Y por otro lado también acaso no es cierto que la transgresión del deber ofrece la oportunidad de reforzar el ejercicio del poder, es pues a través del incumplimiento de la ley que se refuerza paralelamente su cumplimiento. Es solamente a través de la obediencia irreflexiva que podemos preguntarnos sobre el valor de lo justo y lo lícito. Walser a partir de la pura subordinación dibuja la raigambre vacía de la ley, el espíritu díscolo del deber. Solamente así se puede entender la misión de Jakob Von Gunten en toda la novela como transgresor sistemático de las normas y a la vez servil apóstol de la autoridad, y en la vida real Robert Walser como sirviente rebelde de la sociedad y sumiso paciente en un hospicio para dementes.

Cinco: Aquí nos falta la naturaleza

Un factor recurrente en toda la novela y que ha sido citado previamente es el factor del retorno al estado de naturaleza o el rescate de la libertad individual. El autor suizo cree que la libertad subyace en caminar sin compromisos, en perderse en las emociones y abandonar las instituciones sociales. Aquí es latente el cuestionamiento al Derecho como modelo de control social y al ejercicio de su poder discrecional, se observan además reminiscencias a ROUSSEAU, quien románticamente denuncia la degeneración del hombre a cargo de las instituciones y construye la imagen de un hombre emiliano, bueno, en el que la sociedad imprime sus sofocantes reglas.[20]

Es por ello que el valor de la libertad es anunciado por parte de Fraulein Benjamenta antes de su muerte, ella instruye a Jakob sobre su naturaleza efímera y la angustia de poseerla sólo por breves instantes, todo porque el complejo armazón de los deberes tiende a atrapar a todos los individuos independientemente del lugar en que se encuentren. En palabras de la maestra la libertad es:

> Algo invernal que no se puede soportar mucho tiempo. Hay que moverse siempre, como lo hacemos ahora, hay que bailar en la libertad. Es fría y hermosa. Pero no te enamores de ella. No haría más que entristecerte, pues sólo por breves momentos, y no más, podemos detenernos en las moradas de la libertad. Ya llevamos demasiado tiempo aquí. Mira cómo esta maravillosa posta sobre la que nos deslizamos empieza a derretirse lentamente. Ahora, si abres los ojos, podrás morir en la libertad. Este angustiante espectáculo te será ofrecido varias veces más en el transcurso de tu vida.[21]

La libertad tiene una conexión directa con el estado de naturaleza porque un alejamiento de las instituciones sociales permite un cabal ejercicio de este derecho, el pacto social en medio de la naturaleza puede disolverse y es posible que

[20] ROUSSEAU, J.J. *Emilio o La educación*. Ediciones elaleph.com, p. 8. Vid. <*http://www.elaleph.com/libros.cfm?item=900&style=biblioteca*>.

[21] WALSER, R. Op. Cit. p. 80

esa ligazón ceda paso a un hombre descontaminado, desprovisto de civilización y de las ominosas reglas. En este sentido el final de la novela en el que Jakob acepta la invitación de partir de su maestro tiene un significado simbólico, ambos huyen de la cultura y añoran vivir en medio de la naturaleza escuchando el ruido de los pájaros, los rugidos de las fieras y los susurros de los árboles. El viaje al desierto es entonces un autoexilio de la civilización y un retorno a la naturaleza, una renuncia a las reglas sociales y a sus instituciones. Jakob está preparado para la vida y ha optado por un redescubrimiento de la libertad, y sus sueños anticipadamente le han preparado para abandonar a su madre, vanalizar a Dios y renunciar al deber. El joven Jakob ya ha dejado de ser un estudiante y su decisión ha generado una nueva relación con su maestro Herr Benjamenta que estará sellada por un sugestivo apretón de manos, el macro poder ha cedido lugar al micropoder, las ideas quedan desplazadas por el placer de los sentidos.

No es difícil ver desaparecer a Jakob Von Gunten en medio del desierto bajo un sol implacable y librado a su suerte, caminando bajo un inmenso cielo azul, y escribiendo unas palabras en libertad. Un cero a la izquierda tiene el derecho de ser obediente también a los dictados de su propia conciencia.

Seis: Epílogo

Jakob declara que tiene una hermosa mañana, abandona el cuarto de los escritos o de los espíritus y sale a dar una caminata en medio de la nada. El paseo ha comenzado.

—6—

"A náusea" de Sartre: a crise originária no direito existencial[1]

FABIO CAPRIO LEITE DE CASTRO[2]

Sumário: Introdução, A Náusea através do Diário de Roquentin, Contingência e Compreensão Existencial do Direito, Conclusão, Bibliografia.

Le monde possède déjà le rêve d'un temps dont il doit maintenant posséder la conscience pour le vivre réellement.
La Société du Spectacle (Guy Debord)

Introdução

Pensar o Direito é uma árdua tarefa, porque exige do jurista que ele coloque entre parênteses a "realidade jurídica". Ao fazer isso, ele toma uma certa distância da dogmática pura, ou mesmo da sua aplicação diária, para enfim se aproximar do sentido *da* técnica e do valor *na* instrumentalidade jurídica. Árdua não apenas porque o empreendimento é complexo e o remete para fora da ciência jurídica, mas justamente em razão de que, ao perceber que Direito é mais do que a dogmática, ele será levado a tomar uma posição e a reencontrar os conflitos sociais que já o esperavam.

Tão-somente com a dogmática o jurista não vai a lugar algum. O mesmo ocorre se ele tentar se valer de explicações meramente causais e *a priori* sobre o sentido da norma. Isso não responderá seus questionamentos mais profundos e não será ele capaz de se defrontar com o Direito. Desolado, percebendo-se alienado com um conjunto sistêmico, porém amorfo de normas, ele começa a olhar ao seu redor. Essa é a ocasião de maior relevo da interdisciplinariedade para o Direito, é o momento em que o jurista tem a oportunidade de pensá-lo em sua complexidade efetiva, ou seja, na relação que ele tem inevitavelmente com

[1] Texto apresentado em francês no Seminário "Droit et Littérature", organizado pelo professor François Ost, em 12 de fevereiro de 2007, nas Faculdades Saint-Louis, em Bruxelas.

[2] Formado em Direito e Filosofia, Advogado, Mestre em Filosofia pela PUCRS, Doutorando em Filosofia pela Université de Liège (Bélgica)

as demais ciências e com a filosofia. E a mais profunda das suas constatações não é apenas de que conhecimentos científicos ou idéias filosóficas o ajudam a instrumentalizar ou a esclarecer a linguagem da ciência jurídica, ou muni-lo de conceitos ou exemplos concretos; mas, sobretudo, de que essa inter-relação está na base da compreensão do Direito.

No contexto da literatura, as obras – não por conceitos e argumentações, mas por personagens e enredos – conduzem o leitor a determinados problemas, encruzilhadas e soluções absolutamente originais, que o fazem tomar consciência da realidade. Como diz Sartre, daí mesmo se deve pensar o engajamento do escritor, contrário a uma idéia de mera utilidade, visto que por vezes é até nefasto à sociedade tomar consciência de si: o escritor dá ao leitor uma consciência infeliz.[3] Nesse mesmo sentido, a obra literária que levar o leitor a uma crise jurídica dará a ele uma consciência infeliz do Direito. É isso que já podemos anunciar da Náusea. Seguindo a esteira metodológica de François Ost, optamos por estudar o direito *na* literatura, ou seja, segundo a perspectiva como *"a literatura trata as questões de justiça e de poder subjacentes à ordem jurídica"*.[4]

Partindo dessa concepção, propõe-se uma releitura da Náusea sartriana, percorrendo a linha condutora da novela e as suas problemáticas centrais, a fim de mostrar em que medida a crise provocada pela experiência nauseante afasta algumas crenças e provoca a instauração de uma nova idéia de Direito. Pretendemos ir um pouco além, no sentido de pensar a Náusea como um texto literário que serve para ilustrar fatos ou atos jurídicos de uma zona cinzenta para o cientista jurídico e, ainda mais, como uma novela que possibilita ao jurista repensar o Direito uma vez acessado o Nada.[5]

---

[3] SARTRE, Jean-Paul. Situations, II – Littérature et Engagement. Paris: Gallimard, 1999, p. 121. « Au fond on ne paie pas l'écrivain : on le nourrit, bien ou mal selon les époques. Il ne peut en aller différemment, car son activité est *inutile* ; il n'est pas du tout *utile*, il est parfois *nuisible* que la société prenne conscience d'elle-même. Car, précisément, l'utile se définit dans les cadres d'une société constituée et par rapport à des institutions, des valeurs et des fins déjà fixées. Si la société se voit et surtout si elle se voit vue, il y a, par le fait même, contestation des valeurs établies et du régime : l'écrivain lui présente son image, il la somme de assumer ou de se changer. Et, de toute façon, elle change : elle perd l'équilibre que lui donnait l'ignorance, elle oscille entre la honte et le cynisme, elle pratique la mauvaise foi : ainsi l'écrivain donne à la société une *conscience malheureuse*, de ce fait il est en perpétuel antagonisme avec les forces conservatrices qui maintiennent l'équilibre qu'il tend à rompre ».

[4] OST, François. Raconter la Loi – Aux Sources de l'Imaginaire Juridique. Paris: Odile Jacob, 2004, p. 30. « Les études communément rangées sous l'appellation générale 'droit et littérature' (aux Etats-Unis, Law and Literature) peuvent, en réalité revêtir des formes assez diverses qu'il est possible de regrouper en trois courants distincts. À côté du droit *de* la littérature qui étudie la manière dont la loi et la jurisprudence traitent les phénomènes d'écriture littéraire, on distingue le droit comme littéraire, qui aborde le discours juridique avec les méthodes de l'analyse littéraire (cette approche est dominante aux Etats-Unis), et enfin le droit dans la littérature, qui est la perspective adoptée dans cet ouvrage et qui se penche sur la manière dont la littérature traite des questions de justice et de pouvoir sous-jacentes à l'ordre juridique ».

[5] A Náusea é o motor do artigo e o seu limite. Dessa forma, ele não se estende à concepção de Direito que Sartre formula em Cadernos por uma Moral, acerca de uma liberdade abstrata, ou mesmo vinte anos depois, depois da Náusea, na Crítica da Razão Dialética, cuja fonte é o grupo juramentado, tal como esclarece Grégory Cormann, no Dictionnaire Sartre, p.143-144.

A Náusea através do Diário de Roquentin

O título que Sartre escolheu inicialmente para o texto foi *Factum sur la contingence* – Libelo sobre a contingência. Em seguida, ele trocou o nome para *Melancholia*. Por força da pressão de Gaston Gallimard, terminou intitulando a novela como *La Nausée*.[6] Nos dois primeiros títulos, encontramos o fio condutor da narrativa: contingência e melancolia; embora a denominação "náusea" esteja mais carregada com a negatividade e a angústia da experiência relatada pelo narrador. "No plano autobiográfico, A Náusea é uma soma que resume e concentra todo o passado de Sartre, se enriquece das experiências que ele teve de 1931 a 1936 e informa a obra por vir, deixando-se retrospectivamente modificar por ela".[7]

Publicada em 1938, à beira da eclosão da 2ª Guerra Mundial, A Náusea apresenta na literatura o mesmo horizonte de problemas que Sartre investigava em filosofia, relacionados à consciência, às emoções e ao imaginário por meio do método fenomenológico, ao qual ele se aproximou desde o período de estudos na Alemanha, em 1934.

Há, portanto, uma íntima relação entre a produção literária e filosófica do autor durante este período, mesmo que algumas questões filosóficas propriamente ligadas ao vazio e à nadificação somente tenham sido suficientemente elaboradas por ele em O Ser e o Nada, concluído e publicado após a sua experiência como prisioneiro de guerra.[8]

A Náusea é uma novela, um texto escrito em primeira pessoa na forma de diário. Não encontramos quebras ou desvios na narrativa, mas ao contrário, percebemos que as lacunas não esfacelam a unidade de um diário. Com isso, Sartre faz o seu personagem contar desde si e a partir de si mesmo a experiência nauseante e o seu acesso. Fosse diferente, com narrativa em terceira pessoa, talvez a novela não causasse o mesmo impacto, pois a experiência seria dimensionada desde fora, por um outro narrador. Mas a história não transcorre assim: é Roquentin quem nos fala, e por meio de um diário; aliás, nós invadimos o seu diário, onde o discurso do personagem volta-se apenas a ele mesmo, ou seja, ele não se dirige a ninguém. Portanto, a forma do texto por si mesma nos permite uma aproximação e intimidade com o personagem, cujos relatos dizem respeito às experiências que lhe ocorreram. "O presente do diário dissolve o romanesco

---

[6] COHEN-SOLAL, Annie. Sartre. Porto Alegre: L&PM Pocket, 2005. Tradução de Paulo Neves, p. 58.

[7] RYBALKA, Michel. La Nausée, Premier Roman *in* Le Magazine Littéraire, nº 7,mars/mai 2005, p. 21. « Sur le plan autobiographique, la Nausée est une somme qui résume et concentre tout le passé de Sartre, s'erichit des expériences qu'il a eues de 1931 à 1936 et iforme l'oeuvre à venir tout en se laissant rétrospectivement modifier par elle ».

[8] O tema da náusea será retomado no Ser e o Nada, quando Sartre já havia elaborado com precisão o conceito de nadificação, e a revelação do corpo à consciência: "Cette saisie perpétuelle par mon pour-soi d'un goût *fade* et sans distance qui m'accompagne jusque dans mes efforts pour m'en délivrer et qui est *mon* goût, c'est ce que nous avons décrit ailleurs sous le nom de Nausée. Une nausée discrète et insurmontable révèle perpétuellement mon corps à ma conscience ». (SARTRE, Jean-Paul. L'Être et le Néant – essai d'ontologie phénoménologique. Paris : Gallimard, 1943, p. 378).

num ácido corrosivo. O personagem se desfaz aos nossos olhos. Ele vê se desagregarem as diferentes dimensões de seu 'eu', das quais a mais frágil é sua importância coletiva".[9]

"É um rapaz sem importância coletiva, é tão-somente um indivíduo".[10] Esta é a frase de abertura da Náusea, precedente à "advertência dos editores" sobre os papéis deixados por Antoine Roquentin. Sem dúvida, não é por acaso que ela foi colocada no livro, tal frase representa uma verdadeira advertência ao leitor, juntamente com a promovida pelos "editores". Não se espere deste personagem um agitador de massas, um revolucionário, um gênio, um criador. Trata-se apenas de Antoine Roquentin, historiador, que depois de ter viajado pela Europa central, pelo norte da África e pelo extremo oriente, fixou-se por um período de três anos em Bouville, a fim de concluir nessa cidade as suas pesquisas sobre o marquês de Rollebon. A sua narrativa, que inicia por uma folha sem data, logo passa às experiências do seu diário. Antes de começá-lo, no entanto, ele hesita. Há de um lado uma vontade de contar e estabelecer pormenorizadamente suas experiências, de compreender o que de fato mudou na sua relação com o mundo exterior. Mas, ao mesmo tempo, há um certo medo apoiado por uma visão regular do mundo: a estação nova está em construção; as pessoas saem da estação velha, muitos esperam o último elétrico. Enfim, tudo se mantém na sua funcionalidade. Tudo cumpre sua função tal qual se espera. Todavia, não obstante o momento de indecisão, ele decide fazer o seu diário, em janeiro de 1932.

Roquentin se sente acordando de um sono de seis anos. Aos poucos, começa a refletir sobre a perda de sentido das suas viagens, as coisas lhe parecem desagradáveis, não há mais aquela paixão que lhe arrastava a tomar suas decisões e realizar seus empreendimentos. Desde o início do seu diário, ele revela sentir-se *vazio*.[11] Vive sozinho, sentindo profundamente a sua solidão, pouco somando os contatos formais que ele fazia com o senhor Ogier (que ele chamará de Autodidata, por ler os livros da biblioteca em ordem alfabética), ou com a patroa do *rendez-vous* dos ferroviários. Essa situação monótona fá-lo lembrar de Anny. Com ela sentia-se diferente.

O copo de cerveja, a folha de papel, a pedra: os objetos deviam ser apenas úteis. Mas não é assim com Roquentin, eles se tornam insuportáveis, eles o tocam. Não se trata mais de um objeto, como outro qualquer, eles tomam vida, como se fossem animais. "Agora eu vejo; lembro-me melhor do que eu senti, no outro dia, à beira mar, quando eu tinha a pedra na mão. Era uma espécie de enjôo adocica-

---

[9] DEGUY, Jacques. La Nausée de Jean-Paul Sartre. Paris: Gallimard foliothèque, 1993, p. 80. « Le présent du Journal dissout le romanesque dans un acide corrosif. Le personnage se défait sous nos yeux. Il voit s'effriter différentes dimensions de son moi, dons la plus fragile est son 'importance collective' ».

[10] SARTRE, Jean-Paul Sartre. La Nausée. Paris : Gallimard folio, 1938, p. 09. Sartre abre o texto com a citação de Céline: "C'est un garçon sans importance collective, c'est tout juste um individu".

[11] Id. ibidem, p. 19.

do. Que desagradável! E isto vinha da pedra, tenho certeza, passava da pedra para minhas mãos. Sim, é isso, é bem isso: uma espécie de náusea nas mãos".[12]

Nesse primeiro momento, o diário nos apresenta uma descrição inaugural da realidade, onde a náusea é *causada* pelos objetos. Ao mesmo tempo, prenuncia-se o verdadeiro lugar da náusea. Roquentin perdeu o entusiasmo com sua pesquisa – já não faz mais sentido provar os fatos históricos porque as hipóteses e as explicações não passam de modos de unificação do conhecimento, algo *produzido pelo próprio historiador.*

A náusea acomete Roquentin sem parar, apossando-se dele. A sua descrição recebe um maior detalhamento. "Isso também me dá Náusea. De preferência, é a Náusea. A Náusea não está em mim: sinto-a além, na parede, nos suspensórios, em toda parte à minha volta. Constitui um todo com o café, sou eu que estou nela".[13] Nesse trecho, percebe-se claramente que a náusea é descrita pelo personagem como algo que lhe é exterior. Gradativamente, no entanto, o personagem vai tomando consciência, até o momento da sua intuição reveladora: a náusea muda de sentido, não é algo que vem de fora, desde os objetos, mas é algo constitutivo daquilo que ele mesmo é.

> Não posso dizer que eu me sinta aliviado nem contente; ao contrário, estou esmagado. Somente meu fim foi atingido: eu sei o que eu queria saber; tudo o que me aconteceu desde o mês de janeiro, eu compreendi. A Náusea não me abandonou e eu não acredito que ela me abandonará tão cedo; mas não sofro mais com ela, não é mais uma doença nem um acesso passageiro: a Náusea sou eu.[14]

A descoberta da náusea se dá com a descoberta da existência. Mas não se pode dizer que essa revelação em Roquentin seja um momento de rearticulação das manifestações anteriores da náusea, pois isso equivaleria a visualizá-la desde uma ordem teleológica. "Melhor seria falar de um processo de desordenação do sujeito: pois as mudanças nos objetos e no sujeito consistiriam precisamente em rasgar o véu da ordem e do curso das coisas".[15]

A náusea, portanto, não é superada por Roquentin, ele a elabora ao torna-se consciente dela, ao perceber o absurdo da sua existência e da contingência. Todas as tentativas de justificá-la, resolvê-la ou superá-la fracassam durante a narrativa. Gerd Bornheim divide-as didaticamente em cinco: o Absoluto, a História, a intersubjetividade, a arte e a literatura (que resta em suspenso, já que a novela termina

[12] Id. ibidem, p. 26. « Maintenant je vois; je me rappelle mieux ce que j'ai senti, l'autre jour, au bord de la mer, quand je tenais ce galet. C'était une espèce d'écoeurement douceâtre. Que c'était donc désagréable ! Et cela venait du galet, j'en suis sûr, cela passait du galet dans mes mains. Oui, c'est cela, c'est bien cela : une sorte de nausée dans les mains ».

[13] Id. ibidem, p. 38. « Ça aussi donne la Nausée. Ou plutôt c'est la Nausée. La Nausée n'est pas en moi : je la ressens *là-bas* sur le mur, sur les bretelles, partout autour de moi. Elle ne fait qu'un avec le café, c'est moi qui suis en elle».

[14] Id. ibidem, p. 181. « Je ne peux pas dire que je me sente allégé ni content ; au contraire, ça m'écrase. Seulement mon but est atteint : je sais ce que je voulais savoir ; tout ce qui m'est arrivé depuis le mois de janvier, je l'ai compris. La Nausée ne m'a pas quitté et je ne crois pas qu'elle me quittera de sitôt : mais je ne la subis plus, ce n'est plus une maladie ni une quinte passagère : c'est moi ».

[15] SILVA, Franklin Leopoldo e. Ética e Literatura em Sartre. São Paulo: Editora Unesp, 2003, p. 85.

com a esperança mínima de que um livro possa ser a solução).[16] Mas nenhuma delas é capaz de explicar ou estancar as revelações da náusea. Nenhuma crença no divino seria capaz de impedir as experiências da Náusea; o problema humano, de qualquer modo, não resultaria resolvido. Mesmo a existência de Deus não o resolveria.[17] Para Roquentin, também a História não possui sentido, o passado mesmo é um vazio e a existência mesma não tem memória. Tampouco a arte e suas convenções serão artifício para fugir da condição humana. Apenas fica em aberto a última esperança do personagem, vinculada ao projeto de escrever um livro. Pelo menos ao final do diário Roquentin não sofre mais com a náusea, ela não se apresenta mais como alguma doença dolorosa, mas como a sua própria existência. Mas o que será a existência?

O caminho percorrido pelo personagem nos mostra o radical dar-se conta da contingência. O Autodidata, um "humanista da província", estabelece importantes interlocuções com Roquentin no decorrer da novela. É num desses diálogos que ele toma consciência de nunca ter realizado aventuras – elas estão nos livros. A sua vida presente nada tinha de brilhante, embora acreditasse ainda que ela poderia ganhar uma qualidade rara e preciosa, mesmo sem circunstâncias extraordinárias. Assim, aparece-nos o vazio da ilusão biográfica fundada no prestígio da aventura, não havendo mais porque contar histórias e recorrer a uma psicologia sentimental.[18]

Em outro diálogo com o Autodidata, este tenta argüir que "é preciso amar os homens", deixando de perceber que os vários tipos de humanistas odeiam-se uns aos outros "como indivíduos, não como homens". Além do mais, é com os indivíduos que o Autodidata terá de lidar, suportando as suas reprovações. Roquentin começa a perceber que a existência não é o imaginado, o abstrato ou o universal. Só existem os objetos, no presente, desvinculados dos conceitos, sem um sentido puro. Não se pode mais cair na tentação de rotular, muito menos o próprio homem.

Não há nenhuma razão para existir, e geralmente a existência esconde-se: ela somente se dá a conhecer quando perde o seu aspecto inofensivo de categoria abstrata, quando se deixa de prever a funcionalidade, a resistência, a utensilidade das coisas. Roquentin descobre-se como mera contingência. E justamente por não ser necessário, por não conseguir mais se salvar de si mesmo, da sua própria liberdade existencial nadificadora, com a revelação da náusea os objetos aparecem-lhe como excessos e suas relações como arbitrárias. "De mais, o castanheiro, ali na minha frente, um pouco à esquerda. De mais, a Vélleda. E eu – molenga,

---

[16] BORHEIM, Gerd. Sartre. 3ª ed. São Paulo: Editora Perspectiva, 2000, p. 22-25.

[17] SARTRE, Jean-Paul. L'Existentialisme est un Humanisme. Paris: Gallimard folio, 1996, p. 77-78. « Même si Dieu existait, ça ne changerait rien ; voilá notre point de vue. Non pas que nous croyons que Dieu existe, mais nous pensons que le problème n'est pas celui de son existence ; il faut que l'homme se retrouve lui-même et se persuade que rien ne peut le sauver de lui-même, fût-ce une preuve valable de l'existence de Dieu ».

[18] WORMSER, Gérard. Sartre. Paris : Armand Colin, 1999, p. 16.

lânguido, obsceno, digerindo, chocalhando pensamentos sombrios –, eu também era de mais".[19]

Demonstrando a verdadeira subversão do *cogito* cartesiano na náusea, Vincent Coorebyter sublinha que: "O cogito cartesiano é uma verdadeira exceção, o resultado artificial de um esforço sustentado a fim de parar essa 'ruminação dolorosa' sobre um ponto de equilíbrio. Se Descartes quisesse verdadeiramente consignar o 'sentimento de existir', ele não teria dado a este os contornos delimitados de uma idéia: Roquentin lhe opõe uma verdadeira meditação, humana, demasiado humana, a prova de uma finitude que não seria tão-logo compensada pela participação na verdade".[20]

Não há determinismo, não há fatalismo, não há necessidade: a existência é contingente, a existência é absurda. Nenhum mundo transcendente pode salvar Roquentin de si mesmo. Há um vazio que o distancia do passado. O rigor do passado é forjado, tal como ele de certa forma tentava forjar o rigor do presente – a própria necessidade se revela ilusória.[21] A necessidade do ser aparece como mero verniz que oculta a contingência: em lugar do ser e da necessidade, a existência e a contingência.[22]

Depois do dia da iluminação, no qual Roquentin se descobre como a própria náusea, ele relata ter reencontrado Anny, sua ex-companheira. Movendo-se os dois num clima nostálgico, logo são percebidas as diferenças entre o que existiu e o que existe. Passam a falar abertamente sobre as ciladas e ratoeiras que ela armava para ele, relembram os papéis representados por cada um e os "momentos perfeitos", que já se acabaram. Tais momentos são anunciados por "situações privilegiadas", como as representadas numa gravura, onde toda a atenção se volta a um valor plástico.

Anny desde sempre soube do *dever* de transformar situações privilegiadas em momentos perfeitos. Ela relembra o primeiro beijo entre eles; porém, acrescentou que havia sentado num tufo de ortigas e que naquele momento era impertinente pensar nas suas coxas: não bastava evitar sinais de sofrimento, era preciso não sofrer. A idéia de Anny vem somar-se ao que Roquentin entendia pela magia das aventuras. Há uma diferença intransponível entre a imediatidade da exis-

---

[19] Idem. La Nausée. Paris : Gallimard folio, 1938, p. 183. « *De trop*, le marronnier, là en face de moi un peu sur la gauche. *De trop*, la Vélleda... Et *moi* – veule, alangui, obscène, digérant, ballottant de mornes pensées – *moi aussi j'étais de trop* ».

[20] COOREBYTER, Vincent de. La Subversion du Cogito dans la Nausée. Alter – Revue de Phénoménologie nº 10, 2002, p. 95. « Le cogito cartésien est une heureuse exception, le résultat artificiel d'un effort soutenu pour arrêter cette 'rumination douloureuse' sur un point d'équilibre. Si Descartes avait vraiment voulu consigner le 'sentiment d'exister', il ne lui aurait pas donné les contours tranchants d'une idée : Roquentin lui oppose une véritable méditation, humaine trop humaine, l'epreuve d'une finitude qui ne serait pas aussitôt compensée par sa participation à la vérité ».

[21] SILVA, Franklin Leopoldo e. Ética e Literatura em Sartre. São Paulo: Editora Unesp, 2003, p. 83.

[22] Id. ibidem, p. 84.

tência e a idealidade do conceito: "a palavra fica nos meus lábios, recusa-se a ir pousar sobre a coisa".[23]

Mas Anny diz algo novo: ela se refere muito mais às representações, a funcionalidade e instrumentalidade que uns e outros têm entre si. Assim como os objetos são encarcerados em conceitos, também os homens se nomeiam e se aprisionam ao mundo ideal, ou imaginário. A náusea de Roquentin advém de experiência do fenômeno de ser suportado na temporalidade nadificante que se percebe imediatamente no mundo.[24] Derretido o verniz da necessidade (onde se dá uma clara separação objetiva entre o sujeito e o mundo), a promiscuidade da indeterminação existencial aparece à Roquentin como uma ameaça de fazer o Eu perder-se nas coisas.[25] É na tensão entre facticidade e liberdade constituinte da temporalidade humana que a náusea se apresenta.

O diário de Roquentin chega ao fim com o projeto indeterminado de escrever um livro. Mas a liberdade não se expande indefinidamente; ao contrário, ela constitui o homem na sua finitude. Nesse sentido, ao recusar a idealidade, o irrealizável, o imaginário, Roquentin acaba também recusando a construção, o compromisso e o próprio caráter dialético do mundo contingente. Ele sente profundamente a solidão e a náusea na sua relação com o mundo, no qual ele não tem nenhuma importância coletiva. No entanto, trata-se de um mundo onde ele não está só, onde ele é condenado a ser livre com o Outro.[26]

Contingência e Compreensão Existencial do Direito

As experiências de Roquentin nos levaram a considerar a existência na sua nudez carnal. Uma vez abalada a certeza sobre as coisas no mundo, sobre a determinação e sobre a previsibilidade; o que acontece com a certeza do direito, suas determinações e sua cogência? Sobre tudo isso o diário de Roquentin nos fornece alguns elementos críticos, sugerindo começar pelo direito a existir. "E era verdade, sempre me tinha parecido: eu não tinha direito de existir. Tinha aparecido por acaso, eu existia como uma pedra, uma planta, um micróbio. A minha vida crescia à sorte e em todos os sentidos. Enviava-me às vezes sinais vagos, outras vezes eu sentia apenas um zumbido sem importância".[27]

---

[23] SARTRE, Jean-Paul Sartre. La Nausée. Paris : Gallimard folio, 1938, p. 179.

[24] É imperioso esclarecer que Sartre somente apresentará essa idéia em termos filosóficos em O Ser e o Nada, como no trecho a seguir: « L'être nous sera dévoilé par quelque moyen d'accès immédiat, l'ennui, la nausée, etc., et l'ontologie sera la description du phénomène d'être tel qu'il se manifeste, c'est-à-dire sans intermédiaire ». (SARTRE, Jean-Paul. L'Être et le Néant – essai d'ontologie phénoménologique. Paris : Gallimard, 1943, p. 14).

[25] SILVA, Franklin Leopoldo e. Ética e Literatura em Sartre. São Paulo: Editora Unesp, 2003, p. 87.

[26] Podemos perceber com a Náusea o modo como Roquentin realiza na mais profunda solidão a desmistificação da realidade. A falta de importância coletiva do personagem possui de início um sentido anti-profético, mas de outro lado, ela anuncia a falta de engajamento do personagem.

[27] SARTRE, Jean-Paul Sartre. La Nausée. Paris : Gallimard folio, 1938, p. 124-125. « Et c'était vrai, je m'en étais toujours rendu compte : je n'avais pas le droit d'exister. J'étais apparu par hasard, j'existais comme une

Com o caráter eminentemente destrutivo, o personagem nos sugere pensar o Direito do ponto de vista da existência e não sob o prisma de um sistema normativo. O caminho proposto por ele é pensar no direito a existir, mas como a existência é contingente e gratuita, não se pode ver nela nem necessidade, nem direito ou dever. Dizer que se tem "direito" a existir significa dar uma razão à sua existência. Mas ela justamente é o absurdo revelado na náusea. No sentido proposto por ele, efetivamente, nada encontraremos de direito: um sistema normativo fica totalmente descolado daquilo que é. A existência nua descobre-se sem "Direitos".

Ao continuar seu diário, Roquentin nos brinda ainda com a descrição de Jean Parrottin, presidente da S.A.B.[28]: possuía um olhar extraordinário, abstrato e tinha o fulgor da consciência pura dos direitos. Só lhe restavam os ossos, carnes mortas e o Direito Puro. "Quando o Direito se apodera de um homem, não há exorcismo que possa expulsá-lo".[29] Era preciso não o fazer pensar demais, não lhe chamarem atenção para a as coisas desagradáveis, para a morte ou para os sofrimentos de outrem. Consagrando a sua vida a pensar no Direito, Jean Parrottin aparece como um estudioso das leis e dos deveres, que esqueceu do modo como se dá a existência.

Roquentin percebe ainda que as maneiras com que alguns burgueses de Bouville vestiam-se, portavam-se e consideravam-se uns aos outros tinha uma relação com esse "Direito". Ao ver um quadro figurativo, ele percebe lá mesmo o ramo dos Direitos do Homem e do Cidadão, um modo abstrato e absoluto de pensar como o homem deve ser. Nesse modo de pensar encontra-se a semente da divisão, do poder e da autoridade.

Assim nos é apresentado o discurso de Olivier Blévigne, formado em Direito e exímio orador, comprometido a restabelecer a Ordem, após ter se refugiado em Versailles sob a proteção da Assembléia Nacional: "'O País', diz ele num discurso célebre, sofre da mais grave doença: a classe dirigente não que mais comandar. E quem mandará então, senhores, se aqueles que a hereditariedade, a educação, a experiência, tornaram mais aptos para o exercício do poder se afastam dele por resignação ou cansaço? Muitas vezes eu disse: comandar não é um direito da elite; é o seu principal dever. Senhores, conjuro-vos: restauremos o princípio da autoridade!"[30]

pierre, une plante, un microbe. Ma vie poussait au petit bonheur et dans tous les sens. Elle m'envoyait parfois des signaux vagues ; d'autres fois je ne sentais rien qu'un bourdonnement sans conséquence ».

[28] Provavelmente iniciais de *Société des Armateurs de Bouville*.

[29] Id. ibidem, p. 130. « Quand le Droit s'est emparé d'un homme, il n'est pas d'exorcisme qui puisse le chasser ».

[30] Id. ibidem, p. 134. "Le pays, dit-il dans un discours célèbre, souffre de la plus grave maladie : la classe dirigeante ne veut plus commander. Et qui donc commandera, messieurs, si ceux que leur hérédité, leur éducation, leur expérience ont rendus les plus aptes à l'exercice du pouvoir, s'en détournent par résignation ou par lassitude ? Je l'ai dit souvent : commander n'est pas un droit de l'élite ; c'est son principal devoir. Messieurs, je vous en conjure : restaurons le principe d'autorité !»

Os poderes político e social vêem-se permeados de direitos e deveres. Não passam, portanto, de uma criação, uma forma de comando de estabelecer uma *certa* ordem, como se fosse a única. O seu principal fulcro é a autoridade: ela sim é utilizada como justificação para o comando e o poder. Ela é que pode se chamar a verdadeira fonte *deste* Direito. É um poder que se exerce no mundo pela força, e serve a alguém, mas que se alimenta da ordem instaurada com a criação da Lei – o sistema jurídico, descolado da existência.

Os existentes aparecem, deixam que os encontremos, mas não se podem jamais deduzir.[31] Tudo é gratuito, e o sentimento dessa gratuidade é a náusea. Impor um direito aos homens e um direito sobre as coisas não deixa de ser uma tentativa de apagar deles a sua gratuidade. Roquentin estende essas considerações ao homem da Legião de Honra que ele descreve assim: "Os Safados têm o direito de existir: 'existo porque tenho esse direito'".[32] Dias depois, no momento da revelação da náusea, ele conclui: "Tudo é gratuito, este jardim, esta cidade e eu mesmo. Quando acontece de nos darmos conta disso, que nos vira o coração e tudo começa a rodar como na outra noite, no Rendez-vous dos Ferroviários: aí está a Náusea; aí está o que os safados – os do Outeiro Verde e os outros – tentam esconder de si mesmos com a sua idéia de direito. Mas que pobre mentira: ninguém tem direito; eles são inteiramente gratuitos, como os outros homens, eles não conseguem deixar de sentir de mais. E, no seu íntimo, secretamente, eles são excesso, isto é, amorfos e vagos, tristes".[33]

A intuição de Roquentin é que há algo na idéia de direito que representa uma fuga da náusea, uma fuga da existência. Ou seja, o Direito pode servir à divisão, classificação, hierarquização, a uma dada disposição dos objetos, mas não há *nada* neles mesmos que garanta essa semântica: por isso a exigência maior do uso da autoridade, como o queria Blévigne. Em si mesmos, os objetos são um excesso, assim como nós, na nossa contingência, somos um excesso, porém atravessados por um nada de ser. Somente se pode pensar uma funcionalidade dos objetos *a priori* e uma semântica jurídica do mundo *a priori* tendo por suposto o transcendente. A teleologia e a Lei estabelecem a Ordem do mundo, mas essa ordem é metafísica por necessidade.

Onde há essa ordem, encobre-se a náusea; quando a náusea aparece, desaba a ordem, ela se torna desordenada. A manutenção da Lei como constituinte estatal do dever exige a cegueira quanto à existência, e isso se faz por meio da autoridade. Assim, é imprescindível que não se veja algo, que o direito seja o *dito* pela Lei e seja somente isso, nada mais: assim se comanda, assim se governa,

[31] Id. ibidem, p. 187.

[32] Id. ibidem, p. 147. "Les Salauds ont le droit d'exister: 'j'existe parce que c'est mon droit".

[33] Id. ibidem, p. 187. « Tout est gratuit, ce jardin, cette ville et moi-même. Quand il arrive qu'on s'en rende compte, ça vous tourne le coeur et tout se met à flotter, comme l'autre soir, au *Rendez-vous des Cheminots* : voilà la Nausée ; voilà ce que les Salauds – ceux du Coteau Vert et les autres – essaient de se cacher avec leur idée de droit. Mais quel pauvre mensonge : personne n'a de droit : ils sont entièrement gratuits, comme les autres hommes, ils n'arrivent pas à ne pas se sentir de trop. Et en eux-mêmes, secrètement, il *sont trop*, c'est-à-dire amorphes et vagues, tristes ».

assim se julga. Todavia, não é preciso definir o Direito pela Lei, equipará-lo ao cálculo, sustentá-lo sobre a autoridade. Aqui será necessário dar um passo além da destruição "jurídica" vivida na náusea, se quisermos salvar algum direito.

Dada a ruína da idéia de um direito justo fundado na violência da autoridade, tendo em vista a sua idealidade e irrealidade – que a náusea nos mostrou claramente – chega o momento de pensarmos se é mesmo possível algum direito justo. Em um certo sentido, isso nos aproxima da mesma questão posta Derrida, segundo o qual a justiça sempre fica por vir, ou seja, ela é a dimensão mesma de eventos irredutíveis ao presente, abrindo a possibilidade de re-fundação do direito. A justiça é a experiência da alteridade absoluta, não apresentável e, exatamente por isso, condição da história.[34] Mas o pensador separa definitivamente direito e justiça. "O direito não é a justiça. O direito é elemento de cálculo, e é justo que haja direito, mas a justiça é incalculável, ela exige que calculemos o incalculável; e as experiências aporéticas são experiências tão improváveis quanto necessárias à justiça, isto é, momentos onde a decisão entre o justo e o injusto não é nunca assegurada por uma regra".[35]

Ao mesmo tempo, Derrida nos aponta um elemento importantíssimo para resolvermos o problema do direito depois da náusea e nos coloca frente ao verdadeiro impasse – encontra-se a justiça no direito? O problema da justiça não foi de longe pensado ou vivido por Roquentin. A experiência da náusea ocorre com ele no fundo de uma solidão, de uma melancolia e de uma tristeza. Ele não parece se preocupar com os outros, salvo no momento em que ajuda o Autodidata quando de uma surra na biblioteca. De qualquer modo, ali entra em jogo a moral da sua ação, mas jamais o problema dos valores foi a sua preocupação refletida.

De outro lado, Roquentin destrói a idéia de direito, que não se pode mais sustentar depois da desordem da náusea. Mas esse direito é único e unívoco? Não reside precisamente nisso a sua idealidade, a exigência de uma autoridade, de uma força para garanti-lo? Derrida nos responde que direito e justiça não são o mesmo, e com o método desconstrutivo ele diz mais: a eqüidade não é igualdade calculada, é a dessimetria absoluta.[36] Com isso, ele quer estabelecer a verdadeira relação entre direito e força, bem como entre justiça e direito. Concordamos que o direito do qual ele fala, de caráter normativo, é cálculo. Mas direito não é apenas isso. A própria dimensão temporal nadificante descrita por Sartre, que nos fez abandonar a Idéia de Direito haverá de nos fornecer uma alternativa ao problema jurídico.

A náusea derrubou o direito. Mas em si ela não nos dá nada a construir. Também não nos leva à compreensão da relação com os outros, onde efetiva-

[34] DERRIDA, Jacques. Force de Loi: Le "Fondement Mystique de l'Autorité" *in* Deconstruction and The Possibility of Justice. Cardozo Law Rewiew,Vol. 11, Jul/Ago 1990, p. 970.

[35] Id. ibidem, p. 946. « Le droit n'est pas la justice. Le droit est l'élément du calcul, et il est juste qu'il y ait du droit, mais la justice est incalculable, elle exige qu'on calcule avec de l'incalculable ; et les expériences aporétiques sont des éxperiences aussi improbables que nécessaires de la justice, c'est-à-dire de moments où la décision entre le juste et l'injuste n'est jamais assurée par une règle ».

[36] Id. ibidem, p. 958.

mente se dará a construção do valor. A intuição original de Derrida é admirável. De certo modo ele busca apoio na ética de Lévinas, sobretudo quando este desenvolve os conceitos de rosto e de alteridade. Mas será mesmo que direito e justiça possuem matizes tão diversos e são inconciliáveis? Uma vez colocado o conceito de justiça na experiência da alteridade, cabe visualizar a possibilidade de uma compreensão existencial do direito, fundada na própria contingência. Roquentin nos mostrou que a idéia de direito normativo não sobrevive com a náusea; portanto, é preciso colocá-lo entre parênteses. Então, é preciso saber se existe algum *outro* direito, que se compreenda por meio da própria contingência, que de algum modo não fuja à temporalidade e à alteridade.

Sartre explicita em O Ser e o Nada que há meios de acesso imediato ao fenômeno de ser, como a náusea e o tédio.[37] O existente é fenômeno, uma aparição de ser. O ser é simplesmente a condição de possibilidade do desvelamento. Ao deparar-se com a existência, Roquentin tem de lidar com o ser e com o próprio vazio das suas nadificações. *"O homem é o ser pelo qual o nada vem ao mundo"*.[38] Diante da constatação de que o homem tem de constituir ele mesmo a realidade e a si mesmo, a ordem do mundo e a lei se desvanecem.

Depois da experiência da náusea, não há saída para o jurista senão tomar consciência de que o objeto da ciência jurídica não possui um sentido em si mesmo ou, ainda, que ele mesmo é responsável pela constituição do objeto enquanto jurídico. Assim, a Lei deixa de garantir necessária e suficientemente a juridicidade do mundo, de modo abstrato, universal e atemporal.

Mas o direito é revelado no concreto, no singular e na temporalidade. Podemos dizer que a temporalidade é a condição de possibilidade da ciência jurídica, o Direito surge pela liberdade do ser humano. O sentido mesmo da juridicidade dos objetos remete à suas possibilidades no âmbito do futuro.[39] O sentindo mesmo do direito e do dever é atravessado pela temporalidade tridimensional, apontando sempre para além dos próprios objetos, como modo de assunção axiológica do compromisso e do engajamento no mundo. É por isso que Roquentin conseguiu apenas destruir a idéia de Direito e, em contrapartida, nada construiu. Trata-se de um indivíduo sem importância coletiva, de alguém que não chegou a pensar no projeto do Direito como reforma, como Constituição de um modo de relação intencional com o Outro.

Conclusão

Foi possível revelar com a náusea o problema a temporalidade no coração do humano. A Náusea não nos traz um caso jurídico a ser resolvido, tampouco re-

[37] SARTRE, Jean-Paul. L'Être et le Néant – essai d'ontologie phénoménologique. Paris : Gallimard, 1943, p. 14. Ver nota 24.

[38] Id. ibidem, p. 59. « L'homme est l'être par qui le néant vient au monde ».

[39] Em outro texto, sustentei que o Direito depende de uma compreensão temporal tal como as demais ciências e que é a existência que torna a juridicidade possível. (Por uma nova compreensão existencial do Direito. Revista de Estudos Criminais, n° 21, jan/mar 2006, p. 206-207).

nova tensões que exijam resolução pela ciência jurídica. Trata-se de uma novela, e como tal vem nos revelar a experiência marcante do seu personagem narrador, ao ponto de colocar o leitor sobre o mesmo abismo. O jurista que a ler e efetivamente acompanhar a narrativa será obrigado a tomar como ponto de partida a existência, a destruir suas crenças na idéia de Direito.

A novela pode causar embaraço ao cientista jurídico. As normas, a jurisprudência e a doutrina já não o salvarão como um colete salva-vidas no mar existencial da intencionalidade jurídica; em si mesmo o seu sentido está destruído. Evidentemente, falta aqui dimensão da relação com alteridade, indispensável para a vivência de uma temporalidade autêntica. Será preciso estabelecer uma compreensão existencial da juridicidade a partir da própria contingência, com a qual o Direito ganha seu sentido temporal e poder-se-á falar em compromisso e engajamento jurídicos.

Bibliografia

BORHEIM, Gerd. *Sartre.* 3ª ed. São Paulo: Editora Perspectiva, 2000.

CASTRO, Fabio Caprio Leite de. *Por uma nova compreensão existencial do Direito.* Revista de Estudos Criminais, n° 21, jan/mar 2006.

COHEN-SOLAL, Annie. *Sartre.* Porto Alegre: L&PM Pocket, 2005. Tradução de Paulo Neves.

DEGUY, Jacques. *La Nausée de Jean-Paul Sartre.* Paris: Gallimard foliothèque, 1993.

DERRIDA, Jacques. *Force de Loi: Le "Fondement Mystique de l'Autorité" in* Deconstruction and The Possibility of Justice. *Cardozo Law Rewiew,* Vol. 11, Jul/Ago 1990.

NOUDELMANN, François, PHILIPPE, Gilles (Org). CORMANN, Grégory. *Dictionnaire Sartre.* Paris : Honoré Champion, 2004.

OST, François. *Raconter la Loi – Aux Sources de l'Imaginaire Juridique.* Paris: Odile Jacob, 2004.

RYBALKA, Michel. *La Nausée, Premier Roman in* Le Magazine Littéraire, nº 7, mar/maio 2005.

SARTRE, Jean-Paul Sartre. *La Nausée.* Paris : Gallimard folio, 1938.

——. *L'Être et le Néant – essai d'ontologie phénoménologique.* Paris : Gallimard, 1943.

——. *L'Existentialisme est un Humanisme.* Paris: Gallimard folio, 1996.

——. *Situations, II – Littérature et Engagement.* Paris: Gallimard, 1999.

SILVA, Franklin Leopoldo e. *Ética e Literatura em Sartre.* São Paulo: Editora Unesp, 2003.

WORMSER, Gérard. *Sartre.* Paris : Armand Colin, 1999.

— 7 —

"O Senhor das Moscas" e o fim da inocência

LENIO LUIZ STRECK[1]

TATIANA BONATTO[2]

> *Se (...) todas as nossas disciplinas devessem ser expulsas do ensino, exceto numa, é a disciplina literária que devia ser salva, pois todas as ciências estão presentes no monumento literário. (...) Ela é a realidade, isto é, o próprio fulgor do real.*[3]

É possível identificar inúmeras relações entre os campos da literatura e do direito. A literatura é expressiva em criatividade e está sempre às voltas com o incerto, com o inusitado; permite um mergulho no imaginário, no qual o sujeito vive sua fantasia para após retornar a sua realidade. Como refere Umberto Eco: "as obras literárias nos convidam à liberdade da interpretação, pois propõem um discurso com muitos planos de leitura e nos colocam diante das ambigüidades da linguagem e da vida".[4] O direito, tido na modernidade como uma ciência de fontes eminentemente normativas, permanece arraigado aos paradigmas da racionalidade, da certeza, da lógica e do positivismo. Tais diferenças demandam uma contribuição mútua, que enriqueça ambas as áreas. O intercâmbio dessas disciplinas é algo ainda por se solidificar; há um terreno fértil que renderá muitos benefícios se devidamente cultivado.

A obra literária pode ser utilizada como exemplo privilegiado para ilustração de questões jurídicas; ou ainda, possibilita o operador jurídico à reflexão e à problematização de questões que, embora presentes em seu cotidiano, já não mais o afetam.

O presente artigo pretende explorar o livro "O Senhor das Moscas", de William Golding, como recurso para abordar temas pertinentes ao direito (em

[1] Pós-doutorado em Direito Constitucional (Lisboa/Portugal). Doutor e Mestre em Direito do Estado (UFSC). Professor Titular do Programa de Pós-Graduação em Direito da UNISINOS. Membro Conselheiro do Instituto de Hermenêutica Jurídica (IHJ/RS). Procurador de Justiça (MP/RS).

[2] Pós-graduanda em Atendimento Clínico (UFRGS). Graduada em Psicologia (UNISINOS). Integrante do Percurso da Associação Psicanalítica de Porto Alegre (APPOA).

[3] BARTHES, Roland. *Aula*. 6. ed. São Paulo: Cultrix, 1978, p. 18.

[4] ECO, Umberto. *Sobre a literatura*. Rio de Janeiro: Record, 2003, p. 12.

especial, a Teoria do Estado), à hermenêutica e à psicanálise. O livro retrata a trajetória de um grupo de meninos que, após um acidente aéreo, deriva até uma ilha deserta, vivenciando as mais diversas situações que testam o instinto de sobrevivência e as possibilidades de organização social. Nesse percurso, percebem-se as mais variadas formas de reações humanas até que os personagens sejam resgatados, isto é, até que haja o retorno da interdição estatal. Simbolicamente, a obra pode ser representada por dois protagonistas: Ralph e Jack, o primeiro representando o desejo de viver em um sistema democrático, baseado na ordem, e o segundo encarnando a selvageria e a desordem.

Essa dicotomia ordem-desordem (civilização ou barbárie) está presente na metáfora da formação do Estado Moderno, que exsurge a partir do rompimento com a fragmentação e a des-ordem medieval. Não é demais referir, desde logo, que esse Estado aparece em sua forma absolutamente interditora: a absolutista, ou seja, à liberdade absoluta contrapõe-se a absoluta delegação a um *tercius genus* que "protegerá" o homem contra si mesmo.

§ § §

Com efeito, a temática do Estado como forma de organização social estruturou-se na modernidade a partir dos teóricos desse "contrato" que se coloca como condição de possibilidade para a superação da constante guerra de todos contra todos. Thomas Hobbes é o corifeu da teorização do Estado que surge a partir do rompimento com a forma estatal medieval. Trata-se, antes de tudo, de uma ruptura paradigmática: a modernidade surge com a superação da metafísica clássica. Em outras palavras, os sentidos não estão mais nas coisas, não há mais essências; agora o sentido passa a estar na mente, na consciência de si do pensamento pensante. É o triunfo do novo princípio epocal: o cogito.

Isso possibilita dizer que o Estado não é algo dado, mas, sim, algo a ser construído pela razão humana. Por isso a metáfora do contrato social, que passa a ser a forma de simbolização desse novo paradigma: os homens vivem no estado de natureza, no qual todos são ao mesmo tempo livres e não livres. É o um que é o todo, e esse todo é também o nada. Dito de outro modo, esse de natureza gera a sua própria antítese, porque, se todos são livres, ninguém o é.

É nesse sentido que, para se contrapor à barbárie resultante dessa guerra de todos contra todos, Hobbes elabora a metáfora pela qual, de um pacto inicial de associação, parte-se rumo a um pacto de submissão ao Leviatã (monstro marinho que protege os pequenos animais, mas, quando tem fome, come-os).[5] Veja-se que

[5] Na Bíblia, mais especificamente no Livro de Jó (capítulos 40-41), encontra-se a descrição do monstro invencível Leviatã (que significa literalmente *crocodilo*). Sua descrição termina assim: "Si lo despiertan, furioso se levanta,/¿y quién podrá aguantar delante de él?/Lo alcanza la espada sin clavarse,/Lo mismo la lanza, jabalina o dardo./Para él el hierro es sólo paja,/El bronce, madera carcomida./No lo ahuyentan los disparos del arco,/Cual polvillo le llegan las piedras de la honda./Un junco la maza le parece,/Se ríe del venablo que silba./Debajo de él tejas puntiagudas:/Un trillo que va pasando por el lodo./Hace del abismo una olla borbotante,/Cambia el mar en pebetero./Deja tras de sí una estela luminosa,/el abismo diríase una melena blanca/No hay en la tierra semejante a él,/Que há sido hecho intrépido./Mira a la cara a los más altos, /Es rey de todos los hijos del orgujjo".

o medievo aparece metaforicamente como sendo a barbárie, e o Estado absolutista, como a civilização. Nesse contrato político, os homens delegam ao soberano os seus direitos, em troca da segurança. Atente-se, pois, para o desenvolvimento do Estado Moderno, o papel da burguesia que abre mão do seu poder político para ficar com o poder econômico, o nascimento do capitalismo, a burocracia, a superação do poder carismático pela relação legal-racional, e teremos os elementos conformadores do surgimento do Estado Moderno.

O Estado de Natureza foi adotado como metáfora por Hobbes, porque assim consegue ilustrar o momento da vivência humana anterior à entrada da vida na sociedade política organizada, ou seja, trata-se de mera hipótese lógica negativa que não corresponde(ria) a um momento histórico real ou determinado. Trata-se da "construção" de uma tese para que a ela pudesse ser contraposta uma antítese: contra a des-ordem, a ordem. *Mutatis mutandis*, Hobbes procede de modo similar a Platão, que "força" a posição de Crátilo no diálogo com Hermôgenes, como se Crátilo representasse fielmente o pensamento pré-socrático. Do mesmo modo que Hobbes necessitava de um contraponto ao seu Leviatã, Platão estabelece um debate (sofistas *versus* pre-socráticos) que ele superará pela sua tese, a do mundo das idéias, a partir do dualismo mundo sensível e supra-sensível. Essa metáfora hobbesiana é perfeitamente perceptível em O Senhor das Moscas. Para Hobbes, a escolha da passagem de um Estado de Natureza para um Estado Político significa abandonar a barbárie em prol da vida civilizada. Veja-se a simbologia da frase que tão bem caracteriza a tese hobbesiana: "o homem é o lobo do homem". Veja-se a "construção da tese" em Golding:

> - Não há adultos. Vamos ter de cuidar de nós.
>
> O grupo murmurou algo, mas logo se calou.
>
> - Uma coisa a mais. Não é possível todo mundo falar ao mesmo tempo. Vai ser preciso levantar a mão como na escola.
>
> Levou a concha à altura do rosto e olhou em volta.
>
> - Então eu passarei a concha para quem quiser falar.
>
> - Concha?
>
> - É assim que se chama isso. Eu darei a concha para a pessoa que irá falar em seguida. Ela poderá segurar a concha enquanto falar [...]
>
> - Vamos ter regras! –gritou excitado. – Muitas regras! E quando qualquer um não as respeitar (...).[6]

Considerando que em Hobbes o Estado de Natureza se caracteriza pela "guerra de todos contra todos" em que impera o individualismo extremado, o bem mais importante a ser protegido pela sociedade civil é a vida, ou seja, com interesse em segurança o homem adere ao contrato social para garantir a manutenção de sua vida. Essa adesão é uma adesão que se coloca como condição de sobrevivência. Esse é o "objeto" do contrato.

Consultar, para tanto, REALE, Giovani; ANTISERI, Dario. *Historia del pensamiento filosófico y científico II*. Barcelona: Herder, 1995, p. 425-426.

[6] GOLDING, William. *O Senhor das Moscas*. Rio de Janeiro: Nova Fronteira, 2006, p. 38.

"Vamos ter regras; muitas regras; e quando qualquer um não as respeitar(...)". Eis o ponto de partida. O contrato social explica como o homem racionalmente escolhe sair da barbárie para entrar na vida civilizada do Estado civil. Essa "escolha" – e suas conseqüências – parece estar presente em toda a trajetória de *O Senhor das Moscas*. Foram as teorias contratualistas que viabilizaram a teorização do Estado político e da lei soberana e limitadora das vontades individuais. A idéia central dessas teorias está na necessidade de cada indivíduo abdicar de suas vontades e submeter-se à lei do Estado, que será legítimo justamente em razão deste acordo. A regra que proíbe; a proibição que regra (a vida da comunidade). É a noção de renúncia, tão bem presente na psicanálise de Freud: "o homem civilizado trocou uma parcela de suas possibilidades de felicidade por uma parcela de segurança".[7]

A todo momento o texto de Golding tematiza a questão da ausência/presença do Estado. A obra auxilia e enriquece a reflexão acerca do papel estatal na vida em sociedade, e remete à metáfora do contrato social.

Em Hobbes, a lei tem esse caráter de interdição, enfim, de separação entre civilização ou barbárie. É o limite necessário à viabilização da vida em sociedade. Psicanaliticamente, a lei atua como interditora, representada pelo significante do Nome-do-Pai;[8] esse último é o significante[9] que instaura o lugar da lei dentro do código, ou seja, é o significante do outro enquanto lugar da lei; "a métáfora do Nome-do-Pai que atualiza a castração é necessariamente isomórfica à simbolização da lei".[10]

Para Lacan a inscrição da lei, ou da metáfora do Nome-do-Pai, não se refere a uma figura real (física), trata-se de algo que se dá no âmbito do simbólico. É nesse sentido que Lacan retoma a metáfora do mito originário:

> Para que haja alguma coisa que faz com que a lei seja fundada no pai, é preciso haver o assassinato do pai. As duas coisas estão estreitamente ligadas – o pai como aquele que promulga a lei é o pai morto, isso é, o símbolo do pai. O pai morto é o Nome-do-Pai que se constrói ao sobre o conteúdo.[11]

O significante do Nome-do-Pai inscreve no psiquismo do sujeito a função do pai simbólico; esse pai simbólico, que é introduzido através do discurso materno, por meio da função paterna, irá garantir a manutenção da lei. A operação de substituição do significante do desejo da mãe pelo significante do Nome-do-Pai na lei constitui a metáfora paterna;[12] ou seja, quando a criança percebe que sua

---

[7] FREUD, Sigmund. *O mal-estar na civilização*. Rio de Janeiro: Imago, 1997, p. 72.

[8] Esta terminologia foi primeiramente utilizada por Jacques Lacan. É conceituado como um significante com função ordenadora, faz uma amarração como se fosse um núcleo de referência que impede que o sujeito fique à deriva.

[9] Na lingüística de Saussure define-se significante como componente mediador entre a coisa em si e a sua representação psíquica. Significante para a psicanálise de Lacan é definido como o que representa o sujeito frente a outro significante; o que é elaborado, o que não estava à princípio manifesto.

[10] DÖR, Joel. *O pai e sua função em psicanálise*. Rio de Janeiro: Zahar, 1991, p. 54.

[11] LACAN, Jacques. *Seminário V. As formações do inconsciente*. Rio de Janeiro: Zahar, 1999, p. 152.

[12] Id., ibid.

mãe deseja algo que está para além dela criança, passa a se identificar com esse algo que simboliza a lei; ou seja,

> o desejo da criança pela mãe não mais pode evitar de chocar-se com a lei do desejo do outro (o pai) através do desejo da mãe (...) o desejo de cada um é sempre submetido à lei do desejo do outro (...) se o desejo da mãe é submetido de certa maneira à instância paterna, suposta privar, interditar e frustar, disso resulta que a mãe reconhece também além do pai como aquela que mediatiza seu próprio desejo.[13]

É através da metáfora paterna que a castração simbólica é induzida, ou seja, é no terceiro tempo do Édipo[14] em Lacan que ocorre a significação fálica,[15] na qual a mãe deixa de ser a lei assim como o pai; a Lei e o falo estão acima de qualquer personagem, sendo percebidos como algo externo e reinstaurado na cultura.

Freud, na obra *Totem e Tabu,* já trazia a idéia da lei como forma de impedir a prática do incesto,[16] "a instância do pai simbólico é antes de mais nada a referência à Lei da proibição do incesto, a qual é, portanto, prevalente sobre todas as regras concretas que legalizam as relações e trocas entre os sujeitos de uma mesma comunidade".[17]

Em *Totem e Tabu,* Freud também aborda a importância dos rituais nos povos primitivos. Tais rituais eram conduzidos não só pelo sentimento de culpa – gerado pela possibilidade de transgressão da lei paterna –, mas também pelo medo constante de sofrer de algum mal (por parte dos inimigos, chefes e mortos). Deste modo, é possível traçar um paralelo com os personagens que integram o grupo dos "Caçadores", que por medo de uma criatura desconhecida (na verdade há um medo de serem punidos pelo pai), denominada por eles de "bicho" (o totem), oferecem em sacrifício a cabeça de uma de suas conquistas:

> - Peguem o porco.
>
> Maurice e Robert enfiaram uma lança na carcaça, levantaram o peso morto e esperaram. No silêncio, de pé sobre o sangue seco, pareciam subitamente furtivos.
>
> - Essa cabeça é para o bixo. É um sacrifício.
>
> O silêncio aceitou a oferenda e os assustou. A cabeça continuou ali, de olhos opacos, como que sorrindo levemente, o sangue escurecendo entre os dentes.[18]

Na lógica de Freud, a cultura protege/contém os indivíduos de seus impulsos primitivos, ou seja, do gozo não mediado pela lei; "a cultura, é, pois, gerada pela expressão de uma falta. Porque o natural no homem é isomorfo à ordem

[13] DÖR, *op. cit.*, p. 49.

[14] Para uma melhor compreensão, Lacan subdivide o processo edípico em três tempos, mesmo não existindo uma correspondência cronológica estrita entre estes. No primeiro tempo, a criança é o falo da mãe e, portanto, faz com que esta última detenha o falo; aqui a instância paterna se introduz de um modo velado. Já no segundo tempo, o bebê deixa de ser o falo da mãe, havendo uma quebra narcísica; a mãe deixa de ter o falo e agora o pai o tem; esse último intervém como privador da mãe e é mediado por essa.

[15] É o processo no qual a criança deixa de ser o falo da mãe e percebe que o pai também não o é.

[16] FREUD, Sigmund. *Totem e Tabu*. Rio de Janeiro: Imago, 2005.

[17] DÖR, *op. cit.*, p. 16.

[18] GOLDING, *op. cit.*, p. 150.

edípica, a cultura se torna, então, legitimamente, a verdadeira natureza do homem que nasce da proibição originária do incesto".[19] Conforme ilustra a narração, no momento em que os personagens passam a habitar a ilha, perdem o acolhimento da cultura; portanto, sem tal contenção, esses regridem e passam a atuar suas fantasias primitivas como, por exemplo, ter de oferecer sacrifícios para um animal totêmico por medo da perseguição deste; percebe-se que, no imaginário dos meninos, tal situação seria uma punição do pai. Durante a estada na ilha, as crianças, pela falta da Lei, acreditam ter mesmo assassinado esse pai e é por isso que necessitam expurgar a culpa por meio de oferendas.

> Matem o bixo! Cortem a garganta! Tirem o sangue! Agora, do terror, irrompeu outro desejo, denso, urgente, cego. [...] As lanças caíram e a boca do novo círculo tremulou e gritou. O bixo estava de joelhos no centro, os braços levantados sobre o rosto. Gritava – contra o ruído abominável – algo sobre um cadáver na montanha. O bixo tentou avançar, rompeu o círculo e caiu do lado íngreme da pedra, na areia à beira da água. Imediatamente, todos os seguiram correndo, saltando da pedra, pulando no bixo, gritando, golpeando, mordendo, rasgando. Não havia palavras, nem movimentos além do ataque dos dentes e das garras.[20]

§ § §

É necessário constatar o surgimento de uma manifestação perversa do grupo no episódio do assassinato de Simon; não se pode afirmar que as crianças do grupo tenham uma estrutura perversa, pois em seu percurso inicial na estada na ilha parecem ter inscrito o lugar da lei. Entretanto, as circunstâncias do ambiente e o incentivo do líder para a agressividade propiciaram uma formação perversa, na qual os atos de violência descritos poderiam não ter ocorrido no âmbito individual. Assim, como acontece no mito do assassinato do pai da horda primitiva, a união de pessoas permitiu "realizar aquilo que cada um deles, individualmente, teria sido incapaz de fazer".[21]

A perversão enquanto estrutura se dá pela renegação da castração e pelo não-reconhecimento da diferença sexual,[22] na qual o sujeito sabe da falta do falo na mãe, mas recusa o reconhecimento disso. O perverso se fecha para a operação do significante do Nome-do-Pai, se utilizando do desafio e da transgressão constante da lei. Na medida em que o perverso tenta transgredir é porque conhece a lei, porém não teve a operação total da metáfora paterna. Há uma destituição do pai na sua instância simbólica, em que o perverso impõe a sua própria lei, esta última não como construída devido à angústia de castração, mas como meio de gozo. É possível caracterizar tal estrutura pelo pensamento: "eu sei, mas mesmo assim"; "a atribuição fálica do pai que lhe confere a autoridade de Pai simbólico

[19] DÖR, *op. cit.*, p. 29.

[20] GOLDING, *op. cit.*, p. 166-167.

[21] FREUD, *Totem e Tabu*, *op. cit.*

[22] Na estrutura perversa, a criança permanece acreditando que é a mãe que possui o falo e que ele bebê é o falo dessa mãe. O perverso de estrutura não aceita a castração, pois essa remete a incompletude da mãe, a não-presença do falo e o desejo por outro.

(representante da Lei) nunca será reconhecida, aqui, exceto para melhor ser incansavelmente contestado".[23]

Na perversão não há, portanto, a possibilidade de se lidar com um desejo que remete à falta e à noção de castração; pelo contrário, há a construção da ilusão de totalidade e da existência de um gozo máximo. É através dessa oferta de poder de gozo que o neurótico[24] é seduzido, já que sua estrutura impossibilita tal gozo e é desse que ele se defende; logo, o atuar do perverso pode ser a tentação do neurótico, pela qual é oferecido meios para fazê-lo gozar. Com o encontro dessas estruturas ("encaixe perfeito") pode ocorrer uma formação perversa, na qual a fantasia poderá ser atuada. "A neurose é, por assim dizer, o negativo da perversão",[25] ou seja, os perversos colocam seus desejos em cena, suas pulsões transparecem, enquanto que os neuróticos escondem essas, disfarçando-as a todo o custo por meio de seus sintomas; logo, o que se recalca nas neuroses, está a céu aberto na perversão.

Percebem-se, nos personagens de Golding, estruturas não necessariamente perversas, mas sim, a inserção daqueles em uma formação ou "montagem perversa".[26] A partir de tais montagens, o sujeito acaba por abandonar sua singularidade e seu olhar para o diferente no intuito de se guiar pelo gozo do Outro. Os integrantes dessa montagem – na maioria de estrutura neurótica – se unem e, compartilhando o mesmo fantasma, buscam alcançar uma modalidade de gozo.

Esse contexto pode, ainda, ser relacionado à obra de Freud "Psicologia das Massas e Análise do Eu",[27] a qual refere que nos fenômenos coletivos ocorre uma ligação libidinal entre um líder e sua massa, havendo um processo de identificação que primordialmente seria uma forma de ligação emocional com um objeto; o líder é colocado em uma posição do ideal de eu[28] de cada integrante do grupo fato que possibilita um reconhecimento dos membros entre si e uma simbiose de todos com o líder que, portanto, poderá assumir e executar o poder com total consentimento. Em Freud a fórmula para construção libidinal de um grupo que possui um líder seria:

> um certo número de indivíduos que colocaram um só e mesmo objeto no lugar de seu ideal do ego e, consequentemente, se identificaram uns com os outros em seu ego".[29] Esse mesmo autor refere

[23] DOR, *op. cit.*, p. 62.

[24] Nessa estrutura, há o recalcamento frente à castração; o sujeito reconhece a diferença dos sexos, aceita a falta como inerente à natureza humana e à "lei do pai".

[25] FREUD, Sigmund. *Três Ensaios sobre a Teoria da Sexualidade*. Rio de Janeiro: Imago, 2002, p. 44.

[26] Conceito trazido em CALLIGARIS, Contardo. *Perversão – umlaço social?* Salvador: Cooperativa Cultural J. Lacan, 1986.

[27] FREUD, Sigmund. *Obras psicológicas completas de Sigmund Freud* (Edição *standard* brasileira). v. 18. Rio de Janeiro: Imago, 1996.

[28] Esse termo pode ser definido como algo que é buscado pelo sujeito, mas que nunca é alcançado; seria lugar onde não existe a falta e, portanto, tudo é possível. O ideal do ego (eu) é uma instância que se desenvolve no ego capaz de se isolar do restante desse e entrar em conflito com o mesmo; Tem as funções de auto-observação, a consciência moral, a censura dos sonhos e a principal influência na repressão.

[29] FREUD, *Psicologia(...)*, *op. cit.*, p. 126.

que "um grupo é impulsivo, mutável e irritável. (...) Os impulsos a que um grupo obedece, podem, de acordo com as circunstâncias, ser generosos ou cruéis, heróicos ou covardes, mas são sempre tão imperiosos, que nenhum interesse pessoal, nem mesmo o dą auto preservação, pode fazer-se sentir".[30]

A formação de um grupo remete à cena da horda primitiva, na qual o líder é o reverenciado pai primevo e o ideal do grupo. Tal líder, nesse lugar de ideal de eu, e como representante do pai primitivo, vem para tamponar a falta existente no outro; esse chefe condutor cria a lei como se ele próprio pudesse ser a lei, ou seja, ser o falo; nessa posição ideal, o grupo a tudo se permite.

§ § §

A lei representa um papel central no Estado (Moderno), razão pela qual recebe a denominação "de direito"; ou seja, toda a atuação estatal e daqueles que nele vivem é regulada pela lei, seja autorizando um comportamento, seja proibindo outros. A lei do Estado será legitima na medida em que atender ao pacto originário (contrato social). Aqui também sustenta-se a noção de Constituição, que passa a ser, a partir da modernidade, a explicitação do Contrato Social. Mais do que isso, é a noção da contratação originária que "segura" a noção de Constituição (constitui-a-ação), como na metáfora de Ulysses, que ordena aos seus subordinados que o amarrem firmemente ao mastro do navio e que em nenhuma hipótese venham a obedecer a uma nova ordem (partindo dele mesmo, o capitão) de que o soltem. Ulysses sabe que não resistirá ao canto das sereias(...)! Sabe ele que a sua sobrevivência está condicionada a que os grumetes obedeçam apenas a sua ordem inicial, isto é, ao contrato originário. Por isso, a noção de Constituição passou a estar ligada à regra contramajoritária. A Constituição, isto é, o contrato originário, a interdição inicial, passa a ser um remédio contra o canto das sereias das maiorias políticas(...)!

§ § §

A experiência relatada por Golding apresenta uma situação limite que permite o debate acerca daquilo que Giorgio Agamben denominou de estado de exceção. Este tema, que foi primeiramente identificado por Carl Schmitt, permanece sendo abordado por juristas mais como questão de fato do que verdadeiramente como problema da teoria do direito público.[31]

O estado de exceção não pode ser confundido com um momento em que vigora um direito especial, extraordinário ou temporário, trata-se, em realidade, da suspensão de um ordenamento jurídico, que por si define seu patamar ou seu conceito limite; "na verdade, o estado de exceção não é nem exterior nem interior ao ordenamento jurídico e o problema de sua definição diz respeito a um pata-

[30] FREUD, *Obras psicológicas (...), op. cit.*, p. 88.

[31] AGAMBEN, Giorgio. *Estado de Exceção*. São Paulo: Boitempo, 2004, p. 11.

mar, ou a uma zona de indiferença, em que dentro e fora não se excluem mas se indeterminam".[32]

Dentre as diversas fundamentações oferecidas a este complexo e difícil termo, o conceito de necessidade é o mais recorrente. A partir do adágio latino *necessitas legem non habet,*[33] podem-se inferir dois sentidos opostos: "a necessidade não reconhece qualquer lei" e "a necessidade cria sua própria lei". Ambos os sentidos são possíveis e co-existem na ilha de Golding; estas ilustram com grande adequação o debate acerca da existência da lei entre os meninos da estória.

Nesse sentido, o estado de exceção é um paradoxo, uma vez que a exceção se baseia na necessidade, que por si é sempre instável e não possibilita uma previsibilidade quanto à forma legal; ou seja, o estado de exceção será a forma jurídica daquilo que por natureza não pode ter forma.

> a questão dos limites torna-se ainda mais urgente: se são fruto dos períodos de crise política e, como tais, devem ser compreendidas no terreno político e não no jurídico-constitucional, as medidas excepcionais encontram-se na situação paradoxal de medidas jurídicas que não podem ser compreendidas no plano do direito, e o estado de exceção apresenta-se como a forma legal daquilo que não pode ter forma legal.[34]

§ § §

No fundo, talvez a pergunta fundamental em Golding seja: como conter o gozo sem ser tirânico? Trata-se de um relato de uma situação de crise, um território onde não há uma sociedade anterior com regras, portanto, não há referências normativas. Trata-se de um "grau zero". A criação da regra representa a criação da interdição. Essa regra necessita do mito para reforçá-la. Isto é, somente uma sociedade fundada na razão (dominação legal-racional) pode superar o mito. A metáfora é a clara demonstração da necessidade de uma construção de uma racionalidade.

O livro de Golding apresenta um estado de natureza, na qual a sociedade deve nascer (de novo). Note-se: lá "fora", de onde vieram as crianças, há uma guerra (a segunda guerra mundial). Todo o processo de civilização apreendido até então é "superado" pelos impulsos primitivos dos meninos. É possível ver esse embate entre Ralph (ordem) e Jack (desordem). Veja-se que Ralph diz: só temos as regras. E Jack responde: de nada valem, a demonstrar que a validade da norma se perde quando não há possibilidade de fazer cumprí-la. E constrói-se um medo exterior, que os fortes devem combater. Como resultado, aos fortes é delegada a autoridade para exterminar o monstro.

> Um oficial naval estava de pé na areia, olhando para baixo, para Ralph, num espanto cauteloso. [...] O oficial fez um gesto se assentimento, como se ele houvesse respondido a uma pergunta.
>
> – Há alguns adultos... algum adulto com você?

---

[32] Id., ibid., p. 15 e 39.

[33] A necessidade não tem lei.

[34] AGAMBEN, *op. cit.*, p. 11-12.

Ralph sacudiu silenciosamente a cabeça. Deu uma meia-volta na areia. Um semicírculo de meninos, com os corpos listrados de argila colorida, paus afiados nas mãos, estava ali na praia, bem quietos. [...]

Ralph olhou em silêncio. Por um instante, vislumbrou uma imagem fugaz do estranho encanto que outrora dominara as praias. [...] As lágrimas começaram a correr-lhe pelas faces e soluços sacudiram-no. Pela primeira vez desde que chegaram a ilha, entregou-se ao choro; [...] Contagiados por aquela emoção, os outros meninos começaram a tremer e a soluçar. No meio deles, com o corpo sujo, cabelo emaranhado e nariz escorrendo, Ralph chorou pelo fim da inocência, pela escuridão do coração humano e pela queda no ar do verdadeiro e sábio amigo chamado Porquinho.[35]

Trata-se de uma inexorabilidade: fracassa qualquer teoria negativa do Estado; para Golding, uma forma estatal sempre será necessária como organizadora da sociedade.

§ § §

Por último, com base na manifestação perversa presente no decorrer da obra, pode-se fazer uma analogia com o possível rumo do momento contemporâneo. O declínio da autoridade e a banalização do papel interditor do direito: "aqui essa questão assume contornos dramáticos no campo do direito criminal, mormente em países de desigualdades sociais mais acentuadas". Nos países não-periféricos (centrais), a presença do Estado, a partir da crise do modelo liberal, tornou-se fortemente interventiva, com a "invenção" do modelo de *welfare state* ou Estado-Providência. Em países periféricos como o Brasil – de "modernidade tardia" – o modelo de Estado Social não passou de um simulacro. O Estado promoveu fortíssima intervenção, mas para acumular em favor das elites predatórias: o resultado é país de integrados e subintegrados. A forma de intervenção é sempre tardia, através do direito penal, cujo longo braço atinge impiedosamente as camadas subintegradas. Talvez em países como o Brasil caiba bem a frase de um camponês salvadorenho dita ao seu advogado, após ter perdido suas terras em um processo judicial: *la ley es como la serpiente; solo pica a los descalzos.*

Daí é um passo em direção a um estado de anomia, no qual os indivíduos não mais reconhecem a autoridade (lembremos novamente os personagens de O Senhor das Moscas: enquanto Raph diz "só temos as regras", Jack responde: "de nada valem"...); somente há obediência em caso de um concreto risco de punição, ou seja, a eficácia da lei simbólica somente funciona se houver uma punição real.

Em síntese, percebe-se que a organização social, antes repressora e representada por instituições como Igreja, Escola e Exército, vem se tornando liberal e sendo representada pela mídia, pelo mercado. Tal situação vem gerando um enfraquecimento da lei no social e, conseqüentemente, uma perda do registro dessa no plano individual. É visto que a sociedade vem debilitando o efeito do recalcamento, isto é, da inscrição do nome do pai à medida que ela autoriza o gozo no lugar da obediência; o discurso externo (social, político) então desautoriza o

[35] GOLDING, *op. cit.*, p. 218-220.

discurso familiar no que diz respeito à inscrição do nome do pai (lei) – fato que vem estimulando uma formação social perversa. Logo, a sociedade, ao impor o gozo desenfreado, desestabiliza o sistema familiar, restando ao Estado suprir este papel através da repressão.[36] Perante isso, qual será o destino da sociedade? Será o Estado, em maior ou menor medida, que fará o limite externo frente à insuficiência do limite inscrito em cada sujeito? Como conter esse gozo sem ser despótico?

§ § §

O Senhor das Moscas é essencialmente transdisciplinar. *O Senhor da Moscas* encarna a "natureza" humana, o eterno estado de natureza no interior do qual diariamente nos debatemos. Os meninos abandonados na ilha deserta e primeva representam um "vazio institucional", isto é, sem Estado, escola, Deus, família, etc., não há interdição. E sem interdição, há a barbárie. A guerra entre os grupos de meninos retrata essa ausência institucional.

As instituições são, desse modo, sustentadas na regra, entendida como contrato, que garante o direito das minorias contra a tirania das maiorias. Essa questão perpassa o texto de Golding, deixando fluir a sua opção demo-liberal. Desde o início, Ralph representa essa tradição. O mais frágil – simbolizado por Piggi – é o mais interessado no cumprimento das regras, na substituição da força através da palavra em assembléia, na democracia. Esse é o momento no qual Golding introduz a "concha" como aquilo que representa a legitimidade da fala. É como na Ilíada, em que somente pode falar aquele que recebe o Skeptron, que representa a fala autorizada. Jack se rebela contra essa legitimidade e promove um "golpe de Estado".

Releva notar, por fim, que o componente hobbesiano representa, no contexto da obra, um paradoxo. A todo tempo, há a demonstração e a denúncia do perigo representado pela anomia e/ou o estado de natureza. A formação de um contrato originário entre os meninos representa o estabelecimento da razão e da busca da legitimidade. Só que, na ilha, não há delegação. Ali não se abre mão

[36] E nisso ficamos entre Hobbes e Rousseau. Como bem lembra o jusfiloósofo da UFPE, Luciano Oliveira, segurança e liberdade andam juntas; o direito à segurança é também um direito humano-fundamental: "E não estou falando retoricamente, estou falando textualmente (...) Entretanto, geralmente nos esquecemos disso. Na verdade, tão raramente nos lembramos disso que seria o caso de perguntar se algum dia 'soubemos' de tal coisa – isto é, que *a segurança, a segurança pessoal, é um dos direitos humanos mais importantes e elementares.* E, como disse, estou falando textualmente, com base nos documentos fundamentais dessa tradução, sejam as Declarações inaugurais da Revolução Francesa de fins do Século XVIII, seja a Declaração da ONU de 1948. Está lá, já no artigo 2º da primeira Declaração dos Direitos do Homem e do Cidadão de 1789: os direitos 'naturais e imprescritíveis do homem' são 'a liberdade, a propriedade, a segurança e a resistência à opressão'" Mais adiante, o artigo 8º definia: 'A segurança consiste na proteção acordada pela sociedade a cada um de seus membros para a conservação de sua pessoa, de seus direitos e de suas propriedades". "(...) a segurança pessoal é uma variável das mais importantes a serem consideradas nas estratégias de respeito aos direitos humanos. E segurança – tanto quanto saúde, educação, trabalho, etc. – é um benefício que um Estado democrático deve aos seus cidadãos. Sem ela, voltamos ao chamado "estado de natureza" – que talvez seja menos idílico do que pintaram os contratualistas da nossa predileção. Ou seja: *lemos tanto Rousseau, que esquecemos Hobbes(...)*" (cf. OLIVEIRA, Luciano. Segurança: um direito humano para ser levado a sério. *Anuário dos Cursos de Pós-Graduação em Direito da UFPR*, Recife, n. 11, p. 241-288, 2001).

em troca de algo. É como se houvesse um atalho temporal, em que fosse possível sair da fragmentação de poder em direção à democracia, sem transição. Não parece haver em *O Senhor das Moscas* a "fatalidade" hobbesiana, no sentido de que a ruptura com o estado de natureza só pode ser feito através de um contrato com altíssimo custo: a delegação em favor de um soberano. Talvez pela tradição demo-liberal de Golding. Mas a questão é saber se, de fato, a razão não está(va) com Hobbes. Lembremos das feições de Ralph, um pouco antes de quase matar (mais uma vez). Ante a presença da interdição,

> no meio deles, com o corpo sujo, cabelo emaranhado e nariz escorrendo, Ralph chorou pelo fim da inocência(...).

Referências bibliográficas

AGAMBEN, Giorgio. *Estado de Exceção*. São Paulo: Boitempo, 2004.

BARTHES, Roland. *Aula*. 6. ed. São Paulo: Cultrix, 1978.

CALLIGARIS, Contardo. *Perversão – um laço social?* Salvador: Cooperativa Cultural J. Lacan, 1986.

DÖR, Joel. *O pai e sua função em psicanálise*. Rio de Janeiro: Zahar, 1991.

ECO, Umberto. *Sobre a literatura*. Rio de Janeiro: Record, 2003.

FREUD, Sigmund. *Obras psicológicas completas de Sigmund Freud* (Edição *standard* brasileira). Rio de Janeiro: Imago, 1996. v. 18.

——. *O mal-estar na civilização*. Rio de Janeiro: Imago, 1997.

——. *Três Ensaios sobre a Teoria da Sexualidade*. Rio de Janeiro: Imago, 2002.

——. *Totem e Tabu*. Rio de Janeiro: Imago, 2005.

GOLDING, William. *O Senhor das Moscas*. Rio de Janeiro: Nova Fronteira, 2006.

LACAN, Jacques. *Seminário V. As formações do inconsciente*. Rio de Janeiro: Zahar, 1999.

OLIVEIRA, Luciano. Segurança: um direito humano para ser levado a sério. *Anuário dos Cursos de Pós-Graduação em Direito da UFPR*, Recife, n. 11, p. 241-288, 2001.

REALE, Giovani; ANTISERI, Dario. *Historia del pensamiento filosófico y científico II*. Barcelona: Herder, 1995.

—8—

Liberdade, identidade e direito. Sobre a indelével marca humana em Philip Roth[1]

GISELE CITTADINO[2]

Sumario: I. A Marca Humana, II. Tragédia, identidade e traição, III. Autonomia ou o direito de "pular fora", Bibliografia Consultada.

I. A Marca Humana[3]

Coleman Silk é professor de literatura clássica na Universidade de Athena, na Nova Inglaterra. Com 70 anos, branco, judeu, foi o responsável – como decano nas últimas quatro décadas – por uma revolução na instituição, recrutando jovens professores assistentes, trazendo alunos de fora da cidade, reformando currículos ultrapassados, incentivando agressivamente a aposentadoria precoce de pesquisadores desmotivados.

Na segunda metade dos anos 90, após deixar o cargo – mas ainda presente na sala de aula – Coleman, percebendo a ausência freqüente de dois alunos que ainda não conhecia, pergunta aos demais: "Alguém conhece essas pessoas? Elas existem mesmo ou são 'spooks'?". O termo significa espectro, fantasma, mas também tem um sentido pejorativo, usado para se referir aos negros.

Naquele mesmo dia, Coleman foi chamado pelo novo decano e, inteiramente atônito, fica sabendo que terá de responder à acusação de racismo, pois os alunos ausentes eram negros e foram informados da expressão usada pelo pro-

[1] Ainda que Philip Roth seja um autor inteiramente comprometido com a defesa da autonomia, eu preciso confessar que não foi autônoma a escolha de *A Marca Humana* para integrar esse debate sobre Direito e Literatura. Marcio Tenenbaum, companheiro de tantos anos e que bem conhece meus interesses acadêmicos, fez a sugestão que foi imediatamente aceita. A ele, o meu carinhoso agradecimento.

[2] Professora do Programa de Pós-Graduação em Direito da Pontifícia Universidade Católica do Rio de Janeiro (PUC-Rio).

[3] *A Marca Humana* (*Human Stain*-2000), de Philip Roth, conclui a trilogia da qual fazem parte *A Pastoral Americana* (*American Pastoral*-1997) e *Casei com um Comunista* (*I Married a Comunist*-1998), textos que apresentam um painel da sociedade americana nas últimas décadas. Philip Milton Roth nasceu em 1933, em Newark, Nova Jersey. Descendente de judeus, é um dos maiores escritores americanos contemporâneos. Autor de mais de vinte romances, tem oito livros traduzidos para o português e publicados no Brasil pela Companhia das Letras.

fessor. Delphine Roux, a diretora do departamento de línguas e literatura, é sua perseguidora mais implacável. Francesa, bonita, inteligente, formada nos "lycées das elites" e fascinada por si mesma, Delphine é emocionalmente confusa e muito imatura. Coleman a descreve como uma jovem ambiciosa, que, escondendo-se da dimensão humana por trás de palavras, temas e idéias, ora age como uma criança que teme estar sendo ignorada, ora como alguém que tem medo de ser desmascarada.

Após uma sucessão interminável de reuniões, audiências e depoimentos, convencido de que seus colegas e alunos sabiam que a acusação era absurda – afinal ele havia, anos atrás, lutado para contratar o primeiro professor negro do departamento de ciências sociais – Coleman pede demissão depois que sua mulher sofre um derrame e morre. O seu inferno particular, no entanto, apenas começara.

Dois anos depois, Coleman conhece Faunia Farley, 34 anos, divorciada, faxineira na Universidade de Athena. Nascida em uma família privilegiada, molestada sexualmente pelo padastro na infância, fugiu de casa, arranjou empregos onde podia, e casou-se aos 20 anos com um ex-combatente da guerra do Vietnã que a espancava com regularidade. Depois de perder os dois filhos em um incêndio na fazenda onde viviam, Faunia guarda as suas cinzas em uma lata debaixo da cama.

Coleman descreve Faunia como uma mulher cuja sensatez é resultado de uma existência marcada por ferozes surpresas. Presa à vida apenas por um fio, eleita favorita da má-sorte, eterna filha desprotegida de uma mulher narcisista, Faunia, ao mesmo tempo em que nada mais espera do futuro, tem uma imensa capacidade de seguir em frente sem sentir-se intimidada.

Juntos, Coleman e Faunia redescobrem a vida, o poder da paixão, da intimidade e da confiança. Nesse momento, o ciclo das retaliações novamente se inicia: o julgamento dos filhos de Coleman, os prudentes e insistentes conselhos do seu advogado, as ameaças anônimas de Delphine Roux e a incansável perseguição de Lester Farley, o atormentado ex-marido de Faunia, que, finalmente, joga seu caminhão contra o carro em que está o casal, provocando o acidente que será fatal para ambos.

Nathan Zuckerman é o narrador-personagem deste romance. Com 65 anos, vizinho de Coleman, impotente em função do tratamento de um câncer na próstata, Zuckerman, alter ego de Philip Roth e velho conhecido dos seus romances, é quem descobre, logo após o enterro dos amantes, o segredo que Coleman jamais revelou a ninguém. O brilhante intelectual, especialista em Sófocles e que tudo sabia sobre a Ilíada, era negro. Um negro sem traços étnicos visíveis, com uma tonalidade de pele que lhe permitia passar-se por um branco judeu com raízes no Oriente Médio.

A partir daí é Nathan Zuckerman o autor do relato. É ele quem nos conta que Coleman Silk nascera negro, no seio de uma família negra e que por muito tempo se identificara como negro. Aluno brilhante, atleta excepcional, orador da turma no ensino médio, Coleman sempre teve o pai a protegê-lo do perigo da discriminação racial. Mas quando se muda para Washington para freqüentar a Howard University, uma instituição exclusiva para negros, passa a enfrentar a humilhação, os obstáculos, a segregação. Sentindo-se por vezes um homem invisível, agredido fisicamente em outras situações, Coleman se desespera quando Steena Palsson, americana de sangue dinamarquês, seu primeiro e mais intenso amor, o abandona quando descobre a verdade sobre sua origem, dizendo, simplesmente: "desculpe, mas não consigo". Nesse momento, que coincide com a morte de seu pai, Coleman Silk toma uma decisão e, movido por uma extraordinária energia, sente-se livre para ser o que quiser; na verdade, sente-se agora livre não apenas de seu pai, mas de tudo aquilo que ele havia sido obrigado a suportar. Se o fracasso e a derrota, com suas marcas de dor, mágoa e vergonha, haviam acompanhado os passos de seu pai ao longo da vida, Coleman Silk estava livre para seguir adiante sem permitir que uma sociedade preconceituosa lhe determinasse o destino. E foi assim que, aos 26 anos, assumindo a brutalidade do ato mais brutal de que já fora capaz, Coleman procura a sua tão dedicada e amorosa mãe para dizer-lhe que decidira tornar-se branco e que, por isso, jamais voltaria a vê-la.

Nos anos seguintes, Coleman casa-se com Iris Gittelmann, branca e judia, conclui seus estudos na New York University, tem quatro filhos sem que nenhum deles demonstre o menor sinal do seu segredo e constrói uma brilhante vida acadêmica na Universidade de Athena. Coleman finalmente havia conseguido aquilo que desde sempre desejara: ser livre. Identificar-se como branco simplesmente lhe pareceu a opção mais natural para alguém com sua cor de pele, seu temperamento e suas opiniões. Em sua escolha não havia a intenção de insultar ninguém ou imitar alguém que considerasse superior ou mesmo realizar algum protesto. Além disso, como muitas das pessoas que ele conhecia sempre o tomavam por judeu, tinha sido bastante fácil explicar que Silk era uma forma atenuada de Silberzweig imposta a seu pai por um simpático funcionário da imigração.

A decisão de Coleman havia sido tomada contra dois grupos: o maior, pois não podia permitir que lhe impusesse seu preconceito; mas igualmente não podia admitir que o menor lhe impusesse a sua ética. Contra um *nós* moral coercitivo, englobante, histórico e inevitável, Coleman havia optado pela agilidade e pela singularidade de um *eu* livre. Isso significava não aceitar o destino que lhe estava traçado, desvencilhar-se de suas origens e reinventar a si mesmo como um simples membro – sem filiações – da raça humana.

II. Tragédia, identidade e traição

Os dicionários costumam descrever as tragédias como dramas que retratam graves conflitos entre o protagonista e alguma força superior, cuja conclusão desperta no leitor sentimentos de piedade ou horror. Em *A Marca Humana*, Philip Roth nos coloca, sem dúvida, diante de uma tragédia. O drama retrata a luta individual de um personagem em luta contra o seu destino. Coleman Silk, o protagonista, tal como os heróis gregos que tanto admira, pretende triunfar sobre forças sociais poderosas, e recusa-se a admitir que não tem controle sobre o curso de sua vida.

Como professor apaixonado pela literatura clássica, Coleman tomba como um herói – na batalha. Nem mesmo quando é acusado de racismo por seus colegas acadêmicos, Coleman revela a verdade sobre sua origem. Ele vive e morre dentro de sua própria estrutura narrativa, permanecendo invisível para todos. Philip Roth, que não poupa referências a Sófocles e aos mitos gregos ao longo do texto, utiliza o segredo de Coleman para transformá-lo em um personagem análogo aos heróis clássicos.

Tal como Édipo, Coleman acredita que está livre da sua sina. Supõe que ao converter-se em um homem branco escapará do lugar que lhe foi designado pela sociedade americana. Se Édipo não quer voltar para Corinto porque acredita que assim não se realizará a profecia do oráculo, Coleman igualmente recusa a identidade negra para impedir que o seu destino se cumpra. Coleman e Édipo também compartilham outra dimensão da tragédia. Para o professor, a decisão de viver como branco resulta na simbólica morte de sua mãe, já que ele sabe que jamais poderá reencontrá-la. O jovem príncipe, para sua desgraça, mata o seu pai – sem conhecê-lo – quando se envolve em uma luta; Coleman, deliberadamente, repete todos os dias o assassinato de sua mãe.

Os deuses ou o destino são igualmente irônicos com Édipo e Coleman. O príncipe foge para Tebas para escapar da sua sorte; mas a maldição que recai sobre a cidade só será afastada se Édipo dela for banido. Da mesma forma, Coleman tenta escapar de uma sociedade discriminatória apenas para ser punido por uma comunidade acadêmica provinciana que, movida por um sentimento de vingança, o acusa de racista. Finalmente, tanto Coleman quanto Édipo têm suas *marcas humanas*. A origem negra, num caso, e a cicatriz no calcanhar, no outro, são os registros indeléveis que cumprem a função de inviabilizar todas as tentativas de purificação.

Em *A Marca Humana* não é apenas Coleman que redefine a sua identidade com a esperança de melhor sobreviver. Faunia Farley também constrói uma personagem. Fingindo ser analfabeta, acredita que ao assumir voluntariamente essa desvantagem pode melhor desempenhar o papel da marginalizada. Essa característica é, para ela, mais adequada à função de faxineira da Universidade de Athena do que deixar evidente para todos a sua alma crítica e altiva. Delphine Roux, da mesma forma, desempenha um papel e quer se fazer passar por alguém que não é. Em uma ambiente acadêmico dominado por homens, ela, mulher e estrangeira, mede o seu sucesso através de sua capacidade de assimilação. A personagem da francesa desenraizada que faz a si mesma é perfeita para Delphine, ainda que para isso seja necessário reprimir a sexualidade e os afetos em favor do intelecto. Há, todavia, uma diferença entre a forma como Faunia e Delphine constroem suas próprias personagens. Se Delphine foge dos estereótipos que sobre ela poderiam ser criados – "diferente" porque estrangeira ou "incompetente" porque bonita –, Faunia faz questão de ser identificada com todos os estereótipos vinculados ao seu papel. Tanto uma como outra, no entanto, tentam apagar as pistas que poderiam levar a que fossem vistas como pessoas iguais ou diferentes daquilo que efetivamente são.

Ao descrever pessoas que redefinem a sua identidade, Philip Roth universaliza o particular para falar das múltiplas formas de discriminação racial, social e religiosa existentes na sociedade contemporânea. São várias as referências às alteridades ameaçadoras e ao seu potencial desestabilizador: o judeu; o negro; o branco pobre; o estrangeiro. O que Roth pretende é chamar a atenção para o fato de que há um novo espírito americano que, de alguma forma, é incompatível com a representação histórica do país como terra prometida, lugar para onde escapar, não apenas da miséria, mas da opressão de sociedades hierarquizadas onde não há espaço para qualquer tipo de singularidade.

Em um primeiro momento, portanto, Philip Roth nos coloca diante de uma traição. Afinal, o país que sempre reivindicou um individualismo radical, capaz de abrigar os sonhos e as esperanças de todos aqueles que pretendem escapar das múltiplas formas de rigidez cultural, é o mesmo que revela tanto orgulho de um comunitarismo que cada vez mais encontra dificuldades para lidar com a diferença e a alteridade. O velho compromisso histórico com a liberdade individual, aquela que ao menos teoricamente nos torna, a cada um de nós, construtor do nosso próprio destino, parece desfazer-se diante de uma sociedade integrada por múltiplas pequenas sociedades, cada qual com sua diferente interpretação da existência, com seu discurso moral, com seus próprios particularismos. O que Roth vislumbra como traição é a existência de um comunitarismo que ao invés de supor uma sociedade civil diferenciada e ativa, capaz de potencializar as diferentes formas culturais existentes, representa uma sociedade fechada em múltiplos compartimentos estanques, no interior dos quais cada indivíduo – ali situado pelos desígnios da sorte – desenvolve-se como membro de uma comunidade concreta.

De outra parte, se o compromisso com um comunitarismo repressivo e limitador significa uma deslealdade porque contrasta com o sonho americano, o processo radical de autocriação de Coleman Silk não representa, para Roth, um ato de traição. O protagonista de *A Marca Humana* não é alguém que simplesmente foge ou recusa a sua herança racial. Coleman, como um individualista romântico, acredita que sua vontade é soberana. Nesse sentido, sua decisão pouco tem a ver com sua origem étnica; vincula-se, na verdade, com a liberdade. Trata-se apenas de uma escolha, tão difícil e perigosa quanto qualquer outra.

A decisão de Coleman de apresentar-se como judeu tem um caráter meramente prático em seu processo de auto-invenção. Roth, inclusive, não ratifica nenhum dos velhos estereótipos existentes sobre negros e judeus. Coleman é um atleta que ingressa no mundo do boxe pelas mãos de um judeu, enquanto que sua família negra tem uma longa tradição de compromisso com a literatura clássica.

De qualquer forma, não há indignidade ou traição na decisão de Coleman de reinventar a si mesmo. Ele simplesmente pretende ser independente e livre. Nem negro, nem branco, nem judeu, apenas alguém que toma o futuro em suas próprias mãos ao invés de permitir que múltiplas comunidades preconceituosas determinem seu destino. Soberano na invenção de seu próprio *self*, Coleman faz a opção contrária a de seu irmão, Walter, que confia fortemente em suas próprias tradições. Enquanto Walter pretende dar prosseguimento de forma não problemática a algo que outros já iniciaram porque acredita que seus antepassados não pretendem enganá-lo, Coleman opta por um distanciamento reflexivo em relação às tradições que conformam sua identidade. Em outras palavras, Coleman opta por "pular fora".

III. Autonomia ou o direito de "pular fora"

Os mundos culturais apenas sobrevivem quando os indivíduos que os compartilham, ainda que obrigados a confrontarem-se com culturas distintas, optam por regenerar a força de suas identidades culturais. Isso significa dizer que não podemos aplicar às culturas o mesmo tratamento dispensado pela ecologia à preservação das espécies. Nem os legados culturais podem ser impostos, nem protegidos de avaliações críticas, especialmente porque nas sociedades democráticas contemporâneas a relação com o estranho é inevitável.[4]

Não há dúvida de que nossas identidades individual e social são constituídas através da internalização e da adoção de papéis e regras sociais que são transmitidas pela via de costumes, valores e tradições concretas. Sabemos, no entanto, que um dos traços fundamentais da modernidade é a configuração do indivíduo como sujeito capaz de auto-reflexão e crítica. Nesse sentido, ainda que nossa identidade se constitua a partir da sua inserção em uma forma de vida compartilhada – na medida em que aprendemos a nos relacionar com os outros e com nós mesmos através de uma rede de reconhecimento recíproco que se estrutura através da linguagem – isso não pode significar uma lógica de aprisionamento. Cada um de nós têm a capacidade de se comportar reflexivamente em relação à própria subjetividade, endossando valores ou libertando-se de compromissos, ilusões ou fantasias.

Em *A Marca Humana*, são diferentes as relações estabelecidas por Coleman e Walter Silk com suas identidades culturais. Enquanto Coleman prefere identificar-se com algum tipo de cosmopolitismo, Walter não encontra encantos fora do particularismo. De um lado, o *eu*, a singularidade, o autoconhecimento, a vertigem; de outro, o *nós*, a homogeneidade, a internalização, a segurança. É evidente

[4] Ver, a respeito, Jürgen Habermas, *Struggles for Recognition in the Democratic Constitutional State, in Multiculturalism*, Amy Gutman (ed.), Princeton University Press, 1994.

que Coleman, ao questionar as normas do mundo em que vive, o faz a partir de convicções que integram o seu próprio contexto cultural. Ainda que isso possa nos levar a imaginar que Coleman coloca em questão a sua própria existência quando critica as formas de vida nas quais sua identidade foi constituída, não devemos dramatizar os limites que a eticidade do mundo da vida nos apresenta. Ter a capacidade de refletir criticamente sobre a faticidade das instituições e normas presentes no mundo da vida certamente não se traduz no questionamento da própria existência. Em outras palavras, uma ação reflexiva sobre a própria subjetividade pode simplesmente significar autonomia e, no caso de Coleman, o direito de "pular fora".

Para muitos, no entanto, o direito de "pular fora", especialmente quando estamos diante de alguém que integra um grupo historicamente marginalizado – Coleman é negro – representa uma ação de infidelidade em relação a si mesmo. Não haveria como "pular fora" sem que isso representasse uma violação do ideal de autenticidade, ou seja, um ataque à dimensão original da própria identidade. Em outras palavras, Coleman não estaria moralmente valorizando a importância de ser autêntico em relação à si mesmo. Ao invés, Walter, irmão de Coleman, manteria sua "identidade intacta",[5] seu compromisso com a autenticidade, na medida em que não abre mão de sua herança cultural.

Quando Philip Roth nos conta a história de um homem cuja existência está baseada tanto em uma negação como em uma afirmação de si mesmo, a história de um homem que triunfa porque constrói aquilo que desejava, nos fala de um sujeito que, pela via da reflexão e da crítica, rompe com a validade intuitiva de seus valores. Estamos, portanto, diante da idéia de que todos os seres humanos têm autonomia e o mesmo valor moral. Ao mesmo tempo, esse ideal não está baseado em nenhuma visão de mundo particular, pois esse sujeito moral autônomo tem a capacidade de formular essa ética por sua própria conta. Em outras palavras, o direito de "pular fora" não viola o ideal de autencidade, pois a nossa identidade não é apenas algo com que inevitavelmente nos defrontamos, mas também é nosso próprio projeto.[6]

Resta-nos, finalmente, indagar sobre as conseqüências normativas desse compromisso com uma autonomia moral que nos garanta o direito de "pular fora". Necessitamos, sem dúvida, de uma teoria da justiça ancorada em um ponto de vista deontológico que assegure um sistema de direitos capaz de transformar esse indivíduo moral autônomo em autor e sujeito de direito. Esse processo de atribuição de direitos não pode estar simplesmente ancorado em uma herança cultural comum. É preciso esclarecer desde logo que o processo de atribuição de direitos não é posterior ao sentimento de pertencimento a uma comunidade, porque o sistema de direitos não pode ser considerado apenas uma expressão valora-

[5] Ver, a respeito, Nancy Fraser e Axel Honneth, *Redistribución o Reconocimiento?*, Madrid, Ediciones Morata, 2006.

[6] Ver, a respeito, Jürgen Habermas, *La Necessidad de Revisión de la Izquierda*, Madrid, Editorial Tecnos, 1996.

tiva de um sistema cultural específico. Ainda que tenha surgido, enquanto idéia normativa, em um mundo particular de cultura, isto não significa que não possa ser visto como o resultado de um processo reflexivo a partir do qual os indivíduos podem tomar certa distância em relação às suas próprias tradições e aprender a entender o próximo a partir de sua própria perspectiva.

Coleman Silk jamais teria autodeterminação para redesenhar sua própria existência se Philip Roth acreditasse que as identidades culturais estão delimitadas por nítidas fronteiras. Isso impediria qualquer movimento emancipatório voltado para a remoção de barreiras ao exercício de escolhas autônomas. É exatamente por não acreditar que o processo histórico conforma inteiramente as individualidades – pois os sujeitos não são apenas seres concretamente situados em uma tradição particular – que Roth permite que Coleman rompa com os valores que unem coletivamente os membros de sua própria comunidade de origem. Em outras palavras, o sistema de direitos que assegura a Coleman a possibilidade de "pular fora" não deriva de qualquer tradição cultural particular, mas é sim o resultado daquela idéia que é central no pensamento de Rousseau e Kant, ou seja, a de que o ordenamento normativo é resultado da autonomia de sujeitos de direito associados. Ou, como fala Habermas, estamos falando de um modelo que supõe um debate público no qual pessoas livres e iguais definem quais direitos devem mutuamente reconhecer se pretendem legitimamente regular sua vida em comum através do direito.

Ao mesmo tempo, esse sistema de direitos – desvinculado de qualquer herança cultural e cuja função é garantir a autonomia moral dos indivíduos – também assegura a integridade de cada um nos contextos sociais e culturais nos quais a sua identidade se constitui. Isso significa dizer que o princípio do igual respeito – fundamento do sistema de direitos – não é cego ou ineficaz em face da discriminação e das desigualdades sociais e culturais. O compromisso com a cidadania igualitária não é incompatível com a garantia de direitos culturais demandados e introduzidos sob o signo das "políticas de reconhecimento". Afinal, se uma sociedade democrática é uma comunidade de cidadãos livres e iguais, o ordenamento jurídico não pode ser um mero distribuidor de liberdades de ação de tipo privado. A distribuição dos direitos só pode ser igualitária se os cidadãos – na qualidade de legisladores – estabelecem um consenso acerca dos critérios através dos quais o igual vai receber um tratamento igual, enquanto que o desigual um tratamento desigual.

Se estamos falando de uma sociedade democrática em que os cidadãos asseguram a todos, como legisladores, esferas de liberdade em face da autodeterminação moral de cada um, não há dúvidas que tanto Coleman quanto Walter Silk não encontrarão obstáculos à realização de seus projetos pessoais de vida. O sistema de direitos que assegura os direitos culturais sem os quais Walter Silk não pode dar continuidade às tradições de seus antepassados é o mesmo sistema de direitos que permite a Coleman Silk "pular fora".

Finalmente, analisando a trajetória do protagonista de Philip Roth, nos resta perguntar sobre a inexorabilidade da marca humana. Coleman Silk teria ou não escapado do seu destino? A sua própria história terminou por alcançá-lo através da acusação de racismo? A marca humana significa que não podemos escapar daquilo que é essencial e, por vezes, escuro no interior de nós mesmos? Ou a marca humana estaria melhor representada por uma vulnerabilidade que não resistiu, no caso de Coleman, à violência de Lester Farley? Qualquer que seja a resposta, ela não é essencial. Ao final da trajetória, morremos todos. Coleman conseguiu "pular fora" e construir autonomamente o seu percurso. É isso o que importa.

Bibliografia Consultada

FRASER, Nancy e HONNETH, Axel. *Redistribución o Reconocimiento?* Madrid: Ediciones Morata, 2006.

HABERMAS, Jürgen. Struggles for Recognition in the Democratic Constitutional State. In: *Multiculturalism*, Amy Gutman (ed.), Princeton University Press, 1994.

HABERMAS. Jürgen. *La Necessidad de Revisión de la Izquierda*. Madrid: Editorial Tecnos, 1996.

——. Remarks on Erhard Denninger's Triad of Diversity, Security, and Solidarity. In: *Constellations*, vol. 7, nº 4, Blackwell Publishers, 2000.

POSNOCK, Ross. Purity and Danger. In: Philip Roth, *Raritan Review*, n°.21, vol. 2, Outono de 2001.

ROTH, Philip. *A Marca Humana*. São Paulo, Companhia das Letras, 2000.

SAFER, Elaine B. Tragedy and Farce in Roth's The Human Stain. In: *Critique*, n°.3, vol. 43, Primavera de 2002.

SÓFOCLES. *Édipo Rei*. São Paulo: Editora Scipione Ltda., 2002.

TAYLOR, Charles. *El Multiculturalismo y la Política del Reconocimiento*. México: Fondo de Cultura Económica, 1993.

—9—

Derecho, género y literatura en la obra narrativa de Clarice Lispector: apuntes iniciales

MIRIAM COUTINHO DE FARIA ALVES[1]

La relación entre derecho, género y literatura trenza la construcción de su sentido en un proceso interdisciplinar en los ámbitos de lo ético y de lo estético.

Está claro que las cuestiones de género están presentes desde el origen mismo de la literatura escrita por mujeres, y los hilos que componen la relación entre derecho, género y literatura están caracterizados por el sentido de lo femenino desde la narrativa literaria. Ese concepto estético de lo femenino a su vez edifica la forma en que pensamos, sentimos e imaginamos los derechos en nuestra existencia social y cultural. Los argumentos estéticos aportan referencias valorativas de la sociedad en el sentido de que, como observa Buttler,[2] lo estético siempre se vincula con lo racional pues el reconocimiento del mensaje del autor dentro de una determinada cultura revela una mediación entre la realidad y la ficción.

De hecho, la idea del "derecho como imagen" ha sido debatida por el movimiento de los estudios críticos del derecho de tradición anglosajona, donde la cuestión principal es cómo realizar una reflexión crítica de la estética jurídica.

Los estudios de "law and literature" (derecho y literatura) en el ámbito anglosajón hacen aportaciones desde la filosofía del derecho y la crítica literaria. La metodología que trata las vinculaciones entre derecho y literatura tiene dos aspectos centrales: "law in literature" (el derecho en la literatura) y "law as literature" (el derecho como literatura).

Para una aproximación entre derecho y literatura se podrá recurrir a una serie de estudiosos (David, 1983; Stephen, 1857; Cardozo; 1925, Posner, 1988 White; 1972, Weisberg, Nusbaum, West, Ruggiero, entre otros) que presentan distintas perspectivas en este ámbito de estudios.

---

[1] Professora do curso de direito da FASE (Faculdade de Sergipe), pós–graduação lato sensu em direito processual pela Universidade Federal de Santa Catarina, mestrado em sociologia pela Universidade Federal de Sergipe, doutoranda em direito público pela Universidade Autônoma de Barcelona, Espanha.Desenvolve pesquisas na área de direito,gênero e literatura. Email: miriamfaria2002@yahoo.com.br

[2] BUTTLER, Brian E. Law as an Aesthetic Subject. *Newsletter of the American Society for Aesthetics*. 2003. 22 (3): 1-3.

El derecho, al considerar como objetivo las motivaciones jurídicas del conflicto, produce una reducción de la complejidad de los deseos. La ficción literaria permitirá profundizar esas pretensiones humanas conectadas con la política y la cultura de los estados de derecho.

El análisis de la narrativa literaria es predominantemente descriptivo. Consiste en un método de reflexión que pretende hacer la relectura de la condición femenina en la narrativa literaria.

Exponer la calidad estética del discurso literario para descubrir el significado jurídico no es propio del ámbito judicial de forma restringida, ya que sólo se construye y se percibe por intermediación de la cultura.

A través de la interacción entre los personajes o a través de un único personaje, el lenguaje literario establece una función participativa, contextualizando los modos de construcción de la identidad femenina. De esta forma, la novela instituye argumentos que están en constante discusión en la obra literaria. Esa argumentación literaria presenta un tipo de conciencia colectiva que puede ser comprendida en un diálogo con el lector. Es así como el discurso literario está formando plenamente visiones literarias de derechos. Por lo tanto, la literatura es un instrumento útil para el análisis de la subjetividad, al mismo tiempo que sirve de espacio para las cuestiones sociales en debate, y ofrece un espacio para ampliar la perspectiva de los problemas de género y las formas estratégicas de la reivindicación feminista.

El derecho en la literatura parte de la concepción de que la literatura puede ser utilizada como instrumento para la comprensión de los derechos y de la jurisprudencia.

Considerando que la ley forma parte de un orden simbólico que presupone la universalidad, la literatura es la mirada desde lo particular. Las expresiones culturales en el derecho pertenecen a un proceso de interacción humana conectado con el aprendizaje de las normas y la arquitectura de un orden simbólico.

Así, la percepción de los derechos en el discurso literario escrito por mujeres en primer plano apunta para la creatividad y la capacidad de subvertir el orden, construir, y recrear subjetividades.

De esa manera, la literatura y sus funciones en la estructura social genera por sí misma un largo debate en las que están sumidas las teorías posmodernas. Al mismo tiempo en que una revisión estética de la posmodernidad proporciona nuevos enlaces para las cuestiones de género de aporte filosófico, político o jurídico. Eso se revela en la narrativa literaria, por ejemplo, a partir de la descripción del espacio privado.

El cuestionamiento empieza desde el momento en que debería ocurrir la separación entre lo público y lo privado, es decir, lo que mantiene la existencia de ciertos contenidos en la esfera pública y lo que genera el espacio del derecho en la esfera privada.

Las transformaciones del estado contemporáneo llevan a la inserción de derechos difusos y colectivos en el orden jurídico, o sea, amplían la concepción del derecho subjetivo. Toda esa evolución en la teoría jurídica representa también una nueva comprensión de lo público y lo privado en la contemporaneidad.

De esa manera, la esfera de lo privado enmarca un espacio poético o la poética del espacio, como dice Bachelard.[3] La literatura escrita por mujeres configurada en el espacio femenino confirma el lugar en el cual las identidades femeninas son trabajadas y construidas.[4] De ese modo, el espacio femenino de la literatura se constituye en un espacio de percepción de derechos por determinada cultura.

La igualdad en relación a los derechos alcanzados por los hombres generó nuevas propuesta del feminismoy, por lo tanto, formas de repensar el lugar en el cual se encuentran lo femenino y lo masculino.

En general, los problemas de la literatura, o de los designios del fenómeno literario fueron enfrentados por distintas concepciones de la teoría literaria. En la perspectiva marxista, el rol de la literatura sigue siendo analizado desde los procesos ideológicos que genera el texto literario o participan en su creación.

De la misma forma, la creación y la aplicación del derecho encuentra en la nueva argumentación jurídica un derecho como arte en el sentido de la formación retórica de las tomas de decisiones en el ámbito jurídico y con la analogía de la interpretación del derecho con el ejercicio literario.

Según señala Douzinas,[5] el derecho manipula sus propias representaciones, regula su estética, y al mismo tiempo ejerce un control sobre el arte.

> En la relación entre el derecho y el arte se pueden distinguir dos componentes: por un lado, el arte del derecho, las formas en las que los sistemas políticos y legales han conformado, utilizado y regulado las imágenes y el arte, y, por otro lado, el derecho del arte, la representación del derecho, de la justicia y de otros temas legales en el arte. Un lenguaje que lleva los rudimentos del orden y trasmite los mandatos de la ley debe actuar sobre las emociones y persuadir al intelecto. Sólo puede ser un lenguaje bello y, a pesar de las protestas en sentido contrario, la práctica legal y la educación, de manera consciente o inconsciente, siempre han entendido esto. La relación entre la realización de la ley y el amor al texto satura toda la práctica. Pero el mayor obstáculo para el pleno reconocimiento de esto ha sido lo que podríamos llamar la resistencia del género, la creencia en la advertencia de Platón contra la poesía y la retórica y en la separación Kantiana entre lo normativo y lo estético.[6]

Por lo tanto, hacer la relación entre derecho, género y literatura es percibir la vinculación entre ética y estética en la narrativa literaria.

---

[3] BACHELARD, G. *A Poética do Devaneio*. São Paulo: Martins Fontes, 1994.

[4] "Todo ello implica que las mujeres atraviesen las fronteras de la privacidad, y acaben con la asignación exclusiva y excluyente del espacio privado como espacio propio de lo femenino en el mundo patriarcal." Santalices (2001) Lectura feminista de algunos textos de Hannah Arendt, Anales del seminario de historia de la Filosofía, 2001, 18:125-142.

[5] DOUZINAS, Costas and NEAD, Lynda, eds., *Law and the Image: The Authority of Art and the Aesthetics of the Law*, University of Chicago Press, London, 1999.

[6] La traducción libre del inglés al castellano es de Melitta Calvet.

En ese contexto de complejidad en la cual se encuentran los problemas éticos y estéticos, investigamos las transformaciones del estado del derecho.

La experiencia hermenéutica, según Gadamer,[7] trata de dialogar con el sentido del texto y a su vez dialogar consigo mismo y con el otro. En el sentido de la comprensión del texto, la historicidad es un punto importante donde, con aportes de la sociología, se puede observar las transformaciones de los derechos y de las necesidades humanas como, por ejemplo, las relaciones en el ámbito del trabajo que se encuentran en la obra narrativa de Clarice Lispector[8] "A paixão segundo GH".

Identificar una visión de derechos a través de la narrativa de Clarice Lispector es un desafío que tiene su utilidad en la medida que el ejercicio de comprensión de la subjetividad femenina pone en relieve la complejidad de derechos en la existencia.

La existencia para Clarice es el lugar de la pasión.

Al hacer una aproximación entre la imaginación literaria y el derecho, en particular el derecho en la imaginación femenina, partimos de la consideración inicial de que las relaciones entre la ficción y las condiciones de existencia se vinculan de modo inevitable, pues la escritura femenina, como hemos visto es reflejo de la estructura en la cual están sometidas las mujeres, y por otro lado, el deseo y el querer no están desvinculados de un orden jurídico vigente.

Haciendo una aproximación filosófico-jurídica al tema de la pasión, en "la pasión según GH"[9] (PSGH), están representados conflictos existenciales ocasionados por una estructura social y política represiva que impide el desarrollo de la autonomía femenina, excluyendo sus derechos subjetivos de identidad(es), de expresión y manifestación de pensamiento, provocando una tensión entre la racionalidad y los sentimientos (las pasiones) produciendo una densa manifestación de lo femenino para la superación del estado de pasividad.

Gran parte de ese intento se afirma en la tarea de reconstruir las imágenes del sujeto femenino en el texto de Clarice Lispector, lo que nos lleva a comprender su nivel de conciencia, los objetos e intencionalidades de su narrativa (la pasión, la alegría, la ironía, la angustia, etc.)

La autora revela, en el espacio privado, la relación entre el ama de casa (GH) y la trabajadora (Janair) y expresa la conciencia femenina de las clases sociales en el Brasil de los años 60. En "La pasión según GH", el personaje central solamente denominado por las iniciales G.H. padece una crisis de identidad en un proceso de concienciación de sí misma y de reestructuración del lenguaje.

[7] GADAMER, Hans-Georg. *Verdade e Método*, 3a. ed. Petrópolis : Vozes, 1997.

[8] Clarice Lispector (1920-1977) escritora brasileña. "Clarice Lispector es considerada una de las más importantes escritoras brasileñas del siglo XX. Pertenece a la tercera fase del modernismo, el de la *generación del 45* brasileño. De difícil clasificación, ella misma definía su estilo como un "no-estilo". Aunque su especialidad ha sido el relato, dejó un legado importante en novelas, como *La pasión según G.H.* y *La hora de la estrella*, además de una producción menor en libros infantiles, poemas y pintura." Datos de wikipedia,http://es.wikipedia.org/wiki/Clarice_Lispector.

[9] Utilizaré la sigla PSGH para *La pasión según GH*.

La novela adquiere su intensidad de manera gradual cuando G.H. (el ama de casa) decide limpiar el cuarto de la empleada. Por supuesto, el conjunto de sensaciones y prejuicios de su personaje central en el mundo de la trabajadora es el primer paso para el conocimiento de sí misma y el inicio de su metamorfosis, en la cual transcurre toda la reconstrucción de la subjetividad femenina.

La historia se nos revela en un proceso donde los personajes no necesitan un enredo palpable externo. A partir del imaginario se da una construcción subjetiva de los hechos. El descubrimiento de sí misma, la toma de conciencia de su lugar en la casa se realiza a través de la transformación creativa e imaginaria de sí.

En el transcurrir cotidiano, esas imágenes son producidas y sirven como constructoras de la(s) identidad(es) del personaje (GH), y proporcionan una densa relación entre lenguaje/ imaginación.

> Ontem de manhã quando saí da sala para o quarto de empregadanada me fazia supor que eu estava a um passo da descoberta de um império. A um passo de mim. (Clarice Lispector, PSGH,23:1998)

Ese cotidiano de GH es explorado como algo que se configura en una realidad subjetiva sentida a partir de sus pasiones, sentimientos y sensaciones.

La vida interior de GH atraviesa, dentro de su cuerpo físico, un desplazamiento necesario donde se adquiere la conciencia de su condición femenina.

Al abordar cuestiones de género inmersas en el contenido literario, Clarice cuestiona el orden social, rompe barreras determinadas por el sentido común.

El lenguaje femenino sufre una transformación de perspectivas. Desde el primer momento, cuando se da el desplazamiento del orden de las cosas familiares del salón para la habitación de la empleada, en donde el personaje descubre otro espacio: el yo-interior, iniciando su desorganización y re-aprendizaje.

En las palabras de Lispector,

> Ontem no entanto perdi durante horas e horas a minha montagem humana. Se tiver coragem, eu me deixarei continuar perdida. Mas tenho medo do que é novo e tenho medo de viver o que não entendo- quero sempre ter a garantia de pelo menos estar pensando que entendo, não sei me entregar à desorientação. Como é que se explica que o meu maior medo seja exatamente em relação: a ser ? e no entanto não há outro caminho. Como se explica que o meu maior medo seja exatamente o de ir vivendo o que for sendo? como é que se explica que eu não tolere ver, só porque a vida, só porque a vida não é o que eu pensava e sim outra- como se antes eu tivesse sabido o que era! Porque é que ver é uma tal desorganização? (Clarice Lispector, PSGH,1998:13).

El proceso de deconstrucción y reconstrucción de la identidad femenina a través del lenguaje, al realizarse, nos permite comprender la realidad social y los derechos de las mujeres en el imaginario femenino.

Bertrand[10] según el cual el imaginario cultural expone las cuestiones de la estructura de la sociedad utiliza el marxismo para repensar las cuestiones de la subjetividad.

[10] BERTRAND, M. O homem clivado - a crença e o imaginário. In: *Elementos para uma teoria marxista da subjetividade*, coord. Silveira e Doray, Ed. Vértice,1989.

Las reflexiones entre las formas de subjetividad y el marxismo conducen a la noción de ilusión y al concepto marxista de alienación. Una ilusión que no tiene el sentido de irrealidad, y sí de algo que se desea.

Rescatar las formas de las transformaciones del estado en la perspectiva de género y los procesos culturales de la vida de las mujeres consiste en el objetivo de las relaciones posibles entre derecho, género y literatura.

El feminismo jurídico en la perspectiva marxista tiene como centro del debate la problemática de las clases y la posición de los derechos de la mujer en la estructura jerárquica de dominación y explotación.

Por supuesto, en la narrativa escrita por mujeres tienen importancia otros aspectos: el expresar el sentimiento femenino de la opresión en la sociedad capitalista conduce a una transformación de la sumisión al poder patriarcal a partir de la creatividad y cambio de mentalidades.

Desde la perspectiva de la filosofía jurídica contemporánea que promueve cambios en las teorías de la argumentación, hasta la inclusión de propuestas de los movimientos de mujeres por el estado de derecho y las estrategias utilizadas para potenciar la participación de las mujeres en la toma de decisiones, las transformaciones del estado comportan elementos simbólicos que nos conducen a reflexionar sobre el actual universo de la condición femenina. Esta cuestión conlleva la tarea de un análisis crítico de las representaciones del feminismo contemporáneo en relación al derecho.

El feminismo contemporáneo en la perspectiva de la cultura se propone reestructurar el discurso de la argumentación y la interpretación de sentido hacia las mujeres.

Analizar el lugar de las mujeres en el derecho y en la literatura exige una superación de la hermenéutica literaria y jurídica tradicional en las relaciones entre subjetividad y poder. Así, la literatura juega un importante rol como medio de resistencia a las exclusiones de derechos, en especial de los derechos políticos, a ejemplo de la literatura del periodo de la dictadura en Brasil.

Según Clifford Geertz[11] el concepto de cultura es esencialmente semiótico. Esta referencia de la antropología involucra distintos aportes para el propio concepto de género, situado entre lo que pertenece a lo biológico y lo que forma parte de la estructura social.

Lo simbólico se presenta en la literatura y se puede acceder al sentido de lo femenino tendiendo un puente entre las formas simbólicas de la literatura y la formas representativas del derecho tras la cultura.

Los personajes del realismo social y mágico por ejemplo conectan la literatura del siglo XX con la política, con las transformaciones culturales en Latinoamérica cuando el género literario pasa a tener una perspectiva social.

[11] GEERTZ, Clifford. *Interpretação das culturas*. Rio de Janeiro: ed. Guanabara, 1982.

De esa manera, la literatura y la cultura se dan en una mediación simbólica de valores sociales.

La teoría estética y la cultura son fuentes del conocimiento en las cuales se manifiestan las diferencias culturales del orden establecido. El arte, por lo tanto, ha sido utilizado en las coyunturas sociológicas aproximando el imaginario del arte a las estructuras sociales.

Así, el imaginario literario instituye modos de ser y pensar lo femenino en la contemporaneidad, genera una necesidad de repensar los derechos de las mujeres en las transformaciones del estado democrático.

La intersubjetividad poética en el pensar de Bachelard[12] conlleva la fenomenología de la imagen poética de lo que puede convertirse en palabras y de lo que, como en el caso de Clarice Lispector, es indecible.

De la misma forma, la relación entre derecho y literatura es además un diálogo entre el lector, la obra narrativa y su propia existencia, sus pasiones, sus deseos, y la imaginación de derechos.

En ese sentido, la pasión según G.H, es una desconstrucción del orden establecido, donde el sujeto femenino cuestiona profundamente la realidad y establece nuevas condiciones de la existencia femenina.

Ese discurso femenino en la literatura supone una búsqueda de la identidad y referencia acerca de la subjetividad femenina en el contexto social.

La escritura femenina contemporánea como experiencia estética está llena de elementos culturales que representan la vida cotidiana de la mujer. Los textos literarios aportan la subjetividad inserida en la historia de mujeres. Aportan historias de resistencias, valores y creencias, su imaginación, representación o su exclusión de derechos.

La literatura desde diversas perspectivas en América Latina, cuando es escrita por mujeres, o al escribir sobre ellas, apunta para cuestiones de género que de alguna u otra manera son universales. La tarea es profundizar, en los análisis textuales, las condiciones culturales específicas de la existencia del imaginario femenino en la contemporaneidad.

Recuperar el esfuerzo de la escritura original de las escritoras elegidas para ese debate a partir de la pregunta fundamental ¿Qué es la pasión de G.H? Es además una manera de preguntar ¿cuál es el sentido filosófico y político de la pasión para la condición humana?

De esa manera, se analizan nuevos enfoques para la comprensión de la subjetividad y luego las necesidades políticas del feminismo jurídico.

En el diálogo con la narrativa literaria es posible establecer aspectos específicos de la relación entre lo público y lo privado, la sumisión femenina, la creatividad en el rol de la identidad, la pasión en el panorama de la búsqueda de derechos individuales y sociales.

[12] BACHELARD, G. *A Poética do Devaneio*. São Paulo: Martins Fontes, 1994.

La literatura escrita por mujeres se impone además como estrategia emancipadora, en la medida en que pone de relieve la opresión femenina y genera, tras la percepción de la ausencia de derechos, el reconocimiento de la condición femenina.

El hecho de reconocer derechos es el aspecto central de la relación entre derecho y literatura. En ese sentido, los fundamentos del derecho presuponen una integración basada en un conjunto de principios filosóficos y políticos, que sirven a su vez como instrumentos para la interpretación jurídica.

La legitimidad política-jurídica de derechos específicos de las mujeres está acuñada de distintas maneras por las corrientes del feminismo jurídico. Los métodos utilizados por el feminismo jurídico están centrados en el problema de la igualdad y de la diferencia como elementos inseridos en el problema de la interpretación jurídica.

Así es como el aspecto filosófico de los derechos, la concepción misma del estado y la relación entre lo público y lo privado ponen la cuestión de las implicaciones entre la narrativa literaria y el contexto jurídico- político.

Además, los elementos históricos en el contexto cultural revelan una condición, a la vez que una lucha por la autonomía femenina en la condición jurídica de las mujeres. Esto significa que las relaciones en la trama narrativa y el sentido jurídico de lo femenino permiten una reflexión crítica del estado del derecho.

En la literatura de Clarice Lispector el análisis del lenguaje permite una metareflexión, es decir, permite materializar el poder de la palabra en la experiencia femenina y su capacidad de construcción de la realidad, así como la construcción de un lenguaje jurídico a partir de una escritura femenina.

En las palabras de Sá,[13] "recordemos: G.H vivía en un edifício sólido, construido en el aire (semanas en oposición: tierra/aire). Miraba desde lo alto de sus trece plantas las civilizaciones erguidas por la lenta acumulación de los siglos. En fin, una existencia bien arreglada hasta el día en que enfrentó la experiencia-límite, encontrándose cara a cara con la materia primordial de la vida, iconizada en un insecto asqueroso: la cucaracha." (Sá, 220)

Calvet se remite a la noción de territorio para situar el conflicto ético:

> Con la PSGH, la imagen de la mujer como referente de lo "natural" del territorio, y de un territorio "que puede ser ocupado" queda definitivamente atrás. La cucaracha es la brutalidad del territorio ocupado. Frente a eso, asco, horror, de la mujer como individuo civilizado, no siempre pasivo y disponible. Pasión: el individuo que representa (encarna y redefine) a toda la humanidad. La humanidad sintetizada en el individuo. Antes, la mujer era territorio. La mujer tenía su territorio (la empleada tiene un nombre de mujer, es la que normalmente ocupa su territorio, pero no era un territorio propio. Está desalojada.) La dueña piensa que es la dueña, porque es burguesa y tiene su nombre en iniciales, como si fuera hombre (incluso es H, además de ser G) pero su territorio es invadido. Más que miedo, asco, lo indecible, lo otro. Finalmente, después de todo el sufrimiento, páginas interminables de sufrimiento,

[13] SÁ, Olga de. *A Escritura de Clarice Lispector*. Petrópolis, Vozes; Lorena, Faculdades Integradas Teresa D'Ávila, 1977

la respuesta. Lo otro se asimila, hay que digerirlo. La mujer inocente ya no existe. Para sobrevivir sin transformarse en una víctima inerme, hay que probar el horror, asimilarlo, comulgar con él.[14]

En otras palabras, se coloca sobre todo el conflicto ético del personaje ante su proceso de compresión de sí misma y de su condición de existencia. Conflicto ético que permanece vinculado a una producción estética.

La dirección de la narrativa es progresiva, se va profundizando de a poco en el YO femenino, conduciendo lo más determinante de los derechos y la manifestación de su carácter transformador: el derecho a tener derechos.

Olga de Sá[15] percibe la realidad femenina desde el sentimiento interior. La condición femenina marcada por el desvendamiento a partir de la búsqueda del conocimiento profundo de la identidad.

Lo crudamente vivo, la cucaracha, vida que miraba desde arriba (del armario hacia la cama, donde G.H. acaba por sentarse), plasma medio seco después que G.H. la exprimiera, por la cintura, en la rendija del armario, le había despertado la alegría salvaje de matar. A aquella larga vida de silencio, de identidad profunda, G.H. le contrapone la sentimentación (neologismo de Clarice para expresar la formación de sentimientos) de su propia existencia, hecha de experiencias de futuros aplazados. (Sá, 221)

La pasión en la narrativa de Lispector es compleja, pues la obra literaria es un conjunto de aspectos (biografía, historia y ficción) en la cual se puede involucrar distintas perspectivas culturales.

Así, la aproximación entre derecho y literatura pone en evidencia el sujeto en relación a lo real. La forma literaria expone el imaginario de derechos, a través de la percepción de lo político, de modo que la hegemonía de lo estético se plasma en la dialéctica de la obra literaria.

Contextualizar la literatura en la creación del sentido femenino en el texto conduce a la necesidad de hacer explícita la dicotomía literatura/escritura frente a la acción política.

La estructura del texto, al ser intrínsecamente dinámica, comporta distintas referencias a lo real y a lo imaginario. Los análisis de esas estructuras parten de tres etapas esenciales: suelen analizar el significado (estructura simbólica o imaginaria, experiencia/experimentación), el significante (estructura del texto), y el referente (estructura de conexión con la realidad).

Los objetos literarios y no literarios en la estructura del texto sirven para construir y desconstruir la relación entre la escritura de la mujeres, la vida y sus derechos, en la medida en que la interpretación acerca de la representación del universo femenino realiza una revisión de un modo hermenéutico particular, en un intento por percibir el orden del texto[16] hasta el metalenguaje de su exposición narrativa, llevando también en consideración que el análisis de la escritura va más

[14] Calvet, correspondencia personal.

[15] SÁ, Olga de. *A Escritura de Clarice Lispector*. Petrópolis: Vozes; Lorena, Faculdades Integradas Teresa D'Ávila, 1977

[16] Ver BAUDILLARD, J. *Cultura y simulacro*. Barcelona: Ed. Kairos, 1987

allá de una simple representación de ideas o sentimientos o cosas vividas, y es también un imaginario de derechos.

Mediante la pasión el aprendizaje sobre el mundo y sí misma, preparación de la respuesta de quién sería GH, mujer asaltada por sensaciones de profunda náusea y rechazo como exteriorización de la crítica a una realidad social y política que ya no consigue digerir porque suprime su poder de identidad y existencia.

> Nunca,então,havia eu de pensar que um dia iria de encontro a este silêncio.Olhava de relance o rosto fotografado e, por um segundo naquele rosto inexpressivo o mundo me olhava de volta também inexpressivo. Este-apenas esse – foi o meu maior contato comigo mesma? o maior aprofundamento mudo a que cheguei,minha ligação mais cega e direta com o mundo.O resto- o resto era sempre as organizações de mim mesma,agora sei,ah,agora sei. O resto era o modo como pouco à pouco eu havia me transformado na pessoa que tem o meu nome .E acabei sendo o meu nome.É suficiente ver no couro das minha valises as inicias G.H., e eis-me (Lispector, PSGH,1998:25)

Así, la experiencia literaria y la experiencia jurídica están, por cierto, vinculadas bajo paradigmas del feminismo (sumisión, patriarcado, exclusión, discriminación sexual) y del derecho (derechos individuales y sociales, principio de igualdad, acciones afirmativas, etc.) componiendo la estética del derecho formada por límites que tropiezan en la propia representación de la realidad del Estado democrático de derecho y sus aspiraciones.

De esa manera, la narrativa literaria debe ser considerada como un espacio privilegiado de comprensión de los procesos de subjetivación. Este espacio es también un lugar de diversidades y diferencias que se relacionan con la forma primordial del derecho, materializado en el estado del derecho contemporáneo.

En fin, la estética literaria escrita por mujeres como categoría crítica de la racionalidad jurídica es fundamental, ya que permite la aprehensión de la condición femenina, posibilita reflexiones sobre los derechos, al tiempo que sugiere la reconstrucción creativa del lenguaje en ámbito social.

Referencias bibliográficas

AUDEN, W. H. Law Like Love. In: *Collected Poems*. Vintage Books: EE.UU, 1939. 262-264.

ALEXY, Robert. *Derecho y Razón Práctica*. 2ª ed. México: Distribuiciones Fontamara, 1998.

ATIENZA, Manuel. *As razões do Direito*. São Paulo: Landy, 2000.

AZEVEDO, Plauto Faraco de. *Aplicação do direito e contexto social*. Porto Alegre: Fabris, 1989.

BACHELARD, G. *A Poética do Devaneio*. São Paulo: Martins Fontes, 1994.

BAUDILLARD, J. *Cultura y simulacro*. Barcelona: Ed. Kairos, 1987.

BERGALLI, Roberto. *Control social punitivo. Sistema penal e instancias de aplicación (policía, jurisdicción y cárcel)* con la colaboración de Amadeu Recasens, Brunet/José Luis Domínguez Figueirido e Iñak Rivera, Beiras. Barcelona: Editorial Bosch, 1996.

BERTRAND, M. O homem clivado - a crença e o imaginário. In: *Elementos para uma teoria marxista da subjetividade*, coord. Silveira e Doray: Ed. Vértice, 1989.

BODELÓN.Encarna. *Dos metáforas para la libertad: igualdad y diferencia*. Universidad Autónoma de Barcelona, 2001.

BOURDIEU, Pierre. *O poder simbólico*. 4ª ed. Rio de Janeiro: Bertrand Brasil, 2001.

BORELLI, Olga.*Clarice Lispector: Esboço para um possível retrato de janeiro*. Nova Fronteira, 1981.

BOSI, Alfredo. Clarice Lispector. In: *História Concisa da Literatura Brasileira*. São Paulo: Cultrix, 1989.

BRASIL, Assis. *Clarice Lispector.* Ensaio. Rio de Janeiro: Simões, 1969.

BUTTLER, Brian E. Law as an aesthetic subject. *Newsletter of the American Society for Aesthetics,* 22 (3): 1-3., 2003.

CANDIDO, Antônio. *Literatura e sociedade.* São Paulo: Nacional, 1965.

COSTA, Albertina de Oliveira. É viável o feminismo nos trópicos? Resíduos de insatisfação - *Cadernos de pesquisa* (66): 63-9. São Paulo: Fundação Carlos Chagas,1998.

DANTAS, Francisco J.C. *A mulher no romance de Eça de Queiroz.* Sergipe: Editora Universidade Federal de Sergipe,1999.

DOUZINAS, Costas and NEAD, Lynda, eds. *Law and the Image: The Authority of Art and the Aesthetics of the Law.* London: University of Chicago Press, 1999.

EDWARDS, JORGE y otros. Un Debate Sobre el Derecho y la Literatura. In: *Revista Derecho y Humanidades,* N° 8, 2000-2001, Facultad de Derecho de la Universidad de Chile, 1998. 175-193.

GANDOLFO, Pedro. Sobre el Derecho en Kafka. In: *Anuario de Filosofía Jurídica y Social,* N° 3, Valparaíso, 1985, 271-277.

GEERTZ, Clifford. *O saber local: novos ensaios em antropologia interpretativa.* Petrópolis, RJ: Vozes, 1997.

———. *Interpretação das culturas.* Rio de Janeiro: ed. Guanabara, 1982.

GOLDMAN, L. *Sociologia e romance.* Trad. Álvaro Cabral. Rio de Janeiro: Paz e Terra, 1967.

GADAMER, Hans-Georg. *Verdade e Método,* 3ª ed. Petrópolis: Vozes, 1997.

GOTLIB, Nádia B. *Clarice- uma vida que se conta.* São Paulo: Ática,1995.

HABERMAS, Jürgen. *Dialética e Hermêutica: Para a crítica da hermenêutica de Gadamer.* Porto Alegre: L&PM, 1987.

LAW AND LITERATURE. Spring 2003 Volume 15, number 1. Published by the University of California Press for the Cardozo School of Law.

LEVACK, Brian P. "Shakespeare, Law, and Marriage (review)" *Journal of Interdisciplinary History* - Volume 36, Number 1, Summer 2005, pp. 83- 84.

LISPECTOR, Clarice. *A Paixão Segundo G.H.* Coleção Arquivos. Florianópolis: Editora UFSC, 1988.

NUNES, Benedito. *Leitura de Clarice Lispector.* São Paulo: Quíron, 1973.

SÁ, Olga de. *A Escritura de Clarice Lispector.* Petrópolis: Vozes; Lorena, Faculdades Integradas Teresa D'Ávila, 1977.

SARTRE, Jean-Paul. *A Imaginação.* São Paulo: Difel, 1964.

SANTOS, Jeana Laura da Cunha. *A estética da melancolia em Clarice Lispector.* Florianópolis: UFSC, 2000.

STRECK, Lenio Luiz. *Hermenêutica jurídica e(m) crise: uma exploração hermenêutica da construção do Direito.* 3ª ed. Porto Alegre: Livraria do Advogado, 2001.

TEDESCO, Ignacio. Relaciones posibles entre derecho y literatura. Homenaje a Roberto Bergalli. In: *Antrophos.* Barcelona, 2006: 401-408.

WALDAMN, Berta. *Clarice Lispector- A paixão segundo C.L.* São Paulo: Escuta, 1992.

WARAT, Luiz Alberto. *Introdução Geral ao Direito. Interpretação da Lei.* Porto Alegre: Sérgio Antônio Fabris Editor, 1994.

WHITE, James Boyd. *The Legal Imagination;* Little, Brown and Company, EE.UU. 1973: XXXII-XXXV.

Direito, globalização e neoliberalismo

O "Banqueiro Anarquista", de Fernando Pessoa, e o discurso neoliberal

ALEXANDRE MORAIS DA ROSA[1]

Sumário: I – Introdução; II – O Banqueiro Anarquista; III – O Direito Neoliberal: A Liberdade Vigiada; IV – As ficções de cada dia; V – Caminhando para o fim; VI – Bibliografia.

I – Introdução

1 – De alguma forma, o convite formulado pelo *Instituto de Hermêneutica Jurídica* (IHJ) para participar desta obra marcou simbolicamente. De plano, respondi que pretendia trabalhar *O Banqueiro Anarquista*, de *Fernando Pessoa*.[2] Depois, claro, surgiu a dificuldade... Mas como poderei responder ao questionamento desde o campo jurídico? A resposta vai no que posso dizer sobre *Pessoa*, articulado com o discurso da eficiência econômica, e do Direito. Talvez a leitura recente do instigante livro de *Martinho*[3] e a releitura do "*Livro do Desassossego*"[4] tenham contribuído para esta dificuldade. Mas isto seria papo para um texto de interlocução com a *Psicanálise* que, quem sabe, virá.[5]

2 – Aqui, neste escrito, o sentido, por certo, não é pré-dado, ou seja, cada um possui um limite, com o qual precisa se acomodar. Os *significantes* trazidos à baila, no caso, como *significantes* que são, não seguram. A linguagem é da ordem do não-todo. Ao se enunciar, se desvela, velando. Então, democraticamente, cada um, em sua singularidade, fiel (in)conscientemente ao seu *desejo*, poderá enviar e produzir *significantes*, já que estes são do sujeito. E só dele. Claro que num diálogo com o *Outro* (*Lacan*) e, na nossa dimensão, com os *outros*, nós, num

[1] Doutor em Direito (UFPR). Mestre (UFSC). Professor do Programa de Pós-Graduação (Mestrado) da UNIVALI (SC). Juiz de Direito (SC). Membro do IBDFAM, IBCCRIM, IMAB, IMAP e do Núcleo de Direito e Psicanálise da UFPR. E-mail: alexandremoraisdarosa@gmail.com

[2] PESSOA, Fernando. *O Banqueiro Anarquista*. Lisboa: Assírio & Alvim, 1999.

[3] MARTINHO, José. *Pessoa e a Psicanálise*. Coimbra: Almedina, 2001.

[4] PESSOA, Fernando. *Livro do Desassossego*. São Paulo: Companhia das Letras, 2006.

[5] CORGOSINHO, Rosângela. "Psicanálise e Crítica Literária: Um estudo sobre a crítica literária psicanalítica. *In:* Metáfora: Publicação anual do Ágora Instituto Lacaniano. Ano II, n. 02, 2003, p. 39-50.

momento de *bricolage*.[6] De qualquer maneira, esta aproximação, este diálogo, de minha parte, pretende ser uma apresentação, que falte, necessariamente.[7]

II – O Banqueiro Anarquista

1 – Em texto de 1922, publicado na *Revista Contemporânea*, *Fernando Pessoa* desenvolve um argumento sedutor, uma "sátira dialética", sobre a pretensão anarquista de um banqueiro. Após o jantar, num diálogo envolvente, com alguma fumaça de charuto, o bem-sucedido banqueiro diz: *"Fui, não; fui e sou. Não mudei a esse respeito. Sou anarquista."* Para justificar a "conformidade absoluta" entre teoria e prática narra sua empreitada. Distinguindo os anarquistas *estúpidos* dos *inteligentes*, isto é, dos que explodem bombas e provocam desordem, ditos pelo baqueiro como o "lixo do anarquismo", reconheceu que no início de sua caminhada surgiu uma grande insatisfação. Movido por ela tornou-se um anarquista "consciente e convicto", revoltado "contra a injustiça de nascermos desiguais *socialmente*", com qualidades "postiças" no campo social. Disparando sua indignação contra as convenções, *ficções sociais*, objeta que todas as *ficções* devem ser destruídas. Justifica, assim, sua não aderência ao socialismo por ser uma fórmula intermediária. Neste contexto, rompe com a *ficção* que imputa como mais *natural*, a que se mostra mais habitual: o sistema burguês: "Temos pois, em boa lógica, que ou achamos possível a sociedade natural, e seremos defensores do anarquismo; ou não a julgamos possível, e seremos defensores do regímen burguês. Não há hipótese intermediária". Neste maniqueísmo ambivalente desenvolve a argumentação para defender que deve existir uma preparação mental para, enfim, chegar-se na sociedade livre, sem transição.[8] Porque a transição seria necessariamente uma ditadura revolucionária daqueles que querem implantar a sociedade livre.[9]

2 – No seu plano (dito) de *ação lúcida*, o banqueiro se pôs a lutar pela liberdade da humanidade inteira.[10] Como não era cristão,[11] mas materialista e

[6] ROSA, Alexandre Morais da. *Decisão Penal:* a bricolage de significantes. Rio de Janeiro: Lumen Juris, 2006.

[7] ROSA, Alexandre Morais da. "O estrangeiro, a exceção e o direito." *In*: MIRANDA COUTINHO, Jacinto Nelson de (org.). *Direito e Psicanálise:* interseções a partir de 'O Estrangeiro' de Albert Camus. Rio de Janeiro: Lumen Juris, 2006, p. 51-67.

[8] PESSOA, Fernando. *O Banqueiro Anarquista...* p. 26: "Fim: a sociedade anarquista, a sociedade livre; meio: a passagem, sem transição, da sociedade burguesa para a sociedade livre. Esta passagem seria preparada e tornada possível por uma propaganda intensa, completa, absorvente, de modo a predispor todos os espíritos e enfraquecer todas as resistências."

[9] PESSOA, Fernando. *O Banqueiro Anarquista...*, p. 25: "Ora um *regímen* revolucionário quer dizer uma ditadura de guerra, ou, nas verdadeiras palavras, um *regímen* militar despótico, porque o estado de guerra é imposto à sociedade por uma parte dela – aquela parte que assumiu revolucionariamente o poder."

[10] PESSOA, Fernando. *O Banqueiro Anarquista...*, p. 29-31: "O que quer o anarquista? A liberdade – a liberdade para si e para os outros, para a humanidade inteira. Quer estar livre da influência ou da pressão das ficções sociais; quer ser livre tal qual nasceu e apareceu no mundo, que é como em justiça deve ser; e quer essa liberdade para si e para todos os mais. (...) É claro que esta liberdade, que deve haver cuidado em não estorvar, é a *liberdade futura* e, no presente, *a liberdade dos oprimidos pelas ficções sociais.*" O discurso neoliberal, não custa lembrar, defende a 'liberdade' como fundamento maior.

[11] PESSOA, Fernando. *O Banqueiro Anarquista...*, p. 32-33: "Se eu fosse cristão, trabalhava alegremente pelo futuro dos outros, porque lá tinha a minha recompensa no céu; mas também, se eu fosse cristão, não era anar-

egoísta[12] – porque a sensação de dever cumprido também é uma *ficção social* –, cumprindo seu dever para com o futuro lança-se na sua propaganda, apercebendo-se, todavia, que em grupo se criava tirania. Saindo deste estado de coisas, sem chefes ou imposições,[13] nem se deixando seduzir pela 'tirania do auxílio',[14] avança no que denomina de verdadeira "técnica do anarquismo": *a de se trabalhar isoladamente para o mesmo fim, evitando a instauração de novas tiranias e destruindo as ficções sociais.*[15]

3 – Nesta guerra em carreira solo, propõe-se a reduzir à inatividade a grande *ficção* social: o *dinheiro* – já que matar todas as *ficções* somente a revolução. Então, dedicou-se à inatividade da influência do dinheiro o adquirindo em quantidade tal que já não o sentiria como *ficção* social, sendo, portanto, livre: "Consigo liberdade só para mim, é certo; mas é que como já lhe provei, a liberdade para todos só pode vir com a destruição das ficções sociais, pela revolução social, e eu, só por mim, não posso fazer a revolução social. O ponto concreto é este: viso liberdade, consigo a liberdade que posso, porque, é claro, não posso conseguir a que não posso."

---

quista, porque então as tais desigualdades sociais não tinham importância na nossa curta vida: eram só condições da nossa provação, e lá seriam compensadas na vida eterna. Mas eu não era cristão, como não sou, e perguntava-me: mas por quem é que eu vou sacrificar nisto tudo? Mais ainda: *porque* é que eu me vou sacrificar?"

[12] PESSOA, Fernando. *O Banqueiro Anarquista...*, p. 33: "Sou materialista, pensava eu; não tenho mais vida que esta; para que hei-de ralar-me com propagandas e desigualdades sociais, e outras histórias, quando posso gozar e entreter-me muito mais se não me preocupar com isso? Quem tem só esta vida, quem não crê na vida eterna, quem não admite lei senão a Natureza, quem se opõe ao Estado porque ele não é natural, ao casamento porque ele não é natural, ao dinheiro porque ele não é natural, a todas as ficções sociais porque elas não são naturais, porque cargas de água é que defende o altruísmo e o sacrifício pelos outros, ou pela humanidade, se o altruísmo e o sacrifício também não são naturais? Sim, a mesma lógica que me mostra que um homem não nasce para ser casado, ou para ser português, ou para ser rico ou pobre, mostra-me também que ele não nasce para ser *solidário*, que ele não nasce senão para ele-próprio, e portanto contrário de altruísta e solidário, e portando exclusivamente egoísta."

[13] PESSOA, Fernando. *O Banqueiro Anarquista...*, p. 40-41: "Quer dizer, esta tirania era, relativamente às ficções sociais, *uma nova tiranial.* E era uma tirania exercida sobre gente essencialmente oprimida já pelas ficções sociais. Era, ainda por cima, tirania exercida entre si por gente cujo intuito sincero não era senão destruir tirania e criar liberdade."

[14] PESSOA, Fernando. *O Banqueiro Anarquista...*, p. 41-42: "A tirania do auxílio. Havia entre nós quem, em vez de mandar nos outros, pelo contrário os auxiliava em tudo quanto podia. (...) É a mesma tirania nova. É do mesmo modo ir contra os princípios anarquistas. (...) Auxiliar alguém, meu amigo, é tomar alguém por incapaz; se esse alguém não é incapaz, é ou fazê-lo tal, ou supô-lo tal, e isto é, no primeiro caso uma tirania, e no segundo um desprezo. Num caso cerceia-se a liberdade de outrem; no outro caso parte-se, pelo menos inconscientemente, do princípio de que outrem é desprezível e indigno ou incapaz de liberdade."

[15] PESSOA, Fernando. *O Banqueiro Anarquista...*, p. 47: "Trabalhando assim separados e para o mesmo fim anarquista, temos as duas vantagens – a do esforço conjunto, e a da não-criação de tirania nova. Continuamos unidos, porque o estamos moralmente e trabalhamos do mesmo modo par ao mesmo fim; continuamos anarquistas, porque cada um trabalha para a sociedade livre; mas deixamos de ser traidores, voluntários ou involuntários, à nossa causa, deixamos mesmo de poder sê-lo, porque nos colocamos, pelo trabalho anarquista isolado, fora da influência deletéria das ficções sociais, no seu reflexo hereditário sobre as qualidades que a Natureza deu."

4 – Esta a descrição de seu processo anarquista,[16] prenhe de giros lingüísticos, golpes de cena, como aponta *Miranda Coutinho*,[17] bem poderia ser acoplada por um neoliberal de ocasião, ou mesmo pela *Análise Econômica do Direito – AED*, como se anda mostrando[18] e criticando em terra *brasilis*.[19]

III – O Direito Neoliberal: A Liberdade Vigiada

1 – A sociedade, anota *Miranda Coutinho*,[20] seguindo a indicação de *Hayek*[21] *e Friedman*,[22] procedeu a um *câmbio epistemológico*, abandonando a relação *causa-efeito* para engolir a *eficiência* como parâmetro de atuação, erigida até a *princípio constitucional* (CR/88, art. 37, *caput*). Confundindo *efetividade* (fins) com *eficiência* (meios), grudando falsamente os *significantes* como sinônimos, na ânsia de melhorar a realidade, muitos atores jurídicos caem na armadilha do discurso *neoliberal*,[23] ao preço da exclusão (sempre existem vítimas, ecoa *Dussel*[24]) e da *Democracia*, por se vilipendiar, necessariamente, os 'direitos e garantias' Constitucionais,[25] rumo ao que se chama de 'Direito Reflexico'. No campo Penal, surge o 'Direito Penal Máximo' com inexoráveis efeitos no modelo de aplicação do Direito, já que na lógica do custo/benefício do "crime", como de-

[16] PESSOA, Fernando. *O Banqueiro Anarquista...*, p. 58-60: "Ora o meu processo estava certo, e eu servia-me legitimamente, como anarquista, de todos os meios para enriquecer. Hoje realizei o meu limitado sonho de anarquista prático e lúcido. Sou livre. Faço o que quero, dentro, é claro, do que é possível fazer. O meu lema de anarquista era a liberdade; pois bem, tenho a liberdade, a liberdade que, por enquanto, na nossa sociedade imperfeita, é possível ter. Quis combater as forças sociais; combatia-as, e, o que é mais, venci-as." (...) "Não, meu amigo; eu só criei liberdade. Libertei um. Libertei-me a mim. É que o meu processo, que é, como lhe provei, o único verdadeiro processo anarquista, me não permitiu libertar mais. O que pude libertar, libertei."

[17] MIRANDA COUTINHO, Jacinto Nelson de. "Dogmática crítica e limites lingüísticos da lei." *In:* MIRANDA COUTINHO, Jacinto Nelson de; LIMA, Martonio Mont'Alverne Barreto (orgs). *Diálogos Constitucionais:* Direito, Neoliberalismo e Desenvolvimento em Países Periféricos. Rio de Janeiro; Renovar, 2006, p. 225-232.

[18] GALDINO, Flávio. *Introdução à Teoria dos Custos dos Direitos*: Direitos não nascem em árvores. Rio de Janeiro: Lumen Juris, 2005.

[19] FORGIONI, Paula A. "Análise econômica do Direito: paranóia ou mistificação?" *In:* MIRANDA COUTINHO, Jacinto Nelson de; LIMA, Martonio Mont'Alverne Barreto (orgs). *Diálogos Constitucionais:* Direito, Neoliberalismo e Desenvolvimento em Países Periféricos. Rio de Janeiro; Renovar, 2006, p. 419-442.

[20] MIRANDA COUTINHO, Jacinto Nelson de. Crime continuado e unidade processual. *In*: SHECAIRA, Sérgio Salomão (Org.). *Estudos Criminais em Homenagem a Evandro Lins e Silva.* São Paulo: Método, 2001, p. 196: "Empurrados para o mercado por um câmbio epitemológico tanto duvidoso quanto desconhecido, consumimos tudo como se fosse *fast food*; e não temos, talvez até por uma certa cegueira, olhado as conseqüências, mormente aquelas que reclamam análises de longo prazo."

[21] HAYEK, Friedrich A. *Direito, legislação e liberdade.* Trad. Anna Maria Capovilla. São Paulo: Visão, 1985, p. 52-53.

[22] FRIEDMAN, Milton. *Capitalismo e liberdade.* Trad. Luciana Carli. São Paulo: Abril, 1984.

[23] BONAVIDES, Paulo. *Do país constitucional ao país neocolonial.* São Paulo: Malheiros, 1999.

[24] DUSSEL, Enrique. *1492: o encobrimento do outro:* a origem do mito da modernidade. Trad. Jaime A Clasen. Petrópolis: Vozes, 1993.

[25] KARAM, Maria Lúcia. *Juizados Especiais Criminais.* São Paulo: RT, 2005. ROSA, Alexandre Morais da. Rumo à praia dos juizados especiais criminais: sem garantias, nem pudor. *In:* WUNDERLICH, Alexandre; CARVALHO, Salo de. *Novos Diálogos sobre os Juizados Especiais Criminais.* Rio de Janeiro: Lumen Juris, 2005, p. 57-73.

fendem ingênua e astutamente a escola da *Análise Econômica do Direito Penal*,[26] o controle social precisa ser, acima de tudo, *eficiente*.

2 – Destaque-se que foi a partir do pensamento evolucionista – tal qual *Lombroso*[27] – de *Hayek*,[28] que o *neoliberalismo* ganhou um estatuto forte no combate às idéias do *Estado do Bem-Estar*, eis que as considera prejudicial ao "Mercado", a verdadeira (e ilusória) fonte da *Democracia*, justificando, portanto, a sua diminuição. "Ordem natural" e "Mercado" são os *slogans* difundidos, tudo em nome da "Liberdade", o significante vedete, bem sabia o *Banqueiro* de *Pessoa*. Os sujeitos, segundo o modelo *neoliberal*, não podem depender do Estado que, pelo "Mercado" e a seleção natural dos mais capazes, pode "naturalizar" as desigualdades sociais.[29] A "Liberdade" retoricamente realçada como valor democrático fundamental retiraria a legitimidade das ações estatais, salvo na repressão, claro. Assim é que o Estado deveria ser *mínimo* na busca de Justiça Social, a cargo do 'Mercado',[30] mas com *mão de ferro implacável* na esfera penal, reprimindo as manifestações sociais[31] que busquem o que *Hayek* denomina como 'paternalismo estatal'.[32] *Miranda Coutinho*, na interlocução com a psicanálise,[33] expõe com clareza: "A racionalidade neoliberal despreza o homem, mas assim o faz não só porque tende a admitir despreocupadamente os excluídos, mas porque, operando um desmonte do Estado, furta-lhe a possibilidade de exercer a função paterna, apondo aí o seu próprio 'eu', ou seja, o mercado. (...) Sem ele [Estado], já referi, não há desejo. (...). De qualquer sorte, a um mercado-Pai, que não tem qualquer referencial outro, não importam os efeitos, a não ser aqueles que enderecem na direção do lucro. Lucro, porém, é sinônimo de gozo, que tem por pressuposto a satisfação pela via do objeto. (...) Precisamos de uma certa ordem, sim; mas não nesse diapasão. (...) Em segundo lugar, falar em desmonte do Estado implica, necessariamente, em arrebentar as barreiras do direito. No neoliberalismo há um evidente desprezo pelo direito".[34]

[26] Ver crítica de: SILVA SÁNCHEZ, Jesús-Maria. *Eficiência e Direito Penal.* Trad. Maurício Antônio Ribeiro Lopes. Barueri-SP: Manole, 2004.

[27] LOMBROSO, César. *O homem delinqüente.* Trad. Maristela Bleggi Tomasini e Oscar Antonio Corbo Garcia. Porto Alegre: Ricardo Lenz, 2001.

[28] HAYEK, Friedrich A. *Principios de un orden social liberal.* Trad. Paloma de la Nuez. Madrid: Unión Editorial, 2001. HAYEK, Friedrich A. *Direito, legislação e liberdade:* uma nova formulação dos princípios liberais de justiça e economia política. São Paulo: Visão, 1985.

[29] Em perspectiva crítica: MARQUES NETO, Agostinho Ramalho. Neoliberalismo: o direito na infância. *In*: *Anais do Congresso Internacional de Psicanálise e sua conexões: Trata-se uma criança.* Rio de Janeiro, Tomo II, p. 225-238, 1999, p. 235.

[30] CRUZ, Paulo Márcio. *Política, Poder, Ideologia & Estado Contemporâneo.* Curitiba: Juruá, 2002, p.229-242.

[31] Em sentido contrário, conferir: MACCORMICK, Neil. *Derecho legal y socialdemocracia*: ensayos sobre filosofía jurídica y política. Trad. Lola González Soler. Madrid: Tecnos, 1990, p. 13-14.

[32] HAYEK, Friedrich A. *Principios de un orden social liberal...*, p. 46.

[33] MIRANDA COUTINHO, Jacinto Nelson de (org.). *Direito e Psicanálise:* interseções a partir de 'O Estrangeiro' de Albert Camus. Rio de Janeiro: Lumen Juris, 2006

[34] MIRANDA COUTINHO, Jacinto Nelson de. Jurisdição, Psicanálise e o Mundo Neoliberal. *In*: *Direito e Neoliberalismo:* Elementos para uma Leitura Interdisciplinar. MIRANDA COUTINHO, Jacinto Nelson de (or.). Curitiba: EdiBEJ, 1996, p. 67-69.

3 – O Estado, mesmo quando *Hayek* defende a estipulação de uma "rede social de seguridade", afeiçoa-se à perspectiva de "custos sociais" paliativos da "desigualdade natural" cujo "Mercado" é capaz de colmatar, mantidas, de qualquer sorte, a "mão invisível"[35] e a propriedade privada, já que "el gobierno no puede utilizar la persona y la propiedad del ciudadano para alcanzar sus propios objetivos".[36] Deveria o Estado, para ele, assumir uma postura de manutenção da "ordem espontânea", adaptando os cidadãos ao modelo de "Mercado",[37] especialmente pela via penal,[38] autorizando, inclusive, a morte de quem não consegue meios de sobreviver.[39] Eis o discurso cínico hegemônico, acoplado pelos iludidos de todos os dias. As teorias da *Justiça Liberal* são um acinte, como se verifica com *Rawls*,[40] por naturalizar, como o *Banqueiro Anarquista* de *Pessoa*, a diferença social, e dizer que todos possuem a liberdade de vencer. Logo, nesta lógica, os pobres não devem ser invejosos.[41] E o pior é que existem crédulos.

4 – *Azevedo*[42] ressalta, entretanto, que o pensamento de *Hayek* e *Friedman* somente foi apropriado quando passou a interessar ao *status quo*, em substituição ao de *Keynes*, contracenando com a ausência de crítica e coragem de setores sociais *aderentes* ao receituário *neoliberal*. E o que reage é "tachado de 'dinossauro', preso a posições ultrapassadas, avessas às demandas incontestáveis da modernidade". Só que, acompanhado de Veríssimo, afirma que "os dinossauros 'foram grandes criaturas. Já os bichos que se adaptam a tudo, que estão aí desde o começo do mundo e sobreviverão até o fim, todos sabem quais são: as baratas, os ratos...'". [43] Para além deste discurso de "aprendiz de feiticeiro", aderido por

[35] SMITH, Adam. *La riqueza de las naciones*. Trad. Susana Aguiar. Buenos Aires: Longseller, 2002., p. 153.

[36] HAYEK, Friedrich A. *Principios de un orden social liberal...*, p. 77.

[37] BERBERI, Marco Antonio Lima. *Os princípios na teoria do direito*. Rio de Janeiro: Renovar, 2003, p. 13.

[38] DORNELLES, João Ricardo. Ofensiva neoliberal, globalização da violência e controle social. *In*: *Discursos Sediciosos*, Rio de Janeiro, n. 12, p. 119-137, 2002, p. 121: "Esta exclusão sócio-econômica – com o conseqüente aumento da miséria, e que se constitui em verdadeiro 'genocídio social' que atinge grande parte da humanidade – seja, mais uma vez, considerado pelos ideólogos do neoliberalismo como o 'custo social' do progresso."

[39] HINKELAMMERT, Franz J. Pensar em alternativas: capitalismo, socialismo e a possibilidade de outro mundo. Trad. Orlando dos Reis, *In*: PIXLEY, Jorge (Org.). *Por um mundo diferente*: Alternativas para o mercado global. Petrópolis: Vozes, 2003, p. 12: "Quem não consegue acesso à subsistência está condenado à morte. Ao distribuir os valores de uso produzidos, o mercado distribui oportunidades de vida. Quem não se integra no mercado, ou não pode fazer isso, é uma pessoa que sobra e está condenada à morte. Adam Smith sustenta que, por meio da oferta e da demanda de força do trabalho, o mercado decide sobre a vida e a morte. Se o salário sobe acima da subsistência, haverá operários em excesso, e estes se multiplicarão demais. Por conseguinte, o salário deve cair abaixo da subsistência para que os sobrantes possam ser eliminados. Esta é a harmonia do mercado, que regula inclusive a quantidade de seres humanos existentes para que sempre se possa conseguir um equilíbrio macroeconômico que permita haver tanta oferta de mão de obra quanto a demanda desta. O mercado realiza esta regulação pela fome, mediante o mecanismo da formação do salário, que é canalizado de tal maneira que a oferta e a demanda consigam sempre um preço de equilíbrio, tanto para os bens como para os seres humanos. Esta é a outra face da 'mão invisível'".

[40] RAWLS, John. *Uma Teoria da Justiça*. São Paulo: Martins Fontes, 2000.

[41] Em perspectiva crítica: ARRUDA JR, Edmundo Lima de. *Direito, Marxismo e Liberalismo:* ensaios para uma sociologia crítica do Direito. Florianópolis: CESUSC, 2001; RAMIDOFF, Mário Luiz. *Trajetórias Jurídicas*: desafios e expectativas. Florianópolis: Habitus, 2002, p. 19-37.

[42] AZEVEDO, Plauto Faraco de. *Direito, Justiça Social e Neoliberalismo*. São Paulo: RT, 1999, p. 96-127.

[43] AZEVEDO, Plauto Faraco de. *Direito, Justiça Social e Neoliberalismo...*, p. 120.

muitos[44], escondem-se interesses inconfessáveis de "Defesa Social" orquestrados por movimentos conservadores, enfim, ideológicos. Apesar da sedução do discurso *eficientista* por anestesiar os crédulos de sempre, não se pode, contudo, romper-se com as "*regras do jogo*" democrático – *fair play* – em nome da *rapidez/eficiência*,[45] a qual não deve ser confundida com efetividade, porque com *Direitos Fundamentais* não se transige, não se negocia, se defende, ensina a vida e uma dogmática democrática de todos os tempos.[46]

5 – O *Direito Penal*, neste projeto, possui um papel estratégico na manutenção do controle do sistema, eis que mediante a (retórica) legitimação do uso da coerção, impõe a *exclusão* do mundo da vida com sujeitos engajados no projeto sociojurídico naturalizado,[47] sem que se dêem conta de seus verdadeiros papéis sociais. Acredita-se que se é um excepcional servidor público, tal qual *Eichmann*[48] (em Jerusalém),[49] reeditado por *Kafka* em sua *Colônia Penal*,[50] até porque o discurso é imaginariamente do "bem" contra o "mal". A submissão alienada e vivenciada dramaticamente pelos *metidos* nos processos penais pode ser explicada pela via *pscianalítica* (*Freud*) quando esclarece sobre as identificações da massa com a *Palavra Paterna do Estado*, tida como a última referência, num

[44] MIRANDA COUTINHO, Jacinto Nelson de. Efetividade do Processo Penal e Golpe de Cena: Um problema às reformas processuais. In: JURISPOIESIS – Revista Jurídica dos Cursos de Direito da Universidade Estácio de Sá. Rio de Janeiro, ano 4, n. 5, 2002, p. 34.

[45] LOPES JR, Aury. *Introdução Crítica ao Processo Penal*: fundamentos da instrumentalidade garantista. Rio de Janeiro: Lumen Juris, 2004, p. 67: "Tampouco podemos *confundir garantias com impunidade*, como insistem alguns defensores do terrorismo penal, subvertendo o eixo do discurso. As garantias processuais defendidas aqui não são geradoras de impunidade, senão legitimantes do próprio poder punitivo, que fora desses limites é abusivo e perigoso."

[46] FERRAJOLI, Luigi. *Derecho y razón*. Trad. Perfecto Andres Ibanez. Madrid: Trotta, 2001; *Direito e Razão:* teoria do garantismo penal. Trad. Ana Paula Zomer *et alii*. São Paulo: RT, 2002; *Derechos y garantías – La ley del más débil*. Trad. Perfecto Andres Ibanez. Madrid: Trotta, 1999; *Los fundamentos de los derechos fundamentales*. Trad. Perfecto Andres Ibanez. Madrid: Trotta, 2001.

[47] DE GIORGI, Alessandro. *A miséria governada através do sistema penal*. Trad. Sérgio Lamarão. Rio de Janeiro: Revan, 2006.

[48] ARENDT, Hannah. *Eichmann em Jerusalém:* um relato sobre a banalidade do mal. São Paulo: Cia das Letras, 1999, p. 60. A autora afirma que os monstros nazistas não eram a encarnação do mal, mas muitos deles eram apenas homens incapazes de pensar, e que acreditavam cumprir seus papéis sociais cumprindo as leis. A "falha mais específica, e também mais decisiva no caráter de Eichmann era sua quase total incapacidade de olhar qualquer coisa do ponto de vista do outro". E hoje será que acontece algo similar no Judiciário?

[49] ROUDINESCO, Elisabeth. *Por que a psicanálise?* Trad. Vera Ribeiro. Rio de Janeiro: Jorge Zahar, 2000, p. 123: "Eichmann em Jerusalém não foi um monstro desprovido de humanidade, mas um sujeito cuja normalidade confinava com a loucura. Daí o horror que sentimos ao ouvir dizer que ele condenou o sistema nazista ao mesmo tempo que reivindicava seu juramento de fidelidade a esse mesmo sistema, o abominável. Examinando as imagens do processo, vemos perfeitamente que, se existe a banalidade do mal, como afirma Hannah Arendt, ela é a expressão não de um comportamento comum, mas de uma loucura assassina, cuja característica seria o excesso de normalidade. Nada é mais próximo da patologia do que o culto da normalidade levada ao extremo. Como bem sabemos, é nas famílias aparentemente mais normais, com efeito, que muitas vezes surgem os comportamentos mais loucos, mais criminosos e mais desviantes".

[50] KAFKA, Franz. *A colônia penal*. Trad. Modesto Carone. Rio de janeiro: Paz e Terra, 1996, p. 15: "As coisas se passam da seguinte maneira: fui nomeado juiz aqui na colônia penal, apesar da minha juventude. Pois em todas as questões penais estive lado a lado com o comandante e sou também o que melhor conhece o aparelho. O princípio segundo o qual tomo decisões é: a culpa é sempre indubitável."

vínculo de solidariedade ao *Outro* e hostilidade com o *outro*, preso ao desejo de onipotência *Dele*.

6 – *Wacquant*,[51] nesta linha, demonstra que com o fenecimento do "Estado Caritativo" nos EUA houve um aumento do "Estado Penal" na perspectiva de criminalizar as conseqüências da miséria mediante a transformação dos programas sociais em vigilância permanente e o encarceramento da pobreza, especialmente os "empregrados das drogas".[52] A análise dos dados americanos deixa evidenciada que a readequação do modelo assistencial e repressivo busca normatizar a miséria, excluindo, ademais, o "refugo do mercado de trabalho".[53] Como se pode perceber, a situação brasileira segue o vácuo do modelo americano de exclusão,[54] bastando que se veja a dimensão do "bolsa-escola", cadastramento de famílias, "Programa de Erradicação do Trabalho Infantil – PETI", dentre outras iniciativas[55] – mesmo de governos que se dizem democráticos – que escondem para os incautos os mesmos mecanismos americanos de "normatização",[56] com a particularidade de que o discurso da "Nova Escola Penal" (NEP) não foi esquecido e é retomado com uma nova maquiagem: a *eficiência*. O discurso do "determinismo positivista" é realimentado em face das condicionantes sociais, reeditando a necessidade de "tutelar" os desviantes – consumidores falhos – mediante *prevenção, repressão* e *terapia*.[57] O Estado Intervencionista da "Nova Escola Penal" está de volta na sua missão de defender os cidadãos "bons e sadios" dos "maus e doentes",[58] desenterrando o discurso etiológico e higienista, perfeitamente conveniente para mídia e para classe dominante.[59] Sob o mote de curar o mal, tendo

[51] WACQUANT, Loïc. *Punir os pobres:* a nova gestão da miséria nos Estados Unidos. Trad. Nilo Batista. Rio de Janeiro: Revan, 2001.

[52] BATISTA, Vera Malaguti. O Tribunal de Drogas e o Tigre de Papel. *Revista Cidadania e Justiça.* Rio de Janeiro: Associação dos Magistrados Brasileiros, ano 5, n. 12, p. 191-192.

[53] WACQUANT, Loïc. *Punir os pobres...*, p. 135.

[54] YOUNG, Jock. *A sociedade excludente*: exclusão social, criminalidade e diferença na modernidade recente. Trad. Renato Aguiar. Rio de Janeiro: Revan, 2002.

[55] BARROS, Fernanda Otoni. *Tô Fora:* o adolescente fora da Lei: o retorno da segregação. Belo Horizonte: Del Rey, 2003, p. ix.

[56] BATISTA, Vera Malaguti. *Prefácio.* WACQUANT, Loïc. *Punir os pobres...*, p. 10.

[57] BARATTA, Alessandro. *Prefácio. In:* BATISTA, Vera Malaguti. *Difíceis ganhos fáceis...*, p. 15: "Ao contrário de sua função declarada, isto é, diferentemente de sua ideologia oficial, o sistema de justiça criminal da sociedade capitalista serve para disciplinar despossuídos, para constrangê-los a aceitar a 'moral do trabalho' que lhes é imposta pela posição subalterna na divisão de trabalho e na distribuição da riqueza socialmente produzida. Por isso, o sistema criminal se direciona constantemente às camadas mais frágeis e vulneráveis da população: para mantê-la – o mais dócil possível – nos guetos da marginalidade social ou para contribuir para a sua destruição física. Assim fazendo, o sistema sinaliza uma advertência para todos os que estão nos confins da exclusão social".

[58] CUNHA, Rosa Maria Cardoso da. *O caráter retórico do Princípio da Legalidade.* Porto Alegre: Síntese, 1979, p. 26: "O critério que assegura a divisão entre os homens bons e os homens maus provoca ainda o efeito de escamotear o caráter setorial da justiça. Ele supõe uma sociedade não estratificada econômica e valorativamente, homogênea em sua concepção de justiça, onde apenas os maus violam um pacto que tem por credor o todo social uniforme".

[59] DEL OMO, Rosa. *A América Latina e sua Criminologia.* Trad. Francisco Eduardo Pizzolante. Rio de Janeiro: Revan, 2004, p. 39: "Acima de tudo, devia-se desviar a atenção do social e dirigí-la à esfera do pessoal e do psicológico, protegendo-se assim os interesses das classes dominantes".

a sociedade como um organismo vivo, na perspectiva de uma vida social sadia, a violência oficial se mostra ilusoriamente mais do que justificada: é necessária à sobrevivência social.[60]

7 – O canto da sereia mais estridente é o representado pelo que *Jakobs* denomina "Direito Penal do Inimigo". Fundamentado retoricamente no contrato social, *Jakobs* defende que o "inimigo" seria aquele que rompeu com as regras contraídas, justificando a visão de não-membro e, por via de conseqüência, a intervenção penal busca evitar os perigos que ele representa, podendo, assim, o Estado restringir para o "inimigo" as normas – garantias – conferidas ao cidadão. A "Defesa Social" e o "direito penal do autor" retornam, sob nova fachada, mantendo, todavia, o lugar totalitário cativo. Estabelecida a distinção entre entre "cidadão" e "inimigo", para os últimos, na defesa dos bons cidadãos, deve-se, para *Jakobs*, restringir as garantias penais e processuais, por isso "Direito Penal do Inimigo".[61]

8 – Qualquer aproximação, pois, com os discursos da "Lei e da Ordem"[62] não é mera coincidência, dado que reeditam a necessidade de "Defesa Social" redefinindo os "tipos penais" para difusos "bens coletivos", cuja densidade se mostra epistemologicamente impossível, e os "papagaios jurídicos" se restringem a repetir, porque pensar complica a premissa maior e "inconstestável" deles, a lei. Desconsidera-se, por evidente, a *dignidade da pessoa humana*[63] e o *critério material* indicado por *Dussel*. Por isso é preciso resistir.

9 – Resta, assim, pouca dúvida de que o neoliberalismo é o núcleo da matriz ideológica dos processos de mundialização e globalização tendentes ao pensamento único.[64] Os efeitos de tal maneira de pensar, cujos estragos são mais do que evidentes no contexto mundial e, especialmente brasileiro, exige uma tomada de posição, ideológica. Evidentemente que não se pretende aqui incorrer-se nos mesmos equívocos de uma contra-globalização que é bem assimilada pelo

[60] AREND, Marcia Aguiar. Estado Policial: a resposta do poder às emergências sociais. *In*: *Revista Discente – CPGD – UFSC*. n. 1. Florianópolis, 2002, p. 120: "O mais assustador é que há um estratégico e eficiente contágio ideológico programando as pessoas para servirem como a voz que chama a ação do poder do Estado para combater a violência, com a presença da autoridade e ataque aos perigosos. Perdeu-se a aspiração do Estado social. A utopia agora é a do Estado Penal, mediante a ação capilar e absoluta do Estado Policial."

[61] JAKOBS, Günther; CANCIO MELIÁ, Manuel. *Derecho penal del enemigo*. Madrid: Civitas, 2003, p. 47: "Quien no presta una seguridad cognitiva suficiente de un comportamiento personal, no sólo no puede esperar ser tratado aún como persona, sino que el Estado no *debe* tratarlo ya como persona, ya que de lo contrario vulneraría el derecho a la seguridad de las demás personas. (...) "Quien por principio se conduce de modo desviado no ofrece garantia de un comportamiento personal; por ello, no puede ser tratado como ciudadano, sino debe ser combatido como enemigo. Esta guerra tiene lugar con un legítimo derecho de los ciudadanos, en su derecho a la seguridad; pero a diferencia de la pena, no es derecho tambíen respecto del que es penado; por el contrario, el enemigo es excluído."

[62] MIRANDA COUTINHO, Jacinto Nelson de; CARVALHO, Edward Rocha de. "Teoria das janelas quebradas: Ainda!" *In:* DOTTI, Rene Ariel. *Notáveis do Direito Penal.* Brasília: Consulex, 2006, p. 203-213.

[63] SARLET, Ingo Wolfgang. *Dignidade da pessoa humana e direitos fundamentais na Constituição Federal de 1988.* Porto Alegre: Livraria do Advogado, 2006.

[64] AVELÃS NUNES, António José. *Neoliberalismo e Direitos Humanos.* Rio de Janeiro: Renovar, 2003.

próprio pensamento neoliberal hegemônico. Pretende-se, neste ensaio, desvelar alguns condicionantes deste modo de pensar e as possibilidades de resistência.

IV – As ficções de cada dia

1 – O Direito, pelo *senso comum teórico*,[65] maneja fundamentalmente conceitos. Claro que desprovidos da ilusória segurança da *Filosofia da Consciência*. Todavia, a nominação das coisas promove um efeito anestesiante fundamental para a dominação simbólica dos sujeitos, assujeitados. Até porque, salvo alguns poucos, a maioria continua mergulhada na *inautenticidade*, diria *Heidegger*,[66] ou seja, segue o lugar comum das ditas interpretações da Verdade, em fila.[67]

2 – A pretensão de que o Direito seja previsível foi uma aspiração liberal em face do poder de *imperium* do soberano, desde uma perspectiva do capital (*Weber*[68]). Entretanto, com o decorrer dos anos, o cabresto existente no Legislativo e no Judiciário foi se afrouxando pela necessidade de acenar com as possibilidades de Bem-Estar Social. Com a derrocada do muro de Berlim o medo vermelho se desfez, abrindo espaço para uma reflexibilidade nauseante.[69] Este conjunto de normas sociais, inseridas no contexto de Constituições (ainda) Dirigentes (*Canotilho*),[70] por força da viragem lingüística (*Gadamer* e *Rorty*), acabaram se tornando em um entrave ao *Mercado*, principalmente em decorrência de

---

[65] WARAT, Luis Alberto. *Introdução Geral ao Direito*: a epistemologia jurídica da modernidade. Trad. José Luís Bolzan de Morais. Porto Alegre: Sergio Fabris, 1995, p. 15: "O senso comum teórico dos juristas é o lugar do secreto. As representações que o integram pulverizam nossa compreensão do fato de que a história das verdades jurídicas é inseparável (até o momento) da história do poder".

[66] HEIDEGGER, Martin. *Ser e tempo*. Trad. Marcia Sá Cavalcante Schback. Petrópolis: Vozes, 2002, v. 1, p. 180-181: "O impessoal encontra-se em toda parte, mas no modo de sempre ter escapulido quando a presença exige uma decisão. Porque prescreve todo julgamento e decisão, o impessoal retira a responsabilidade de cada presença. O impessoal pode, por assim dizer, permitir-se que se apóie impessoalmente nele. Pode assumir tudo com a maior facilidade e responder por tudo, já que não há ninguém que precise responsabilizar-se por alguma coisa. O impessoal sempre 'foi' quem... e, no entanto, pode-se dizer que não foi 'ninguém'. Na cotidianidade da pre-sença, a maioria das coisas é feita por alguém de quem se deve dizer que não é ninguém. O impessoal *tira* o *encargo* de cada pre-sença em sua cotidianidade. E não apenas isso; com esse desencargo, o impessoal vem ao encontro da pre-sença na tendência de superficialidade e facilitação. Uma vez que sempre vem ao encontro de cada pre-sença dispensando-a de ser, o impessoal conserva e solidifica seu domínio caturro".

[67] MELMAN, Charles. *Clínica psicanalítica*: artigos e conferências. Trad. Leda Mariza Fischer Bernardino. Salvador: Ágalma, 2000, p. 178: "A política é uma arte, estamos de acordo: a arte de conduzir os homens, através da promessa de felicidade, e sem que eles vejam nada muito bem, mas aonde?... a nada mais que marchar".

[68] WEBER, Max. *Economia e sociedade*. Trad. Regis Barbosa. Brasília: UNB, 1999. v. 2, p. 123: "Naturalmente, cabe sobretudo aos interessados burgueses exigir um direito inequívoco, claro, livre do arbítrio administrativo irracional e de perturbações irracionais por parte de privilégios concretos: direito que, antes de mais nada, garanta de forma segura o caráter juridicamente obrigatório de contrato e que, em virtude de todas estas qualidades, funcione de modo calculável".

[69] Crítica: PHILIPPI, Jeanine Nicolazzi. "A Forma e a Força da Lei – Reflexão sobre o Vazio." In: MIRANDA COUTINHO, Jacinto Nelson de (org.). *Direito e Psicanálise:* interseções a partir de 'O Estrangeiro' de Albert Camus. Rio de Janeiro: Lumen Juris, 2006, p. 105-112.

[70] MIRANDA COUTINHO, Jacinto Nelson de (Org.). *Canotilho e a Constituição Dirigente* Rio de Janeiro: Renovar, 2005.

um Judiciário Substancialista.[71] Ressurgiu, nesta perspectiva de previsibilidade, propostas neoconservadoras. A postura neoliberal, tanto por *Friedman* como por *Hayek*, defende a retirada do Estado da função de limite, ordenador, tornando-o em "Estado Jardineiro" (*Bauman*[72]) do livre mercado e sua mão invisível de um lado e, de outro, da mão de ferro na esfera do controle social, já se mostrou. Aí é que surgem novas estratégias. É preciso, pois, entender para resistir.

3 – Tudo é permitido. E quando tudo é, nada é. Por lógica básica. Assim, diante da resposta única, as possibilidades de resistência acabam sendo minadas. São trincheiras inóspitas ocupadas pelos que resistem às novas evoluções sociais.[73] Neste projeto imposto pelo discurso único, a palavra – porque é disto que se trata – ganha um sentido diverso, devidamente adestrado, com muita propaganda. A *violência simbólica* indicada por *Bourdieu*[74] é pouco sentida. Passa a ser o *habitus* de uma sociedade de alta velocidade, acelerada (*Virilio*[75]), que morre de medo (*Beck*[76]).

4 – O paroxismo da previsibilidade do direito encontra-se justamente em sua reflexibilidade.[77] Por meio da inserção da "arbitragem" se retira da esfera do Judiciário as "grandes questões corporativas" solvidas em entidades próprias, "eugenicamente". Procura-se, na mesma linha, que as "Agências Reguladoras" possam responder, na velocidade do *Mercado*, às exigências de suas necessidades. Ao Poder Judiciário restam os conflitos horizontais, a saber, os que implicam em 'baixo custo' para o *Mercado*. Porque quando se trata de questões envolvendo conglomerados empresariais contra consumidores ou do Poder Público como réu, novos mecanismos são habilmente inseridos para *diminuir os custos* do Judiciário. Evidente que como os custos dos conflitos horizontais são grandes,

[71] WERNNECK VIANNA, Luiz (org.). *A judicialização da política e das relações sociais no Brasil.* Rio de Janeiro: Revan, 1999; MARCELLINO JÚNIOR, Júlio César. A Jurisdição Constitucional e o papel do Poder Judiciário no Brasil: procedimentalistas versus substancilistas. *In:* ROSA, Alexandre Morais da (org.). *Para um Direito Democrático*: diálogos sobre paradoxos. Florianópolis: Conceito Editorial, 2006, p. 25-58.

[72] BAUMAN, Zygmunt. *Amor Líquido*: sobre a fragilidade dos laços humanos. Trad. Carlos Alberto Medeiros. Rio de Janeiro: Jorge Zahar, 2004.

[73] PHILIPPI, Jeanine Nicolazzi. "A forma e a força da Lei – Reflexão sobre um Vazio." *In:* MIRANDA COUTINHO, Jacinto Nelson de (org.). *Direito e Psicanálise:* interseções a partir de 'O Estrangeiro' de Albert Camus. Rio de Janeiro: Lumen Juris, 2006, p. 107: "Em um tempo no qual o projeto ultraliberal apresenta-se como expressão definitiva de um mundo sem limite, o ufanismo publicitário que valida o consenso em torno dessa ordem sinistra nos faz acreditar no anacronismo desse grito de alerta. Marcados pela lógica dessa deriva, os juristas – entendendo que o direito deve acompanhar os costumes – se empenham na produção de um manual qualquer de felicidade, certos de que, com método, chegarão à fórmula final para a distribuição das liberalidades necessárias à saciedade dos sujeitos úteis à reprodução das democracias de mercado".

[74] BOURDIEU, Pierre; PASSERON, Jean Claude. *A Reprodução:* elementos para uma teoria do sistema de ensino. Trad. Reynaldo Bairão. Rio de Janeiro: Francisco Alves. 1982.

[75] VIRILIO, Paul. *El cibermundo, la política de lo peor.* Trad. Mónica Poole. Madrid: Cátedra, 1999.

[76] BECK, Ulrich. *La Mirada Cosmolopolita, o la guera es la paz.* Trad. Bernando Moreno Carrillo. Barcelona: Paidós, 2005.

[77] UNGER, Roberto Mangabeira. *La democracia realizada:* la alternativa progressista. Trad. Horacio Pons. Buenos Aires: Manantial, 1999.

promovem-se *fast-process*, com julgamento antecipado, sem citação, sem recurso, enfim, pelo número. Uma *MacDonaldização do processo.*[78]

5 – Resumindo: atualmente o controle se faz por duas estratégias não excludentes: a) primeiro inserindo dispositivos legais que permitem uniformidade (Ação Declaratória de Constitucionalidade, Súmulas Vinculantes, reletivização da coisa julgada, indeferimento de pedidos sem contraditório, inclusive recursos); b) pelo controle de quem dirá o direito na cúpula.

6 – Desde muito sabe-se que o direito nada diz, mas sim o que alguns dizem que ele diz (*Carcova*[79]). Mitos como o da verdade verdadeira são empulhações metafísicas de lugar cativo no manietamento ideológico que satisfaz, com folgas, a horda de nefelibatas jurídicos, mostrou *Zizek.*[80] Recentemente, a *Revista Análise* (www.analise.com) realizou levantamento do Poder Judiciário brasileiro, especificamente do Supremo Tribunal Federal (STF) e do Superior Tribunal de Justiça (STJ), deixando evidenciado que a preocupação primaz do capital é a previsibilidade das decisões, aplaudindo, assim, a súmula vinculante, dentre outras alterações processuais imprescindíveis – dizem eles – para o tornar menos custoso e ao gosto do consumidor. Todavia, a compreensão, é bem mais complexa do que a realizada por escolhas de vitrines de súmulas, indica *Streck.*[81] Estas breves indicações, todavia, são o sintoma de que alguma resistência precisa ser oposta.

V – Caminhando para o fim

1 – É neste contexto que o texto de *Pessoa* ganha sua força e atualidade. A banalização ideológica, em nome do discurso único do capital, apresenta sob a flâmula sedutora da *Liberdade* toda sorte de justificativas para o fenecimento da solidariedade. O egoísmo, os meios, passam a se justificar.[82] As pretensões éticas (bem) e morais (bom) devem se adaptar às necessidades de um *Mercado* sem lei, sem limite, cujo muro se avizinha. A questão parece ser que, como quer o *Banqueiro Anarquista*, a destruição da ficção *Estado* abra espaço para a *Liberdade* representada pelo *Mercado.* Nesta ironia de defender a *Liberdade* de

[78] ROSA, Alexandre Morais da. "Aplicando o ECA: felicidade e perversão sem limites." In: *Revista Brasileira de Ciências Criminais*. Ano 14, n. 58, p. 15-28.

[79] CARCOVA, Carlos Maria. *La opacidad del derecho.* Madrid: Trotta, 1998.

[80] ŽIŽEK, Slavoj. *Eles não sabem o que fazem*: o sublime objeto da ideologia. Trad. Vera Ribeiro. Rio de Janeiro: Jorge Zahar, 1992.

[81] STRECK, Lenio Luiz. *Verdade e Consenso:* Constituição, Hermenêutica e Teorias Discursivas. Rio de Janeiro: Lumen Juris, 2006.

[82] SILVA, Manuela Parreira da. In. PESSOA, Fernando. *O Banqueiro Anarquista...*, p. 102: "É, curiosamente, neste ponto, que reside a vulnerabilidade da proposta política do conto, proposta que, dizendo-se anarquista, contradiz, liminarmente, os princípios do anarquismo, mesmo de um anarco-individualismo que pareceria, a dada altura, poder ser a ideologia defendida pelo personagem do banqueiro: apologia do egoísmo e da concorrência desenfreada e impiedosa, de feição ultra-liberal; mitologização do dinheiro, considerado como um compulsivamente procurado objecto de posse e não transformado, como defenderia um 'verdadeiro' libertário, num simples meio de troca; ausência de projecto de uma sociedade nova ou de um novo modelo social, necessariamente solidário e anticapitalista".

todos mediante o enriquecimento egoísta, parece-me, num giro de linguagem, aplicável plenamente ao discurso neoliberal e suas teorias (Justiça, Direito Penal do Inimigo, etc.). Não será possível resgatar as razões históricas da substituição do keynesianismo pelo monetarismo, nem da conseqüente rejeição das teses do Welfare State, uma vez que seria repetir o que já foi bem feito por muitos.[83] O que importa destacar é que a ultra-racionalidade imputada ao *homo economicus* é imaginária. Basicamente por três motivos: a) acreditar dogmaticamente no sujeito pleno consciente, desprovido de inconsciente, cujos efeitos se verão ver; b) rejeitar como dada, natural, uma ordem preestabelecida na fé da mão invisível e do Mercado como a fonte de toda a Justiça possível; c) relegitimar a opressão em nome da "liberdade" alçada como fundamento maior de todo o sujeito, desconsiderando a manipulação ideológica própria do modelo neoliberal. Desde a ascensão monetarista, fundamentalmente com *Hayek* e *Friedman*, o discurso ganhou um significante vedete: 'liberdade'. Em nome da 'liberdade' e com o objetivo de não ceder um milímetro na luta contra a inflação, o novo inimigo interno a ser combatido em nome do (dito) desenvolvimento econômico.

2 – Assim é que, seguindo *Agamben*, é necessário se buscar parar esta máquina,[84] para que os sujeitos não se transformem – mais ainda – na figura do "musulmán" de *Auschwitz* retratada por *Agamben*.[85] Embalados pela necessidade de conter a (criada) escalada de crimes, numa dita sociedade de risco (*Beck*), ou seja, a estrutura cria a exclusão e depois sorri, propondo a exclusão novamente, via sistema penal, e os excelentes servidores públicos *nefelibatas* – tal qual *Eichmann* –, na melhor expressão *Kantiana*, cumprem suas funções, sem limites. Existe uma co-responsabilidade social (*Zafaroni-Pierangeli*), da qual somente se pode tangenciar – como de costume – cinicamente. Para estes, no interesse do sujeito, a *necessidade* derruba qualquer barreira processual, pois, seguindo *Agamben*, a *necessidade* não tem lei, isto é, não reconhece qualquer lei limitadora, criando sua própria lei.[86] A construção fomentada e artificial de um 'estado de risco' faz com o que o discurso se autorize, em face das ditas necessidades, a suspender o Estado Democrático de Direito, promovendo uma incisão de emergência e total, em nome da Liberdade, do Bem, do Bom e do Justo. Lugar sempre empulhador, por ser o do cajado (*Lacan*).[87]

3 – O problema fundamental, então, reside no fato de que a justificativa para a exceção encontra-se encoberta ideologicamente. Acredita-se, muito de boa-fé, a maioria, de que se está realizando um bem. Esqueceu-se de que para o uso do poder existem pelo menos dois limites: o processo e o ético (*Dussel*). Exercer

[83] Um resumo bem consistente: AVELÃS NUNES, António José. *Neoliberalismo e Direitos Humanos*. Rio de Janeiro: Renovar, 2003.

[84] AGAMBEN, Giorgio. *Lo Abierto*: el hombre y el animal. Trad. Antonio G. Cuspinera. Valência: Pre-Textos, 2005, p. 52-53.

[85] AGAMBEN, Giorgio. *Lo que queda de Auschwitz*: el archivo y el testigo – Homo Sacer III. Trad. Antonio G. Cuspinera. Valência: Pre-Textos, 2005.

[86] AGAMBEN, Giorgio. *Estado de Exceção*. Trad. Iraci D. Poleti. São Paulo: Boitempo, 2004, p. 40.

[87] LACAN, Jacques. *Escritos*. Trad. Vera Ribeiro. Rio de Janeiro: Jorge Zahar, 1998, p. 152.

uma parcela do poder em face dos sujeitos é muito mais tranqüilo para os *kantianos* de sempre, fiéis cumpridores das normas jurídicas, sejam elas quais forem. Os sujeitos passam a ser uma das faces da vida nua, isto é, "*homo sacer*", a que é matável, mas não sacrificável. Assim, os rostos do poder encontram-se maleáveis, mutantes, em torno de um lugar pensado para não pensar, mas para cumprir acriticamente.

4 – A ficção que parece mais natural é a que se está habituado. Os atores jurídicos, de regra, estão aí para aplicar a norma, preocupando-se consigo mesmo. *O Banqueiro Anarquista*, pois, acaba sendo o padrão de uma sociedade que pensa no consumo de objetos[88] que, por básico, não preenchem, nunca, por impossível, o *buraco* nosso de cada dia.[89] Até quando viverão felizes para sempre? Rever e compreender a mirada é o desafio, sempre.

VI – Bibliografia

AGAMBEN, Giorgio. *Lo Abierto*: el hombre y el animal. Trad. Antonio G. Cuspinera. Valência: Pre-Textos, 2005.

——. *Lo que queda de Auschwitz*: el archivo y el testigo – Homo Sacer III. Trad. Antonio G. Cuspinera. Valência: Pre-Textos, 2005.

AREND, Marcia Aguiar. Estado Policial: a resposta do poder às emergências sociais. *In*: *Revista Discente – CPGD – UFSC*. n. 1. Florianópolis, 2002.

ARENDT, Hannah. *Eichmann em Jerusalém: um relato sobre a banalidade do mal.* São Paulo: Cia. das Letras, 1999.

AVELÃS NUNES, António José. *Neoliberalismo e Direitos Humanos.* Rio de Janeiro: Renovar, 2003.

AZEVEDO, Plauto Faraco de. *Direito, Justiça Social e Neoliberalismo.* São Paulo: RT, 1999.

BARATTA, Alessandro. *Prefácio. In:* BATISTA, Vera Malaguti. *Difíceis ganhos fáceis...*

BARROS, Fernanda Otoni. *Tô Fora:* o adolescente fora da Lei: o retorno da segregação. Belo Horizonte: Del Rey, 2003.

BATISTA, Vera Malaguti. O Tribunal de Drogas e o Tigre de Papel. *Revista Cidadania e Justiça.* Rio de Janeiro: Associação dos Magistrados Brasileiros, ano 5, n. 12.

——. *Prefácio.* WACQUANT, Loïc. *Punir os pobres:* a nova gestão da miséria nos Estados Unidos. Trad. Nilo Batista. Rio de Janeiro: Revan, 2001.

BAUMAN, Zygmunt. *Amor Líquido*: sobre a fragilidade dos laços humanos. Trad. Carlos Alberto Medeiros. Rio de Janeiro: Jorge Zahar, 2004.

BECK, Ulrich. *La Mirada Cosmolopolita, o la guera es la paz.* Trad. Bernando Moreno Carrillo. Barcelona: Paidós, 2005.

BERBERI, Marco Antonio Lima. *Os princípios na teoria do direito.* Rio de Janeiro: Renovar, 2003.

BONAVIDES, Paulo. *Do país constitucional ao país neocolonial.* São Paulo: Malheiros, 1999.

BOURDIEU, Pierre; PASSERON, Jean Claude. *A Reprodução:* elementos para uma teoria do sistema de ensino. Trad. Reynaldo Bairão. Rio de Janeiro: Francisco Alves. 1982.

CARCOVA, Carlos Maria. *La opacidad del derecho.* Madrid: Trotta, 1998.

CORGOSINHO, Rosângela. "Psicanálise e Crítica Literária: Um estudo sobre a crítica literária psicanalítica. *In:* Metáfora: Publicação anual do Ágora Instituto Lacaniano. Ano II, n. 02, 2003.

CRUZ, Paulo Márcio. *Política, Poder, Ideologia & Estado Contemporâneo.* Curitiba: Juruá, 2002.

CUNHA, Rosa Maria Cardoso da. *O caráter retórico do Princípio da Legalidade.* Porto Alegre: Síntese, 1979.

DE GIORGI, Alessandro. *A miséria governada através do sistema penal.* Trad. Sérgio Lamarão. Rio de Janeiro: Revan, 2006.

[88] COSTA, Jurandir Freire. *O vestígio e a aura:* corpo e consumismo na moral do espetáculo. Rio de Janeiro: Garamond, 2004.

[89] MELMAN, Charles. *O Homem sem Gravidadel:* gozar a qualquer preço. Trad. Sandra Regina Felgueiras. Rio de Janeiro: Cia de Freud, 2003.

DEL OMO, Rosa. *A América Latina e sua Criminologia.* Trad. Francisco Eduardo Pizzolante. Rio de Janeiro: Revan, 2004.

DORNELLES, João Ricardo. Ofensiva neoliberal, globalização da violência e controle social. *In*: *Discursos Sediciosos*, Rio de Janeiro, n. 12, p. 119-137, 2002.

DUSSEL, Enrique. *1492: o encobrimento do outro:* a origem do mito da modernidade. Trad. Jaime A Clasen. Petrópolis: Vozes, 1993.

FERRAJOLI, Luigi. *Derecho y razón.* Trad. Perfecto Andres Ibanez. Madrid: Trotta, 2001; *Direito e Razão:* teoria do garantismo penal. Trad. Ana Paula Zomer *et alii.* São Paulo: RT, 2002.

FORGIONI, Paula A. "Análise econômica do Direito: paranóia ou mistificação?" *In:* MIRANDA COUTINHO, Jacinto Nelson de; LIMA, Martonio Mont'Alverne Barreto (orgs). *Diálogos Constitucionais:* Direito, Neoliberalismo e Desenvolvimento em Países Periféricos. Rio de Janeiro; Renovar, 2006

FRIEDMAN, Milton. *Capitalismo e liberdade.* Trad. Luciana Carli. São Paulo: Abril, 1984.

GALDINO, Flávio. *Introdução à Teoria dos Custos dos Direitos*: Direitos não nascem em árvores. Rio de Janeiro: Lumen Juris, 2005.

HAYEK, Friedrich A. *Direito, legislação e liberdade.* Trad. Anna Maria Capovilla. São Paulo: Visão, 1985.

——. *Principios de un orden social liberal.* Trad. Paloma de la Nuez. Madrid: Unión Editorial, 2001. HAYEK, Friedrich A. *Direito, legislação e liberdade:* uma nova formulação dos princípios liberais de justiça e economia política. São Paulo: Visão, 1985.

HEIDEGGER, Martin. *Ser e tempo.* Trad. Marcia Sá Cavalcante Schback. Petrópolis: Vozes, 2002, vols. 1 e 2.

HINKELAMMERT, Franz J. Pensar em alternativas: capitalismo, socialismo e a possibilidade de outro mundo. Trad. Orlando dos Reis, *In*: PIXLEY, Jorge (Org.). *Por um mundo diferente*: Alternativas para o mercado global. Petrópolis: Vozes, 2003.

JAKOBS, Günther; CANCIO MELIÁ, Manuel. *Derecho penal del enemigo.* Madrid: Civitas, 2003.

KAFKA, Franz. *A colônia penal.* Trad. Modesto Carone. Rio de janeiro: Paz e Terra, 1996.

KARAM, Maria Lúcia. *Juizados Especiais Criminais.* São Paulo: RT, 2005. ROSA, Alexandre Morais da. Rumo à praia dos juizados especiais criminais: sem garantias, nem pudor. *In:* WUNDERLICH, Alexandre; CARVALHO, Salo de. *Novos Diálogos sobre os Juizados Especiais Criminais.* Rio de Janeiro: Lumen Juris, 2005.

LOMBROSO, César. *O homem delinqüente.* Trad. Maristela Bleggi Tomasini e Oscar Antonio Corbo Garcia. Porto Alegre: Ricardo Lenz, 2001.

LOPES JR, Aury. *Introdução Crítica ao Processo Penal*: fundamentos da instrumentalidade garantista. Rio de Janeiro: Lumen Juris, 2004.

MARCELLINO JÚNIOR, Júlio César. A Jurisdição Constitucional e o papel do Poder Judiciário no Brasil: procedimentalistas versus substancilistas. *In:* ROSA, Alexandre Morais da (org.). *Para um Direito Democrático*: diálogos sobre paradoxos. Florianópolis: Conceito Editorial, 2006, p. 25-58.

MARQUES NETO, Agostinho Ramalho. Neoliberalismo: o direito na infância. *In*: *Anais do Congresso Internacional de Psicanálise e sua conexões: Trata-se uma criança.* Rio de Janeiro, Tomo II.

MARTINHO, José. *Pessoa e a Psicanálise.* Coimbra: Almedina, 2001.

MELMAN, Charles. *Clínica psicanalítica*: artigos e conferências. Trad. Leda Mariza Fischer Bernardino. Salvador: Ágalma, 2000.

MIRANDA COUTINHO, Jacinto Nelson de (Org.). *Canotilho e a Constituição Dirigente* Rio de Janeiro: Renovar, 2005.

——. "Dogmática crítica e limites lingüísticos da lei." *In:* MIRANDA COUTINHO, Jacinto Nelson de; LIMA, Martonio Mont'Alverne Barreto (orgs). *Diálogos Constitucionais:* Direito, Neoliberalismo e Desenvolvimento em Países Periféricos. Rio de Janeiro; Renovar, 2006.

——. Crime continuado e unidade processual. *In*: SHECAIRA, Sérgio Salomão (Org.). *Estudos Criminais em Homenagem a Evandro Lins e Silva.* São Paulo: Método, 2001

——. (org.). *Direito e Psicanálise:* interseções a partir de 'O Estrangeiro' de Albert Camus. Rio de Janeiro: Lumen Juris, 2006

——. Efetividade do Processo Penal e Golpe de Cena: Um problema às reformas processuais. In: JURISPOIESIS – Revista Jurídica dos Cursos de Direito da Universidade Estácio de Sá. Rio de Janeiro, ano 4, n. 5, 2002

——. Jurisdição, Psicanálise e o Mundo Neoliberal. *In*: *Direito e Neoliberalismo:* Elementos para uma Leitura Interdisciplinar. MIRANDA COUTINHO, Jacinto Nelson de (or.). Curitiba: EdiBEJ, 1996

MIRANDA COUTINHO, Jacinto Nelson de; CARVALHO, Edward Rocha de. "Teoria das janelas quebradas: Ainda!" *In:* DOTTI, Rene Ariel. *Notáveis do Direito Penal.* Brasília: Consulex, 2006.

PESSOA, Fernando. *O Banqueiro Anarquista.* Lisboa: Assírio & Alvim, 1999.

——. *Livro do Desassossego.* São Paulo: Companhia das Letras, 2006.

PHILIPPI, Jeanine Nicolazzi. "A Forma e a Força da Lei – Reflexão sobre o Vazio." In: MIRANDA COUTINHO, Jacinto Nelson de (org.). *Direito e Psicanálise:* interseções a partir de 'O Estrangeiro' de Albert Camus. Rio de Janeiro: Lumen Juris, 2006.

RAWLS, John. *Uma Teoria da Justiça.* São Paulo: Martins Fontes, 2000.

ROSA, Alexandre Morais da. "Aplicando o ECA: felicidade e perversão sem limites." In: Revista Brasileira de Ciências Criminais. Ano 14, n. 58.

——. *Decisão Penal:* a bricolage de significantes. Rio de Janeiro: Lumen Juris, 2006.

——. "O estrangeiro, a exceção e o direito." *In*: MIRANDA COUTINHO, Jacinto Nelson de (org.). *Direito e Psicanálise:* interseções a partir de 'O Estrangeiro' de Albert Camus. Rio de Janeiro: Lumen Juris, 2006.

ROUDINESCO, Elisabeth. *Por que a psicanálise?* Trad. Vera Ribeiro. Rio de Janeiro: Jorge Zahar, 2000.

SARLET, Ingo Wolfgang. *Dignidade da pessoa humana e direitos fundamentais na Constituição Federal de 1988.* Porto Alegre: Livraria do Advogado, 2006.

SILVA SÁNCHEZ, Jesús-Maria. *Eficiência e Direito Penal.* Trad. Maurício Antônio Ribeiro Lopes. Barueri-SP: Manole, 2004.

SMITH, Adam. *La riqueza de las naciones.* Trad. Susana Aguiar. Buenos Aires: Longseller, 2002.

STRECK, Lenio Luiz. *Verdade e Consensol:* Constituição, Hermenêutica e Teorias Discursivas. Rio de Janeiro: Lumen Juris, 2006.

UNGER, Roberto Mangabeira. *La democracia realizada:* la alternativa progressista. Trad. Horacio Pons. Buenos Aires: Manantial, 1999.

VIRILIO, Paul. *El cibermundo, la política de lo peor.* Trad. Mónica Poole. Madrid: Cátedra, 1999.

WACQUANT, Loïc. *Punir os pobres:* a nova gestão da miséria nos Estados Unidos. Trad. Nilo Batista. Rio de Janeiro: Revan, 2001.

WARAT, Luis Alberto. *Introdução Geral ao Direito*: a epistemologia jurídica da modernidade. Trad. José Luís Bolzan de Morais. Porto Alegre: Sergio Fabris, 1995.

WEBER, Max. *Economia e sociedade.* Trad. Regis Barbosa. Brasília: UNB, 1999. v. 2.

WERNNECK VIANNA, Luiz (org.). *A judicialização da política e das relações sociais no Brasil.* Rio de Janeiro: Revan, 1999.

YOUNG, Jock. *A sociedade excludente*: exclusão social, criminalidade e diferença na modernidade recente. Trad. Renato Aguiar. Rio de Janeiro: Revan, 2002.

ŽIŽEK, Slavoj. *Eles não sabem o que fazem*: o sublime objeto da ideologia. Trad. Vera Ribeiro. Rio de Janeiro: Jorge Zahar, 1992.

— 11 —

"O mandarim" ou Eça e a globalização

FERNANDO FACURY SCAFF[1]

1. Certa feita, o grande escritor português Eça de Queirós, no conto *O Mandarim*, relatou-nos a história de Teodoro, escriturário de um cartório em Lisboa, que morava naquela cidade, em modesta pensão proporcional a seu salário de vinte mil-réis mensais. Tinha ambições, por certo, mas não de ser Rei, ou de se tornar algum desses sábios influentes que norteiam as opiniões do Reino. Seu maior sonho era poder um dia se regalar com a boa comida do Hotel Central, apertar a mão mimosa das formosas donzelas que passeavam nas ruas da cidade e, pelo menos duas vezes por semana, *adormecer, num êxtase mudo, sobre o seio fresco de Vênus*. Contudo, seus parcos recursos e seu jeito de enguiço - magro, alto e corcunda -, não lhe permitiam senão sonhar com a realização destes desejos.

Dentre seus hábitos estava o da leitura, que satisfazia comprando volumes antigos em uma feira de livros usados. Certa noite, assomado pela sonolência, leu em uma destas obras o seguinte:

> No fundo da China existe um Mandarim mais rico de que todos os reis de que a fábula ou a História contam. Dele nada conheces, nem o nome, nem o semblante, nem a seda de que se veste. Para que tu herdes seus cabedais infindáveis, basta que toques esta campainha, posta a teu lado, sobre um livro. Ele soltará apenas um suspiro, nos confins da Mongólia. Será então um cadáver: e tu verás aos teus pés mais ouro do que pode sonhar a ambição de um avaro. Tu, que me lês e és um homem mortal, tocarás tu a campainha?

Um frio na espinha percorreu o corpo de nosso Teodoro, que, de imediato, olhou para a cabeceira de sua cama e encontrou a fatídica sineta mencionada, que nunca dantes havia estado ali. E, em seguida, ouviu uma voz insinuante e metálica, ao lado de sua cama, perguntar-lhe: *Vamos lá Teodoro, toque a campainha, seja um forte*.

Pensou Teodoro tratar-se do Demo, mas, de pronto rechaçou a idéia, pois não acreditava em sua existência, tanto quanto não acreditava em Deus. Logo, crendo apenas no que de concreto se lhe apresentava, passou a cogitar da grande questão que lhe havia sido colocada à frente. O singelo ato de tocar uma sineta

[1] Advogado, Professor da Universidade Federal do Pará, Doutor em Direito pela Universidade de São Paulo

em seu quarto, numa modesta pensão em Lisboa acarretaria o falecimento de um Mandarim de quem ele nunca tinha ouvido falar, e que não lhe dizia o menor respeito, nos confins da Mongólia, e, com este ato, herdaria uma fortuna avaliada em incontáveis milhões. Quem sabe bilhões de contos de réis? O que estaria fazendo este Mandarim agora? Empinando uma pipa no alto de seu telhado? Brincando com seus netos? Deixaria família? Ele herdaria toda a fortuna do Mandarim ou uma parte seria reservada para sua família?

Sem maiores hesitações, Teodoro lançou mão da sineta e a tilintou de modo que seu som vibrou pelo espaço deixando um fino rastro em seu ouvido.

A figura que estava sentada à sua frente enxugou uma lágrima e disse: *Pobre Ti-Chin-Fu*. Com o que afirmava que o Mandarim havia morrido. Levantou-se e saiu. Teodoro foi atrás, mas não conseguiu alcançá-lo. Voltou a seu quarto e achou tudo como dantes, inclusive o livro que lia aberto na mesma página, mas que não continha o curioso texto que tanto lhe havia assombrado. Tomado pelo sono, dormiu.

2. Passaram-se os dias, e Teodoro estava certo de que tudo aquilo tinha sido um sonho. Contudo, em uma certa manhã, estava fumando um cigarro na pensão onde morava e recebeu um assustado mensageiro com informações da morte de um Mandarim na Mongólia e várias ordens de pagamento em seu favor, passadas daquele país através de vários bancos internacionais. Milhões de contos de réis estavam a seus pés, e isto era apenas o começo, segundo informava o emissário.

Teodoro foi pego de surpresa, mas rapidamente se recompôs e correu para ver se a notícia se confirmava. Foi aos bancos e confirmou a veracidade das ordens de pagamento, e a informação de que havia muito mais provisionado em seu nome na matriz de onde havia sido remetida esta pequena parte. Teodoro passou então a viver como um nababo, explorando da forma que podia o dinheiro que de forma mágica lhe havia chegado às mãos.

Todavia, passados alguns anos, e satisfeitos todos os desejos materiais e carnais que podiam passar pela cachola de nosso Teodoro, este não havia se tornado um homem feliz, pois uma visão lhe assombrava. Toda vez que entrava em sua casa encontrava uma figura bojuda, de rabicho negro e túnica amarela, com uma pipa nos braços. Era a imagem do velho Mandarim, estirado no leito do chão ou da cama de Teodoro. Quando este avançava em sua direção, esfumaçava-se. Isto ocorrida dia após dia. E Teodoro estava exausto daquilo, pois seu cérebro lhe martelava todo dia que, mesmo tendo tocado apenas uma sineta no recôndito de seu quarto em uma pensão de Lisboa, havia matado uma pessoa, um velho, cuja família devia estar passando grandes necessidades, pois todo o dinheiro que ele havia acumulado ao longo dos anos estava sendo utilizado por desconhecida pessoa, em vida devassa. Além disso, ele havia privado a família de Ti-Chin-Fu de seu convívio e de seus sábios conselhos, que orientariam seus descendentes pelas gerações futuras. Teodoro estava certo que devia *matar aquele morto*.

Mandou rezar missas, fez doações à Igreja, mandou mesmo construir um templo, o maior de Lisboa, mas nada aplacava a recorrente aparição do velho Mandarim em sua casa.

Não satisfeito, Teodoro decidiu ir à Mongólia e dar sua fortuna, ou parte dela, aos descendentes do Mandarim. Teria que encontrá-los, uma vez que deles nada sabia, nem mesmo em que cidade moravam. Mas seus milhões e sua atual influência no Reino bem lhe ajudariam nesse intento visando a aplacar a ira do Mandarim.

3. O grande Eça prossegue na história contando as peripécias do atormentado Teodoro em sua busca de paz de espírito ao longo da China e da Mongólia, e seu retorno sem ter conseguido chegar à vila onde supunha que os descendentes do velho Mandarim moravam. Foram vãs as tentativas de retornar a Portugal e voltar à condição anterior, de pobre homem, morador das pensões de Lisboa e escrevente de cartório, sem, contudo, abandar-se de seus milhões, pois não conseguiu se livrar da visão medonha do velho Mandarim.

Relata ainda sua deliberação de retomar seu estilo de vida abastado e libertino, mas sem qualquer brilho ou fulgor, pois sua alma permanecia abatida pela figura do Mandarim sempre sob seu horizonte de vista.

Restou-lhe a tristeza de vida, a resignação e um testamento em prol do Demo, pois todo este dinheiro, estava certo Teodoro, bem lhe pertencia.

Só as nossas mãos sabem o pão que dia a dia ganham; nunca mates o Mandarim, arremata o excepcional escritor português.

4. Neste texto, pode-se ver um aspecto do fenômeno da globalização econômica que hoje permeia o mundo. Um singelo tilintar de campainha em Lisboa, ou em qualquer outro local recôndito no mundo, pode gerar repercussões em todo o globo, acarretando dissabores e vantagens para um sem número de pessoas, que podem ser engolfadas pelo som daquela sineta.

Entre 1997 e 1999, um localizado problema de avaliação de ativos imobiliários ocorrido na Tailândia gerou um vendaval de quebras e quedas nas bolsas econômicas no mundo todo, atingindo o Sudeste asiático, a Rússia e até o Brasil.[2] A desvalorização da moeda brasileira em janeiro de 1999 decorreu do tilintar da campainha de um Teodoro, em algum lugar do mundo, decidiu, movido sabe lá por que Demo, que havia chegado a hora dos países em desenvolvimento pagarem pela parte que lhes cabia nesta festa. Contratos quebrados, reversão de promessas de governo, desequilíbrio nas contas públicas, intervenção (*ops*, visita) do FMI, e outras situações mais. Neste rol de conseqüências, pode-se incluir até o estremecimento do Mercosul, pois a Argentina não se cansa de alegar que o

[2] Uma obra excelente que relata toda esta confusão ocorrida nas bolsas e o papel do FMI naquele período de crise asiática é *Vexame*, de Paul Blustein. Escrito como uma reportagem, sem a linguagem do *economês*, é bastante acessível e demonstra com detalhes um período de grande especulação financeira e de uma crise gerada pelas bolhas especulativas dos desejos econômicos de um punhado de pessoas localizadas nos locais mais diversos do globo, tais como Nova Iorque, Washington, Bancoc, Londres, Paris, Frankfurt, Tóquio, Seul, Jacarta, Moscou e Brasília, e como tudo isso atingiu os países em desenvolvimento.

Brasil desvalorizou sua moeda sem avisar seus parceiros latino-americanos, o que gerou outra onda de quebras neste continente.

Todo o aspecto negativo da globalização econômica decorre do tilintar inconseqüente de uma campainha, ocasionada sem qualquer preocupação com a fome de Moçambique, os deserdados das favelas do Rio, a destruição da camada de ozônio ou os trabalhadores sem-pátria, emigrantes em busca de um lugar para trabalhar e viver.[3]

Os capitais financeiros também cumprem o papel da campainha do Eça. Sabe-se lá porque em um dia as bolsas caem; noutro, sobem. E se vão em um vendaval de movimentações sem razão explícita para o homem comum, arrojado para o mundo das contas em que não sabe nem como, nem porque, lhe influenciam.[4] Este, quando perde o emprego, tende a achar que a culpa é do patrão desalmado, mas o barulho pode vir de um pouco acima, tilintando pelas ondas magnéticas das comunicações instantâneas.

5. Nem só de má notícia vive o mundo, e nem a globalização é de todo ruim. Existem aspectos positivos neste processo, com resultados vantajosos para toda a humanidade, tais como o desenvolvimento da ciência e nossa interação em uma verdadeira aldeia global. Outro aspecto que deve ser destacado positivamente é o da *globalização dos direitos*, a partir de um incremento das discussões e preocupações com os *direitos humanos* no mundo e a maior integração entre os paises, através de acordos e tratados internacionais.[5]

É imprescindível que cada qual de nós faça sua parte, de forma conseqüente, alertas para a repercussão de nossas ações pelo mundo afora, diversamente do que fez Teodoro, do Eça, a quem só restou o caminho da expiação inútil.

Não basta pedir perdão, nem mesmo construir templos ou realizar reuniões de cúpula para ver se o fantasma da miséria que assola o mundo desaparece das vistas dos aquinhoados pelo toque da campainha. Só as nossas mãos podem saber de onde provém o pão que dia a dia ganham. É necessário não tocar a campainha e não matar o Mandarim. Somente através da cooperação internacional e do aprofundamento do respeito aos direitos humanos é que poderemos passar a ter uma consciência mais aproximada da repercussão de nossos atos locais, uma vez que eles podem ter funestas conseqüências internacionais.[6] Uma epidemia de cólera que afete o Peru pode alcançar o Brasil através do rio Amazonas, cau-

[3] Excepcional obra sobre estes trabalhadores emigrantes pode ser vista no livro de fotografias *Trabalhadores - Uma Arqueologia da Era Industrial*, de Sebastião Salgado.

[4] Um excelente romance que nos dá conta deste "homem alienado" é de José Saramago, *Levantados do Chão*.

[5] Sobre este tema pode-se consultar alguns autores de referência, com várias obras de vulto, dentre eles: Antonio Augusto Cançado Trindade, com destaque para a obra *A Incorporação das Normas Internacionais de Direitos Humanos no Brasil* (San José, Instituto Interamericano de Direitos Humanos, 1996), e Flávia Piovesan, com seu livro *Direitos Humanos e o Direito Constitucional Internacional* (SP, Max Limonad, 1997, 3ª ed.). Não se pode deixar de mencionar também Fábio Konder Comparato, com seu excelente *A Afirmação Histórica dos Direitos Humanos* (SP, Saraiva, 1999).

[6] Obra de realce sobre este tema é *Neoliberalismo e Direitos Humanos*, de António José Avelãs Nunes (RJ, Renovar, 2003).

sando males à saúde pública de muita gente que jamais soube onde fica aquele país. Recentemente ocorreu outro abalo sísmico nas finanças internacionais, com uma ameaça de "estagflação" nos Estados Unidos, o que gera a expectativa de aumento da taxa de juros naquele país e o enxugamento do mercado de capitais em todo o mundo, que busca portos seguros para ancorar seu dinheiro em uma situação como esta.

6. Os ambientalistas possuem uma máxima que diz: devemos pensar globalmente e agir localmente. Estão certos. Apenas quando nos dermos conta efetiva que estamos todos na mesma caravana da espécie humana, iniciada desde priscas eras, poderemos saber que o tilintar de uma campainha em Lisboa não trará conseqüências maléficas à família do Mandarim, a qual nunca conhecemos e que habita do outro lado da nossa nave terrestre.

Não há como ser contra a globalização, mas devemos construí-la de modo responsável e conseqüente, a fim de trazer benefícios para toda a espécie humana, e não apenas para alguns especuladores financeiros ou melhor posicionados no mercado, tal como o infeliz Teodoro, do Eça.

Os atores jurídicos e o imaginário social

— 12 —

"O alienista" e "A colônia penal": o problema de crença irrefletida

LUIZ ANTÔNIO RIZZATTO NUNES[1]

Sumário: 1. A investigação, 2. O paradoxo, 3. A boa-fé do alienista, 4. A alienação do alienista, 5. O desprezo e a má-fé do alienado.

1. A investigação

O presente trabalho faz uma abordagem de temas propostos por dois escritores geniais: nosso grande Machado de Assis e Franz Kafka. Do primeiro, trabalharemos com o conto *O Alienista*, que deveria ser leitura obrigatória em todos os cursos de Direito, de Psiquiatria, de Psicanálise, de Psicologia ou de qualquer outro curso, e do segundo nos ocuparemos da novela *Na Colônia Penal,* que, do mesmo modo, deveria ser texto obrigatório em todos os bacharelados jurídicos. Examinaremos até que ponto a crença na qual estão os operadores do direito mergulhados é, de fato, "irrefletida", vale dizer, cega, a ponto de parecer alienada e incompreensível a um observador racional que busque sentido numa possível razão científica, clara, objetiva, capaz de dizer a verdade ou de formular proposições verdadeiras, assim como de pautar sua conduta por critérios éticos de justiça e sua ação medida pela régua da razoabilidade.

2. O paradoxo

Ponho de início uma questão paradoxal: haverá crença com reflexão?

Muito embora o intuito do presente trabalho não seja o de analisar o sentido de crença, é importante consignar que, apesar do bloqueio conotativo – já que o termo sugere aderência subjetiva e irracional –, é possível postular-se por uma crença, digamos, quase-racional ou pelo menos amparada, sustentada ou edulcorada pela razão.[2]

---

[1] Mestre e Doutor em Filosofia do Direito pela PUC/SP; Livre-Docente em Direito do Consumidor pela PUC/SP; Titular de Direito do Consumidor da Universidade Metropolitana de Santos; Coordenador do Programa de Mestrado e Doutorado em Direito da Unimes/Santos; Desembargador do Tribunal de Justiça de São Paulo.

[2] É o que pretende fazer, por exemplo, o Papa João Paulo II na encíclica "Fides et Ratio".

Não pretendo fazer exatamente uma análise das obras "O Alienista", de Machado de Assis, e "Na Colônia Penal", de Franz Kafka, mas quero tomar alguns de seus temas centrais e, a partir deles, pensar a dogmática jurídica, em especial na sua influência para o momento técnico de aplicação do direito.

Preocupo-me principalmente com as crenças impostas e acatadas irrefletidamente, mas não posso deixar de iniciar referindo a própria explicação de Kafka a sua engenhosa e hedionda máquina de execução, representativa da perversidade humana. Disse ele numa carta de 1916 dirigida a seu editor: *"Como esclarecimento dessa narrativa acrescento apenas que não só ela é penosa, mas que o nosso tempo em geral e o meu em particular também são"*. Faço a alusão apenas para constatar a ironia da atualidade da constatação.

Já a "Casa de Orates da Itaguaí", de Machado de Assis, vai desembocar em nossos dias como se fosse a própria vida hipercomplexa do cotidiano, no qual as milhares de personagens simultaneamente falam muito, mas pouco dizem e pelo exame das atitudes reveladas ou das opiniões manifestadas podem ser taxadas de "loucas".

3. A boa-fé do alienista

Nesse ponto, então, quero levantar um aspecto que me parece fundamental e que merece exame na atitude de Simão Bacamarte: era ele manipulador? Agia de má-fé, internando um a um aqueles que se lhe pareciam fora do normal?

Por mais que se tente – e haverá os que talvez queiram assim se pronunciar – não parece existir nenhum traço de conduta má intencionada no médico da Casa Verde. Percebe-se, ao contrário, uma boa-fé decorrente de uma irrestrita crença na ciência, seus postulados e a verdade que desses promanariam:

> – Abaixo a Casa Verde! Bradavam os Canjicas.
>
> O alienista caminhou para a varanda da frente e chegou ali no momento em que a rebelião também chegava e parava, defronte, com as suas trezentas cabeças rutilantes de civismo e sombrias de desespero. – Morra! Morra! Bradavam de todo os lados, apenas o vulto do alienista assomou na varanda. Simão Bacamarte fez um sinal pedindo para falar; os revoltosos cobriram-lhe a voz com brados de indignação. Então o barbeiro, agitando o chapéu, a fim de impor silêncio à turba, conseguiu aquietar os amigos, e declarou ao alienista que podia falar, mas acrescentou que não abusasse da paciência do povo como fizera até então.
>
> – Direi pouco, ou até não direi nada, se for preciso. Desejo saber primeiro o que pedis.
>
> – Não pedimos nada, replicou fremente o barbeiro; ordenamos que a Casa Verde seja demolida, ou pelo menos despojada dos infelizes que lá estão.
>
> – Não entendo.
>
> – Entendeis bem, tirano; queremos liberdade às vítimas do vosso ódio, capricho, ganância...
>
> O alienista sorriu, mas o sorriso desse grande homem não era coisa visível aos olhos da multidão; era uma contração leve de dois ou três músculos nada mais. Sorriu e respondeu:
>
> – Meus senhores, a ciência é coisa séria, e merece ser tratada com seriedade. Não dou razão dos meus atos de alienista a ninguém, salvo aos mestres e a Deus. Se queríeis emendar a administração da Casa Verde, estou pronto a ouvir-vos; mas, se exigis que me negue a mim mesmo, não ganhareis

nada. Poderia convidar alguns de vós em comissão dos outros a vir ver comigo os loucos reclusos; mas não o faço, porque seria dar-vos razão do meu sistema, o que não farei a leigos nem a rebeldes.

Disse isto o alienista, e a multidão ficou atônita. Era claro que não esperava tanta energia e menos ainda tamanha serenidade. Mas o assombro cresceu de ponto quando o alienista, cortejando a multidão com muita gravidade, deu-lhe as costas e retirou-se lentamente para dentro...

O que às vezes pode confundir é o fato de que o alienista ia mudando de direção, mas essa mudança era fruto das reflexões científicas que ele fazia sem parar, de modo que seus atos ainda que diversos, tinham o mesmo fundamento, qual seja, a ciência e sua suposta verdade objetiva. Daí, pois, ele extraia a legitimidade de seus atos e, como um profundo religioso, cumpria as determinações nas quais cria cegamente.

Leiamos, pois, o que sagazmente nos contou o bruxo do Cosme Velho:

E agora prepare-se o leitor para o mesmo assombro em que ficou a vila ao saber um dia que os loucos da Casa Verde iam todos ser postos na rua.

– Todos?

– Todos.

– É impossível; alguns sim, mas todos...

– Todos. Assim o disse ele no ofício que mandou hoje de manhã a câmara.

De fato o alienista oficiara à câmara expondo: – 1º. que verificara as estatísticas da vila e da Casa Verde que quatro quintos da população estavam aposentados naquele estabelecimento; 2º. que a esta deslocação de população levara-o a examinar os fundamentos da sua teoria das moléstias cerebrais, teoria que excluía da razão todos os casos em que o equilíbrio das faculdades não fosse perfeito e absoluto; 3º. que, desse exame e do fato estatístico, resultara para ele a convicção de que a verdadeira doutrina não era aquela, mas a oposta, e portanto, que se devia admitir como normal e exemplar o desequilíbrio das faculdades e como hipóteses patológicas todos os casos em que aquele equilíbrio fosse ininterrupto; 4º. que à vista disso declarava à câmara que ia dar liberdade aos reclusos da Casa Verde e agasalhar nela as pessoas que se achassem nas condições agora expostas; 5º. que, tratando de descobrir a verdade científica, não se pouparia a esforços de toda a natureza, esperando da câmara igual dedicação; 6º. Que restituía à câmara e aos particulares a soma do estipêndio recebido para alojamento dos supostos loucos, descontada a parte efetivamente gasta com alimentação, roupa, etc; o que mandaria verificar nos livros e arcas da Casa Verde.

O assombro de Itaguaí foi grande; não foi menor a alegria dos parentes e amigos dos reclusos. Jantares, danças luminárias, músicas, tudo houve para celebrar tão fausto acontecimento...

E, como bem lembra Machado, as pessoas de Itaguaí no meio do regozijo, não prestaram atenção ao final item 4, que geraria novas experiências cientificas!

Se ao leitor pode parecer irônico – aliás como de fato é destrutivamente irônico –, para o alienista era pura aplicação dogmática de seu conhecimento antigo ou atual:

Ao cabo de cinco meses estavam alojadas umas dezoito pessoas; mas Simão Bacamarte não afrouxava; ia de rua em rua, de casa em casa, espreitando e interrogando, estudando; e quando colhia um enfermo levava-o com a mesma alegria com que outrora os arrebanhava às dúzias. Essa mesma desproporção confirmava a teoria nova; achara-se enfim a verdadeira patologia cerebral. Um dia conseguiu meter na Casa Verde o juiz de fora; mas procedia com tanto escrúpulo que não o fez senão depois de estudar minuciosamente todos os seus atos e interrogar os principais da vila. Mais de uma vez esteve prestes a recolher pessoas perfeitamente desequilibradas; foi o que se deu com um advogado, em que reconheceu um tal conjunto de qualidades morais e mentais que era perigoso deixá-lo na rua. Mandou prendê-lo; mas o agente, desconfiado, pediu-lhe para fazer uma experiência; foi ter com um compadre, demandado por um testamento falso, e deu-lhe de conselho que tomasse por advogado o Salustiano; era o nome da pessoa em questão.

– Então, parece-lhe?...

– Sem dúvida: vá, confesse tudo, a verdade inteira, seja qual for, e confie-lhe a causa.

O homem foi ter com o advogado, confessou ter falsificado o testamento e acabou pedindo que lhe tomasse a causa. Não se negou o advogado; estudou os papeis, arrazoou longamente, e provou a todas as luzes que o testamento era mais que verdadeiro. A inocência do réu foi solenemente proclamada pelo juiz e a herança passou-lhe às mãos. O distinto jurisconsulto deveu a esta experiência a liberdade.

4. A alienação do alienista

Perguntamos, agora, em que ponto do conhecimento nos encontramos, que não percebemos a irracionalidade de certas posições normativas? De certas decisões judiciais ainda que pautadas em normas jurídicas? Onde, afinal, às vezes deveríamos estar: nos escritórios e fóruns ou na Casa Verde?

Pense-se em um exemplo simplório – e absurdo! Chamem o alienista! –: O sistema processual civil permite que em ações de reintegração de posse, para a concessão de liminar o juiz designe audiência de justificação. Nesta, o autor da ação pode produzir prova testemunhal para comprovar o seu direito. Até aí tudo bem.

No entanto, à mesma audiência é citado o réu para comparecer, sendo-lhe vedado contestar o feito, arrolar testemunhas ou ouvir o depoimento do autor.

Parece mesmo um procedimento sádico, pois embora o réu possa contraditar as testemunhas do autor e formular reperguntas, como nada mais pode fazer que assistir, ele fica apenas vendo o autor produzindo algo contra si como mero espectador. E o juiz, sem perguntar para ele, postado ali à sua frente, ao menos o que ele pensa, muitas vezes concede a liminar a favor do autor. É só a partir desse momento que o réu poderá se defender, mas a essa altura já terá sido desalojado.[3]

Realmente, chama a atenção o sadismo: para que chamar o réu? Se é para conceder-se liminar *inaudita altera pars* se compreende que o réu não participe. Mas, se ele é convocado para estar na frente do Juiz, qual a função? Parece divertido? Não tem sentido chamá-lo, se ele ficará de fora. E, ao contrário, é um *non sense* – além da perda de energia e da violação ao princípio da economia proces-

[3] É verdade que essa questão, atualmente, não é mais pacífica, pois a norma processual que trata dessa questão (art. 928 do CPC) nem é muito clara nessa direção. No entanto, é essa a posição majoritariamente adotada pela jurisprudência, fundada na doutrina. Veja-se, por todos, Nelson Nery Junior e Rosa Maria de Andrade Nery, *Código de Processo Civil comentado*, 4ª ed, São Paulo: RT, 1999. Em sentido diverso, admitindo um pouco mais de participação do réu, está Antonio Cláudio da Costa Machado: *Código de Processo Civil interpretado*, 5ª ed, São Paulo:Manole, 2006. Para ele o juiz *"pode(não deve) provocar" a conciliação; "pode ouvir as testemunhas que o réu traga consigo"; "pode admitir a juntada de documentos por ambas as partes"* (p. 1581).

sual –, colocar o réu à frente do juiz e este não aproveitar a oportunidade real para ouvi-lo, receber dele a defesa etc.

Esse tipo de procedimento, dentre tantos outros atos e normas desarrazoados, lembre-se, começam desde cedo ser incutidos nos alunos nos bancos escolares das Faculdades de Direito, talvez explique esse caso que eu narro no meu *Manual de Introdução ao estudo do Direito.*[4]

É o caso de um comerciante, C.A.F., que precisava de um transplante de rim. O juiz não autorizou o pedido, alegando falta de regulamentação de uma lei federal. O comerciante morreu. O drama acabou conhecido apenas porque foi noticiado pelo advogado do comerciante, A.M.J., vale dizer, virou notícia. Ele ingressou com ação judicial, ação esta que teve trâmite na 28ª Vara Cível de Belo Horizonte. O pleito era o de autorização judicial para retirada e transplante de um dos rins do garçom F.C.S., amigo do comerciante. Na imprensa, o advogado disse que faria uma representação junto ao Conselho Superior de Magistratura contra o Juiz, o que, diríamos, serviria de consolo aos familiares do comerciante.

Procurado pela reportagem o Juiz explicou que pela Lei n. 8.489, de 18 de novembro de 1992, a retirada e transplante de órgãos de pessoas que não possuem parentesco entre si só pode ser realizada mediante autorização judicial. Disse ele que, publicada no dia 20 de novembro, a lei deveria ser regulamentada no prazo máximo de sessenta dias, contados a partir daquela data. E que o pedido, apesar de acompanhado da documentação do Hospital informado que só faria o transplante com a autorização, foi negada, exatamente sob o argumento de que a lei ainda dependia de regulamentação.

De acordo com o advogado, ao apresentar a petição, ele tentou despachar diretamente com o juiz, em virtude da urgência do caso. Esse teria afirmado não poder decidir no momento por desconhecer os detalhes da nova legislação. *"Ele demorou quatro dias para decidir. Então procurei-o novamente para tentar sensibilizá-lo da gravidade da situação, mas ele alegou esta agindo de acordo com sua consciência e, se quisesse, deveria interpor o recurso cabível"*, afirmou o advogado.

Ainda segundo ele, no dia 21 de dezembro, foi interposto o recuso apelação e estava sendo reunida a documentação para ingresso com a medida cautelar inominada junto ao Tribunal de Alçada, mas o paciente morreu em 18 de janeiro, um dia antes de esgotado o prazo para regulamentação da lei.

O juiz, novamente interrogado pela mídia, confirmou que indeferiu a petição inicial (ele extinguiu o processo) por falta de regulamentação da lei e assegura que tomaria novamente essa decisão. *"Eu não posso legislar e não havia lei regulamentada. Cabe ao juiz despachar. Ele não é obrigado a deferir ou não deferir um pedido"*, argumentou, garantindo apenas que fez o despacho no mesmo dia que deu entrada a petição. Ele também ressaltou que o advogado podia ter entrado imediatamente com um mandado de segurança no Tribunal de Justiça ou

4 6ª edição, São Paulo: Saraiva, 2005, p. 236/237.

no Tribunal de Alçada, com decisão em no máximo 24 horas (!): *"Os tribunais existem exatamente para modificar uma decisão do juiz, caso julguem que ele cometeu um erro"(colocarei três exclamações nesta observação:!!!).* E quanto ao hospital, ele observou que *"não se precisa de lei para salvar vidas"*(o que aqui ironicamente é verdade, além do fato que de parece que Pôncio Pilates fez escola). Incrível!

Que crença é essa – ou doença – que domina em parte o pensamento jurídico e que não tem sustentação na lógica, nas possíveis proposições científicas, na aquisição da verdade ou na busca da justiça? Quer dizer, então, que para salvar uma vida há necessidade de regulamentação?[5]

E pior: essa crença irrefletida põe o operador do direito tão alienado em sua profissão que ele não consegue enxergar ao menos os avanços do presente – quando eles existem –, fazendo com que ele viva literalmente no passado, aplicando regras ultrapassadas. Ele vive no mundo das fórmulas antigas, que sequer encontram justificativa no modelo vigente. Para não nos estendermos demais, anoto apenas que ainda hoje, no ano de 2006, após mais de quinze anos de vigência do Código de Defesa do Consumidor, ele é não só solenemente ignorado por uma boa parte dos aplicadores do direito (e desconhecido de outra boa parte dos operadores), como muitas vezes aplicado fora do que prescreveu. Há dezenas de julgados que examinam aos contratos jurídicos de consumo e afirmam o aforismo "pacta sunt servanda", no desconhecimento de que em matéria de relações de consumo essa máxima do direito privado é inaplicável.[6] Outro tanto nega o direito à revisão desses mesmos contratos, outros dão validade a condutas comerciais proibidas expressamente pela Lei 8.078/90 etc.

Simão Bacamarte, ao menos, buscava atualizar-se...

Uma característica desses operadores do direito está em que eles são dominados pelo passado e, no exemplo, ultrapassado. Eles têm literalmente um problema de memória, no sentido de que só conseguem enxergar aquilo que a própria formação mnemônica impõe sem a influência do novo. Há também uma certa teimosia, talvez comodidade, em não querer conhecer a novidade; uma negativa em sair do plano anterior, cujo modelo foi introjetado na memória. Por isso, as verdades e velhas fórmulas ali apreendidas e "arquivadas" tornam-se dogmas

---

[5] Afora, claro, o fato evidente de que no Brasil a garantia da vida, assim com da saúde e da sadia qualidade de vida estão expressas na Constituição da República. Basta cumpri-la. É lamentável que ainda remanesça na formação do operador do direito o modelo de aplicação do sistema jurídico de baixo para cima, na crença equivocada de que a legislação ordinária é mais importante que as normas e princípios constitucionais. É uma pena que ainda tenha vigência a estreita visão de que é a lei(ou melhor referindo: as palavras da lei) o contato último do intérprete. Lei vale, incide e deve ser levada em conta, quando for constitucional, isto é, quando estiver de acordo e conforme os ditames da Carta Magna.

[6] Ressalvada, claro, a exceção, aplicável em parte pela regra da segunda parte do inciso I do art. 51 do CDC, relativa a negociação, fechamento, feitura e assinatura de contrato feita entre o fornecedor e o consumidor-pessoa jurídica. Realço que mesmo nesta hipótese tem-se anotado que esse consumidor-pessoa jurídica deve ter competência profissional e jurídica para entender o pacto e assinar o contrato. Para mais dados a respeito do assunto, leia-se nossos *Comentários ao Código de Defesa do Consumidor*, 2. ed. São Paulo: Saraiva, 2005, p. 558 e ss.

irrefutáveis. Como religiosos, eles se recusam a abandonar a cegueira que os domina.

Se fizessem como o alienista, certamente perceberiam pelo menos um ponto de lucidez: o de que o sistema constitucional brasileiro instituído pela Constituição de República de 1988, instaurou um novo modelo normativo no Brasil, cujo princípio máximo é o da dignidade da pessoa humana e impôs limites ao empreendedor no mercado de consumo; e que, em decorrência disso (e de outros comandos) não só deu nova face ao regime capitalista brasileiro, como determinou a criação de norma de proteção ao consumidor, cuja lei representa um avanço normativo excepcional no país. Não aceitar esse fato, viola não só o sistema de regras instituído e as garantias constitucionais, como demonstra a alienação em relação à realidade, eis que decisões que não cumprem esse moderno comando normativo, deixam literalmente milhares de pessoas adultas, idosos e crianças sem condições mínimas de garantir suas dignidades e qualidade de vida. Não é racional.

5. O desprezo e a má-fé do alienado

Isso tudo vai nos levando a alguns pontos da Colônia Penal: Caminhamos do irracional ao insólito, ambos de mãos dadas na cabeça de alguns operadores do direito nacional. Recuperemos, pois, a narrativa de Kafka.

O explorador vai à colônia, onde o oficial mostrar-lhe-á o funcionamento da terrível máquina de executar sentenças e que escreve com agulhas na pele e carne do condenado o teor da sentença. A escrita vai se aprofundando no corpo do executado lentamente para que ele seja glorificado com a própria execução. São doze horas de torturas bem engendradas, inclusive, alimentando-se o executado para que ele sobreviva até o desfecho final, em que será atravessado pelas agulhas.

O explorador chega para assistir uma execução e recebe uma explicação do oficial:

> – Nossa sentença não soa severa. O mandamento que o condenado infringiu é escrito no seu corpo com o rastelo. No corpo deste condenado, por exemplo – o oficial apontou para o homem – será gravado: *Honra o teu superior!*
>
> O explorador levantou fugazmente os olhos na direção do homem; este manteve a cabeça baixa quando o oficial apontou para ele, parecendo concentrar toda a energia da audição para ficar sabendo de alguma coisa. Mas o movimento de seus lábios protuberantes e comprimidos mostravam claramente que não conseguia entender nada. O explorador queria perguntar diversas coisas, mas à vista do homem indagou apenas:
>
> – Ele conhece a sentença?
>
> – Não – disse o oficial, e logo quis continuar com suas explicações.

Para espanto do explorador, a resposta do oficial foi a de que o condenado não conhece a sentença, o que fez nos lembrar das centenas, milhares de pessoas no Brasil, que perdem seus bens e suas liberdades sem também conhecê-las. Mas, esse não é o ponto principal. A narrativa do procedimento é mais próxima de uma certa realidade escandalosa: o oficial explica o procedimento:

> – As coisas se passam da seguinte maneira: fui nomeado juiz aqui na colônia penal, apesar da minha juventude, pois em todas as questões penais estive lado a lado com o comandante e sou também o que melhor conhece o aparelho. O princípio segundo o qual tomo decisões é: a culpa é sempre indubitável. Outros tribunais podem não seguir esse princípio, pois são compostos por muitas cabeças e, além disso, se subordinam a tribunais mais altos. Aqui não acontece isso, ou pelo menos não acontecia com o antigo comandante. O novo, entretanto, já mostrou vontade de se interromper no meu tribunal, mas até agora consegui rechaçá-lo – e vou continuar conseguindo. O senhor queria que eu lhe esclarecesse este caso; é tão simples como os outros. Hoje de manhã um capitão apresentou denúncia de que este homem, que foi designado seu ordenança e dorme diante da sua porta, dormiu durante o serviço. Na realidade, ele tem o dever de se levantar a cada hora que soa e bater continência diante da porta do capitão. Dever sem dúvida nada difícil, mas necessário, pois ele precisa ficar esperto tanto para vigiar como para servir. Na noite de ontem o capitão quis verificar se o ordenança cumpria o seu dever. Abriu a porta às duas horas e o encontrou dormindo todo encolhido. Pegou o chicote de montaria e vergastou-o no rosto. Em vez de se levantar e pedir perdão, o homem agarrou o superior pelas pernas, sacudiu-o e disse: "Atire fora o chicote ou eu o engulo vivo!". São estes os fatos. Faz uma hora o capitão se dirigiu a mim, tomei nota das suas declarações e em seguida lavrei a sentença. Depois determinei que pusessem o homem na corrente. Tudo isso foi muito simples. Se eu tivesse primeiro intimado e depois interrogado o homem, só teria surgido confusão. Ele teria mentido, e se eu o tivesse desmentido, teria substituído essa mentiras por outras e assim por diante. Mas agora eu o agarrei e não o largo mais. Está tudo esclarecido? Mas o tempo está passando, a execução já deveria começar e ainda não acabei de explicar o aparelho.

A contragosto, sou obrigado a narrar um caso envolvendo uma ex-aluna minha, juíza de direito.

Certa vez, em sala de aula, surgiu uma discussão a respeito de acesso à Justiça e assistência judiciária gratuita. Eu disse, simplesmente, o que está na lei desde 1950 e que foi recepcionada pela Constituição Federal de 1988: basta a parte alegar incapacidade financeira para arcar com as custas e despesas processuais em detrimento de sua mantença e/ ou de seus familiares, para que o juiz conceda o benefício.

A Juíza-aluna, então, retrucou. Disse: *"eu mando fazer a prova de estado. Caso contrário, não concedo o beneficio"*. Eu respondi. Expliquei – aliás, lembrei à aluna os termos da lei – que a lei não exige a prova e impõe uma pena ao infrator: o pagamento do décuplo do valor das custas e despesas e que havia uma natural inversão de fazer a prova da incapacidade financeira à parte contraria. O Juiz do processo não tinha nada a ver com isso. Era problema das partes. Lembrei também que no plano geral das provas, a prova negativa é sempre muito difícil de produzir. Como provar que não se tem capacidade financeira naquele momento? Além do mais, o sistema claramente queria garantir o acesso ao judiciário. A questão das custas ele tinha relegado ao plano das disputas entre os contendores. Ela retrucou: *"Não provou, eu indefiro. A Constituição Federal manda provar o estado de pobreza"*.

Foi nesse ponto que eu percebi o equívoco da aluna-juíza: ela, como tantos, estava confundindo assistência judiciária gratuita da Lei 1.060/50 com a assistência jurídica integral prevista no inciso LXXIV do art. 5º da Constituição Federal.

Propus a ela o seguinte: que lesse o meu artigo explicando a diferença entre os dois tipos de assistência, pois assim ela aplicaria corretamente o direito, conferindo assistência judiciária gratuita àqueles que o postulassem em juízo, na regra da antiga lei, sem necessidade de produção prévia de prova. Ela concordou em lê-lo.[7]

Tudo bem. Parecia tudo nos conforme, como se diz. Eu, na verdade, até tinha esquecido o assunto. Vieram as férias e ela foi fazer outra disciplina. Um dia a encontrei no corredor e me lembrei. Perguntei: *"Como é, leu o meu artigo? Já esta aplicando corretamente a lei?"*.

Fiquei estupefato com a resposta e confesso que na hora fiquei bastante desanimado. Disse-me a aluna-juíza: *"Eu tive o cuidado de reproduzir seu artigo e repassei a outros colegas, juizes do fórum para lê-los. É que lá nós discutimos e decidimos questões em conjunto. Lemos o artigo e chegamos a conclusão de que o senhor tem razão"*.

Senti um alívio, mas em seguida veio a facada:

> No entanto professor, nós decidimos que vamos continuar rejeitando os pedidos sem comprovação. Sabe, é muito abuso da parte, vir até nós sem querer pagar as custas. Não pagou, nós indeferimos!

O quê? Quer dizer, então, que era, como é, intencional? Juízes agindo de má-fé?

Que ela e os colegas não conhecessem a lei, vá lá. Ou que não fizessem a melhor interpretação da lei dá até para entender. Porém, depois de lerem e compreenderem qual é a interpretação correta, continuarem a aplicá-la de forma errônea é abusivo e absurdo. É a imposição da vontade individual contra a ciência, a lógica e, no caso, ao sistema jurídico e a justiça. É violação do dever funcional e má-fé.

Insisto num ponto: não estou cuidando de um caso, cuja interpretação seja dúbia ou de normas que, por conta de suas palavras imprecisas, admitem mais de uma interpretação válida e, às vezes, simultaneamente contraditórias. Estou referindo regras claras que, ao operador do direito preparado – pressupõem-se isso em juízes, advogados, procuradores de justiça e demais operadores –, após sua leitura e exame das possibilidades interpretativas, não deixem margem à duvida.

Na hipótese da aluna-juíza há mais: ela e os colegas, segundo confessou, entenderam qual a interpretação correta. Ou seja, têm conhecimento, plena consciência de que não poderiam exigir nada além da declaração da parte. No entanto, apesar disso, franca e abertamente não cumprem a lei. Juízes que não cumprem a lei...

É de perguntar: eles obedecem a que?

---

[7] Para conhecimento do teor desse meu artigo intitulado *A assistência judiciária e a assistência jurídica: uma confusão a ser solvida*, acessar: *www.acasadodireito.com.br ou www.saraivajur.com.br*

A própria arrogância? Ao mito da irresponsabilidade do magistrado? Ao arbítrio aprendido o adquirido, que lhes ensinou que, não devem satisfações a ninguém? Cegueira. Cegueira dogmática da crença de que sendo juízes, podem fazer o que bem entender, segundo sua própria "lógica irracional". Obedecem ao desejo de arbítrio. À vontade de abusar sem limites. Desprezam a pessoa humana que a eles pedem socorro.

Eis um pedaço do quadro: cientistas, professores, operadores do direito em geral agem como autômatos, guiados por uma crença irrefletida em fórmulas decoradas o abusam por força do elemento subjetivo – vontade, complexos de todo tipo, ganância, desprezo etc. –, impondo-se contra a lógica, o bom-senso, verdade e a Justiça.

E, infelizmente não têm a honestidade científica e a hombridade do alienista, que na sua busca pela autêntica verdade cientifica encarcerou-se a si mesmo na Casa dos Loucos, buscando a própria cura e lá mesmo falecendo.

E, também, lamentavelmente, são menos corajosos que o oficial da Colônia Penal, que percebendo que o sistema mudaria, que suas sentenças não teriam mais validade e que suas execuções não mais teriam lugar, sacou da carteira a própria sentença e fez a última execução na máquina de escrever no corpo, colocando um fim na máquina e a si mesmo. Pôs fim à sua obtusa convicção gravando com agulhas fundas em seu corpo:

Seja Justo!

— 13 —

A crítica ao bacharelismo liberal em Machado de Assis

LUIS CARLOS CANCELLIER DE OLIVO[1]

Sumário: Outras abordagens; Papéis determinados; Raciocínio bacharelístico; O quadro nos contos; Lembrança da academia; O estilo grave; O sonho do pai; Casamentos sem gravidade; Vida em sociedade; Ambiente da magistratura; Políticos por excelência; Advogar para quê?; Uma escolha consciente; Referências bibliográficas.

Em dois dos seus principais romances, Machado elegeu advogados como narradores. Brás, formado na Universidade de Coimbra; Bento, na Universidade de São Paulo. Poderia Machado ter optado por narradores que tivessem formação intelectual-profissional diferente, e mesmo assim chegado às mesmas conclusões? Se Brás fosse um médico e Bento um engenheiro, a narrativa seria a mesma, o desenvolvimento da ação seguiria a seqüência por nós conhecida?

Não parece ser aleatória esta escolha, principalmente ser for levado em conta que, quando se trata dos contos, em praticamente metade deles a figura do operador jurídico aparece como personagem, principal ou secundário, narrador ou não. São estudantes de direito, bacharéis, juizes, desembargadores, procuradores, escrivães, oficiais de fóruns e de cartórios.

Tais personagens, evidente, não são descritos por Machado com um padrão uniforme de comportamento. Não se constituem como tipos ideais, fechados e monolíticos. Há, em cada situação, uma possibilidade variada de desfecho, sem que, no entanto, os limites e as possibilidades sejam inverossímeis.

Mas, como salientou Santiago, somente um advogado experiente nas lides forenses poderia atuar como defensor de Bentinho e redigir uma peça de oratória na qual ficasse devidamente comprovado que o ex-seminarista de mata-cavalos agiu não por vingança, mas pura e simplesmente em defesa da honra.[2]

Da mesma forma, era condição para que a narrativa memorialística do defunto-autor se tornasse plausível que ela fosse contada por um personagem ilus-

[1] Doutor em Direito do Estado (UFSC). Professor do Centro de Ciências Jurídicas da Universidade Federal de Santa Catarina. E-mail: cabcellier@uol.com.br.

[2] SANTIAGO, Silviano. Retórica de verossimilhança. In: *Discursos sediciosos – crime, direito e sociedade.* Ano 1, n.1. Rio de Janeiro: Relume Dumará, 1996, p. 34.

trado, com formação jurídica liberal, típico representante das classes produtoras agrárias. Só assim seria possível entender a volubilidade de Brás, o seu comportamento perante a coxa flor da moita Eugênia ou a defesa acusatória que faz do cunhado Coltrim, que como salienta Schwarz, está marcada por desculpas que inculpam, atenuantes que agravam, enfim, "uma defesa que, na verdade, é uma denúncia do acusado".[3]

A escolha da profissão do narrador, tanto nos dois romances quanto nos contos que serão adiante mencionados, sugere que ela é impositiva, que faz parte da própria estrutura do texto, como condição de sua existência e desenvolvimento.

Admitindo a hipótese, justifica-se a existência de uma relação mimética e histórica entre a realidade extraliterária e o texto ficcional, que assim ultrapassa a condição de mero relato histórico, jornalístico ou sociológico e ganha o estatuto de genuína obra literária. É o fenômeno que Cândido chama de redução estrutural.[4]

Gledson descreve o método de veicular situações políticas no texto literário como alegórico, na medida em que requer do leitor a observância de paralelos entre o âmbito privado e a história política.[5] A questão então é de se perguntar: qual a alegoria dos bacharéis em direito nos textos machadianos?

Outras abordagens

As situações políticas, históricas e sociais que destacamos, para efeito de estudo, são aquelas vivenciadas por operadores jurídicos, em especial advogados e magistrados, tendo como *corpus* os dois romances citados e os contos machadianos. Este recorte é necessário para capturar, no contexto de toda a obra de Machado, somente aqueles aspectos que envolvem a visão, a ideologia, o modo de vida destes profissionais, e de que forma eles influenciam na narrativa literária.

Se assiste razão a Santiago, para quem a obra de Machado é um todo coerentemente organizado,[6] desnecessário dizer que todo o texto de Machado é um relato histórico, mesmo quando penetra a "alma interior" de seus personagens. Em Machado tudo é história, tudo é política, tudo é realidade.

Quando trata da "ilusória supremacia da Constituição e da lei", Faoro alude a passagens de *Quincas Borba*, *Esaú e Jacó* ou *O velho Senado* para ilustrar o debate originário no parlamento sobre questões jurídicas do império. O universo

[3] SCHWARZ, Roberto. *Um mestre na periferia do capitalismo*: Machado de Assis. São Paulo: Duas Cidades; Ed. 34, 2000, p.119.

[4] CÂNDIDO, Antônio. Dialética da Malandragem. In: *O Discurso e a cidade*. São Paulo: Duas Cidades, 1993.

[5] GLEDSON, John. *Machado de Assis*: impostura e realismo. Trad.Fernando Py.São Paulo: Cia. das Letras, 1991, p.13.

[6] SANTIAGO, Silviano. Op. cit., p.29.

político não lhe é desconhecido, e através da trama machadiana analisa do ponto de vista sociológico instituições como o parlamento, as forças armadas ou a própria igreja. [7]

Igualmente seria impossível tratar a questão da escravidão em Machado sem referenciar os textos legislativos e a correlação de forças no parlamento brasileiro, como fez Chalhoub, ao analisar o conto *Mariana*, e concluir que a sua principal mensagem "é a necessidade de o poder público submeter o poder privado dos senhores ao domínio da lei". [8]

Recorde-se que abordagens investigando o dado histórico em Machado tornou célebre a polêmica que envolveu dois dos principais dirigentes comunistas na primeira metade do século passado. De um lado Octávio Brandão, utilizando-se de todo o instrumental ideológico partidário, demonstrava que Machado era o típico representante da burguesia nacional comprometida com as forças imperialistas, por não abordar em sua ficção a luta emancipatória dos escravos. De outro, Astrojildo Pereira provava que Machado era o verdadeiro romancista do segundo império e que suas preocupações políticas o posicionavam ao lado dos pobres e explorados.[9]

Em artigo publicado na *Revista Proletária*, em 1939, Astrojildo proclama: "Machado de Assis é nosso, é do povo". A simpatia comunista não passou desapercebida a Dom Hugo Bressane, que utilizou-a como argumento para mostrar que a incredulidade de Machado diante de Deus e de Cristo era o elemento que faltaria para tornar genial a obra machadiana. E indagava: como pode ser genial alguém que não acredita em Deus? [10]

Por fim, apenas para citar mais um exemplo que demonstra o interesse que o tema jurídico desperta entre os críticos machadianos, Carvalho Filho, também em meados do século passado, tratou de crimes e criminosos na obra de Machado, indicando a influência de penalistas como Lombroso e Garofalo nos desfechos dados às tramas ficcionais.[11]

O enfoque de tais abordagens extra-literárias servem, evidentemente, para uma melhor compreensão do autor e sua obra, tarefa que tem, como sublinha Bosi,"o seu interesse episódico como todo estímulo, mas que não deve substituir a análise e a interpretação da obra literária".[12]

---

[7] FAORO, Raymundo. *Machado de Assis*: a pirâmide e o trapézio. 4. ed. São Paulo:Globo, 2002, p. 37.

[8] CHALHOUB, Sidney. *Machado de Assis*: historiador. São Paulo: Cia. das Letras, 2003, p. 137.

[9] Ver: PEREIRA, Astrojildo. *Machado de Assis*: ensaios e apontamentos avulsos. Rio de Janeiro: Livraria São José, 1958; BRANDÃO, Octavio. *O niilista Machado de Assis*. Rio de Janeiro: Organizações Simões, 1958.

[10] ARAÚJO, Dom Hugo Bressane. *O aspecto religioso na obra de Machado de Assis*. Rio de Janeiro: Cruzada da Boa Imprensa, 1939.

[11] CARVALHO FILHO, Aloísio de. *Machado de Assis e o problema penal*. Bahia: UFBA; Livraria Progresso, s/d, p. 9-10.

[12] BOSI, Alfredo. *Machado de Assis*: o enigma do olhar. São Paulo: Ática, 2003, p.167.

Papéis determinados

O que se pretende levantar como hipótese, neste texto, é que Machado de Assis não escolheu a formação profissional de seus personagens de forma aleatória. Havia um sentido, uma intenção. Havia mais do que isso: uma necessidade de estilo, uma necessidade estética.

Apenas e tão-somente os bacharéis ilustrados, formados em Coimbra ou em São Paulo, mestres na arte da retórica e da dissimulação, poderiam mascarar uma situação, interpretar os fatos de acordo com a sua conveniência, esconder, sob o manto da legalidade e do progresso, realidades desiguais.

Nos dois romances mencionados, esta constatação é clara.

Em *Dom Casmurro*, segundo Santiago, a função do advogado é exercida em toda a sua plenitude, ou seja, a dupla face do profissional aparece como essencial nos dois momentos do principal personagem: o réu Bentinho é defendido pelo advogado Casmurro. "Dom Casmurro, como bom advogado que devia ser, toma para si a defesa de Bentinho, arquitetando uma peça oratória onde se nos afigura de primeira importância o seu aspecto propriamente forense (era escrita por um advogado)".[13]

Entretanto, o advogado teria incorrido em uma falácia e do ponto de vista jurídico teria errado ao estabelecer a verdade apenas sob um *a piori*, um dado que ele julgava verossímil, sem que houvesse prova ou flagrante. Disso resulta que a argumentação jurídica do advogado é falaciosa, simplesmente retórica. Este equívoco, diz Santiago, é resultado de um contexto histórico, fruto da cultura brasileira que sempre viveu sobre a proteção dos bacharéis.[14]

Gledson também identifica na atuação de Bento a presença de um advogado profissional, "calejado não só em manipular os fatos para provar suas alegações, ao invés de buscar a verdade, mas em empregar todo um sistema legal, comodamente complexo, que pode proporcionar um substituto à própria existência".[15]

Restaria evidente, por tais interpretações, que Machado procurou desmascarar o raciocínio bacharelista, aprendido e estudado por Bento na principal faculdade de direito brasileira: a Academia de São Paulo. Machado propositalmente pouco faz referencia aos textos legais, pois Bento quer evidentemente ocultar do leitor o seu verdadeiro desígnio: escrever uma peça processual de defesa.

No caso de Brás a necessidade de uma formação jurídica é a base para a construção não só do personagem oitocentista, mas da própria árvore genealógica dos Cubas. Uma família tradicional não poderia ter como fundador "um certo" Damião Cubas, "talvez um mau" tanoeiro de oficio; era necessária uma origem socialmente mais elevada. O fundador da família, portanto, não é o pai, mas o

[13] SANTIAGO, Silviano. Op. cit., p.34.

[14] SANTIAGO, Silviano. Op. cit., p.38.

[15] GLEDSON, John. *Ficção e história*. São Paulo: Paz e Terra, 2003, p. 83.

filho, Luís Cubas, formado em Coimbra, e que teria sido, inclusive, amigo particular de um vice-rei.

O que Machado fez foi estabelecer a falácia de autoridade como premissa. Ela será a linha condutora de todo o comportamento de Brás ao longo do romance e estabelecerá os parâmetros da relação do narrador com os demais personagens. Entretanto, para acompanhar o desenvolvimento da família, a falácia de autoridade, transmitida de pai para filho, necessita ser permanentemente atualizada, o que ocorre pela primeira vez após quinze meses e onze contos de réis de amores entre Marcela e Brás, quando o pai o manda estudar em Coimbra, para ser um "homem sério".

A pouca importância que Brás dá aos estudos em Coimbra, ao contrário do que queria seu pai, Machado mostra pelas poucas linhas com que escreveu o capítulo "Bacharelo-me":

> "A Universidade esperava-me com as suas matérias árduas; estudei-as muito mediocremente, e nem por isso perdi o grau de bacharel; deram-mo com a solenidade do estilo, após os anos da lei; uma bela festa que me encheu de orgulho e de saudades, -- principalmente de saudades.
>
> [...]
>
> No dia em que a Universidade me atestou, em pergaminho, uma ciência que eu estava longe de trazer arraigada no cérebro, confesso que me achei de algum modo logrado, ainda que orgulhoso Explico-me: o diploma era uma carta de alforria; se me dava a liberdade dava-me a responsabilidade" (MPBC).[16]

Ou, conforme as palavras de Schwarz: Brás vai à Europa, embeber-se da cultura do tempo. São anos de "romantismo prático e liberalismo teórico", vividos "na pura fé dos olhos pretos e das constituições escritas", durante os quais a personagem colhe "de todas as cousas a fraseologia, a casca, a ornamentação".[17]

A segunda atualização da falácia de autoridade, na linha da sucessão hereditária, para manter a ilustração liberal de uma família clientelista e escravocrata, acontece quando Virginia engravida, e Brás conversa com o embrião, no "Velho colóquio de Adão e Caim", uma conversa sem palavra entre a vida e a vida, o mistério e o mistério, como dizia o pai de um feto que abortou.

Como Brás imaginava seu filho? Exatamente da mesma forma como ele fora: um moleque maroto, pelintra "gracioso", que seria bacharel e parlamentar na Câmara dos deputados.

Nascido morto o futuro bacharel filho de Brás com Virginia, nem por isso Machado deixa de introduzir na ação um novo personagem advogado. Trata-se de Nonhô, filho de Virginia com Lobo Neves, a quem Brás odiava e que quando criança fora "cúmplice inconsciente" dos amantes. Prestes a morrer, Brás recebe a visita de Virginia, Para "cortar dúvidas" ela está acompanhada do filho, agora já bacharel. Não há animosidade entre os dois.

[16] MPBC. Doravante será utilizada para designar a obra *Memórias Póstumas de Brás Cubas*, in: ASSIS, MACHADO. Obra Completa. Vol. 1. Rio de Janeiro: Nova Aguilar, 1997, p. 542.

[17] SCHWARZ, Roberto. Op. cit., p.76

A derradeira atualização da falácia de autoridade poderia estar inscrita nas palavras finais de Brás, que entre todas as negativas, encontra no fato de não ter filhos um pequeno saldo. Não tendo filhos, não transmitiu "a nenhuma criatura o legado da nossa miséria".

Brás não teve filhos, ou seja, não gerou futuros estudantes de Coimbra, de São Paulo, Rio de Janeiro ou Recife; não gerou advogados, juízes ou desembargadores. Seriam estes personagens o símbolo da miséria, que não seria transmitida a nenhuma criatura? A vida, livre do bacharelismo, seria melhor? Gledson, comentando a volubilidade do personagem Tristão, afirma que os bacharéis e políticos devem estar no topo da lista das pessoas que desagradam Machado, por serem frívolos e superficiais.[18]

Ao final da vida, assim como Shakespeare, Brás sentenciaria: "A primeira coisa que devemos fazer é matar todos os advogados"?[19] Se Machado elabora charadas e deixa pistas em seus textos, poderiam elas ser encontradas nas três citações que Brás faz a Shakespeare.

A primeira quando compara o riso de Marcela ao riso de uma criatura que nascesse, por exemplo, de uma bruxa de Shakespeare. Do que ri Marcela? Ri da repulsa que Brás sentia pelos presentes recebidos por ela de outros amantes, em especial de uma "linda baixela da Índia, que lhe doara um desembargador".

A segunda quando lê a frase do poeta :"Que bom que é estar triste e não dizer cousa nenhuma". Brás já manifesta os sintomas da hipocondria e da "volúpia do aborrecimento".

E a terceira quando Lobo Neves recebe o bilhete que denuncia seu romance com Virginia. Brás sente que Neves suspeita de algo, pois este entra na sala, muito sério e sorri apenas uma vez, para Nhonhô, "depois de o fitar muito tempo, carrancudo". Diz Brás: "Eis o drama, eis aí a ponta da orelha trágica de Shakespeare. Esse retalhinho de papel, garatujado em partes, machucado das mãos, era um documento de análise, que eu não farei neste capítulo, nem no outro, nem talvez em todo o resto do livro".

Lobo Neves, olhando demoradamente para Nhonhô, teria imaginado o mesmo que Bentinho ao olhar para Ezequiel?

Raciocínio bacharelístico

Como se depreende da leitura da obra machadiana, grande parte da elite imperial brasileira – em especial parlamentares e dirigentes públicos – era integrada por bacharéis em direito, formados em Portugal ou no Brasil, sob a influência do bacharelismo. De fato, Machado apenas retratou uma realidade: o bacharel como principal intelectual da sociedade brasileira durante o século passado.

[18] GLEDSON, John. *Ficção e história.*Op. cit, p. 230.

[19] SHAKESPEARE, William. *Henrique VI.* In: Obras completas. Trad. de Carlos Alberto Nunes. Rio de Janeiro: Melhoramentos, 1958.

A participação destes bacharéis na vida nacional os tornara interlocutores e mediadores da representação jurídico-política da ordem social competitiva na sociedade brasileira, sobretudo devido a sua atuação nos poderes executivo, legislativo e judiciário, de acordo com Adorno.[20]

A consolidação da emancipação jurídica brasileira e a formação de uma elite cultural ilustrada no País, segundo Wolkmer, teve como fator inaugural a criação dos cursos de direito no Brasil, em 1827, em São Paulo e em Recife (transferido para Olinda em 1854). Ambos refletiram as necessidades da elite escravocrata nacional, quais sejam: a) concretizar a independência político-cultural; b) recompor ideologicamente a estrutura de poder; c) preparar a nova camada burocrática-administrativa, setor que assumiria a responsabilidade de gerenciar o pais.[21] Daí a razão pela qual na agenda das faculdades de direito não havia espaço para o estudo ou o debate para questões que não fossem as preocupações imediatas da elite bacharelística, tais como a situação dos índios, dos negros e dos brancos pobres e livres.[22]

Em especial a faculdade de direito de São Paulo produziu um intelectual voltado para a atividade política, cuja principal tarefa era reproduzir a visão do liberalismo. Conforme Adorno, a historiografia identifica pelo menos quatro movimentos como responsáveis pela introdução, difusão e absorção cultural do ideário liberal no Brasil, a saber: a) formação dos intelectuais brasileiros em Coimbra; b) participação das sociedades secretas no movimento emancipatório; c) envolvimento dos clérigos com a maçonaria; d) proliferação dos movimentos separatistas.

O acesso ao ensino superior evidentemente era privilegio de homens oriundos dos segmentos sociais dominantes, que ali se convertiam em políticos profissionais que, quando formados, ocupariam os postos chaves na administração pública a partir de indicações procedidas via apadrinhamento político. Desta forma, a profissionalização da política conferiu papel determinante ao bacharel, que de posse de um diploma, exerceria os cargos do Judiciário (juízes e carreiras afins

[20] ADORNO, Sergio. *Os aprendizes do poder*: o bacharelismo liberal na política brasileira. Rio de Janeiro: Paz e Terra, 1988, p.16.

[21] WOLKMER, Antonio Carlos. *História do direito no Brasil.* Rio de Janeiro: Forense, 1998, p. 80.

[22] Sobre as principais diferenças entre as faculdades de direito de São Paulo e de Recife, ver as obras citadas de: a) WOLKMER: "O intento do grupo do Recife foi tratar fenômeno jurídico a partir de uma pluralidade temática, reforçada por leituras naturalistas, biologistas, cientificistas, históricas e sociológicas, apoiando-se fortemente num somatório de tendências que resultavam basicamente no evolucionismo e no monismo, sem desconsiderar a crítica sistemática a certas formulações jusnaturalistas e espiritualistas".(p. 82). "Já a academia de São Paulo trilhou na direção da reflexão e da militância política, no jornalismo e na lustração artística e literária. A faculdade de direito tornou-se m dos centros privilegiados da formação dos intelectuais destinados à cooptação pela burocracia estatal". (p.83); b) ADORNO: "Diferenças significativas entre as academias de direito de Recife e São Paulo: a primeira produziu doutrinadores vigorosos – como as insuspeitas presenças de Tobias Barreto e de Silvio Romero na cultura brasileira -, o que não ocorreu com a segunda. A academia de São Paulo teria propiciado, em contrapartida, uma safra também insuspeitável de ministros, conselheiros de Estado, deputados, senadores, presidentes de província, juizes de notoriedade nacional e, salvo raras exceções, doutrinadores jurídicos". (p.121)

à magistratura), no Executivo (delegados de policia, presidentes e secretários provinciais, ministros e conselheiros de Estado) e no Legislativo.

No conto *Primas de Sapucaia!*[23] no diálogo entre o bacharel sobrinho do proprietário de terras José Ribeiro e o promotor em Minas Gerais, Oliveira, as reminiscências dos estudos na faculdade de direito de São Paulo surgem quando os dois estão desolados, por questões de amores: "Hás de lembrar-te dos nossos planos da academia, quando nos propúnhamos, tu a ministro do império, eu da justiça", diz o sobrinho, tentando animar o antigo colega.

Outro fator que contribuiu para a formação da "consciência" jurídica brasileira foi o desencadeamento do processo de elaboração de uma legislação especial, abrangendo aspectos de direito público e de direito privado, tendo como referência a Constituição imperial de 1824, que teve como características principais: a) institucionalização da monarquia parlamentar; b) defesa do individualismo econômico; c) consolidação de uma estrutura política e administrativa centralizada.

Em termos de legislação infraconstitucional, chama a atenção que o primeiro código nacional tenha sido justamente o Código criminal de 1830. Comparado com as Ordenações representou um avanço, embora tenha mantido a pena de morte (mais tarde transformada em prisão perpétua). De um lado estabeleceu o princípio da proporcionalidade entre crime e pena e o princípio da pessoalidade (a pena não se transmite aos sucessores), mas de outro se omitiu na questão dos direitos indígenas e negros escravos.

Na seqüência, o Código de processo criminal de 1832 introduziu o *habeas corpus* e os institutos da queixa, da denúncia e do sistema de jurado. O código comercial de 1850, terceiro diploma legal brasileiro, normatizou as relações mercantis e comerciais, os interesses contratuais e obrigacionais da elite dirigente, refletindo o fortalecimento da burguesia principiante.[24]

Mais lenta foi a tramitação do código civil brasileiro. No império, começou com o esboço de Teixeira de Freitas, em 1860, seguiu com o projeto do senador Nabuco de Araújo (1872) e terminou com a proposta de Felício dos Santos (1881). Com o advento da república reiniciou-se o debate com o projeto de Coelho Rodrigues (1890), seguido pelo de Clóvis Beviláqua (1899). Este foi sancionado em apenas em 1916 e passou a vigorar em 1917.

O projeto de Clóvis, figura representativa da faculdade de direito de Recife, refletia "a mentalidade patriarcal, individualista e machista de uma sociedade agrária preconceituosa, presa aos interesses dos grandes fazendeiros de café, dos proprietários de terra e de uma gananciosa burguesia mercantil, na regulamentação da família e da sucessão hereditária".[25]

[23] ASSIS, Machado. *Histórias sem data*. In: Obra Completa, p. 422.

[24] WOLKMER, Antonio Carlos. Op. cit,. p. 88.

[25] WOLKMER, Antonio Carlos. Op. cit.,p. 89.

No curso da gestação do Código civil foi aprovada, em 1871, a reforma judiciária de 1871, que separou a função policial da judiciária e profissionalizou a magistratura, aumentando a restrição ao exercício de cargos públicos.

Mas, tendo em vista que o objetivo geral dos cursos de direito era a profissionalização dos bacharéis para ocupação dos quadros dirigentes na máquina pública, a formação voltada para o ensino do direito, o conhecimento jurídico, as ciências sociais, todas estas possibilidades ficaram relegadas a um plano secundário. Adorno sustenta que "o papel ideológico do ensino superior, na academia de São Paulo, foi o de justamente nada ensinar a respeito de direito".[26]

Em *Teoria do medalhão*[27] ,quando o jovem bacharel Janjão completa 21 anos, o pai ensina-lhe as regras de comportamento que assegurarão ao herdeiro um papel de destaque e sucesso na sociedade: "Vinte e um anos, algumas apólices, um diploma, podes entrar no parlamento, na magistratura, na imprensa, na lavoura, na indústria, no comércio, nas letras ou nas artes. Há infinitas carreiras diante de ti".

A formação profissional do bacharel, destaque-se, não se deu a partir da sala de aula, mas no ambiente extra-classe, ou seja, nos grêmios estudantis, nas sociedades literárias, nos clubes. Era neste ambiente que os estudantes solidificavam a ideologia prática do liberalismo e aprendiam que "o segredo da harmonia na vida civil e política residia na descoberta de pontos de equilíbrio entre radicalismos contrapostos, entre os avanços da história e a precaução", qualidade esta dos "espíritos práticos e reflexivos", ou seja, dos próprios bacharéis.[28]

Coube à imprensa acadêmica um papel relevante nesta função pedagógica, pois ela estabeleceu os contornos daquilo que viria a ser o protótipo do bacharel juridicista formado em São Paulo no século XIX: saber ornamental, culto à erudição lingüística, cultivo ao intelectualismo, identificação com a cultura européia – inglesa, francesa ou alemã –, fé na razão, uso da retórica e do proselitismo, formalismo.no comportamento. Ser estudante de direito, antes de tudo, era ter uma atividade no jornalismo, produzir literatura, participar de alguma loja maçônica ou de clube estudantil.

Adorno identifica na prudência e na moderação política as principais características do juridicismo bacharelesco. A prudência política recomendava, segundo ele: dar, sem necessidade de conquistar; ampliar, sem necessidade de abdicar do controle; distribuir poder, sem o imperativo de sua partilha. Mas, mais importante do que isso, a prudência política tinha como significado o encobrimento das verdadeiras razões que estavam na origem dos conflitos sociais: eles jamais seriam resultado de disputas entre grupos e classes sociais.

Esta retrospectiva comprova, segundo Wolkmer, que os intelectuais formados pelas faculdades de direito, notadamente a paulista, revelaram-se servidores

---

[26] ADORNO, Sergio. Op. cit, p. 145.

[27] ASSIS, Machado. *Papéis avulsos*. In: Obra Completa, vol. 2, p. 288.

[28] ADORNO, Sergio. Op. cit, p. 158.

habilidosos de um direito estatal ritualizado, que reproduzia uma legalidade estreita, fechada e artificial, voltada efetivamente para a defesa dos interesses dos grandes proprietários, Tais procedimentos definiriam uma "atuação conservadora, própria para justificar a exclusão de significativos setores da sociedade e a manutenção da ordem vigente".[29]

O quadro nos contos

Assim como a crítica ao bacharelismo é perfeitamente observável nos dois romances aqui estudados (*Memórias Póstumas* e *Dom Casmurro*), o mesmo se pode dizer em relação aos contos de Machado de Assis. Segundo Bosi, Machado escreveu cerca de duzentos contos e o seu estudo "é um caminho privilegiado para entender a formação do escritor, que estréia em pleno romantismo e se aprofunda e se vigia sem cessar no sentido de atingir um ideal de prosa ao mesmo tempo sóbria e sarcástica, maneirosa e ferina".[30]

Para verificar a procedência da hipótese levantada, foram anotadas as escolhas feitas por Machado na definição da profissão dos personagens que transitam pelos contos e destacados aqueles em que os operadores jurídicos desempenham algum papel.

Dos 202 aqui contos pesquisados, 125 são amplamente conhecidos, pois publicados em "Machado de Assis: obra completa", organizado por Afrânio Coutinho e editado pela Nova Aguilar, em 1997.[31] Fazem parte desta edição os livros *Contos fluminenses*, *Histórias da meia noite*, *Papéis avulsos*, *Histórias sem data*, *Várias histórias*, *Páginas recolhidas* e *Relíquias da Casa Velha*. Coutinho acrescenta em sua publicação 48 "outros contos". Além destes 125, outros 77 contos são "avulsos", publicados na imprensa do século XIX, e recuperados por iniciativa de entidades de comunicação e de ensino, como o provedor de internet Universo On Line e o Núcleo de Pesquisas em Informática, Literatura e Lingüística da Universidade Federal de Santa Catarina.[32]

O quadro abaixo resume as obras onde há ou não citação aos personagens que exercem funções jurídicas:

Livro	**Ano**	**Cita**	**Não cita**	**Total**
Contos Fluminenses	1869	2	5	7
Histórias da meia noite	1873	3	3	6
Papéis avulsos	1882	7	5	12
Histórias sem data	1884	11	9	20
Várias histórias	1896	9	7	16

[29] WOLKMER, Antonio Carlos. Op. cit. p. 103.

[30] BOSI, Alfredo. *O conto*. Textos de Machado de Assis e sobre ele. São Paulo: Ática, 1982, p.134. (Coleção escritores brasileiros: Antologia e estudos;1).

[31] ASSIS, Machado. Obra completa, vol. 2, op. cit.

[32] UOL. Disponível em:<http://www2.uol.com.br/machadodeassis>. Acesso em: 15 de nov. 2005. ; NPILL. Disponível em:< http://alecrim.inf.ufsc.br/bdnupill/>. Acesso em: 15 nov. 2005.

Páginas recolhidas	1899	3	4	7
Relíquias da Casa Velha	1906	4	5	9
"Outros"	Vários	26	22	48
"Avulsos"	Vários	32	45	77
Total		**98**	**104**	**202**

É necessário, então, identificar algumas das passagens que demonstram a hipótese formulada.

Lembrança da academia

A vida acadêmica dos futuros bacharéis é um aspecto destacado nos contos de Machado. Veja-se, por exemplo, o caso de Romualdo que assim como Brás, também tinha uma idéia fixa, que consistia no cumprimento de um programa de vida que resumia-se em ser bem-sucedido, o que incluía uma passagem pela faculdade de direito.

Romualdo, que era amanuense de um advogado, foi para São Paulo e lá viveu conforme os hábitos da academia: estudou, fez literatura e namorou. Pensava, no início, na glória de ser um famoso jurisconsulto.

Diz Machado:

> Foi para S. Paulo, entregou-se aos estudos com afinco, dizendo consigo e a ninguém mais, que ele seria citado algum dia entre os Nabucos, os Zacarias, os Teixeiras de Freitas, etc. Jurisconsulto! E soletrava esta palavra com amor, com paciência, com delícia, achando-lhe a expressão profunda e larga. Jurisconsulto! Os Zacarias, os Nabucos, os Romualdos! E estudava, metia-se pelo direito dentro.[33]

Aos poucos, já no terceiro ano, como tinha vocação para as letras, encontrou algo mais promissor do que o estudo do direito. "O terceiro ano oferece-nos uma lauda primorosa. Era uma moça de quinze anos, filha de um fazendeiro de Guaratinguetá, que tinha ido à capital da província".

Não tendo sucesso nos amores, Romualdo volta ao estudo jurídico, pois como medita, "o estudo é também um recurso para os que têm alguma coisa que esquecer na vida".

Todo o conto de Machado é a sucessão de encontros e desencontros na vida da Romualdo, revelando a impossibilidade do cumprimento do programa. Ao final da vida é um advogado esquecido que mora na roça, distante do sonho de ser jurisconsulto. Seu único programa é viver em paz com a mulher e os filhos.

Em outro texto, Machado poupa o leitor de um discurso de Marcondes, que teria, com certeza, a forma de oratória rebuscada e de palavreado ornamental, característico do bacharelismo

> A conversa foi interrompida pelo jantar, que livrou ao fazendeiro e ao leitor de um discurso de Marcondes. Na academia o jovem bacharel era conhecido pela alcunha de perorador, graças à mania

[33] ASSIS, Machado. *O programa*. In: Obra Completa, p. 913.

que ele tinha de discursar a propósito de tudo. Amaro ainda se lembrava da arenga que Marcondes pregou a um bilheteiro de teatro por uma questão de preço de bilhete.[34]

Numa lembrança da vida acadêmica, Tomás e Oliveira, vivem entre a advocacia, a política e as viagens para a Europa. Em um momento de tédio, Oliveira sugere que Tomás entre na política:

> A idéia de ser ministro foi talvez o único motivo de aceitação deste conselho por um homem que não tinha partido nem inclinações políticas. Na faculdade escrevera e falara nas liberdades públicas, no futuro dos povos, nas instituições democráticas, tudo isso, porém, sem convicção profunda nem superficial, um simples uso, uma espécie de oração necessária. Concluindo o curso, não pensou em libertar nem oprimir os povos. Agora a perspectiva ministerial fez alguma coisa; podia ser até que ele desse um bom orador, tendo sido dos melhores de seu tempo em S. Paulo.[35]

Nos três exemplos citados, Machado faz um retrato fiel do bacharel ilustrado, formado em São Paulo, com evidente raciocínio liberal, dedicado à oratória, despreocupado com qualquer outra causa que não seja a da sua classe e com pretensões políticas. É a "Imitação fiel da desfaçatez da classe dominante brasileira", como observou Schwarz.[36]

Direito e literatura

A relação entre direito e literatura, já demonstrada, em Machado ultrapassa a figura do bacharel, para chegar mesmo a um singelo funcionário do Judiciário, como em *Aurora sem dia*. Luís Tinoco, escritor e poeta, tinha vinte e um anos, exercia modesto emprego no foro, que acabou perdendo, por dedicar-se com paixão a cantar os amores em poemas. Apadrinhado pelo doutor Lemos, diante de algumas dificuldades financeiras, aceita retornar ao emprego.

Machado aproveita a situação para, utilizando-se da linguagem jurídica, mostrar alguns aspectos do cotidiano forense:

> – Volto ao foro, não? disse ele com a mais melancólica resignação deste mundo. Minha inspiração deve crescer outra vez a empoeirar-se nos libelos, a aturar os rábulas, a engrolar o vocabulário da chicana! E a troco de que? A troco de uns magros mil-réis, que eu não tenho e me são necessários para viver. Isto é sociedade, doutor?
>
> – Má sociedade, se lhe parece, respondeu o Dr. Lemos com doçura, mas não há outra à mão, e a menos de não estar disposto a reformá-la, não tem outro recurso senão tolerá-la e viver.[37]

Em *Virginius*, cujo subtítulo é *Narrativa de um advogado,* Machado demonstra o domínio completo da linguagem jurídica, pois narra em detalhes as diversas etapas de um processo, a configuração do delito, a responsabilidade das partes.

---

[34] ASSIS, Machado. *O Capitão Mendonça*. In: Jornal das Famílias, 1870.

[35] ASSIS, Machado. *Um Quarto de século* In: A Estação, 1893.

[36] SCHWARZ, Roberto. Op. cit., p.242.

[37] ASSIS, Machado. *Histórias da meia noite*. In: Obra Completa, p. 227.

É a história de um crime contra a honra de uma donzela, Elisa, praticado pelo bacharel Carlos. Elisa é filha de Julião, agregado de Pio, este pai de Carlos. Seguido à tentativa de estupro, Julião mata a própria filha para proteger-lhe a honra.

O advogado da Corte é chamado para defender o pai acusado de homicído, e graças a uma defesa brilhante, que comove toda a platéia, consegue reduzir a pena do réu para dez anos. No transcurso do processo, lê a história de Virginius e informa ao leitor que foi essa tragédia a precursora da queda dos decênviros. Um destes, Ápio Cláudio, apaixonou-se por Virgínia, filha de Virginius. Como fosse impossível de tomá-la por simples simpatia, determinou o decênviro empregar um meio violento. O meio foi escravizá-la. Peitou um sicofanta, que apresentou-se aos tribunais reclamando a entrega de Virgínia, sua escrava. O desventurado pai, não conseguindo comover nem por seus rogos, nem por suas ameaças, travou de uma faca de açougue e cravou-a no peito de Virgínia. Pouco depois caíam os decênviros e restabelecia-se o consulado.

Machado faz como que um brevíssimo intervalo na narrativa jurídica para mostrar o interesse do advogado pela literatura:

> "Minha curiosidade estava excitada ao último ponto. Os autos não me tinham tirado o gosto pelas novelas, e eu achava-me feliz por encontrar no meio da prosa judiciária, de que andava cercado, um assunto digno da pena de um escritor"[38].

Ao mesmo instante, ao aproximar as duas histórias – a tragédia romana e a tragédia ocorrida em uma vila do interior – funde ficção e realidade e mostra como o escritor pode transformar um fato extra-literário em uma narrativa literária.

O estilo grave

O homem de sucesso deve ter o estilo grave, circunspeto, para impressionar e demonstrar o saber; se for bacharel em direito, o saber jurídico, mesmo que tenha passado os anos de faculdade envoltos em querelas literárias, amorosas ou partidárias. Essa é uma regra de ouro da *Teoria do medalhão* , e o grave, que não se confunde com o carrancudo, deve estar presente nesta "arte difícil de pensar o pensado":

> – Foge a tudo que possa cheirar a reflexão, a originalidade, etc., etc.
>
> – Também ao riso?
>
> – Como ao riso?
>
> – Ficar sério, muito sério...
>
> – Conforme. Tens um gênio folgazão, prazenteiro, não hás de sofreá-lo nem eliminá-lo; podes brincar e rir alguma vez. Medalhão não quer dizer melancólico. Um grave pode ter seus momentos de expansão alegre. Somente, – e este ponto é melindroso...
>
> – Diga...

[38]ASSIS, Machado. *"Outros"*. In: Obra Completa, p. 739.

– Somente não deves empregar a ironia, esse movimento ao canto da boca, cheio de mistérios, inventado por algum grego da decadência, contraído por Luciano, transmitido a Swift e Voltaire, feição própria dos cépticos e desabusados.[39]

Em *As bodas de Luis Duarte*, Machado revela, entretanto, que o estilo grave era uma herança dos anos de faculdade e aproveita a oportunidade para, a partir da figura do Dr. Valença, tentar conceituar o que seja o grave. Tentar –ressalte-se -, pois o conceito permanece indeterminado, com são, em geral, as expressões jurídicas, tais como *bem comum, interesse público, justiça social; bons costumes* ou *mulher honesta.*

Escreve Machado:

Insisto neste ponto porque é a maior prova de inteligência do Dr. Valença. Compreendeu este advogado, logo que saiu da academia, que a primeira condição para merecer a consideração dos outros era ser grave; e indagando o que era gravidade, pareceu-lhe que não era nem o peso da reflexão, nem a seriedade do espírito, mas unicamente certo mistério do corpo, como se lhe chama La Rochefoucauld; o qual mistério, acrescentará o leitor, é como a bandeira dos neutros em tempo de guerra: salva do exame a carga que cobre.[40]

Mas, dependendo da função ocupada pelo operador jurídico, o comportamento social deveria ser mais do que grave; deveria ser gravíssimo. É o caso do personagem João Veloso, juiz de fora que participa de um jantar na casa de uma senhora de engenho baiana, do conto *Adão e Eva.*

A discussão à mesa começou sobre um certo doce servido e prosseguiu sobre se a responsabilidade da perda do paraíso devia caber a Eva ou Adão.

Consultado, o juiz de fora respondeu que não havia matéria para opinião; porque as cousas no paraíso terrestre passaram-se de modo diferente do que está contado no primeiro livro do Pentateuco, que é apócrifo. Espanto geral, riso do carmelita que conhecia o juiz de fora como um dos mais piedosos sujeitos da cidade, e sabia que era também jovial e inventivo, e até amigo da pulha, uma vez que fosse curial e delicada; nas cousas graves, era gravíssimo.[41]

Prova que o comportamento grave era um requisito essencial dos profissionais em direito, e que poderia mesmo atrair a atenção das moças, Machado nos dá em *Três conseqüências.*

D. Mariana Vaz é viúva e alguns cavalheiros pretendem a sua mão. Entre estes um juiz municipal, a princípio homem de pouca conversa, mas que aos poucos encontra assuntos em temas relacionados à Corte, os esplendores da vida, dos teatros, do café e dos escravos. Faltava ao juiz a fineza e a elegância de outros moços da Corte, "mas achou-lhe, em troca, muita distinção e gravidade". [42]

---

[39] ASSIS, Machado. *Papéis avulsos.* In: Obra Completa, p.292.

[40] ASSIS, Machado. *Histórias da meia noite.* In: Obra Completa, p.195.

[41] ASSIS, Machado. *Várias histórias.* In: Obra Completa, p.525.

[42] ASSIS, Machado. "Outros". In: *Obra Completa*, p.947.

O sonho do pai

A clientela dos cursos de direito era constituída por filhos de fazendeiros. Os pais viam na ascensão dos filhos à academia uma forma de dar prestígio ao nome familiar e garantir o sucesso nos negócios privados ou públicos. Os exemplos de Brás e Bentinho são os mais conhecidos.

Há um conto em especial – *Uma por outra* – em que Machado resume toda a expectativa dos pais, membros das classes dirigentes, em relação à função do bacharel em direito.

O fato é narrado por um senhor tabelião que mora no Ceará e se passou quando ele tinha vinte anos, estudante de matemática na Corte. O pai, fazendeiro, sustentava o rapaz em todos os seus gastos, com teatro, restaurantes, literaturas, cafés e, amores, que no momento estavam voltados para uma desconhecida, a moça do Castelo.

Nas férias o rapaz volta à província e o pai o surpreende com esta revelação: queria que o estudante deixasse a matemática e ingressasse no direito.

Recorda-se o tabelião:

> Não entendi. Ele explicou-me que, bem pensado, era melhor bacharelar-me em direito; todos os seus conhecidos mandavam os filhos para o Recife. A advocacia e a magistratura eram bonitas carreiras, não contando que a Câmara dos Deputados e o Senado estavam cheios de juristas. Todos os presidentes de província não eram outra cousa. Era muito mais certo, brilhante e lucrativo. Repetiu-me isto por dias. Eu rejeitei os presentes de Artaxerxes; combati as suas idéias, desdenhei da jurisprudência, e nisto era sincero; as matemáticas e a engenharia faziam-me seriamente crer que o estudo e a prática das leis eram ocupações ocas. Para mim a linha mais curta entre os dous pontos valia mais que qualquer axioma jurídico. Assim que, não era preciso ter nenhuma paixão amorosa para me animar a recusar o Recife; é certo, porém, que a moça do Castelo deu algum calor à minha palavra.[43]

Muitos anos depois, após vários namoros, eis que o tabelião se encontra num pequeno município do Ceará, Crato, conferindo o passado com suas memórias. Os leitores apenas ficam sabendo que a mulher com quem ele se casou é natural daquela cidade, "meiga e amiga, robusta apesar de magra, é mãe de dous filhos".

E a revelação, ao final surpreendente. Em breve ele mandaria os seus dois filhos estudarem direito, em Recife. Exatamente com seu pai tentara, anos antes.

Casamentos sem gravidade

O comportamento grave, que aparenta distinção e sabedoria, não passa de mais um recurso de dissimulação, assim como a retórica e o aparente apego ao legalismo moralista, conforme aprendido nos bancos escolares ou nas atividades extra-sala das faculdades de direito.

---

[43] ASSIS, Machado. "Outros". In: *Obra Completa*, p.1108.

Quando formados, já advogados, os personagens se deparam com uma nova etapa a ser superada, qual seja, o casamento. Machado mostra que o bacharel atua nos dois pólos: tanto pode ser cobiçado, em função do *status* que representa, quanto pode cobiçar, se os dotes da pretendida compensarem. De toda forma, o casamento, no século XIX, era uma instituição comercial, ligada ao acúmulo da riqueza e da preservação do patrimônio.

É o caso do quase-casamento realizado de Matias Deodato de Castro e Melo, filho do sargento-mor Salvador Deodato de Castro e Melo e de D. Maria da Soledade Pereira, narrado do conto *Último capítulo.*

Formado em direito, ele começa a advogar, mas alerta:

> E, para principiar, a carta de bacharel não me encheu sozinha as algibeiras. Não, senhor; tinha ao lado dela umas outras, dez ou quinze, fruto de um namoro travado no Rio de Janeiro, pela semana santa de 1842, com uma viúva mais velha do que eu sete ou oito anos, mas ardente, lépida e abastada.[44]

Mais adiante, casa-se com D. Rufina. A compreensão que Matias tem do casamento é a típica do seu tempo e de sua classe:

> O pai armou-me o casamento para ter um genro doutor; ela, não; aceitou-me como aceitaria um sacristão, um magistrado, um general, um empregado público, um alferes, e não por impaciência de casar, mas por obediência à família, e, até certo ponto, para fazer como as outras. Usavam-se maridos; ela queria usar também o seu.[45]

O casamento entre os pares da mesma classe é uma constante. Os casamentos são sempre acordos que envolvem os familiares mais próximos, independente da vontade dos noivos. O casamento é, antes de qualquer coisa, um fato político, como indica esta passagem de *D. Benedita*:

> O cônego Roxo falou-me em casar Eulália com o filho de D. Maria dos Anjos; é um moço formado em direito este ano; é conservador, e espera uma promotoria, agora, se o Itaboraí não deixar o ministério. Eu acho que o casamento é o melhor possível. O Dr.Leandrinho (é o nome dele) é muito bem educado.[46]

As diferenças de posições no interior das próprias profissões jurídicas vez por outra funcionam como processo de seleção na escolha do marido. No mesmo conto já anteriormente tomado como exemplo – *O programa* – o bacharel Romualdo perde a namorada para outro pretendente, um juiz municipal.

> – Vou dar-te uma notícia agradável, disse o Josino ao Romualdo, uma noite, no quarto em que dormiam. Adivinha o que é.
>
> – Não posso.
>
> – Vamos ter um casamento daqui a meses...
>
> – Quem?
>
> – O juiz municipal.

---

[44] ASSIS, Machado. *Histórias sem data.* In: Obra Completa, p.382.

[45] ASSIS, Machado. *Histórias sem data.* In: Obra Completa, p.382.

[46] ASSIS, Machado. *Papéis Avulsos.* In: Obra Completa, p.314.

– Com quem casa?

– Com a prima Lucinda.[47]

Ou, em circunstâncias semelhantes, quando o advogado perde o casamento para outro bacharel, filho de um desembargador a quem o noivo entregara a moça em guarda. O episódio acontece em *Vidros quebrados*.

Venâncio apaixona-se por Cecília e como a mãe impede o casamento, ele a retira do convento "por justiça". A moça é "depositada" na casa de um desembargador amigo do advogado e quando a mãe descobre o rapto, exige a devolução da filha. Dois filhos do desembargador, ambos os advogados chegam no momento e contornam a situação.

O casamento é marcado e Venâncio vai até Santos buscar o pai para as festas. No retorno, percebe algo diferente, pois não consegue mais falar com Cecília. Ao final, a revelação:

> Ela é que casou com o filho do depositário, daí a seis semanas... Realmente, se os casamentos não fossem talhados no céu, como se explicaria que uma moça, de casamento pronto, vendo pela primeira vez outro sujeito, casasse com ele, assim de pé para mão? É o que lhes digo. São cousas arranjadas por Deus. Mal comparado, é como no voltarete: eu tinha licença em paus, mas o filho do desembargador, que tinha outra em copas, preferiu e levou o bolo.[48]

Vida em sociedade

Figura culta e ilustrada da classe dominante rural escravagista, o bacharel circula nos locais mais importantes da sociedade carioca do século XIX com desenvoltura, vestia-se conforme as modas e mantinha os hábitos mais aparentemente elegantes. O retrato da cidade é traço marcante na obra machadiana e em alguns momentos em particular, como os a seguir relacionados.

Em *Capítulo dos chapéus,* Mariana é atraída pelo chapéu de seu marido, o advogado Conrado Seabra, que "trazia-o todos os dias à cidade, ia com ele às audiências; só não o levava às recepções, teatro lírico, enterros e visitas de cerimônia".[49]

No conto *O diplomático,* Rangel é funcionário de um advogado célebre e rico, que chegou a freqüentar os bailes promovidos pelo patrão. A diferença de classes persistia além do escritório:

> Tinha nos bailes a mesma posição subalterna do escritório; passava a noite vagando pelos corredores, espiando o salão, vendo passar as senhoras, devorando com os olhos uma multidão de espáduas magníficas e talhes graciosos. Invejava os homens, e copiava-os. Saía dali excitado e resoluto. Em falta de bailes, ia às festas de igreja, onde poderia ver algumas das primeiras moças da cidade. Também era certo no saguão do paço imperial, em dia de cortejo, para ver entrar as grandes damas

[47] ASSIS, Machado. "Outros". In: *Obra Completa*, p.914.

[48] ASSIS, Machado. "Outros". In: *Obra Completa*, p.950.

[49] ASSIS, Machado. *Histórias sem data*. In: Obra Completa, p.401.

e as pessoas da corte, ministros, generais, diplomatas, desembargadores, e conhecia tudo e todos, pessoas e carruagens.[50]

Por certo as festas promovidas por advogados ricos ou por desembargadores eram magistrais, principalmente se vistos sob a ótica de um alfinete, como narrado em *História comum*:

> Na véspera do dia em que se deu a minha aventura, ouvi falar de um baile no dia seguinte, em casa de um desembargador que fazia anos. As senhoras preparavam-se com esmero e afinco, cuidavam das rendas, sedas, luvas, flores, brilhantes, leques, sapatos; não se pensava em outra cousa senão no baile do desembargador. Bem quisera eu saber o que era um baile, e ir a ele mas uma tal ambição podia nascer na cabeça de um alfinete, que não saía do lenço de uma triste mucama? – Certamente que não. O remédio era ficar em casa.[51]

Melhor sorte que o alfinete teve o amanuense Barreto, que foi convidado ao baile de casamento de um companheiro de colégio, que era agora "advogado principiante, mas ativo e de futuro". [52] A noiva, conforme a descrição, era uma rica neta de ingleses. Os convidados, em sua maioria eram brasileiros e de alta classe, senadores, conselheiros, capitalistas, titulares, trajando fardas, ricas jóias, belas espáduas, caudas, sedas, e "cheiros que entonteciam".

Ambiente da magistratura

Boa parte dos formados nas academias de direito ingressavam na magistratura, sendo esta uma atividade política semelhante à participação no parlamento ou no executivo. São inúmeros os personagens machadianos que desenvolvem atividades jurisdicionais e a marca constante é a naturalização do judiciário como um instrumento integrado aos interesses dos senhores proprietários de terra.

Em *A parasita azul,* no jantar do tenente-coronel, reuniam-se todas as notabilidades do lugar, a saber: o vigário, o juiz municipal, o negociante, o fazendeiro, reinando sempre de uma ponta a outra da mesa a maior cordialidade e harmonia. Ali se falava de política, e como diz o narrador, todos estavam de acordo, "porque eram do mesmo partido".[53]

As lides forenses, no transcurso de um tribunal de júri, proporcionam debates teatrais onde o convencimento para a verdade da causa é a meta da defesa e da acusação. Machado reproduz com fidelidade o desencadeamento do processo de tal forma que o leitor tem a impressão de que está visualizando a própria sessão do júri.

No relato sobre o desvio de cento e dez contos de réis praticado por Lopes, empregado do Banco do Trabalho Honrado, um dos jurados absolve o réu por considerá-lo não "um ladrão reles, um ladrão de nada", mas sim " de grande

[50] ASSIS, Machado. *Várias histórias*. In: Obra Completa, p.536.

[51] ASSIS, Machado. "Outros". In: *Obra Completa*, p.929.

[52] ASSIS, Machado. *O caso Barreto*. In: A Estação, 1892.

[53] ASSIS, Machado. *Histórias da meia noite*. In: Obra Completa, p.180.

valor". No conto *Suje-se gordo,* promotor e advogado degladiam-se oralmente, e Machado escreve:

> Poucas vezes terei assistido a debate tão brilhante. O discurso do promotor foi curto, mas forte, indignado, com um tom que parecia ódio, e não era. A defesa, além do talento do advogado, tinha a circunstância de ser a estréia dele na tribuna. Parentes, colegas e amigos esperavam o primeiro discurso do rapaz, e não perderam na espera. O discurso foi admirável, e teria salvo o réu, se ele pudesse ser salvo, mas o crime metia-se pelos olhos dentro.[54]

O mesmo ambiente de júri é o palco do relato em *Virginius.* Machado, antes de narrar a sessão, nega ao leitor que vá contá-la: "Dispenso os leitores da narração do que se passou no júri", para em seguida fornecer detalhes pela palavra do advogado:

> O crime foi provado pelo depoimento das testemunhas; nem Julião o negou nunca. Mas apesar de tudo, da confissão e da prova testemunhal, auditório, jurados, juiz e promotor, todos tinham pregados no réu olhos de simpatia, admiração e compaixão.A acusação limitou-se a referir o depoimento das testemunhas, e quando, terminando o seu discurso, teve de pedir a pena para o réu, o promotor mostrava-se envergonhado de estar trêmulo e comovido. Tocou-me a vez de falar. Não sei o que disse. Sei que as mais ruidosas provas de adesão surgiam no meio do silêncio geral. Quando terminei, dous homens invadiram a sala e abraçaram-me comovidos: o fazendeiro e o meu amigo. Julião foi condenado a dez anos de prisão. Os jurados tinham ouvido a lei, e igualmente, talvez, o coração.[55]

O prestígio que os magistrados ou aspirantes a tal postos usufruíam na sociedade oitocentista, dada a sua condição de classe, sempre é expresso no texto machadiano com o acréscimo de um detalhe, uma singularidade, que chama a atenção do leitor para o fato de que se trata de um personagem distinto, como retratado em *História de uma fita azul*:

> o namorado de Marianinha não se chamava Alfredo, nem Benedito, nem Damião, mas Gustavo; não Gustavo somente, mas Gustavo da Silveira, rapaz de vinte e sete anos, moreno, cabelo preto, olhos idem, bacharel, aspirante a juiz municipal, tendo sobre todas estas qualidades a de possuir umas oitenta apólices da dívida pública.[56]

Ou em *A Melhor das noivas:*

> João Barbosa, antigo magistrado, herdara de seu pai e de um tio quatro ou cinco fazendas, que transferiu a outros, convertendo seus cabedais em títulos do governo e vários prédios. Fê-lo logo depois de viúvo, e passou a residir na corte definitivamente.[57]

Nada impedia, entretanto, que por trás da gravidade da função jurisdicional, houvesse desembargador alucinado ou juiz amigo e protetor de belas moças. No conto *Uma visita de Alcebíades,* o desembargador X é tomado por um delírio, ou um sonho, e presencia a morte do ateniense Alcebíades ressuscitado. Escreve uma carta ao chefe de polícia da Corte nestes termos:

---

[54] ASSIS, Machado. *Relíquias da Casa Velha.* In: Obra Completa, p.695.

[55] ASSIS, Machado. "Outros". In: *Obra Completa*, p.747.

[56] Idem, 832.

[57] ASSIS, Machado. In: Jornal das Famílias, 1877.

> Corri ao ilustre ateniense, para levantá-lo, mas (com dor o digo) era tarde; estava morto, morto pela segunda vez. Rogo a V. Exa. se digne de expedir suas respeitáveis ordens para que o cadáver seja transportado ao necrotério, e se proceda ao corpo de delito, relevando-me de não ir pessoalmente à casa de V. Exa.agora mesmo (dez da noite) em atenção ao profundo abalo por que acabo de passar, o que aliás farei amanhã de manhã, antes das oito.[58]

Em *O Astrólogo*, o juiz de fora recebe um recado do conde de Azambuja e ao ler a carta do vice-rei empalideceu um pouco. Ele era chamado a realizar serviços fora da comarca. O problema é que esta ausência interromperia o romance por ele a pouco iniciado com uma "interessante viuvinha de vinte e seis estios".

> Esta viuvinha era da província de Minas Gerais; descera da terra natal para entregar em mão do vice-rei uns papéis que queria submeter a Sua Majestade, e ficou presa nas maneiras obsequiosas do juiz de fora. Alugou casa perto do convento da Ajuda, e ali estava morando, a título de ver a Capital. O romance assumiu proporções grandes, complicou-se o enredo, avultaram as descrições e as peripécias, e a obra ameaçava estender-se a muitos volumes. Nestas circunstâncias exigir do magistrado que se alongasse da Capital algumas semanas, era exigir o mais difícil e aspérrimo. Imagine-se com que alma saiu dali o agistrado.[59]

Políticos por excelência

Como já visto a formação jurídica dos estudantes de direito era substituía pela formação política. Mais do que estudiosos das ciências jurídicas, voltavam-se os bacharéis para o exercício de cargos e funções públicas. Disputar eleições, integrar um partido político e assumir cadeira no parlamento era uma atividade corriqueira dos bacharéis machadianos.

Joaquim Fidelis, em *Galeria Póstuma* tinha sido deputado até a dissolução da câmara pelo marquês de Olinda, em 1863. Não conseguindo ser reeleito, abandonou a vida pública.[60] Luis Tinoco, em *Aurora sem dia,* era escrevente de um advogado que exercera o mandato de deputado. Aos poucos adquiriu gosto pela política e tornou-se também deputado provincial.[61]

Em *História de uma fita azul,* Gustavo imagina um plano de vida, mediante o qual ele seria no ano seguinte deputado, logo depois presidente de província, e um dia alguma coisa mais.[62] Romualdo, que também tinha um plano – *O programa* –, imaginava assumir uma vaga na Câmara, no Senado ou no ministério.[63]

Oliveira, bacharel em direito (*Almas agradecidas*), estava "com certo desejo de entrar na vida política e contava com a proteção de alguns amigos de seu pai, para ser eleito deputado à Assembléia Provincial fluminense".[64]

---

[58] ASSIS, Machado. *Papéis Avulsos*. In: Obra Completa, p.357.

[59] ASSIS, Machado. In: Jornal das Famílias, 1876.

[60] ASSIS, Machado. *Historias sem data*. In: Obra Completa, p.396.

[61] ASSIS, Machado. *Histórias da meia noite*. In: Obra Completa, p.228.

[62] ASSIS, Machado. "Outros". In: *Obra Completa*, p.835.

[63] ASSIS, Machado. "Outros". In: *Obra Completa*, p. 920.

[64] ASSIS, Machado. In: *Jornal das Famílias*, 1871.

O pai de Jorge, em *O Caminho de Damasco*, acariciava o sonho de vê-lo ministro de Estado e para isso "chamá-lo-ia à razão e buscaria encartá-lo na primeira assembléia provincial que lhe ficasse a jeito."[65]

Advogar para quê?

Se o diploma de bacharel proporcionava ao filho da família ilustre um lugar de destaque na sociedade carioca, não é menos verdade que em várias ocasiões o diploma era perfeitamente inútil. O "boa vida" abastado, vivendo de rendas e ou heranças, poderia usufruir os mesmos benefícios, independentemente do exercício profissional.

É o caso de Azevedo, em *Linha reta e linha curva*, que quando saiu da faculdade de São Paulo e regressou para a fazenda em Minas Gerais, pensava apenas em viajar para a Europa.

> Deu-lhe a fortuna um emprego suave: não fazer nada. Possui um diploma de bacharel em direito; mas esse diploma nunca lhe serviu; existe guardado no fundo da lata clássica em que o trouxe da Faculdade de São Paulo. De quando em quando Azevedo faz uma visita ao diploma, aliás ganho legitimamente, mas é para não o ver mais senão daí a longo tempo. Não é um diploma, é uma relíquia.[66]

Quintanilha, em *Pílades e Orestes*, é outro personagem que também não atribui maior relevância ao diploma: não seguiu advocacia nem magistratura, meteu-se na política; eleito deputado provincial cumpriu o prazo da legislatura e abandonou a carreira. Não precisava da advocacia ou da política, pois herdara os bens de um tio, que lhe davam de renda cerca de trinta contos de réis. [67]

O Carlos, de *Virginius,* depois de formado retornou à fazenda do pai, nunca mais folheou os livros, passou uma esponja em sua vida anterior. Após o episódio da tentativa de estupro da filha de um agregado, é enviado pelo pai ao sul do Brasil, alistado como soldado. [68]

Já Amaro, em *O Capitão Mendonça*, era formado em direito pela Faculdade de São Paulo, mas com a morte do pai herdou seus negócios no campo,

> com trezentos escravos, moendas de cana, grandes plantações de café, e vastíssimas florestas de magníficas madeiras. Conta redonda, possuía o dr. Amaro de Faria uns dois mil contos e vinte oito anos de idade. Tinha uma chave de ouro para abrir todas as portas. O diploma de bacharel servia apenas para "mostrar em qualquer tempo, se necessário fosse, um título científico; mas ele não tinha intenção alguma de usar dele.[69]

Também Daniel, em *Qual dos dois*, é formado em direito, "mas até a idade em que o vemos aparecer não pleiteou um só processo, e, a julgar pelo gênero de vida que leva, não promete ser coisa que preste na ordem judicial".

[65] ASSIS, Machado. In: *Jornal das Famílias*, 1871.

[66] ASSIS, Machado. *Contos Fluminenses*. In: Obra Completa, p.118.

[67] ASSIS, Machado. *Relíquias da Casa Velha*. In: Obra Completa, p., 708.

[68] ASSIS, Machado. "Outros". In: Obra Completa, p.741.

[69] ASSIS, Machado. In: Jornal das Famílias, 1870.

> Daniel não tinha nem gosto nem profissão de advogado, e estava mais longe dela do que o pólo ártico está do pólo antártico. O grande obstáculo que havia em Daniel, não só para a vida forense como para qualquer outra vida ativa, era a preguiça.
>
> [...]
>
> A preguiça quebrava-lhe os arrojos, como lhe arrancava as paixões: e como felizmente ele possuía bens de fortuna, podia afoitamente dispensar-se de tentar qualquer carreira trabalhosa, ou que simplesmente lhe exigisse atenção.[70]

Tomás, em *Um Quarto de século*, retornou da Europa para o Rio de Janeiro onde assistiu à morte do pai, que lhe deixou todos os seus bens. Tomás começou a advogar;

> parece que defendeu algumas causas, perdeu-as todas, ou quase todas. Não fechou a banca; mas achava meio de não se meter em muito trabalho; este foi naturalmente fugindo, de maneira que, em pouco tempo, acabaram os clientes. A banca era pretexto para ter um lugar de descanso e conversação, e dar emprego a um servente.[71]

Por fim, talvez o retrato mais aprimorado criado por Machado de Assis em relação à desnecessidade do diploma para alguns filhos abastados, é o de Jorge Aguiar, em *O Caminho de Damasco*. O advogado tinha vinte e três anos de idade e

> no ano anterior, voltara de S. Paulo com um diploma de bacharel na algibeira e uns amores no coração. Poderia dizer que trazia também alguma ciência jurídica na cabeça, se o meu intento não fosse uma escrupulosa fidelidade histórica. Aguiar aprendeu apenas o necessário para de todo em todo não atar as mãos aos lentes; mas o pouco que aprendeu ficou na serra de Cubatão, sem lhe deixar saudades.[72]

Uma escolha consciente

O objetivo deste estudo foi demonstrar que Machado não elegeu aleatoriamente a profissão dos seus personagens. Quando elegeu a figura do bacharel, tinha em mente elaborar uma crítica sutil à formação bacharelística da elite dominante do século XIX.

Sob a aparência de uma inteligência refinada e culta, escondiam-se os verdadeiros interesses patrimoniais e escravocratas, a deliberada proposição de ocupar os cargos públicos, seja no Executivo, no Legislativo ou no Judiciário.

Da maneira como mostra o desenvolvimento das tramas, o comportamento dissimulado dos personagens, a utilização do poder simbólico (e real) como forma de dominação sobre os que se encontram em posição sócio-econômica inferior, Machado está revelando claramente a face perversa de uma classe dominante preocupada tão somente em garantir, através dos meios legais, a supremacia de suas vantagens.

[70] ASSIS, Machado. Disponível em: http://alecrim.inf.ufsc.br/bdnupill/arquivos/texto/0037-01465.html. Publicado originalmente em 1872.

[71] ASSIS, Machado. In: A Estação, 1893.

[72] ASSIS, Machado. In: Jornal das Famílias, 1871.

A escolha da profissão guarda íntima relação com a estrutura do texto. A condição para que o relato se dê da maneira como Machado imaginava exigia que ele fosse narrado por personagens com formação jurídica, como se percebe claramente em *Memórias Póstumas* e *Dom Casmurro*.

A origem de classe, a convivência em um mesmo meio, a filiação aos mesmos partidos, o apadrinhamento nas nomeações, enfim, as circunstâncias que possibilitaram esta categoria profissional ocupar de fato os cargos no novo Estado construído após a colonização, ficam evidentemente demonstradas na leitura dos romances e dos contos machadianos.

O projeto liberal levado a efeito pelo bacharelismo ultrapassou a monarquia e fortaleceu-se com o advento da república. Foi fator decisivo na consolidação tanto da burguesia comercial quanto da burguesia industrial que se tornou hegemônica na primeira metade do século XX.

O que Machado conseguiu identificar, no seu tempo, e no alcance do seu olhar, com ironia e refinamento, foi o papel cada vez mais relevante dos bacharéis em direito na formação do novo Estado.

Referências bibliográficas

ADORNO, Sergio. *Os aprendizes do poder: o bacharelismo liberal na política brasileira.* Rio de Janeiro: Paz e Terra, 1988.

ARAÚJO, Dom Hugo Bressane. *O Aspecto Religioso na Obra de Machado de Assis.* Rio de Janeiro: Cruzada da Boa Imprensa, 1939.

ASSIS, Machado de. *Obra completa.* Rio de Janeiro: Nova Aguilar, 1997. v. 1, 2 e 3.

BOSI, Alfredo. *Machado de Assis: o enigma do olhar.* São Paulo: Ática, 2003.

______. *O conto. Textos de Machado de Assis e sobre ele.* São Paulo: Ática, 1982. (Coleção escritores brasileiros: Antologia e estudos).

BRANDÃO, Octavio. *O niilista Machado de Assis.* Rio de Janeiro: Organizações Simões, 1958.

CÂNDIDO, Antônio. Dialética da Malandragem. In: CÂNDIDO, Antônio. *O Discurso e a cidade.* São Paulo: Duas Cidades, 1993.

CARVALHO FILHO, Aloísio de. *Machado de Assis e o problema penal.* Bahia: UFBA; Livraria Progresso, [s/d].

CHALHOUB, Sidney. *Machado de Assis: historiador.* São Paulo: Companhia das Letras, 2003.

FAORO, Raymundo. *Machado de Assis: a pirâmide e o trapézio.* 4. ed. São Paulo: Globo, 2002.

GLEDSON, John. *Ficção e história.* São Paulo: Paz e Terra, 2003.

______. *Machado de Assis: impostura e realismo.* Trad. Fernando Py. São Paulo: Companhia das Letras, 1991.

NPILL. Disponível em: <http://alecrim.inf.ufsc.br/bdnupill/Consulta/Autor.php?autor=8333>

PEREIRA, Astrojildo. *Machado de Assis: ensaios e apontamentos avulsos.* Rio de Janeiro: Livraria São José, 1958.

SANTIAGO, Silviano. Retórica de verossimilhança. *Discursos sediciosos – crime, direito e sociedade,* Rio de Janeiro, ano 1, n. 1, 1996.

SCHWARZ, Roberto. *Um mestre na periferia do capitalismo: Machado de Assis.* São Paulo: Duas Cidades; Edição 34, 2000.

SHAKESPEARE, William. Henrique VI. In: SHAKESPEARE, William. *Obras completas.* Trad. de Carlos Alberto Nunes. Rio de Janeiro: Melhoramentos, 1958.

WOLKMER, Antonio Carlos. *História do direito no Brasil.* Rio de Janeiro: Forense, 1998.

— 14 —

Desilusão jurídica em Monteiro Lobato: anatomia de um desencanto

ARNALDO SAMPAIO DE MORAES GODOY[1]

As relações entre o Direito e a Literatura suscitam percepções que apontam para o que de jurídico teriam os textos literários, bem como para o que de literário haveria nos textos jurídicos. O vínculo entre os dois campos epistêmicos foi inicialmente formulado por James Boyd White, para quem o advogado é um escritor.[2] Foi incidentalmente tocado por Ronald Dworkin, que aproximou Direito e Literatura em função de seus conteúdos interpretativos.[3] A concepção de Direito *enquanto* Literatura é o eixo temático das pesquisas de Guyora Binder e de Robert Weisberg, que se preocuparam com aspectos instrumentais e estéticos da literatura forense.[4] Criticado por Richard Posner, que percebe relação equivocada entre Direito e Literatura,[5] o movimento *Law and Literature, Direito e Literatura*, que se desenvolveu nos anos noventa na academia norte-americana, é ainda recorrente em fermento e em vitalidade.[6]

Explorá-lo, a partir de um escritor brasileiro, Monteiro Lobato, é a preocupação do excerto que segue. Com se tentará demonstrar, Monteiro Lobato foi um literato que explicitou como nenhum outro desencanto e amargura para com a vida forense. O que se pretende com o presente ensaio é a busca do Direito na Literatura, evidenciando que esta última explicita mal-estar para com aquele primeiro.

Monteiro Lobato nasceu em Taubaté, São Paulo, em 18 de abril de 1882. Registrado como José Renato Monteiro Lobato, mais tarde mudou o nome para José Bento Monteiro Lobato, ao que consta para valer-se das iniciais JBML e

[1] Hubert Humphrey Fellow na Universidade de Boston. Doutor e Mestre em Direito pela Pontifícia Universidade Católica de São Paulo. Professor do Programa de Mestrado em Direito da Universidade Católica de Brasília.

[2] James Boyd White, *The Legal Imagination*, p. 39.

[3] Ronald Dworkin, *A Matter of Principle*, p. 146 e ss.

[4] Guyora Binder e Robert Weisberg, *Literary Criticisms of Law*, p. 7.

[5] Richard Posner, *Law and Literature*, p. 49.

[6] Bruce L. Rockwood (ed.), *Law and Literature, Perspectives*, p. 1.

usar uma bengala deixada pelo pai, cujo nome era José Bento. A mãe do escritor chamava-se Olímpia Augusta Monteiro Lobato. Por imposição do avô, ingressou na Faculdade de Direito de São Paulo, em 1900. O desinteresse de Monteiro Lobato pelo curso de Direito era total. Parece que apreciava apenas um professor, Pedro Lessa, que lecionava Filosofia do Direito. Durante os anos de faculdade, Monteiro Lobato aprofundou amizades com as quais o interesse comum era a Literatura. Nasceu um grupo, o *Minarete*, e aí sua amizade com Godofredo Rangel, com quem trocou cartas a vida toda. O conjunto epistolar foi publicado como *A Barca de Gleyre*; as cartas revelam recorrentemente uma desconfiança para com o Direito, como se verá mais adiante.

Concluído o curso de Direito, retornou a Taubaté; foi festivamente recebido como Bacharel. Nomeado promotor, mudou-se para Areias, no interior paulista. A vida forense o deprimia, desanimava, desgostava. Casou-se em 1908 e no ano seguinte herdou a fazenda do avô, Visconde de Tremembé. Deixou o Ministério Público e tornou-se fazendeiro. Em meados da década de 1910 começou a publicar contos, crônicas, um pouco de crítica. Após vender a fazenda, mudou-se para São Paulo, fundou uma editora em 1918. Faliu sete anos depois e mudou-se para o Rio de Janeiro. Na então capital da República colaborou na imprensa com certo destaque. Em 1926, seguiu para Nova Iorque e lá morou até 1931. Foi adido comercial brasileiro. Impressionado com o crescimento econômico dos Estados Unidos, dedicou-se a fazer proselitismo em torno da exploração do petróleo e do ferro.

Em virtude de intransigente luta em prol de soberania nos direitos de exploração do subsolo foi preso, em 1941, por três meses. Seguiu para a Argentina em 1946, lá vivendo um ano. Ao retornar ao Brasil era pranteado e festejado autor de livros infantis. Morreu em 4 de julho de 1948 em virtude de um espasmo vascular. É sobre a trajetória de Monteiro Lobato e seu desencanto para com o Direito que se trata em seguida.

O curso jurídico foi uma imposição do avô, de quem herdaria a fazenda. Segundo Edgard Cavalheiro, o mais documentado e respeitado biógrafo de Monteiro Lobato:

> Está com 15 anos de idade quando perde o pai. Um ano depois é a mãe que parte para sempre. Suas tendências, nessa época, são as belas-artes. Quer ser pintor. No máximo estudaria com prazer engenharia. Mas o direito é a carreira que o Visconde escolhe e impõe. Embora contrariado, José Bento se prepara para ser Bacharel em Ciências Jurídicas e Sociais. (...) Não havia completado 18 anos quando entra para a Faculdade de Direito. Que o curso de Direito pouco lhe interessaria, não padece dúvida de espécie alguma. Um ex-colega, depondo alguns anos depois, acentuou: "Do Direito nunca falamos nas conversações e se classificamos os lentes era pela qualidade dos sais das pilhérias, sal ático ou sulfato de magnésio". O próprio Lobato confessará mais tarde que o único lente diante de quem não escondia o tédio, ou longos bocejos, de puro enfado, era Pedro Lessa. Seu interesse ia todo para a literatura.[7]

As referências que Lobato fez do curso são irônicas, sarcásticas, zombeteiras, mordazes. Escrevendo a um amigo:

[7] Edgard Cavalheiro, *Vida e Obra de Monteiro Lobato, Introdução, **in** Urupês*, p. 5.

Gracias mil. Se é verdade que daqui há meses oito me saio bacharel do venerando laboratório em que o Estado faz doutores por 500$ em 5 pretações anuais (...)[8]

A oratória da Academia o deplorava. Lobato sentia que a loquacidade bacharelesca era inútil, desnecessária, escusada. Escreveu:

(...) Mais do que você eu detesto a canalha das idéias e mais do que tu admiro os entes felizes a quem a soberba oratória concede os seus favores.[9]

Em carta a Godofredo Rangel, Lobato queixava-se da aridez dos temas que a faculdade se propunha ensinar:

E por que escrevo em momento assim impróprio? Porque amanhã, sábado, entro-me em exame oral e estou com os minutos contados, a recordar definições e textos desta horrível seca que é a matéria.[10]

Os temas de Direito lhe eram indigestos, a julgarmos o teor de suas cartas. Para Godofredo Rangel:

Ainda com os dedos tropegos dum interminável ponto de Direito de Falências que acabo de copiar, venho responder à tua carta.[11]

Lobato projetou esse mal-estar à formatura e ao que sucedeu após colar grau. É assim que narrou sua volta a Taubaté:

Logo que cheguei (que cheguei formado!) mimosearam-me com uma manifestação; foguetes (Taubaté não faz nada sem foguetes), a banda de música, molecada atrás e oito discursos, nos quais se falou em "raro brilhantismo", "um dos mais", "as veneradas arcadas" e outras macuquices que tive de agüentar de pé firme em casa de meu avô. Eu percebia o jogo: a manifestação era mais dirigida a ele do que a mim (...).

Não respondi macucalmente como era esperado. Declarei que não havia razão para homenagens, porque se tratava dum bacharel mais pelo Largo do Rosário do que pela Academia, no qual as ciências do Triângulo superavam as do Corpus Juris. Disse ainda que um novo advogado não passa mais de uma filoxera social que sai do casulo – e por aí além. Os manifestantes entreolharam-se. A língua era nova e desconhecida na terra, mas a cerveja que o avô mandou servir (e creio que era ao que realmente vinham) reconciliou-se com o neto.[12]

Lobato imputava a um advogado a categoria de filoxera social. A filoxera é inseto que ataca as raízes e faz secar as folhas das plantas. A imagem é absolutamente contundente na proporção em que nos revela o juízo de Lobato a propósito da advocacia. Para o escritor, o advogado era um inseto que ataca raízes e faz secar as folhas das plantas.

Depois de rápida passagem por Taubaté, terra do avô, foi designado promotor em Areias. À época, virada do século, o Ministério Público não tinha o perfil que tem na contemporaneidade. O desencanto já se verificava, no entanto, desde Taubaté, de onde Lobato escreveu a Godofredo Rangel:

---

[8] Monteiro Lobato, *Cartas Escolhidas*, 1º vol. p. 67.

[9] Idem, 1º vol. p. 68.

[10] Monteiro Lobato, *A Barca de Gleyre*, 1º vol. p. 27.

[11] Idem, 1º vol. p. 33.

[12] Idem, 1º vol. p. 85 e 86.

Estou promotor interino. Visito a cadeia no fim do mês, converso com os presos, mando um memorandum ao governo dizendo que a paz reina em Varsóvia – e tudo desliza sobre mancais de bolinhas. Tenho no júri de acusar nove desgraçados...[13]

O tom irônico da nota não esconde (pelo contrário, potencializa) o desconforto com a profissão. A vida pacata, no interior, aguçava a ansiedade e, em carta a Rangel, Lobato hostilizava a profissão:

Burro até os fundamentos, infiltrado de incapacidades; com as idéias açucaradas, o senso de nuança embotado, os dedos incapazes de tatear, as narinas só sensíveis aos cheiros mais violentos (...) de náuseas, da coisa forense, do tabelião, do auto, do juiz, da quadrilha inteira da justiça de olhos vendados – uma lástima.[14]

É também para Rangel que Lobato comunica sua ida para Areias, e seus planos:

O meu atraso epistolar tem origem na "cavação de promotoria" em que empenhei em fevereiro e só agora, 4 de março, consegui levar a efeito, com derrota de um exército de candidatos. Estou nomeado promotor público da Comarca de Areias, que deve ser nalgum lugar. Mais reverência, portanto, amigo, quando escreveres ao Lobato. Exijo DD. no envelope. Sou o DD. Promotor Público de Areias, cidade que positivamente há de existir. Cento e tantos candidatos para esse ossinho – informou-me o próprio secretário Washington Luís (com "s" – ele faz questão). Foi trunfo decisivo uma carta de meu avô ao General Glicério. De lá – de Areias - passarei para uma comarca abençoada da Terra Roxa, a terra abençoada onde se ganha dinheiro... E então, casa-se.[15]

Lobato zomba do cargo ao exigir de um amigo íntimo o DD. no envelope. Moteja com Areias, cidade que positivamente há de existir. Mofa com Washington Luís Pereira de Souza (que mais tarde será governador de São Paulo e Presidente da República, o célebre "Paulista de Macaé de Fato Bom Sujeito é") a propósito do "s" do nome. Troça com os outros candidatos a sugerir que sua escolha decorria de ordens do General Glicério (chefão no PRP), que atendia pedidos de seu avô. O próprio Lobato tinha consciência de que sua entrada na promotoria de Areias era resultado da vontade do avô. E certamente não se sentia mal em face disso, pois, afinal, fora o avô quem quisera que Lobato estudasse Direito. É de Areias que Lobato escrevia a Rangel, em julho de 1907:

Chegado, acusei dois criminosos perante um júri de boca aberta e colarinho sungados, arrumei a vida (...)[16]

Lobato sempre pensava em abandonar a Promotoria. Escreveu a Rangel:

Ando querendo dar nova direção à minha vida, e por causa disso tomei mais três meses de licença. Tua carta me chegou como voz do outo mundo ou pelo menos do mundo em que eu estive há quatro meses passados.[17]

---

[13] Monteiro Lobato, *A Barca de Gleyre*, 1º vol. p. 145.

[14] Idem, 1º vol. p. 157.

[15] Idem, 1º vol. p. 159.

[16] Idem, 1º vol. p. 171.

[17] Idem, 1º vol. p. 289.

Lobato assumiu a fazenda do avô e o fez com inúmeros planos. A morte do Visconde teve como conseqüência o fim da carreira do promotor. Fica no ar se a autoridade moral do Visconde não era a responsável pela permanência de Lobato como promotor ou, de forma mais realista, acredita-se que a herança da fazenda seduziu o escritor. A propriedade da terra, no início do século, era indício certo de prosperidade, de mandonismo, de poder político. Encerrou-se a rápida carreira do promotor de Areias. Não há, nesse pequeno interstício, nenhum sinal de vínculo, de gosto, de queda, de tendência de Monteiro Lobato para com profissão ligada ao Direito. Monteiro Lobato era promotor sem nenhum comprometimento orgânico com sua missão. Não gostava do júri. Detestava acusar os pobres réus. Afastava-se do tabelião. Não tinha vínculo ideológico com o Juiz. Não lia autores de Direito. Jamais escreveu artigo jurídico. Lobato deixou Areias e a vida de promotor, para a qual não se sentia talhado. Tudo é motivo para Lobato criticar o Direito posto, ou tudo que a ele se relaciona. Em Urupês:

> Os herdeiros impugnaram o pagamento. Move-se a traquitana da justiça. Moi-se o palavreado tabelionesco. Saem das estantes carunchosos trabucos romanos.[18]

Ao comparar a justiça a uma traquitana, espécie de sege que se move vagarosamente, Lobato faz coro com aqueles que criticam a morosidade da justiça. No mesmo excerto, um pouco mais à frente, continuou Lobato:

> A Justiça engoliu aquele papel, gestou-o com outros ingredientes da praxe e, a cabo de prazos, partejou um monstrozinho chamado sentença, (...)[19]

A crítica aos juízes e à justiça é freqüente, e as imagens que usa são realmente tocantes. Por exemplo, ao comentar as provas de um livro de Direito que editaria, imaginou uma justiça oxigenada que:

> (...) arredada de uma coisa linda e única verdadeira, chamada vida, na qual nossos juizes não acreditam, já que erguem muralhas contra o ar novo, o ar livre, o ar vivo, o ar que se côa por montes, vales e mares e todo se enriquece de ricos oxigênios hostis. Às sulfurinas cadavéricas.[20]

Lobato criticava juízes que não despachavam, não sentenciavam, porque, para ele, pior do que decidir mal é demorar para decidir. E escreveu:

> (...) e finalmente a fauna dos brasílicos jabotis togados, que dormem anos na pontaria dos despachos e causam à economia pública mal maior que o juiz que se vende, mas é expedito.[21]

E para ilustrar a angustiosa questão do juiz lento, que não decide, narrou uma passagem do Imperador Teodorico:

> Certa vez apresentou-se ao imperador Teodorico uma viúva queixosa de juízes à brasileira; contendia ela com um senador e já se passavam três anos sem que os meretíssimos lhe julgassem a causa.

[18] Monteiro Lobato, *Urupês,* p. 189.

[19] Idem, ibidem.

[20] Monteiro Lobato, *Na Antevéspera,* p. 141.

[21] Idem, p. 140.

Teodorico chamou à sua presença os Jabotis e intimou-os a apressarem a marcha do processo. No outro dia estava lavrada a sentença.

— "Se era a coisa tão simples, disse-lhes o grande imperador, por que motivo retardastes de três anos o julgamento?"

— E mandou cortar a cabeça aos três.

Morrem os Jabotis mas não morre o jabotismo. Vige e viça por cá, como em seu verdadeiro habitat, visto que os não assusta o abençoado cutelo do imperador ostrogodo.[22]

Lobato percebia o Direito como imposição do mais forte:

O pobre que obedece ao rico ou poderoso e mata ou faz-se matar por ele. O rico ou poderoso é o dono do mundo. Inventa leis de honra, "defesa da ordem social", disciplina férrea, etc., lindos formalismos tendentes todos a utilizar-se do "pobre" como instrumento da sua comodidade e da manutenção do status quo: ricos em cima, pobres em baixo.[23]

Essa forma despojada de ver o mundo, encarando-o sem restrições morais, é aspecto relevante na luta do escritor. Lobato buscava a gênese dos problemas, nunca tomando a causa pelo efeito. Veja-se sua opinião, a propósito da relação entre alcoolismo e criminalidade:

O álcool. Suprimam-no e adeus código, adeus júri, adeus prisões! Na conta corrente do crime seu débito é tremendo. Mas que lindo saldo tem na conta corrente do sonho! Suprimam-no e a tristeza da vida aumentará.[24]

De seu pensamento não brota nenhum moralismo embusteiro. Lobato arrosta, inclusive, seculares tabus, como o incesto:

Um pai que viveu meses amasiado com a filha – é o caso sensacional da semana.

Fui espiá-lo na cadeia (...). A sociedade exige que o encarcerem por oito anos. Quer, pois, que se inutilize a ele e se lance na miséria toda a família. E fica a gente a refletir sobre o mal maior – crime ou pena...[25]

Foi seu realismo que o incompatibilizou com o júri, e em sua atividade de escritor isso pode ser muito bem entendido. Lobato tinha incumbência de acusar réus que não admitia intimamente como culpados. E mesmo se a culpa fosse um fato, ele se angustiava, na medida em que pensava dentro de cânones deterministas: o criminoso era o resultado do meio. Confira-se a seguinte passagem, onde Lobato nos dá conta dessa idéia, além de alfinetar, ainda outra vez, a prática judiciária:

Júri, ontem. Acusei um pobre mulato vítima de todas as más heranças do sangue, irresponsabilíssimo. Acusei-o de modo a conseguir a absolvição. Enquanto se desenrolava a estafante leitura do processo e o mais, puxei do bolso e li à socapa (se o soubessem...!) o Don Paez de Musset. O tempo, assim aliviado, correu em deslize macio, e todo me lavei da sórdida impregnação do ritual judiciário no banho rítmico daqueles deliciosos ventos.[26]

---

[22] Monteiro Lobato, *Na Antevéspera,* p. 140.

[23] Idem, p. 228.

[24] Monteiro Lobato, *Mundo da Lua,* p. 23.

[25] Idem, p. 19.

[26] Idem, p. 69.

Sua sensibilidade transpôs para a literatura a angústia que a vida forense lhe representou. Perceba-se a seguinte descrição:

> Depois de julgado o fato, quando o Juiz de Direito formula a sentença, profundo silêncio domina a sala inteira. Fora do recinto, além da grade, dez, vinte caras habituais, criaturas gulosas do epílogo que só aparecem para ouvir a sentença (...).
>
> O Juiz ergueu-se, de papel na mão. O silêncio é absoluto. A sala toda se transforma em ouvidos. O Juiz lê: "...condeno o réu tal a cinco anos de prisão celular." (...)[27]

Carregado de desilusão, de pessimismo, e de ceticismo, Lobato lutou por superação desse vazio, valendo-se de sua literatura crítica. É o caso do sublime conto Juri na Roça. Começa descrevendo o palco:

> Os seus domínios jurídicos são o reino da própria Pacatez. Os anos ali fluem para o esquecimento no desligar preguiçoso dos ribeirões espraiados, sem cascatas nem corredeiras encrespadoras do espelho das águas – distúrbio, tiro ou escândalo passional.[28]

E depois descreve os personagens:

> Que regalo! Ia o promotor cantar a tremenda ária da Acusação; o Zezéca Esteves, solicitador, recitaria a Douda de Albano disfarçada em Defesa. Sua Excelência o Meritíssimo Juiz faria de ponto e contra-regra. Delícias da vida![29]

E em seguida o movimento:

> O juiz, feito um gavião pato, senta no meio da mesa, num estrado deste porte; à mão direita fica o doutor promotor com uma maçaroca de papéis na frente. Embaixo, na sala, uma mesa comprida com os jurados em roda. E a coisa garra num falatório até noite alta: o Chico lê que lê; o promotor fala e refala; o Zezéca rebate e tal e tal. Uma lindeza![30]

A narrativa ganha tons hilariantes quando Lobato descreve a fala do promotor. A ironia alcança seu ponto máximo:

> O promotor, sequioso por falar, com a eloqüência ingurgitada por vinte anos de choco, atochou no auditório cinco horas maciças duma retórica do tempo do onça, que foram cinco horas de pigarros e caroços de encher balaios. Principiou historiando o Direito criminal desde o Pitecantropo Erecto, com estações em Licurgo e Vedas, Moisés e Zend-Avesta. Analisou todas as teorias filosóficas que vêm de Confúcio a Freixo Portugal; aniquilou Lombroso e mais "lérias" de Garófalo (que dizia Garofálo); provou que o livre arbítrio é a maior das verdades absolutas e que os deterministas são uns cavalos, inimigos da religião de nossos pais; arrasou Comte, Spencer e Haeckel, representantes do Anti-Cristo na terra; esmoeu Ferri. Contou depois sua vida, sua nobre ascendência entroncada na alta prosapia duns Esteves do Rio Cávado, em Portugal: o heroísmo de um tio morto na Guerra do Paraguai e o não menos heróico ferimento de um primo, hoje escriturário do Ministério da guerra, que no combate de Cerro-Corá sofreu uma arranhadura de baioneta na "face lateral do lóbo da orelha sinistra".[31]

E o psitacismo do empolgado promotor ia ainda mais longe:

---

27 Monteiro Lobato, *Mundo da Lua,* p. 70.

28 Monteiro Lobato, *Cidades Mortas,* p. 79.

29 Idem, p. 80.

30 Idem, p. 81.

31 Idem, p. 83 e 84.

Provou em seguida a imaculabilidade da sua vida; releu o cabeçalho da acusação feita no julgamento-Intanha; citou períodos de Bossuet – a águia de Meaux, de Rui – a águia de Haia, e de outras aves menores; leu páginas de Balmes e Donoso Cortez sobre a resignação cristã; aduziu todos os argumentos do Doutor Sutil a respeito da Santíssima Trindade; e concluiu, finalmente, pedindo a condenação da "fera humana que cinicamente me olha como para um palácio" a trinta anos de prisão celular, mais a multa da lei.[32]

Houve altercação entre promotor e defensor, o conselho deu sinais de canseira, após ouvir tanta asneira. O escrivão estava acostumado. Muita gente acabou dormindo, a começar pelos guardas. Os jurados fugiram pela janela, deixando um bilhete na mesa, onde anunciavam que condenaram o réu ao grau máximo. No entanto, o réu havia fugido...O conto resume o estado irônico de Lobato para com o Direito, como a descortinar seu desencanto. Os estereótipos que desfilam em sua prosa são pedaços de uma realidade cuja crítica foi sua bandeira de luta.

Sua estada nos Estados Unidos, por cinco anos, forneceu-lhe visão diferenciada. Lobato relutava em entender a miséria que se espargia entre nós, país tão rico de recursos, livre de catástrofes. Defendeu ardentemente o domínio de nossos recursos naturais, como condição de soberania e independência. Ainda, ponderou acerca da função do Estado, defendendo um Estado mínimo, destinado a garantir as liberdades individuais. Lobato constatou a existência, entre nós, de um Estado ineficiente, mal empregador, perdulário, opressivo. Lobato foi um crítico mordaz do modelo tributário.

Em *Idéias de Jeca Tatu* ao descrever a chegada da família feal portuguesa no Brasil, Lobato chama a atenção para o desembarque de um personagem:

O Fisco – um canzarrão tremendo de dentuça arreganhada – é conduzido no açamo por vários meirinhos"[33]

E, em outra obra, verificava no Fisco uma herança portuguesa:

Portugal só organizou uma coisa no Brasil-colônia: o Fisco, isto é, o sistema de cordas que amarram para que a tromba percevejante segue sem embaraços. Quem lê as cartas régias e mais literatura metropolitana enche-se de assombro diante do maquiavélico engenho luso na criação de cordas. Cordas trançadas de dois, de três, de quatro ramais; cordas de cânhamo, de crina, de tucum, de tripa; cordas estrangulatórias de espremer o sangue amarelo e cordas de enforcar.[34]

E continua, agora a propósito do imposto de renda:

A invenção do novo borzeguim – imposto de renda – excede a tudo quanto saiu da cabeça dos inquisidores: a vítima ignora o que tem de pagar e se não paga com exatidão incide em pena de confisco! E se em desespero de causa pede ao Fisco que lhe explique o mistério, que lhe dê a chava vertical e horizontal do quebra-cabeças, o marquês de Sade sorri e responde diagonalmente:

– Pague com cheque cruzado, e explica com grande ironia de detalhes como se toma de uma régua, duma pena molhada em boa tinta e como se cruza um cheque.[35]

---

[32] Monteiro Lobato, *Cidades Mortas*, p. 84.

[33] Monteiro Lobato, *Idéias de Jeca Tatu*, p. 14.

[34] Monteiro Lobato, *Na Antevéspera*, p. 92.

[35] Idem, p. 94.

A ironia é implacável. O suposto devedor ao perguntar por que deve tem como resposta o como pagar. É a imagem da repartição pública onde o devedor, ao questionar fato gerador, base de cálculo, lançamento, multa, juros de mora, tem como resposta o regular preenchimento de um guia de recolhimento. Para Lobato, a imposição tributária é perene na vida do cidadão. Começa bem cedo, com as primeiras providências do dia, nos hábitos, nos vícios:

> Pela manhã, ao acender o primeiro cigarro, tem que gastar o esforço de duas unhadas para romper o selo com que o fisco tranca as caixas de fósforo e os maços de cigarro.[36]

O escritor defendia a vinculação tributária. Não há como, segundo ele, tributar sem se oferecer uma contraprestação. É o que se subsume da passagem:

> O imposto não se justifica sem uma equivalente prestação de serviços. Fora daí é puro roubo.[37]

Lobato era irredutivelmente agressivo para com o Fisco, que qualificava com os mais negativos impropérios. Escreveu:

> Que é o fisco senão um "sistema de embaraços" opostos à livre atividade do homem, que deles só se livra por meio de entrega ao Estado de uma certa quantidade de dinheiro.[38]

A tributação, para Lobato, vislumbra iniqüidades que mudam o rumo da história. A Inconfidência Mineira é um exemplo e Lobato sugere outro, tomado da história universal:

> A história da civilização cabe dentro da história do Fisco. Grandes convulsões sociais, como a Revolução Francesa, tiveram como verdadeira causa as iniquidades do Fisco.[39]

Não há prazer no recolhimento, para Lobato, principalmente quando não se tem nada em troca. A obrigação tributária, para Monteiro Lobato, é odiosa:

> Pagar impostos é coisa desagradável porque significa dar moeda em troca de coisas que não nos aproveitam diretamente. Em todos os tempos o homem sempre fugiu de pagar impostos. Paga-os compulsoriamente.[40]

Lobato acreditava que além das imposições compulsórias em moeda havia também uma outra imposição, que da nação tirava trabalho e esforços. Porém, vale-se de imagem metafórica, comparando o esforço que o Estado tira das pessoas com o esforço decorrente da abertura da caixa de fósforos, lacrada com o selo do imposto de consumo. Vejamos a passagem:

> – O esforço que acabo de fazer para abrir esta caixa de fósforos repete-se no Brasil 5 milhões de vezes por dia. Supondo que um quilogrâmetro de força muscular dê para abrir 200 caixas, teremos um dispêndio de 333 cavalos-vapor para abrir os 5 milhões de caixas que se abrem diariamente, ou

[36] Monteiro Lobato, *Na Antevéspera*, p. 95.

[37] Idem, p. 212.

[38] Monteiro Lobato, *Mundo da Lua*, p. 206.

[39] Idem, p. 206.

[40] Idem, p. 210.

sejam, num ano, 121.500 cavalos. É o esforço, o dispêndio inútil de energia que um simples selo, grudado às caixinhas de fósforos, exige do país.[41]

No livro *Negrinha*, Lobato estampou um conto, chamado *O Fisco,* onde se vale da ficção para chicotear as iniqüidades tributárias que tanto combatia. A estória se passa em São Paulo. Um menino, de família humilde, maltrapilho, com sua caixa tosca de engraxate, feita pelas próprias mãos, pensou em ajudar a família, trabalhando como engraxate, nas ruas de São Paulo. O garoto, sem autorização da Prefeitura (e ele nem sabia o que era ou porque havia necessidade disso) fora surpreendido pelo fiscal:

> – Então, seu cachorrinho, sem licença, heim? Exclamava entre colérico e vitorioso, o mastim municipal, focinho muito nosso conhecido.[42]

E continua Lobato:

> A miserável criança evidentemente não entendia, não sabia que coisa era aquela de licença, tão importante, reclamada assim a empuxões brutais.[43]

A família, muito pobre. Após narrar os dramas dessas famílias, que viviam no Brás, no início do século, Lobato imagina a criança de volta para a casa:

> Horas depois o fiscal aparecia em casa de Pedrinho com o pequeno pelo braço. Bateu. O pai estava, mas quem abriu foi a mãe. O homem nesses momentos não aparecia, para evitar explosões. Ficou a ouvir do quarto o bate-boca.O fiscal exigia o pagamento da multa. A mulher debateu-se, arrepelou-se. Por fim, rompeu em choro.[44]

E a mulher teve de pagar:

> Mariana nada mais disse. Foi à arca, reuniu o dinheiro existente – dezoito mil réis ratinhados havia meses, aos vinténs, para o caso dalguma doença, e entregou-os ao Fisco.[45]

Lobato, ainda, anota o epílogo, começa com o Fiscal:

> E foi à venda próxima beber dezoito mil réis de cerveja.[46]

Por fim, quanto ao menino:

> Enquanto isso, no fundo do quintal, o pai batia furiosamente no menino.[47]

O conto dimensiona, a partir de uma questão tributário-administrativa, o problema da justiça. Lobato valeu-se do conto para expressar sua opinião sobre um funcionalismo corrupto, arrogante e ineficiente. Edgard Cavalheiro reproduziu em sua biografia passagem de Lobato, que qualifica a premissa:

---

[41] Monteiro Lobato, *Mr. Slang e o Brasil,* p. 45.

[42] Monteiro Lobato, *Negrinha,* p. 37.

[43] Idem, p. 37.

[44] Idem, p. 44.

[45] Idem, ibibem.

[46] Idem, ibibem.

[47] Idem, ibibem.

Não há serviço público que não empregue cinco homens, pessimamente pagos, para fazer, malfeitissimamente, a tarefa que um só, bem pago, faria a contento".[48]

A concepção tributária de Lobato é muito próxima de suas idéias de justiça. Como homem de negócios, de ação, pôde Lobato viver, de experiência própria, os efeitos nefastos de um modelo tributário agressivo e ineficiente. No conto *O Fisco* Lobato dimensionou a questão em nível de drama humano, que vivera ao longo de sua vida de homem de negócios. Para o escritor, a miséria radicava na desigualdade da distribuição dos bens, que, poderia ser mitigada por um sistema tributário mais humano. Escreveu Lobato:

– E que é a miséria senão a conseqüência última da injustiça na distribuição dos bens?[49]

A guerra que Lobato fazia ao fisco (e que de certo modo tem resultados, dada a imunidade tributária dos livros, que tanto defendeu) é mais uma faceta de seu espírito combativo. A circunstância traduz, identificando sistemática oposição à imposição tributária irracional, mais uma perspectiva de desilusão jurídica.

Em carta a Rangel, comentando livro de Graça Aranha, no qual o escritor modernista criticava a justiça no interior do Espírito Santo, escreveu Lobato:

A nossa justiça está ali "escarrada"; posso dar outros nomes a todos aqueles tipos forenses.[50]

Lobato aconselhava a Rangel que guardasse o revólver e evitasse as coisas da lei. É um promotor escrevendo a um juiz:

A você aconselho que guarde o revólver. Matar gente, além de contrário a um dos mandamentos de Moisés, deve ser uma tremenda maçada – o júri, o libelo, as imbecilidades do promotor e da defesa.[51]

Ao comentar a sorte de um amigo comum, Ricardo, que era advogado, e que trabalhava em escritório de outro amigo comum, Luís, escreveu Lobato:

Empreendeu desenrabichá-lo das musas e casá-lo com a machorra da Advocacia.[52]

Para Rangel, que além de juiz em Minas Gerais era contador de uma usina, Lobato escreveu:

Rangel! Rangel! Receio que os autos forenses, que Sapucaí e a luz elétrica te hajam encolhido as idéias.[53]

Lobato via na judicatura uma profissão que tolhia a liberdade do homem, mantendo-o ligado à comarca. E escrevia a Rangel:

---

[48] Monteiro Lobato, *apud* Edgard Cavalheiro, *Monteiro Lobato,* p. 314.

[49] Monteiro Lobato, *Mr. Slang e o Brasil,* p. 40.

[50] Monteiro Lobato, *A Barca de Gleyre*, 1º vol., p. 53.

[51] Idem, p. 321.

[52] Idem, 1º vol., p. 342.

[53] Idem, 1º vol., p. 361.

Vá parabéns pelo cuidado com que levas a vida econômica, de modo que mesmo atarrachado numa juizança mineira fazes vôos livres (...).[54]

E continuava, com fina ironia:

Ser juiz: outra felicidade suprema. Toco social, piúca bem enraizada na terra fofa duma Comarca e com a nobre função de dar a A o que é de A e a B o que é de B. E do alto dessa suprema função, ver de palanque o turbilhão da vida agitar-se em redor.[55]

Ao comentar outro amigo em comum, Bernardo, que além de promotor tinha comércio, Lobato anotava, surpreso:

O que me contas do Bernardo é realmente assombroso. Eu o imaginava um bacharel grudado como craca numa promotoria de Minas. E no entanto cultiva a vinha e tem venda na estrada!...[56]

Um dos excertos mais impressionantes de Lobato, a comprovar irrefutavelmente as suposições aqui indicadas, é encontrado em outra carta endereçada a Rangel:

Ser juiz – a vida inteira Juiz! Isso achata a alma. Passar a vida inteira lidando com tiquinhas, a engulir escrivães, a almoçar meirinhos, a jantar autos, a defecar sentenças... Isso vai te embolorar a alma e o fígado.[57]

A teima de Lobato com a magistratura é freqüente nas epístolas a Rangel. Em outra carta:

Eu, se fosse o governo de Minas, forçaria por lei todos os juízes mineiros a um mês anual de Rio e S. Paulo, a título de desasnamento.[58]

É que além da função, Lobato criticava a vida no interior, de modo a evidenciar, no juiz interiorano uma figura atrasada, um tabaréu. É o que lemos no seguinte excerto:

Um juiz enterrado anos a fio numa dessas bibocas opiladas que vocês chamam "cidades" cria bolores no cérebro; enche-se-lhe a alma de carunchos, baratas, percevejos, todos os pernícolas da estação.[59]

Lobato acreditava que a vida do operador jurídico é vazia porque as condições determinantes da justiça são estruturais, dependentes da justiça econômica, fundamentada na boa distribuição de renda. Imaginava nosso Brasil um país de tavolagem e em crônica, que leva esse nome, escreveu:

Evidente, pois, que só uma solução existe para todos os problemas nacionais: a indireta, a solução econômica. Só a riqueza traz instrução e saúde, como só ela traz ordem, moralidade, boa política, justiça.[60]

---

[54] Monteiro Lobato, *A Barca de Gleyre*, 2º vol., p. 27.

[55] Idem, p. 30.

[56] Idem, p. 42.

[57] Idem, págs. 103 e 104.

[58] Idem, p. 182.

[59] Idem, págs. 182 e 183.

[60] Monteiro Lobato, *Na Antevéspera,* p. 38.

E por não acreditar na justiça, Lobato levava sua incredulidade para tudo que envolvia o Direito. Por exemplo:

> – É também vigarista o juiz que pune os vigaristas?
>
> – E dos bons! O juiz é um vigarista ilustre que a sociedade elegeu para passar o conto nos vigaristas pequenos, que passam o conto nos vigaristas grandes...[61]

Após delegar ao juiz os epítetos negativos acima reproduzidos, Lobato continua, tocando outros pontos da vida jurídica:

> O meu advogado, que é um vigarista insigne, vai passar o conto no juiz e eu serei posto em liberdade pelo conto do habeas corpus, que é o conto do vigário que a lei passa na justiça...[62]

Lobato criticava abertamente as concepções formais de Direito e de Justiça. Escreveu:

> Se o Direito representasse um reverbero da Justiça como a sonham filósofos, o direito indurar-se-ia na consciência de cada homem, confundindo-se com a moral e dispensando a sanção. Por que existem hoje, como outrora, como sempre, tantos infratores das leis? Porque tais leis só representam conservação, permanência, status quo de fato, e nunca uma pura emanação da justiça.[63]

E outra vez contra a judicatura, onde aproveita para teorizar criminologia:

> O juiz da comarca vizinha tem a alma clássica dos juízes. Odeia o criminoso e quer a pena como castigo. Não vê no delinqüente a miserável criatura tarada; vê o delito, a letra da lei.
>
> No entanto não há crimes, há apenas criminosos.[64]

Lobato não admitia justiça na natureza; como está indicado, em citação feita por Edgard Cavalheiro. Agora, o próprio Lobato escrevera:

> A idéia de justiça é criação puramente humana. Na natureza não há justiça, há lógica. A natureza não é boa nem má, justa ou injusta: é lógica.[65]

Dentro dessa dinâmica de justiça, Lobato convida a participar da construção de um mundo justo pregando, entre outras coisas, a moralidade administrativa. É seu o seguinte fragmento:

> Assim, todo jornalista, ou todo cidadão, tem o dever de agarrar pela gola os funcionários relapsos, sejam reis ou ministros, e expor seus crimes na grande montra.[66]

Explicitamente Lobato criticava nossas leis:

> (...) A rigorosa aplicação das leis brasileiras não trará nunca felicidade ao país. São leis-cipós, que enleiam os homens e lhes embaraçam os movimentos.[67]

---

[61] Monteiro Lobato, *Na Antevéspera,* p. 89.

[62] Idem, p. 89.

[63] Monteiro Lobato, *Mundo da Lua,* págs. 17 e 18.

[64] Idem, p. 20.

[65] Idem, p. 36.

[66] Idem, p. 107.

[67] Monteiro Lobato, *Mr. Slang e o Brasil,* p. 83.

Lobato com mordacidade censurou as concepções clássicas da tripartição dos poderes, em interessante passagem:

> (...) o regime no Brasil é o inominável disparate fisiológico do corpo com três cabeças autônomas – os três poderes. A natureza não criou nada com três cabeças.
>
> –As minhocas têm duas.
>
> –Duas apenas, e por isso, envergonhadas, metem-se pela terra a dentro. A tricefalia é pura monstruosidade anatômica.[68]

Monteiro Lobato criticava as concepções formais que tivera de estudar na Faculdade, fazendo-o com graça e sutilidade. Vejamos a seguinte passagem:

> – Mas os crimes não devem ficar impunes. Diz o brocardo: fiat justitia pereat mundus. Faça-se justiça ainda que pereça o mundo.
>
> – Há uma idéia mais inteligente que a desse estúpido e cruel brocardo. E nessa idéia assenta o moderno conceito de justiça. É a substituição do pereat pelo floreat. Faça-se a justiça para que prospere o mundo. Se de um ato de justiça redundar mal maior, essa justiça é injusta.[69]

Com redação primorosa, repleta de imagens intrigantes, Lobato ridicularizou o amplo plexo de normas legais. A seguinte passagem comprova a assertiva:

> O "nouveau riché" é o falsificador.
>
> Temos códigos e leis artilhados contra eles – mas códigos e leis que lembram os dragões de papelão construídos pelos chineses para amedrontar o inimigo. Esses dragões, vomitando chamas de zarcão, seguiam na frente das tropas; se o inimigo, apavorado, debandava, muito que bem, era a vitória. Mas o inimigo, nada ingênuo, nunca debandava e a China só conheceu derrotas. Temos códigos dragões e leis que vomitam o fogo das penalidades; entretanto, como o falsificador sabe que o código é dragão chinês e o fogo das penalidades é puro "fogo pintado", a classe prolifera, cresce de vulto e de insolência – e sorri, piscando o olho, se alguma vez o monstro lhe arreganha a dentuça. Sabem eles o segredo de transformar a fera em manso cordeiro de veludo.[70]

A abundância de textos de Lobato a identificar desilusão jurídica é notória. Em Cidades Mortas continua atirando:

> Os ricos são dois ou três, coronéis da Briosa, com cem apólices a render no Rio; e os sinecuristas acarrapatados ao orçamento: juiz, coletor, delegado.[71]

É também em *Cidades Mortas* que Lobato faz definitiva profissão de fé:

> Nos dias de Júri reúnem-se os advogados e rábulas na ante-sala do tribunal, os primeiros a virem, os últimos a saírem, como gente que procura gozar, bem gozado, um ambiente poucas vezes fornecido pelas circunstâncias. E, como peixes n'água, à vontade, dão trela à comichão mexeriqueira da rabulice, esquecendo-se em interminável prosa sobre processos, atos judiciários, movimento forense, nomeações, negócios profissionais, pilherias jurídicas. As cabeças estão abarrotadas de leis, regulamentos, decretos e fatos jurídicos, de modo a só tomarem conhecimento das relações entre o fato e a lei escrita, e nunca entre o fato e a lei natural – o que é próprio do filósofo. Na natureza só vêem coisas

[68] Monteiro Lobato, *Mr. Slang e o Brasil,* p. 83.

[69] Idem, p. 104.

[70] Idem, p. 288.

[71] Monteiro Lobato, *Cidades Mortas,* p. 5.

fungíveis, infungíveis, móveis, imóveis, semoventes, bens, res nullius, artigos de enfiteuse – a carne e o osso, enfim, da propriedade. Essa janelinha que o artista e o filósofo trazem aberta para a natureza bruta, ou para a humanidade, vistas, uma como turbilhão de forças em perene esfervilhar, outra como oceano de paixões onde se debate o Homo – animal filho da natureza, todo ele vegetação viçosa de instintos irredutíveis – o homem de leis abre-a para a rede de fios que a lei trama e destrama, fios que atam os homens entre si ou à natureza convertida em propriedade.

E toda a maranha velhaca que isso é engloba-se dentro da mais bela concepção de idealismo – a Justiça.[72]

Finalmente, é de Edgard Cavalheiro a passagem, que nos deixa atônitos e que, de vez, traduz, diretamente, o pensamento de Lobato:

Achava que os magistrados deviam também passar algum tempo na cadeia. Muito aprenderiam, e interessantes apontamentos poderiam extrair na intimidade com aqueles miseráveis, com aquele rebotalho humano.[73]

Por quê? Um conjunto de fatores explica ou pode explicar o desencanto jurídico em Monteiro Lobato. O excesso de leituras poderia ter afastado o escritor de uma suposta aridez dos textos jurídicos, que ele sempre nominou de maçantes. Seu aguçadíssimo espírito crítico não contemporizava com as iniqüidades que vira, inclusive como promotor. Seu ceticismo radical matizou a incredulidade mórbida e perene para com concepções formais dos campos jurídicos. Sua efetividade prática, seu espírito empreendedor e sua mobilidade fática repeliam o abstrato, o teórico, o conceitual, que desenham o Direito, como criação eminentemente cultural. Seu inconformismo constante o afastou das soluções impostas. Também, e com muita razão, a vocação determinada pelo avô ameaçou um ideal libertário que, numa perspectiva freudiana, valeu-se da vida para acertar contas com o passado. Monteiro Lobato é fonte permanente para estudo do Direito na Literatura.

Referências bibliográficas

CAVALHEIRO, Edgar. *Monteiro Lobato.* S.l. Hiluey, Wilton Editores e Livreiros Ltda., s.d.

BINDER, Guyora e WEISBERG, Robert. *Literary Criticisms of Law.* New Jersey: Princeton University Press, 2000.

DWORKIN, Ronald. *A Matter of Principle,* Cambridge: Harvard University Press, 1985.

GODOY, Arnaldo Sampaio de Moraes. *O Pós-Modernismo Jurídico.* Porto Alegre: Sergio Antonio Fabris, 2005.

MONTEIRO LOBATO, José Bento. *A Barca de Gleyre.* São Paulo: Brasiliense, 1964.

——. *A Chave do Tamanho.* São Paulo: Brasiliense, 1947.

——. *A Onda Verde.* São Paulo: Brasiliense, 1979.

——. *Caçadas de Pedrinho e Hans Staden.* São Paulo: Brasiliense, 1947.

——. *Cartas Escolhidas.* São Paulo: Brasiliense, 1959.

——. *Cidades Mortas.* São Paulo: Brasiliense, 1964.

——. *Contos Pesados.* São Paulo: Cia. Editora Nacional, 1940.

——. *Críticas e outras notas.* São Paulo: Brasiliense, 1965.

——. *Emília no país da Gramática.* São Paulo: Brasiliense, 1947.

——. *Fábulas.* São Paulo: Brasiliense, 1947.

[72] Monteiro Lobato, *Cidades Mortas,* págs. 23 e 24.

[73] Edgard Cavalheiro, *Monteiro Lobato,* 2º vol., p. 70.

——. *História do Mundo para as crianças*. São Paulo: Brasiliense, 1947.
——. *Idéias de Jeca Tatu*. São Paulo: Brasiliense, 1950.
——. *Literatura Comentada*. São Paulo: Abril, 1981.
——. *Memórias da Emília e Peter Pan*. São Paulo: Brasiliense, 1947.
——. *Mr. Slang e o Brasil e Opiniões*. São Paulo: Brasiliense, 1950.
——. *Mundo da Lua e Miscelânea*. São Paulo: Brasiliense, 1950.
——. *Na Antevéspera*. São Paulo: Brasiliense, 1950.
——. *Negrinha*. São Paulo: Brasiliense, 1988.
——. *O Escândalo do Petróleo e Ferro*. São Paulo: Brasiliense, 1950.
——. *O Minotauro*. São Paulo: Brasiliense, 1947.
——. *O Poço do Visconde*. São Paulo: Brasiliense, 1947.
——. *Os 12 Trabalhos de Hércules*. São Paulo: Brasiliense, 1947.
——. *Prefácios e Entrevistas*. São Paulo: Brasiliense, 1950.
——. *Serões de Dona Benta e História das Invenções*. São Paulo: Brasiliense, 1947.
——. *Urupês*. São Paulo: Brasiliense, 1966.
POSNER, Richard. *Law and Literature*. Cambridge: Harvard University Press, 1998.
ROCKWOOD, Bruce. *Law and Literature*. New York: Peter Lang, 1998.
WHITE, James Boyd. *The Legal Imagination*. Chicago: The University of Chicago Press, 1985.

"Morte e Vida Severina": um ensaio sobre a propriedade rural no Brasil contemporâneo a partir das lentes literárias

LUIZ EDSON FACHIN[1]
MARCOS ALBERTO ROCHA GONÇALVES[2]
MELINA GIRARDI FACHIN[3]

I. Introdução

Cumpre cinqüenta anos a primeira publicação do famoso poema que intitulao presente ensaio. A poesia-denúncia pintou um quadro que ainda faz parte da cena rural contemporânea na qual 803.850 pessoas lutam por um pedaço de terra para garantir sua subsistência.[4]

A complexidade contemporânea no que tange à questão agrária, agravou a incapacidade, ao menos no plano prático, da teoria jurídica tradicional de responder às demandas sociais que ecoam nas vozes alijadas do processo da vida material. O latifúndio rural comungou com o grande vazio jurídico.

O direito como objeto da ciência jurídica centrada no positivismo jurídico de matriz kelseniana, foi reduzido à gramática do seu significado sintático e semântico, articulado no enunciado de suas normas, as quais, nesta perspectiva, significavam todo o direito. Para além do elemento normativo não haveria direi-

[1] Professor titular de Direito Civil da Universidade Federal do Paraná (UFPR).

[2] Graduando do curso de Direito da Universidade Federal do Paraná (UFPR).

[3] Mestranda em Filosofia do Direito da Pontifícia Universidade Católica de São Paulo (PUC/SP).

[4] Dados fornecidos pela Comissão Pastoral da Terra no link: <http://www.cptnac.com.br/?system=news&action=read&id=1263&eid=6>.

to, reducionismo cuja gravidade se intensifica no campo dos direitos humanos e fundamentais.

O fosso existente entre a teoria jurídica e a nefasta realidade social revela a insuficiência da dogmática positivista que se mostra incapaz de responder às demandas postas ao direito pelos reclamos da cidadania.

Diante deste quadro, faz-se imperiosa uma outra concepção dos direitos de propriedade rural que comprometa o discurso jurídico à efetivação.

Esse novo olhar crítico e inovador, pode abrir outras singras teóricas, especialmente em relação ao papel do ordenamento jurídico na salvaguarda dos direitos da população rural alijada. É justamente neste influxo que emerge a literatura como possibilidades de análise nessa seara, como emancipação destes frente à racionalidade jurídica tradicional.

Na discussão que ora se propõe restam algumas interrogações para as quais nunca se encaixarão pontos finais, a exemplo do sentido ontológico dos dois elementos deste enlace: direito e literatura. Não há enunciado plausível de enclausurar tais significantes tendo em vista a inesgotável força criativa dos fatos e das mentes que os movem.

Para os efeitos desta reflexão, direito e literatura – e conseqüentemente seus espaços de interseção – serão apreendidos em sua narrativa emancipatória, sem a exclusão de outras sendas.

Diante do cenário contemporâneo da concentração fundiária, essa reflexão não poderia aportar senão da indagação que ecoa nas vozes dos milhares de *severinos*: *Que parte que lhes cabe nesse latifúndio?*

Essa questão basilar se equilibra sob um tripé fundamental; o primeiro pilar versa sobre o estudo das inúmeras variações e possibilidades da interlocução do discurso jurídico e da narrativa literária; em um segundo momento, procura-se atentar para o caráter emancipador que este diálogo traz consigo, já que arrosta o direito a despir-se do discurso normativo fechado para a experiência vívida e salutar da interdisciplinaridade; ao cabo, por meio do poema de João Cabral de Mello Neto busca-se compreender os direitos *de* e *à* propriedade rural a partir de uma narrativa jurídica transformadora.

II. Direito e Literatura: diálogos possíveis

A benéfica interseção do direito e da literatura pode ser focada por diversos ângulos. De uma maneira geral, nas insuetas ligações entre essas duas searas, o aporte literário resta oculto e intocado, explorado apenas em sua superficialidade para a construção de metáforas.

Da conexão entre o direito e a literatura abrolham efeitos concretos. A apreciação das diferentes formas de refletir o direito a partir da literatura é, em realidade, a análise de modos plurais e porosos de incidência do fenômeno jurídico.

Não se trata de acondicionar a literatura no direito, reduzindo-a aos saberes espraiados nos manuais de ensino jurídico ou de exegese jurisprudencial. Nem se trata, por outro lado, de enclausurar o direito como apenas outra forma de literatura. Consoante aduz Jacques Derrida: "*under the pretext of fiction, literature must be able to say anything; in other words, it is inseparable from the human rights, from the freedom of speech*, etc."[5]

Sobre esse possível e salutar diálogo, de Thomas Morawetz colhem-se formas diversas de pensar sobre direito e literatura: o direito na literatura (*law in literature*), o direito como literatura *(law as literature)*, direito da literatura *(law of literature)* e literatura e mudanças jurídicas *(literature and legal reforms)*.[6]

Impende explorar essas vias expostas pelo autor americano, em que pese não serem taxativas nem estanques, pois exala as complexas e sutis texturas desse olhar compartilhado. Eis a síntese que se pode fazer, retomando exposição já sumariada.[7]

Seção 1 – O Direito na Literatura

A primeira manifestação dessa conjunção centra o foco na literatura, desvelando o mundo jurídico através do olhar literário, cada qual com seu enfoque diferenciado.

Algumas dessas peças literárias focam a idéia procedimental do direito, com destaque aos procedimentos legais, trâmites processuais e julgamentos – a exemplo do *Mercador de Veneza*. Um *approach* distinto é aquele sito na figura dos operadores do direito. Neste sentido, surge o estigma desses sujeitos não raro expostos a compressões morais decorrentes da prática do direito. Por fim, a idéia simbólica da legalidade também fascinou os literatos ao longo do tempo, constituindo tema recursivo, vislumbrada como meio de coerção e disciplina frente aos sujeitos dela alijados – conforme bem demonstra a literatura kafkiana e, nesse cenário, a obra paradigma desse ensaio.

O enlevo mútuo havido entre os dois pólos dessa interlocução é espelhado no dizer de Richard Posner: "If the law has fascinated writers and literary scholars, literature has fascinated judges and other lawyers, lately including law professors, as a possible model for their judicial, forensic, and scholarly efforts respectively, as a possible source as insight into the social problems that arise in legal cases (...)".

Essa primeira corrente, todavia, segue na contramão do ponto de partida da reflexão ora proposta, qual seja, a literatura imersa no direito, segundo apontam as ponderações que seguem.

[5] Pragmatism and deconstruction. p. 80.

[6] *Law and literature*. p. 450-461.

[7] FACHIN, M. G. *Em Busca da Ilha Desconhecida: do discurso teórico à prática efetiva dos direitos humanos e dos direitos fundamentais*. Trabalho monográfico, sob a orientação da Professora Doutora Vera Karam de Chueiri, defendido em 27/10/2005 nas dependências do Curso de Direito da Universidade Federal do Paraná.

Seção 2 – O Direito como Literatura

Nesse segundo pilar faz-se mister a ciência da natureza sobremaneira retórica da qual compartilham o fenômeno jurídico e o literário. São artefatos argumentativos que servem para a concepção e câmbio de significados semânticos. Prosseguiremos a análise de instrumentos retóricos e estratégias argumentativas presentes nos textos legais.

Entrever o direito sob esse aspecto significa tratá-lo como, e isso pode surpreender muitos juristas que ainda crêem na estrutura superior do direito, como textos, linguagem, enfim, peças literárias que o são.

Destarte, *o direito como literatura* conduz-nos inevitavelmente ao estudo da hermenêutica jurídica. Avulta, destarte, a relevância hodierna desse estudo da linguagem representativa do direito e do papel central da interpretação.

A importância da reflexão hermenêutica[8] é tema que emerge com força no atual estado da arte jurídica. Nesse diapasão Rogério Gesta Leal aduz: "O tema da hermenêutica filosófica tem se apresentado como imprescindível à análise da teoria do direito contemporâneo, principalmente a partir do final deste século, em que os paradigmas clássicos envolvendo o Estado, a Democracia e o Direito estão passando por profundas revisões".[9]

Em que pese o relevo acima destacado, as preocupações interpretativas remontam à filosofia clássica na qual Aristóteles já apontava para a importância e diferenciação do estudo hermenêutico.[10] A própria origem etimológica da palavra *hermenêutica*[11] revela a profunda influência da cultura helênica no tema aqui tratado, como revela Richard Palmer: "As várias formas da palavra sugerem o processo de trazer uma situação ou uma coisa, da inteligibilidade à compreensão. Os gregos atribuíam a Hermes a descoberta da linguagem e da escrita – as ferramentas que a compreensão humana utiliza para transmitir aos outros".

Sobre este mote, Eduardo Novoa Monreal leciona: "A legislação codificada tradicional encerra instituições de clara inspiração político-econômica, que não somente permitem por em vigência o esquema ideológico que os anima, senão que aspiram a perpetuá-la muito dissimuladamente, sob a aparência de 'princípios jurídicos'".[12]

---

[8] Conforme ensaio já sumariado acerca da temática: GONÇALVES, M. A. R. *Novos Sertões:* a luta pelo direito e o direito a luta pela terra. Trabalho monográfico, sob orientação do Professor Luiz Edson Fachin, junto à Faculdade de Direito da Universidade Federal do Paraná, 2006.

[9] LEAL, R. G. *Hermenêutica e Direito:* considerações sobre a teoria do Direto e os operadores jurídicos. Santa Cruz do Sul: EDUNISC, 1999. p. 99.

[10] Acerca da concepção hermenêutica em Aristóteles ver: CASSIRER, E. *Filosofia de las Formas Simbólicas.* México: Fondo de Cultura Econômica, 1989.

[11] "As raízes da palavra hermenêutica estão no verbo grego *hermeneuein*, usualmente traduzido por interpretar." LEAL, R. G. *Ob. cit.* p. 100

[12] MONREAL, E. N. *O Direito como Obstáculo à Transformação Social.* Tradução de Gerson Pereira dos Santos. Porto Alegre: Sergio Antonio Fabris Editor, 1988. p. 132.

Injustificável tal postura hermenêutica na complexidade social contemporânea, sustentada sob os pilares da redução gnosiológica, da pretensa neutralidade científica e da equivocada idéia de autonomia da ciência do direito. Consoante Plauto Faraco de Azevedo:

> A variante tecnocrática do positivismo, hoje imperante, atribui absoluta primazia à técnica jurídica, entendendo que dela deve ser apartado tudo que não seja jurídico. Seu atraso metodológico é indiscutível em relação à imensidão das questões relativas ao direito, postos por sociólogos, historiadores e economistas, sem que chamem atenção dos juristas e professores de direito. Esses trabalhos, elaborados principalmente por filósofos, economistas e historiadores situam-se em uma perspectiva epistemológica e crítica que os torna inaudíveis, e, logo, insignificantes para os juristas.
>
> Mas, se é certo que a variante tecnocrática do positivismo aumenta o isolacionismo dos juristas numa época em que a fecundidade das investigações interdisciplinares está na ordem do dia, é preciso deixar claro o que significa o qualificativo tecnocrático. Dizer que hoje o positivismo se torna tecnocrático significa que considerando o direito como uma técnica superior de regulação social, refinando seus métodos e aperfeiçoando seus mecanismos, os juristas colocam-se deliberadamente à sombra de um poder, ao serviço de um poder que não tem mais ideologia política propriamente dita a fazer valer. O fim das ideologias é a ideologia tecnocrática, isto é, aquela que se apresenta como não-ideologia... Por etrás do acúmulo de especialidades, por detrás do acervo confuso de conhecimentos enciclopédicos e eruditos pode esconder-se uma orientação política que, sem confessá-lo, é conservadora. Por outras palavras, o positivismo, longe de ser uma garantia de objetividade, torna-se a nova posição de uma classe tecnocrática em um Estado acometido ele próprio desse mal.[13]

Para abrir os *ouvidos* do direito, infere-se, por conseguinte, a necessidade de renovação da Ciência do Direito acerca do tema. Imprescindível que esta nova mirada esteja equilibrada sob temperamentos críticos relacionados com a conjuntura complexa na qual o direito está mergulhado. Michel Mialle ao afirmar a lógica estéril do positivismo jurídico, consigna que somente é possível vislumbrar uma concepção de hermenêutica "(...) no sentido de que só pode haver cultura jurídica ligada a um espírito livre, isto é, um espírito crítico".[14]

Essa postura crítica encontra reflexo na metódica estruturante de Friedrich Müller,[15] que tem, por base, o repensar das estruturas interpretativas acima consignadas.

Tal reconstrução, por força da metódica constitucional e da renovação da hermenêutica, lastreia-se na necessidade de propiciar o desenvolvimento de uma teoria da constituição compatível com o caráter dirigente da Constituição Federal de 1988. Faz-se mister instrumentalizar a normatividade e sua efetividade progressiva, de acordo com a evolução do contexto social, político e histórico da co-

---

[13] AZEVEDO, P. F. de. *Crítica à Dogmática e Hermenêutica Jurídica.* p. 22-23.

[14] MIALLE, M. *Pour une Critique du Droit.* Grenoble: François Maspero Presses Universitaires, 1978. p. 145.

[15] Em que pese termos a consciência da importância e pluralidade da temática, que se reflete no vasto e respeitável rol de pensadores sobre a matéria aqui abordada, haja vista as limitações que acometem nossa reflexão e o escopo último do trabalho, o marco teórico aqui adotado repousa na obra de Müller. Para além do aqui proposto, coadunamos com a advertência de Rogério Gesta Leal: Para chegarmos a uma discussão sobre as condições e possibilidades da hermenêutica jurídica, impõem-se resgatar as contribuições dadas pela filosofia no campo da hermenêutica, principalmente a partir de um de seus mais notórios quadros: Schleiermacher, Dilthey, Betti, Gadamer e Habermas. Na busca dos contributos teóricos lançados por estes pensadores, estamos cientes de que figuras como Heidegger e Ricoeur também se apresentam como indispensáveis nessa trajetória". (LEAL, R. G. *Ob. cit.* p. 99).

munidade pátria, com o desiderato de transformar o direito de obstáculo à móvel da transformação social.

Deste modo, abre-se caminho para que o ordenamento infraconstitucional e as políticas públicas, em especial a Reforma Agrária, sejam efetivamente conduzidas à transformação da realidade.

Importante doravante que aclaremos o conceito de hermenêutica que informa o sentido e alcance de nossa reflexão. Para tanto, endentemos relevante uma sucinta análise da "Teoria Estruturante do Direito", proposta por Friedrich Müller. Paulo Bonavides afirma que Müller:

> (...) desenvolve um método racionalista de interpretação constitucional, em que procura deixar estruturada uma hermenêutica que permita explicar a Constituição, sem perda de sua eficácia, e como ela realmente se apresenta, com vínculos materiais indissolúveis, fora da própria antinomia tradicional por onde se operava a separação irremediável entre a Constituição formal e a Constituição material.[16]

A "Teoria Estruturante" origina-se nas palavras de Anabelle Macedo Silva, "(..) da insuficiência da representação tradicional da norma jurídica para responder às exigências práticas das comunidades contemporâneas, não mais ligadas ao modelo estatal liberal básico da modernidade".[17]

Ainda, segundo a mesma autora, a idéia central desta nova metodologia é que "(...) pressupõe uma teoria da norma jurídica estruturada a partir da relação norma-realidade. Uma teoria operacional da norma, ou seja, diretamente utilizável para o desenvolvimento da efetividade das normas constitucionais".[18]

Müller justifica sua teoria da seguinte maneira:

> Uma metódica destinada a ir além do positivismo legalista deve indicar regras para a tarefa de concretização no sentido abrangente da práxis efetiva. Não pode aferrar-se nem ao dogma da evidência nem ao dogma voluntarista. Não pode conceber o processo bem como a tarefa da realização do direito normativamente vinculada como uma mera reelaboração de algo já efetuado. Ela deve elaborar os problemas da "pré-compreensão" da ciência jurídica e do fato da concretização estar referida ao caso. Ela deve partir *in totum* de uma teoria da norma que deixa pra trás o positivismo legalista.[19]

Nesta perspectiva, normatividade não é algo previamente posto, mas sim um construído a partir da relação indeclinável entre a realidade fática e a atuação do interprete. A efetivação normativa é fruto de um processo de duas vias: um processo interpretativo dos dados lingüísticos presentes do no texto legal, bem como a compreensão da realidade fática, sendo os distintos os elementos *norma,texto da norma* e *normatividade*.

O trabalho de concretização da normatividade passa a ser, antes de qualquer coisa, uma atividade construtiva. O texto da Constituição passa a ser representado como continente de um núcleo do enunciado normativo. Segundo Müller:

---

[16] BONAVIDES, P. *Curso de Direito Constitucional*. 11. ed. São Paulo: Malheiros, 2001, p. 456.

[17] SILVA, A. M. *Ob. cit.* p. 123.

[18] Idem.

[19] MÜLLER, F. *Métodos de Trabalho do Direito Constitucional.* 3 ed. Trad. Peter Naumann. Rio de Janeiro: Renovar, 2005. p. 47.

> O texto da norma não 'contém' a normatividade e a sua estrutura material concreta. Ele dirige e limita as possibilidades legítimas e legais da concretização materialmente determinada do direito no âmbito de seu quadro. Conceitos jurídicos em textos de normas não possuem 'significado', enunciados não possuem 'sentido' segundo a concepção de um dado orientador acabado. Muito pelo contrário, o olhar dirige ao trabalho *concretizador ativo* do 'destinatário' e com isso à *distribuição funcional dos papeis* que, graças à ordem jurídico- positiva do ordenamento jurídico e constitucional, foi instituída para a tarefa de concretização da constituição e do direito.[20]

A partir desta nova concepção, o texto da norma não resta despido de sentido, ao revés: possui um sentido *indicativo* fornecendo balizas para a construção da norma jurídica e um sentido *delimitador* da concretização dentro dos limites do que é admissível em face da democracia e ao Estado de Direito.

É na suplantação dessa concepção hermenêutica utilitarista e instrumental do direito que avulta uma das facetas de importância dessa comunhão entre direito e literatura. Acerca da importante tarefa hermenêutica, literária ou jurídica, François Ost adverte:

> (...) du lecteur et de la receptión de l´oeuvre: c´est le moment de la refiguration, qui implique tout à la fois une reprise creative de l´oeuvre et une transformation du lecteur-spectateur. (...) Le monde du texte explique Ricoeur est comme en suspens, au-delà de l´écrit, en instance de refiguration par ses lecteurs. De son coté, Gadamer notait: 'l´oeuvre d´art est un jeu qui ne sáccomplit que dans l´accueil que lui réserve le spectateur. (...) Confronté a cette demande de resignification, le lecteur est appelé, comme le montre bien G. Steiner, à développer une lecture responsable – une lecture qui reponed à l´auteur et qui reponde du texte.[21]

Sob essa ótica constrói-se a falsa intangibilidade do discurso do direito, flexibilizando as balizas presentes entre o direito, discurso pretensamente racional, e a literatura, esfera lúdica, colocando questões de fundo relevantes a quaisquer textos.

Seção 3 – O Direito da Literatura

A análise de textos literários como peças jurídicas impõe a discussão acerca dos bordes da influência da expressão artística na esfera do direito. É fronteira cujos limites não se encontram bem delineados.

Essa discussão deve ser procedida com cautela, pois, em que pese a salutar interdisciplinaridade com outros ramos do conhecimento, especialmente artísticos, alguns limites a essa penetração são necessários sob pena do colapso do próprio discurso jurídico. É nesse influxo que o próprio Posner acentua os limites da *jurisprudência literária* ao aduzir: "*we can learn a great deal of jurisprudence from some works of literature, indeed, a well-chosen set of such works would be a close substitute for discursive works of jurisprudence*".[22]

[20] MÜLLER, F. *Ob. cit.* p. 41.

[21] *Raconter la loi.* Paris: Odile Jabob, 2004.p. 31.

[22] POSNER, R. *Law and literature.* Massachusetts: Harvard University, 1998.

Sem embargo da necessidade de manter-se zona individual imprescindível para a vitalidade das duas searas, o desenho literário, ao captar o fenômeno jurídico, amplia seus horizontes e possibilidades, redescobrindo-o de maneira substantiva.

(Re)nova-se o direito e (re)nova-se a literatura, ampliando horizontes impossíveis para os signos e significados que o direito insiste em apreender, não raro, de modo insulso.

O direito da literatura é mais que uma peça literária e mais que uma peça jurídica como classicamente apresentadas. É gérmen que brota do texto literário, e nele não se enclausura, arrostando as searas contíguas, aí incluído o direito, e espanca os quadriláteros usuais da conformação geométrica do texto jurídico em sentido estrito.

Por aí se compreende porque é recomendável uma conjugação de cautela com ousadia, já que essas duas searas não podem nem devem perder sua especificidade próprias.

Seção 4 –Literatura e Mudanças Jurídicas

Esse derradeiro entrecorte sublima e ratifica a possibilidade emancipatória das formas literárias e suas influências e conseqüências práticas que respingam também na seara jurídica que vai a reboque dos fatos. A literatura, sobremaneira a popular,[23] pode ser uma grande força motriz para propor e problematizar a alteração dos rumos sociais e jurídicos. O discurso literário como produto humano, tal qual a ciência jurídica, reflete indubitavelmente, em maior ou menor escala, as vicissitudes, peculiaridades e idiossincrasias de seus sujeitos, bem como o contexto no qual está inserida.

Walt Withman, *o árbitro do diverso*, reivindica uma literatura, neste caso sob a forma poética, *igualadora de sua época e de sua terra.* Ancorado neste influxo nos ensina Carlos Drummond de Andrade: "O tempo é minha matéria, o tempo presente, os homens presentes, a vida presente".

É nessa toada que a obra paradigma eleita insere-se. A coragem da poesia- denúncia de João Cabral de Melo Neto ecoou, e ainda ecoa, nas vozes dos severinos *iguais a tudo na vida,*[24] ou quiçá, na ausência material desta, que *não têm pressa em chegar.*[25]

[23] Faz-se imperioso esclarecer que nem toda "cultura" popular possui este viés emancipador que buscamos. Para o sentido almejado cabe ressaltar o trabalho de Chico Buarque à frente do Comitê Popular de Cultura (CPC).

[24] Alusão ao poema Morte e Vida Severina de João Cabral de Melo Neto. A saber:

"Somos muitos Severinos; iguais em tudo na vida: na mesma cabeça grande que a custo é que se equilibra, no mesmo ventre crescido, sobre as mesmas pernas finas e iguais também porque o sangue, que usamos tem pouca tinta.

E se somos Severinos iguais em tudo na vida, morremos de morte igual, mesma morte severina: que é a morte de que se morre de velhice antes dos trinta, de emboscada antes dos vinte de fome um pouco por dia (de fraqueza e de doença é que a morte Severina ataca em qualquer idade, e até em gente não nascida).

Somos muitos Severinos iguais em tudo e na sina: a de abrandar estas pedras suando-se muito em cima, a de tentar despertar terra sempre mais extinta, a de querer arrancar alguns roçado da cinza.(...)".

[25] Referência à obra *A Bagaceira* de José Américo de Almeida: "Não tinham pressa em chegar, porque não sabiam aonde iam. Expulsos do seu paraíso por espadas de fogo, iam, ao acaso, em descaminhos, no arrastão dos maus fados. Não tinham sexo, nem idade, nem condição humana. Eram os retirantes. Nada mais".

Essa nuança deste diálogo bem demonstra as diversas implicações, não apenas teóricas, mas também práticas que exsurgem desta renovada mirada do fenômeno jurídico tendo em vista a força emancipatória literária.

Em linhas gerais são essas quatro matizes, concebidas em conjunto, que podem orientar o modo de (re)pensar a literatura e o direito como possibilidade de emancipação da realidade social.

III. Direito, Literatura e Emancipação

Expostas as (im)possibilidades de composição do discurso jurídico com o discurso literário, faz-se mister ratificar o *porquê* da opção dessas vias, por vezes tortuosas, pelas quais marcham, de braços dados, o direito e a literatura.

Diversas são as implicações práticas que brotam dessa interpenetração. A teoria jurídica tradicional, quando lida através das lentes lúdicas literárias, obra mudança de referencial e de racionalidade no discurso jurídico tradicional pretensamente hermético e autopoiético.

Essa ordem de idéias já se fazia presente no pensamento filosófico clássico, pois, segundo Aristóteles a arte literária é "mais filosófica" que a própria história. Esta se limita a narrar o ocorrido enquanto aquela descreve o que poderia ocorrer. Enquanto a disciplina histórica centra-se em ações passadas concretas, a literatura se centra nas ações possíveis.

A articulação do discurso jurídico com a narrativa literária é apropriada, uma vez que insta a abertura da ciência jurídica. Para François Ost, "*entre le droit et le récit, des rapports se nouent et se dénouent qui semblent hésiter entre dérision et ideal. Et voilà le droit ébranlé dans ses certitudes dogmatiques et reconduit aux interrogations essentielles...*".[26]

Nesse diapasão, Martha Nussbaum justifica: "*Defiendo la imaginación literaria porque me parece un ingrediente esencial de una postura ética que nos insta a interesarnos en el bienestar de personas cuyas vidas están distantes de la nuestra*".[27]

Jacques Derrida afirma que: "*not only does literature simultaneously depend on and interrogate laws, but the law – the continual subject of narratives – can only be understood as a self-contraditory, lacking in pure essence, and structurally related to what Derrida terms différance, in its unmetaphysical sense, literature*".[28]

São duas singras concomitantes: por um lado, o direito conecta-se à salutar interdisciplinaridade e, por outro lado, o articula-se com as demandas sociais, seu verdadeiro escopo, libertando-se, assim, das amarras positivas.

---

[26] *op. cit.*, p. 7

[27] *Justicia poética*. p. 15.

[28] *Acts of literature*. p. 182.

Operada essa viragem, o direito enxerga seus sujeitos não mais como destinatários fictícios e abstratos dos textos legais, mas sim como os *severinos, essa gente do Sertão que desce para o litoral, sem razão, fica vivendo no meio da lama.*

Assim, a seara jurídica – e suas interpretações (dela e que dela decorrem) – apontam alterações ideológicas e substanciais quando miradas através do discurso literário. A interlocução com o elemento lúdico torna o tecido jurídico maleável à percepção social sem retirar-lhe o enfoque racional próprio do pensamento científico. Dotada de imaginação a razão jurídica se torna benigna, sem aquela esta recai no dogmatismo frio e cruel da lei.

É justamente essa possibilidade de *libertação* do fenômeno jurídico das amarras positivistas que o seguram distante da realidade social que o discurso literário nos permite. Neste diapasão, afiança Ost: "*alors que la littérature libère des possibles, le droit codifié la realité (...) Tel est bien le travail de la littérature: bousculer les conventions, suspendre nous certitudes, libérer des possibles – dégager l´espace ou libérer le temps des utopies créatrices*".[29]

A necessidade de aproximação dos sujeitos concretos e da justiça material é que torna imprescindível que a esta singela reflexão aporte o conjunto de idéias acima exposto.

A literatura opera uma refundação basilar nesta concepção jurídica moderna, consoante afirma Ost:

> (...) c'est une fonction de conversion fondatrice qu'assume la literature, sans l'avoir nécessairement cherché pour autant: le récit se fait 'foundateur' – comme la plupart de ceux quón étudie dans ce livre – donnant non seulement à penser, mais aussi à valoriser, et biantôt à prescrire. Ainsi l'exploration de l'envers du décor juridique, qui aura révélé sés fictions et sés constructions em trompe-l'oeil, sés artífices et sés effets de scène, produira-t-elle, du même movement, et un savoir critique des construtions juriqdiques et une amorce de refondation de celles-ci sur fond d'une connaisance élargie des puissances du langage, ainsi que des tours et détours de la raison pratique.[30]

IV. O panorama agrário brasileiro: muitas mortes e poucas vidas

Expostas essas considerações acerca da possibilidade transformadora que o diálogo *jusliterário* possui, passaremos a delinear a secção da realidade que reflexão tem por objeto.

Não seria necessário mais do que as palavras de João Cabral de Melo Neto para demonstrar essa situação. Em que pese as peculiaridades regionais trazidas no auto de Natal pernanbucano, o nó reside na tríade: latifúndio, trabalho e miséria.

A concentração de terras é tamanha que os 50 milhões de *severinos* miseráveis só são delas sujeitos quando saltaram da ponte da vida, nas palavras do poeta:

[29] *op. cit.*, p. 10.
[30] *op. cit.*, p. 21.

Viverás, e para sempre na terra que aqui aforas: e terás enfim tua roça.
– Aí ficarás para sempre, livre do sol e da chuva, criando tuas saúvas.
– Agora trabalharás só para ti, não a meias, como antes em terra alheia.
– Trabalharás uma terra da qual, além de senhor, serás homem de eito e trator.
– Trabalhando nessa terra, tu sozinho tudo empreitas: serás semente, adubo, colheita.

O que se nota no cenário rural brasileiro, consoante anteriormente já asseverado,[31] é que o modo de produção capitalista que se consagrou no século XX foi aquele baseado pela necessidade crescente de apropriação de bens e riquezas.

Como bem assentou Carmem Lucia Silveira Ramos, "o exercício de direitos ficou vinculado à apropriação de bens, restando, à maioria da população, como direito único, o de obrigar-se, vendendo sua força de trabalho".[32] Deste modo, o direito se presta a possibilitar essa lógica de apropriação e acumulação.

Não é por outro motivo que as Cartas Constitucionais que se seguiram no Brasil, até a de 1988, respeitando o *locus* espaço-temporal em que se situam, abordaram a propriedade, incluindo-se aí a propriedade rural, como *res* acumulável, objeto que tem seu fim na mercadorização.

O instrumental jurídico que respalda essa exacerbação da desigualdade, somente passa a ganhar novos contornos com o surgimento de uma nova perspectiva teórica do direito, que caminha *pari passu* com a tentativa (embora, a nosso ver frustrada, como tentaremos demonstrar adiante) de uma efetiva democratização da sociedade brasileira, tendo como alicerce a Constituição da República de 1988.

Esta nova Carta Constitucional traz em seu bojo a tentativa de produzir alterações estruturais, propondo uma reforma econômica e social de tendência nitidamente intervencionista e solidarista.[33] Estas mutações refletem em todo o sistema jurídico pátrio, atingindo de maneira frontal o tratamento jurídico da propriedade.

Dentre os elementos presentes na carta constitucional que repercutem na seara da propriedade estão a sua funcionalização e repersonalização. Com o esboço desse novo modelo de Estado buscado pela Constituição, a propriedade passa a exibir uma real e definida função social, que tem como base a proteção dos socialmente excluídos. Neste sentido, apregoa Eroulths Cortiano Júnior:

A visão da função social da propriedade passa pelo redimensionamento do mesmo direito de propriedade, e não mais como um limite aposto aos poderes proprietários. A concepção de que a pro-

---

[31] GONÇALVES, M. A. R. *Novos Sertões:* a luta pelo direito e o direito a luta pela terra.

[32] RAMOS, C. L. A. A Constituição do Direito Privado e a Sociedade sem Fronteiras. In: FACHIN, L. E. (org.) *Repensando Fundamentos do Direito Civil Brasileiro Contemporâneo.* Rio de Janeiro: Renovar, 1998. p. 5-6.

[33] "O Estado Social nasceu de uma inspiração de justiça, igualdade e liberdade; é a criação mais sugestiva do século constitucional, o princípio governativo mais rico em gestação no universo político do Ocidente. Ao empregar meios intervencionistas para estabelecer o equilíbrio na repartição dos bens sociais, instituiu ele ao mesmo passe um regime de garantias concretas e objetivas, que tendem a fazer vitoriosa uma concepção democrática de poder vinculada primacialmente com a função e fruição dos direitos fundamentais, concebidos doravante em dimensão por inteiro distinta daquela peculiar ao feroz individualismo das teses liberais e subjetivistas do passado." BONAVIDES, P. *Do Estado Liberal ao Estado Social.* São Paulo: Malheiros, 2001. p. 12.

priedade deve ser utilizada de forma solidarística *incide sulla structura tradizionale della proprietà dall'interno,* a tal ponto que se pode sustentar que a função social é a razão mesma pela qual o direito de propriedade é atribuído a um certo sujeito.

Com a função social, a idéia de condicionamento de um direito a uma finalidade, geralmente adstrita ao direito público, ingressa no direito privado e conforma o direito de propriedade.[34]

Traço fundante desse novo paradigma é o ideário de função social, que desloca da seara exclusivamente de ordem econômica, para o capítulo dos princípios e garantias constitucionais fundamentais.

Há, com a Constituição Federal de 1988, um rompimento teórico com o *standard* privado clássico, abrindo as portas para uma reforma que ainda não se realizou.

Neste novo paradigma imposto pela constituição é que se enquadra o chamado "Direito Civil Constitucional". A (re)leitura constitucional do Direito Privado mostrou-se e ainda mostra-se importante para a compreensão da superação do sistema clássico introjetado no tripé clássico do direito civil.[35] A ascensão do "ser" em relação ao "ter" flui para a construção teórica do Direito Civil, atingindo também a tutela jurídica da propriedade.

O que se percebe, na realidade, é que parte importante da doutrina passa a pensar em possibilidades para a construção de um direito que liberte. Na descrição crítica da edificação do Direito Civil nucleado, tradicionalmente, em torno do patrimônio, e na busca de uma nova concepção de patrimônio que coloque no centro das relações jurídicas e pessoal e seus respectivos valores personalíssimos, especialmente, dentre eles, aquele jungido de uma existência digna.

Este giro subjetivo do fenômeno jurídico, aqui tratado a partir da perspectiva do direito à propriedade, importa as noções de despatrimonialização, pluralismo e solidariedade.

Na perspectiva jurídica, é para as pessoas que o direito foi feito. Surge assim, como destaca Eduardo Novoa Moreal, "(...) a imagem do homem coletivo, pertencente a uma coletividade viva e integrada, conforme uma ordem socialmente orientada, na qual se tende a nivelar os indivíduos em um plano que permita, nas melhores condições possíveis, o maior desenvolvimento de todos eles".[36]

---

[34] CORTIANO JUNIOR, E. *O Discurso Jurídico da Propriedade e suas Rupturas:* uma análise do ensino do direito de propriedade. Rio de Janeiro: Renovar, 2002. p. 142-143.

[35] "(...) é possível explicitar essa tríplice base, a partir das lições de Jean Carbonnier, assentada no contrato, no patrimônio e na família; em sentido amplo, compreendem se aí, em primeiro lugar, os atos e negócios jurídicos em geral, bem assim as obrigações, os títulos de crédito etc; em segundo lugar, nesse triplo horizonte se enfeixam a propriedade, a posse, a empresa, e, enfim e em termos amplos, os bens, as coisas e os direitos a eles inerentes; em terceiro e último lugar (sem que essa enumeração classifique tais elementos por ordem de importância), está a família tomada em sua pluralidade, aberta e sociológica, como exposto pelo tríplice vértice fundante das relações sociais na teoria crítica do Direito Civil". FACHIN, L. E. *A "Reconstitucionalização" do Direito Civil Brasileiro: Lei Nova e Velhos Problemas à Luz de Dez Desafios.* Palestra proferida no VI Simpósio Nacional de Direito Constitucional, realizado em Curitiba, de 04 a 07 de outubro de 2004. Disponível em: <*http://www.unibrasil.com.br/revista_on_line/artigo%2022.pdf*>. Acesso em 02 de julho de 2006, as 11:14 hs.

[36] MONREAL, E. N. *O Direito como Obstáculo à Transformação Social.* Porto Alegre: Sergio Antonio Fabris Editor, 1988. p. 155.

Compreendem-se, assim, como fundamentais as palavras de Jesús Antonio de la Torre Rangel:

> El tema Del derecho de la propriedad está, como decíamos, em relacíon com los pólos Del "ser" t el "tener", muy especialmente em el de la propriedad de los medios de producción. La explicación que nos proporciona Antoncich (1088:8) es clara: El trabajo supone instrumentos, materia prima, productos; es una cadena del 'tener' cosas a fin de satisfacer lãs necessidades del ser. Pero lo importante no es el tener de las cosas, sino el ser de las personas. De ahí la esencial perversión humana de sobrevalorar la propriedad y el tener de las cosas, más que la vida e el ser de las personas. La más triste expresión de este desorden es la sociedad que antepone el capital al trabajo, lo que equivale a decir, el tener sobre el ser.[37]

Neste influxo, faz-se mister olhar o direito e, conseqüentemente, a propriedade, sob a ótica do sujeito concreto, ser humano reconhecido em sua concepção ética e digna como valor supremo a ser protegido.

V. Notas Derradeiras: *que diferença faria se em vez de continuar tomasse a melhor saída: a de saltar, numa noite, fora da ponte e da vida?*[38]

Em seu *Auto de Natal Pernambucano*, João Cabral de Melo Neto singra o caminho percorrido desde a morte até a vida que abrolha dos recônditos mais inóspitos, como neste caso o mangue, para consolidar a sua força e perseverança.

Caminhada semelhante intenta traçar a população rural brasileira que, no mais das vezes, não consegue manter-se na ponte da vida.

Indagação mais que pertinente é a de António José Avelãs Nunes: *Que expectativas se abrem aos povos injustiçados de todo o mundo?*[39]

Consoante anteriormente asseverado, edifica-se a ponte dialética entre o direito e literatura como saída (ou, quiçá, melhor seria dizer ponto de partida) para uma outra compreensão do(s) direitos *de*, e *à*, propriedade rural desde um embasamento emancipatório que apresenta crítica às narrativas jurídicas até então elaboradas e que se mostraram insuficientes para a efetivação destes.

Especificamente em relação à construção teórica e efetivação do(s) direito(s) de propriedade, entende-se que as tramas que se tecem podem ser mais bem trabalhadas e gerar um tecido mais justo se levarmos em conta a narrativa literária, mais complexa, atenta e aberta aos antagonismos e paradoxos que lhe são constitutivos.

Assim exposto o itinerário traçado pelo Severino, do Sertão ao Litoral, entre seu sonho e vontade de buscar uma vida (melhor) deverá nos servir de paradigma

---

[37] RANGEL, J. A. de la T. El Derecho a Tener Derechos: Ensayos sobre los derechos humanos em México. México: CIEMA, 1998. p. 106-107. Apud: FACHIN L. E. Das Províncias do Direito Privado à Causa Justificativa da Propriedade. In: LARANJEIRA, R. (org.). *Direito Agrário Brasileiro:* Em homenagem à memória de Fernando Pereira Sodero. São Paulo: LTR, 2000. p. 129.

[38] Trecho extraído da obra paradigma.

[39] *Neoliberalismo e Direitos Humanos.* Rio de Janeiro: Renovar, 2003. p. 118.

para a árdua marcha que o direito – aqui compreendido por seus atores legislativos, jurisprudenciais e doutrinários – impende singrar.

Bem como no auto de Natal Pernambucano esta caminhada possui uma dúplice compreensão: na esfera individual (o homem sozinho que percorre seu caminho) e na social (nas relações firmadas e auxílios recebidos ao longo da trajetória). Destarte, a efetivação das garantias constitucionais no que toca o direito à propriedade, na seara rural, também se desdobra neste dúplice viés: na ação individual como exercício de cidadania e na seara social por meio da doutrina, legislação e jurisprudência.

Nesta singra, tendo como horizonte a realização concreta desses direitos, faz-se necessária a atuação da doutrina, recolhendo também os frutos da legislação e da jurisprudência, em busca de instrumentos de aproximação do discurso jurídico e da prática efetiva – porto melhor para ancorarmos nossos sonhos e reflexões. Reforçando o valor da vida, não apenas vivida, mas também sonhada, nos responde o próprio professor lusitano à sua indagação: "*Ninguém terá uma resposta infalível, mas temos que ter a coragem de evitar que a censura totalitária do pensamento único nos impeça de dizer e de escrever aquilo que pensamos e nos impeça de pensar aquilo que pensamos e que escrevemos*".[40]

Ancorados nesses pressupostos que lançamo-nos à caminhada jurídica de afirmação da vida no campo, com a certeza de que as mudanças necessárias são possíveis desde que ousemos sonhar com um outro porvir, constitucionalmente mais adequado.

Subscreve-se, por fim, lição necessária para seguir em frente:

> As mudanças necessárias não acontecem só porque nós acreditamos que é possível um mundo melhor. Essas mudanças hão de verificar- se como resultado das leis de movimento das sociedades humanas, e todos sabemos também que o voluntarismo e as boas intenções nunca foram o motor da história. Mas, a consciência disto mesmo não tem que matar nosso direito à utopia e nosso direito ao sonho. Porque a utopia ajuda a fazer o caminho. Porque sonhar é preciso, porque o sonho comanda a vida.[41]

O diálogo do direito e da literatura, da *vida severina* com o *latifúndio jurídico*, é um passo metodológico que tem no ritmo de seu navegar o rumo que pode redesenhar os mares da contemporaneidade.

Eis o desafio do presente que cabe no porvir.

VI. Bibliografia

ANDRADE, C. D. de. Mãos dadas. In: BARATA, M. S. *Canto melhor*. Rio de Janeiro: Paz e Terra, 1969.

ARISTÓTELES. *Poética 9*. São Paulo: Abril Cultural, 1984.

AVELÃS NUNES, A. J. *Neoliberalismo e Direitos Humanos*. Rio de Janeiro: Renovar, 2003.

AZEVEDO, P. F. de. *Crítica à dogmática e hermenêutica jurídica*. Porto Alegre: Fabris, 1989.

BOBBIO, N. *A era dos direitos*. Rio de Janeiro: Campus, 1992.

[40] *Neoliberalismo e Direitos Humanos*. Rio de Janeiro: Renovar, 2003. p. 118.

[41] Idem. p. 123. (grifo nosso).

BONAVIDES, P. *Curso de Direito Constitucional.* 11ª ed. São Paulo: Malheiros, 2001.

——. *Do Estado Liberal ao Estado Social.* São Paulo: Malheiros, 2001.

CASSIRER, E. *Filosofia de las Formas Simbólicas.* México: Fondo de Cultura Econômica, 1989.

CHUEIRI, V. K. The Chain of Law: how is law like literature? In: *Legal Philosophy:* general aspects. Proceedings of the 19th world congress of the International Association for Philosophy of Law and Social Philosophy. New York: June 24-30, 1999. p. 201-208.

CORTIANO JUNIOR, E. *O Discurso Jurídico da Propriedade e suas Rupturas:* uma análise do ensino do direito de propriedade. Rio de Janeiro: Renovar, 2002.

DERRIDA, J. Force of law. *Cardozo Law Review,* v. 11, p. 943-944, jul./aug. 1990.

——. Remarks on deconstruction and pragmatism. In: MOUFFE, Chantal. *Pragmatism and deconstruction.* New York/ London: Routledge, 1996.

——. *Acts of literature.* New York/London: Routledge, 1992.

DUSSEL, E. *Ética da libertação* – na idade da globalização e da exclusão. Petrópolis: Vozes, 2000.

DWORKIN, R. *A matter of principle.* Cambridge: Harvard University Press, 1985.

——. *Taking rights seriously.* Cambridge: Harvard University Press, 1982.

FACHIN, L. E. *Repensando Fundamentos do Direito Civil Brasileiro Contemporâneo.* Rio de Janeiro: Renovar, 1998.

——. *A "Reconstitucionalização" do Direito Civil Brasileiro: Lei Nova e Velhos Problemas à Luz de Dez Desafios.* Palestra proferida no VI Simpósio Nacional de Direito Constitucional, realizado em Curitiba, de 04 à 07 de outubro de 2004.

FACHIN, M. G. *Em Busca da Ilha Desconhecida: do discurso teórico à prática efetiva dos direitos humanos e dos direitos fundamentais.*UFPR, 2005. GADAMER, H.G. *Verdade e método.* Rio de Janeiro: Vozes, 1997.

GONÇALVES, M. A. R. *Novos Sertões:* a luta pelo direito e o direito a luta pela terra. UFPR, 2006.

HABERMAS, J. *Teoria y práxis.* Madrid: Tecnos, 1997.

LEAL, R. G. *Hermenêutica e Direito:* considerações sobre a teoria do Direto e os operadores jurídicos. Santa Cruz do Sul: EDUNISC, 1999.

MIALLE, M. *Pour une Critique du Droit.* Grenoble: François Maspero Presses Universitaires, 1978.

MONREAL, E. N. *O Direito como Obstáculo à Transformação Social.* Tradução de Gerson Pereira dos Santos. Porto Alegre: Sergio Antonio Fabris Editor, 1988. MORAWETZ, T. Law and literature. In: PATERSON, D. A. *Companion to philosophy of law and legal theory.* USA, Blackwell, 1999. p. 450-461.

MÜLLER, F. Discours de la méthode juridique. Paris: Presses Universitaires, 1996.

——. *Métodos de Trabalho do Direito Constitucional.* 3 ed. Tradução de Peter Naumann. Rio de Janeiro: Renovar, 2005.

NUSSBAUM, M. *Love's knowledge.* New York/Oxford: Oxford University, 1990.

——. *Justicia poética.* Santiago do Chile, Andrés Bello, 1997. OST, F. *Raconter la loi.* Paris: Odile Jacob, 2004.

POSNER, R. *Law and literature.* Massachusetts: Harvard University, 1998.

RAMOS, C. L. A. A Constituição do Direito Privado e a Sociedade sem Fronteiras. In: FACHIN, L. E. (org.) *Repensando Fundamentos do Direito Civil Brasileiro Contemporâneo.* Rio de Janeiro: Renovar, 1998.

RANGEL, J. A. de la T. El Derecho a Tener Derechos: Ensayos sobre los derechos humanos em México. México: CIEMA, 1998. p. 106-107. Apud: FACHIN L. E. Das Províncias do Direito Privado à Causa Justificativa da Propriedade. In: LARANJEIRA, R. (org.). *Direito Agrário Brasileiro:* Em homenagem à memória de Fernando Pereira Sodero. São Paulo: LTR, 2000.

STRECK, L. L. *Hermenêutica jurídica e(m) crise.* Porto Alegre: Livraria do Advogado, 1999.

WITHMAN, W. *Canto a mí mismo.* Lisboa: Assírio & Alvim, 1999.

— 16 —

Um breve ensaio sobre a responsabilidade pessoal e social daqueles que julgam, legislam e governam, a partir do romance "Incidente em Antares", de Érico Verissimo

MAURÍCIO RAMIRES[1]

Sumário: 1. Introdução, 2. "Os furúnculos da terra", 3. E o direito com isso?, 4. A figura do juiz e o personalismo no exercício do poder, 5. Há esperança?, 6. Conclusão, Bibliografia.

1. Introdução

O presente texto não se pretende um artigo científico, e nem mesmo tem a forma de um. Tampouco – e menos ainda – é uma resenha literária, até porque a crítica de literatura escapa às minhas parcas capacidades. Trata-se de um ensaio, bastante livre, sobre uma obra de ficção e as implicações que ela pode ter no espírito daqueles que se preocupam com as questões do direito e da política, principalmente com a análise do poder e de seus detentores.

Parto do princípio de que o bom romance interessa a todas as pessoas e a todas as esferas de conhecimento – inclusive aos juristas e ao direito – e de que o escritor de primeira grandeza, com sua sensibilidade única dentro da aventura humana, intui e descreve coisas que obrigam a reflexão de técnicos que acreditavam soberanos e auto-suficientes no seu nicho de atuação.

Nesse contexto, o último romance de Érico Veríssimo, *Incidente em Antares*, surge como uma especial alegoria do poder político e da forma com que é exercido no Brasil. A primeira coisa que se nota no seu texto é a de que é um grande apelo pela liberdade (a palavra truncada, lida pela metade por uma criança já ao final do livro). Muitos já perceberam isso. Também se afigura óbvio que é um libelo contra o estado de coisas do Brasil à época de seu lançamento, em 1971: o auge da ditadura militar.

Todo texto é datado. E não é o caso de se abstrair da leitura do *Incidente* o tempo em que foi redigido e sua (possível) intenção maior, a de incomodar pela

[1] Mestrando em Direito Público (UNISINOS). Juiz de Direito (TJ/RS).

arte os comandantes da caserna. Mas também não é de se limitar o seu alcance, como se fosse uma música de protesto sem valor perene (como a chatíssima marcha *Pra não dizer que não falei das flores*, de Geraldo Vandré, por exemplo). Não. O mundo percebido por Érico no *Incidente* parece mais aquele visto através do *Aleph*, no conto de Borges: está ali a prática política de todos os tempos e de todos os lugares do Brasil, em um só tempo, uma dada sexta-feira, 13 de dezembro de 1963.

É por isso que o fato mais óbvio, a crítica paroquial ao governo militar do AI-5, não é a principal preocupação do presente ensaio. Desnecessário dizer, também, que o microcosmo de Antares é uma redução física para simbolizar um todo, o Brasil (ou a América Latina): reduzir para ampliar. O foco mesmo deste trabalho é o estudo do compromisso e da responsabilidade política e social daqueles que detêm o poder de julgar, legislar e governar no Brasil de hoje em dia, tomando como ponto de partida o texto literário.

Para tanto, segui a sugestão do professor Flávio Loureiro Chaves, a de me ater aos *autos*, ou seja, ao texto do romance. As conclusões e inferências são todas retiradas da obra, com maior ou menor grau de explicitação, mas sem divagações ou elucubrações muito abstratas ou metafísicas. Até por isso, poucos outros autores além do próprio Érico são citados. De qualquer maneira, as idéias deste texto são todas de minha responsabilidade, e Érico Verissimo não tem culpa alguma pelas minhas limitações de compreensão e redação.

2. "Os furúnculos da terra"

A professora Maria da Glória Bordini, em seu trabalho *Por trás do incidente*, que faz parte da nova edição do livro pela Companhia das Letras, sugere que Érico Verissimo tenha utilizado o livro *A peste*, de Albert Camus, como intertexto para *Incidente em Antares*. Explica ela que "a estranha indiferença que assola o romance do existencialista francês ressoa na naturalidade com que é recebido o extraordinário incidente na praça de Antares".[2]

As referências a Camus são, realmente, escancaradas. Ele é citado, quase expressamente, no pensamento do juiz de Antares, dr. Quintiliano do Vale, que a certa altura divaga sobre Mersault e o assassinato do árabe, em uma alusão clara a *O Estrangeiro*.[3] Adiante, Érico faz recair sobre a cidade uma invasão de ratos, acompanhada de boatos de uma epidemia de peste bubônica. Então, penso não estar me afastando dos *autos* quando é em *A peste* que vou buscar a referência inicial da alegoria do *Incidente*.

No livro de Camus, é na cidade argelina de Oran que os ratos saem para as ruas em número assustador. Assim descreve o narrador, dr. Bernard Rieux, a sua

[2] Bordini, Maria da Glória. Por trás do Incidente. In Verissimo, Érico. *Incidente em Antares*. 3ª ed. São Paulo: Companhia das Letras, 2005, p. 17.

[3] *Incidente*, p. 315

impressão quando da invasão dos animais: "Dir-se-ia que a própria terra onde estavam plantadas as nossas casas se purgava dos seus humores, deixando subir à superfície furúnculos que, até então, a minavam interiormente".[4]

A lógica é a do expurgo dos males que já se encontravam, desde há muito, no interior da cidade. Os habitantes de Oran conviviam com os ratos, que não surgiram do nada para infestar-lhe as ruas: estavam nas suas casas. Assim também os moradores de Antares coabitavam com o fedor e a podridão, até que um dia os furúnculos pútridos (na forma de sete cadáveres ambulantes), lhes batem na cara e revelam os verdadeiros humores que "minavam interiormente" a vida municipal.

O enredo de *Incidente em Antares* é por demais conhecido, até pelos que não leram o livro. Antares é uma cidade fictícia da região de fronteira do Rio Grande do Sul. Uma certa feita, os trabalhadores locais, empregados de empresas multinacionais instaladas no município, entram em greve. Para apoiar os colegas, várias outras categoriais profissionais – inclusive os coveiros do cemitério local – aderem ao movimento. Em um dia particularmente azarado, sete pessoas morrem na cidade, e, em virtude da greve dos coveiros, não podem ser enterradas. Acabam sendo deixadas ao lado de fora do campo santo, em seus caixões, para que se resolvesse a situação no dia seguinte. Durante a madrugada, entretanto, em uma surpreendente e fantástica virada de eventos, os sete mortos levantam-se e vão para a cidade exigir um enterro cristão. Como os habitantes parecessem não encontrar uma solução, os defuntos reúnem-se no coreto da praça, ao meio-dia, quando começam um verdadeiro julgamento dos vivos, expondo a todos a verdade sobre as práticas do poder local (os "furúnculos da terra").

É na primeira parte do livro, chamada *Antares*, que o escritor introduz a cidade e seu estado canalha de coisas. À maneira do município de Santa Fé, palco dos acontecimentos de *O tempo e o vento*, a cidade é comandada por duas famílias historicamente rivais, os Campolargos e os Vacarianos. Mas, ao contrário da briga entre os Terra Cambará e os Amarais, em que os primeiros são evidentemente simpáticos ao escritor e ao leitor, em Antares não há coronel bonzinho. Ambas as famílias utilizam as autoridades públicas como instrumentos de sua vontade e de seus desmandos, e mantêm a cidade toda sob seu jugo e sob um aparente e conveniente império da ordem e da tradição.

Aparência, aliás, é a tônica da vida social de Antares. Um dos mortos (bem) falantes, o advogado Cícero Branco, avoca para si a tarefa de porta-voz dos demais cadáveres e é o responsável pelo ataque às instituições antarenses. Sua peroração, já no coreto da praça, é fundada basicamente em uma metáfora da vida local com um baile de máscaras:

> Para vós o que importa é que a festa continue, que não se toque na estrutura, não se alterem os estatutos do clube onde os privilegiados se divertem. A canalha que não pode tomar parte na festa e se amontoa lá fora no sereno, envergando a triste fantasia e a trágica máscara da miséria, essa deve

[4] Camus, Albert. *A peste*. Rio de Janeiro: Record, s.d., p. 20.

permanecer onde está, porque vós os convivas felizes achais que pobres sempre os haverá, como disse Jesus. E por isso pagais a vossa polícia para que ela vos defenda no dia em que a plebe decidir invadir o salão onde vos entregais às vossas danças, libações, amores e outros divertimentos.[5]

E só os mortos para fazer caírem as máscaras. Antes do fatídico julgamento do coreto, houve em Antares uma tentativa de desvendamento pacífico do estado de coisas: a publicação do livro *Anatomia de uma cidade gaúcha de fronteira*, escrito pelo prof. Martim Francisco Terra (parente distante dos Terra Cambará de Santa Fé e talvez um *alter ego* do próprio Érico). Na sua obra, o teórico descrevia a ignorância e o reacionarismo da elite local, e dedicava um capítulo inteiro à Babilônia, a favela da cidade, "ilustrado com fotografias horrorosas", no dizer do prefeito Vivaldino Brazão. A reação das autoridades do município, ao lerem as detalhadas condições em que vivia sua população ("num plano mais animal do que humano"), é a de desqualificar o texto como "literatura e não sociologia" (prof. Libindo Olivares) e "literatura barata" (jornalista Lucas Faia). E se alguém ousa dizer que alguma observação do livro é verdadeira, é repreendido, por sua "intervenção infeliz".[6]

Mas os defuntos não fazem simples "literatura". Sua fantástica condição de mortos lhes autoriza a ir além nas críticas ao "baile de máscaras". A imunidade neles é completa. A começar, a morte lhes confere o total destemor da força física. E quem não está sujeito à força não está submetido à autoridade. Isso fica evidente na passagem em que o finado Barcelona, um sapateiro anarco-sindicalista, é alvejado pelos mosquetes de vários policiais, a mando do delegado Inocêncio Pigarço, e reage "Sem acelerar o passo, sorrindo e jogando beijos com os dedos para um lado e outro". E é do próprio Barcelona a constatação: "Sou um defunto legítimo e portanto estou livre da sociedade".[7]

A máxima liberdade dos mortos, entretanto, não é apenas física, mas também moral. Mais do que a própria invulnerabilidade, é o asco que os vivos sentem dos cadáveres que desata todos os laços que uniam estes e aqueles. Dentre os sete finados, apenas os *outsiders* são bem recebidos pelos seus: a prostituta Erotildes, por sua colega de profissão Rosinha; o bêbado Pudim de Cachaça, pelo parceiro de trago Alambique; o jovem agitador social João Paz, pela esposa Rita. Já o dr. Cícero surpreende sua mulher na cama com outro homem, apenas 24 horas após seu falecimento. E quem tem a pior recepção pós-morte é a matriarca dos Campolargos, D. Quitéria, que presencia, escondida, a ferrenha briga dos seus herdeiros em razão da partilha de bens, também enquanto seu corpo ainda não havia esfriado. É o causídico que mais uma vez adverte aos munícipes: "Vossa repulsa e vossa má vontade para com nossos corpos nos outorga a liberdade de dizer o que realmente pensamos de vós".[8]

[5] *Incidente*, p. 309.

[6] Idem, p. 135-8.

[7] Idem, p. 250-1.

[8] Idem, p. 305-6.

É dessa liberdade que se utilizam os furúnculos para finalmente saírem da terra. A podridão dos cadáveres é a podridão da verdade. "Será" – continua o advogado – "que a verdade fede e é só da mentira que se evolam os doces perfumes da vida? Será que o famoso poço da lenda, em cujo fundo se esconde a verdade, é feito de lodo e podridão?".[9]

3. E o direito com isso?

Na esteira do que afirma o jurista argentino Julio Maier, seguindo vários outros teóricos que já disseram mais ou menos a mesma coisa, há uma relação imediata entre o conteúdo do direito e o sistema político imperante. O incidente ocorrido em Antares é uma hipótese única de desvelamento de tal sistema político, que forma e informa muito das práticas jurídicas.

O "julgamento"[10] da praça é a tomada de consciência, pela sociedade, daquilo que ocorre com ela mesma. É um verdadeiro *estranhamento* (*ostraniene*) forçado. Estranhar, nesse sentido, significa colocar-se em um estado em que se possa perceber a estranheza de alguma coisa que parece familiar. O conceito de estranhamento, aliás, tem sua origem na literatura, e o ato de estranhar (tão comum e necessário entre antropólogos e cientistas sociais) certamente nasceu da sensibilidade aguçada dos literatos. Como neologismo, o termo apareceu por obra do formalista russo Viktor Chklovski em *A arte como processo*, publicado em 1917, para quem "A finalidade da arte é dar uma sensação do objecto como visão e não como reconhecimento".[11] O estranhamento, como proposto, é o efeito de se distanciar do modo comum de ver o mundo, e apreendê-lo a partir de uma dimensão completamente nova.

A cena montada no coreto, então, coloca aos olhos do município de Antares – e também do leitor, é claro – o que nos é próprio, mas não é visto. Principalmente, caem as máscaras do baile, e o exercício do poder e do direito é visto por trás do disfarce.

Entre as autoridades expostas no escândalo, está a figura do próprio advogado morto. O dr. Cícero, para comprovar a sinceridade de seu relato, começa justamente por confessar a sua parte na coleção de delitos, como se fosse uma espécie de deputado Roberto Jefferson de Antares.

Cícero Branco sempre foi "um assalariado do velho [cel. Tibério] Vacariano e do Vivaldino Brazão. O testa-de-ferro das negociatas desses dois crápulas. O

[9] *Incidente*, p. 308.

[10] Fala-se em *julgamento* pois o incidente tem toda a forma de um. Há uma acusação e uma defesa (apesar de não ficar claro quem acusa e quem defende, no meio da troca de impropérios). O promotor de justiça, dr. Mirabeau da Silva, começa sua peroração com "Senhores Jurados!", ainda que aos gritos de "Fresco! Fresco!" dos jovens empoleirados nas árvores (p. 302-3).

[11] Chklovski, Viktor. A arte como processo, *in* Todorov, Tzvetan, *Teoria da Literatura I: Textos dos Formalistas Russos*. Lisboa: Edições 70, 1999, p. 82.

factótum".[12] E confessa sua própria amoralidade. Explica que "A princípio costumava ter um peso na consciência, prometia a mim mesmo romper com a camarilha. Mas o dinheiro, que para alguns cheira mal, para mim tinha um perfume paradisíaco. O dinheiro e o sucesso. E a boa vida".[13]

Através da figura do advogado, Érico cristaliza uma noção muito clara no período do regime militar: a da ajuda que os juristas amorais prestam aos regimes autoritários, das maneiras mais diversas. Seja com justificativas pseudojurídicas para os atos mais evidentemente antidemocráticos, ou com a elaboração de textos normativos para dar uma aparente consistência legal ao regime. São exemplos disso diversos ministros da justiça e ministros de tribunais superiores durante o período de exceção, com destaque para Luiz Antônio da Gama e Silva, o autor civil do Ato Institucional n. 5, de 1968. Cícero Branco chama "tortura" de "métodos especiais", e justifica: "como advogado, cultivo quando me convém o hábito do eufemismo".[14] O AI-5, que deu ao Presidente da República poderes para, por exemplo, suspender os direitos políticos de qualquer cidadão e cassar mandatos eletivos municipais, estaduais e federais, "sem as limitações previstas na Constituição" (art. 4º), e suspendeu a garantia do *habeas corpus* (art. 10), foi editado em nome da *"autêntica ordem democrática, baseada na liberdade, no respeito à dignidade da pessoa humana" (preâmbulo).*

Cícero Branco, porém, já senhor de todas as imunidades e abandonado por seus antigos patrões, deixa os eufemismos de lado: "basta de metáforas – diz ele agora – Vamos aos fatos. Povo de Antares, colendo juiz de direito, eu acuso o coronel Tibério Vacariano e o major Vivaldino Brazão de peculato e enriquecimento ilícito à custa dos cofres públicos".[15] Mais além, explica como o coronel e o prefeito realizavam o superfaturamento das concorrências públicas para o fornecimento de automóveis, caminhões e máquinas agrícolas, ficando com uma "bonificação" de trinta por cento sobre o total das viaturas. Adiante, ainda, é contado o horrendo caso da tortura e morte de João Paz nos porões da autoridade policial. E sabemos como o advogado agia para acobertar todos os delitos, inclusive produzindo uma falsa *causa mortis* para a vítima do delegado, não sem a ajuda do médico Lázaro Bertioga, outro ilustre membro da elite antarense.

O interesse do direito por isso tudo vem justamente do estudo do estado de ordem/desordem que tomou conta de uma cidade, que representa uma universalidade.[16] Era necessária e urgente a análise da responsabilidade dos detentores do poder em Antares, naquela sexta-feira 13 de 1963, como o é a mesma coisa no Brasil de hoje em dia.

[12] *Incidente*, p. 225 (palavras de João Paz).

[13] Idem, p. 227.

[14] Idem, ibidem.

[15] Idem, p. 310.

[16] V. o caso das "sanguessugas", escândalo de superfaturamento, por parte de congressistas, na compra de ambulâncias para os municípios, tão em voga nos dias em que escrevo este texto.

4. A figura do juiz e o personalismo no exercício do poder

A sociedade em que medra o crime entre seus próceres só é possível quando há uma conivência e uma cumplicidade entre os que exercem os papéis de autoridades públicas. O direito, nesse contexto, surge como instrumento para garantir as libações do "baile de máscaras" e manter os indesejados do lado de fora, em um grande exercício de personalismo autoritário.

Raymundo Faoro já identificava o caráter personalista do exercício no poder no império lusitano nos primeiros tempos da colônia brasileira. Falando sobre os legistas e o rei português ainda do século XVI, o jurista gaúcho adverte que "a teia jurídica que o envolve não tem o caráter moderno de impessoalidade e generalidade; a troca de benefícios é a base da atividade pública, dissociada em interesses reunidos numa única convergência: o poder e o tesouro do rei".[17] A função pública, aí, nada é além de um "instrumento regalista da classe dominante", formando um "patriciado administrativo".[18]

Faoro narra, ainda, as maneiras como a estrutura formal do estado português se transmudou no estado brasileiro. Diz ele que a "ordem pública portuguesa, imobilizada nos alvarás, regimentos e ordenações, prestigiada pelos batalhões, atravessa o oceano, incorrupta" e assim o estado, no Brasil, não surgiu como criação consciente de indivíduos, não emana da própria sociedade, mas é "uma espécie de carapaça disforme, vinda de fora, importada". Conclui que "Não admira que, duzentos anos depois, as liberdades públicas só existem para divertimento de letrados, agarrados aos sonhos que o litoral traz de outros mundos".[19]

Antes mesmo de *Incidente em Antares*, Érico Verissimo já se debruçara sobre o caráter personalista do estado brasileiro. Rodrigo Terra Cambará (não confundir com seu bisavô, um certo capitão Rodrigo Severo Cambará), personagem central de *O retrato*, parte também central de *O tempo e o vento*, já encarnava o caudilho que se vale de suas relações com o poder para a porfia da troca de favores e sinecuras. O dr. Rodrigo foi um jovem médico idealista e republicano, que acabou por se ligar aos gaúchos que tomaram o poder por meio da Revolução de 1930, não sem antes amarrar seus cavalos no famoso obelisco da av. Rio Branco, no Rio de Janeiro.[20] Unido aos novos detentores da força e do tesouro, o antigo benfeitor dos pobres de Santa Fé não teve dificuldades em se aboletar no esquema de corrupção explícita que tomava conta da capital da República sob o jugo de Getúlio Vargas. A ambivalência de Rodrigo se explicava pela luta constante entre

[17] Faoro, Raymundo. *Os donos do poder: formação do patronato político brasileiro*. Vol. 1. 10.ed. São Paulo: Globo, Publifolha, 2000, p. 57.

[18] Aragão, J. Guilherme de. *O cargo público na sociedade colonial*. A Manhã, 9 abr. 1950, *apud* Faoro, *op. cit.*, p. 197.

[19] *Op. cit.*, p. 186.

[20] A simbologia dos cavalos no obelisco ainda é poderosa, e muitos se remetem a ela com orgulho de coisas tão diversas (ou não) como a lendária bravura gaúcha ou a tomada do poder pela força.

os seus nobres propósitos e seu inato sentimento de aristocracia: uma invencível consciência de classe.[21]

Voltando a Antares, o círculo de cumplicidade que envolve o coronel fazendeiro, o prefeito e o delegado só poderia se fechar com a presença do advogado, do promotor e do juiz de direito. Este último, ao que consta nos *autos*, não estava auferindo vantagens pessoais diretas (financeiras, ao menos) na criminalidade dos demais. Mas é na sua personalidade e atuação que reside o maior interesse deste trabalho.

O magistrado Quintiliano do Vale é, antes de tudo, um homem que se sente "bem e seguro no convívio das regras, das normas: perde-se em pânico quando defronta as exceções, as anormalidades".[22] O já citado Martim Francisco Terra, em seu diário íntimo, assim o descreveu: "Parece um homem cujo ideal é uma sociedade simétrica, policiada, regida por leis inflexíveis e imutáveis (e quem determina o 'lugar exato' é a tradição, e tradição para ele é algo que tem a ver com seus ancestrais – pai, avô, bisavô, trisavô etc.). Está sempre, notei, do lado do oficial, do consagrado, do 'legal'".[23]

Ficamos sabendo, também, que o juiz anda sempre corretamente vestido, e Martim anota que jamais o viu "despenteado, ou com a gravata torta, ou sem casaco".[24] Tanto assim é que o dr. Quintiliano, mesmo sob o calor intenso de Antares, recusa-se a tirar o paletó, pois "considera impróprio dum magistrado ficar em mangas de camisa".[25]

Não por acaso Martim Francisco usa a palavra "legal", assim, entre aspas, na citação feita acima. O "legal", em alguns contextos, assume um sentido quase figurado (e aspado), e o contexto, aqui, é o *oficial*, o *consagrado*, enfim, o *convencional*. Como convencional é o paletó e gravata, o consagrado não é a utilização da ordem legal para a punição dos companheiros de fidalguia do meritíssimo julgador. Não. A "ordem" que deixa tranqüilo o dr. Quintiliano é a ordem de classe, na qual aos amigos tudo é permitido e a força (constituída ou não) é instrumento para a manutenção do estado de coisas.

Pode-se dizer que a figura do juiz de direito, no livro, é bastante estereotipada. Além de ser um "solene chato", ele "Fala vagarosamente, medindo as palavras, e mais ou menos no estilo dum editorial de jornal antigo".[26] É, de fato, a construção arquetípica do sujeito bacharelesco, formal e encastelado. Mas o estereótipo, aqui, é o diagnóstico perfeito de uma forma tradicional de ver e fazer

[21] Verissimo, Érico. *O tempo e o vento, parte II – O retrato*. Vol. 1. 3. ed. São Paulo: Companhia das Letras, 2004, p. 231.

[22] *Incidente*, p. 373.

[23] Idem, p. 371.

[24] Idem, Ibidem.

[25] Idem, p. 279.

[26] Idem, p. 371 (palavras de Martim Francisco Terra).

o direito que está seriamente ferida, mas não morta. É o direito com "consciência de classe", com "sentimento aristocrático".

"As patentes afidalgam", adverte Faoro.[27] O grande sonho de Quintiliano do Vale é ser desembargador como o pai, ou seja, ter o cargo dignatário que entende seu por herança paterna. Não é de hoje o caráter quase monárquico da atividade judicial. Também falando sobre Portugal do século XVI, Gama Barros aponta que "Os cargos da magistratura superior eram geralmente desempenhados, no meado desse século, por famílias ligadas mais ou menos entre si pelos laços do parentesco".[28]

De fato, a magistratura tradicional, com sua vitaliciedade e com seus rapapés, além da deferência submissa com que exige ser tratada, corre o risco de se aproximar perigosamente dos caprichos da aristocracia. O exercício do cargo de poder, nessas condições, tende a favorecer a troca de favores e a proteção dos pares de casta. Assim é que a "ordem" preconizada pelo magistrado de Antares não envolvia o cuidado com o dinheiro público ou a extinção dos privilégios dos próceres criminosos, mas, ao contrário, significava justamente a imunidade absoluta destes.

A máxima "aos amigos tudo, aos inimigos a lei" ainda se faz presente nas esferas judiciais, legislativas e administrativas do país. É um exemplo disso a extinção de punibilidade no crime de apropriação indébita previdenciária, cujos sujeitos ativos são os empregadores, quando "o agente, espontaneamente, declara, confessa e efetua o pagamento das contribuições, importâncias ou valores e presta as informações devidas à previdência social, na forma definida em lei ou regulamento, antes do inicio da ação fiscal" (art. 168-A, § 2º, do Código Penal). E é de lembrar que, no que respeita ao valor mínimo para o ajuizamento da ação fiscal previdenciária, a Portaria 1.013/03 do Ministério da Previdência Social estabeleceu o patamar de R$ 5.000,00. Ou seja, quem sonegar a contribuição previdenciária até o "insignificante" valor de cinco mil reais, quase certamente não terá o desprazer de ser citado para um processo criminal.

Também se extingue a punibilidade dos crimes de sonegação fiscal, definidos nas leis 8.137, de 27 de dezembro de 1990 e Lei 4.729, de 14 de julho de 1965, quando o agente promover o pagamento do tributo ou contribuição social, inclusive acessórios, antes do recebimento da denúncia. Mas nem isso precisa: basta o parcelamento do débito, junto ao Fisco, e a ação penal não poderá ser recebida.

A diferença de tratamento com os criminosos comuns, que cometem o corriqueiro delito contra o patrimônio, chega a ser aviltante. E também os discursos de "lei e ordem" ou de "garantismo penal" passam ao largo dessa crítica.

Que não se esqueça do escândalo do *mensalão*, que evidenciou a doblez existente entre o tratamento penal reservado à "Câmara dos Lordes" e aquele

[27] *Op. cit.*, p. 220.

[28] Gama Barros, Henrique da. *História da administração pública em Portugal*. Lisboa: Sá da Costa, 1945, tomo III, p. 221.

dispensado aos "comuns". Muito se falou que os acusadores dos *mensaleiros* não apresentaram "provas" conclusivas da existência do esquema de corrupção, ou, pelo menos, da participação direta do poder executivo federal nele. Mas, quando um deputado conta o que viu e ouviu, é acusador ou é testemunha presencial de um fato? E se uma deputada diz que lhe foi oferecida uma proposta financeira para mudar de partido, está acusando alguém ou narrando crime de que foi vítima? Ao que parece, estabeleceu-se sem controvérsia que "prova", mesmo, é só a documental, "com certidão passada em Cartório do Céu e assinada embaixo: Deus, e com firma reconhecida...".[29] Em outras palavras, se prova testemunhal ou depoimento da vítima não valem em Brasília, também não deveriam valer nos processos do povão, principalmente nos que tratam de delitos não-violentos contra o patrimônio e com potencial lesivo infinitamente menor. A Constituição, até a última vez que chequei, era a mesma para todo mundo.

A esquizofrenia da mensagem jurídica, então, é a mesma de Antares: a tolerância zero aos inimigos e a tolerância mil aos companheiros de casta. A dupla mensagem enviada pelo sistema penal ao cuidar dos crimes contra o patrimônio é a outra face do sincretismo abjeto entre os conceitos democráticos e outros autoritários, ao sabor do que convém em cada caso. Tome-se a desigualdade de condições econômicas entre os indivíduos, por exemplo. O discurso de isonomia constitucional como *topos* conformador da igualdade de oportunidades e da liberdade de empresa institui como paradigma do *status* econômico-social a *meritocracia*. Significa dizer que vivemos em uma sociedade em que é o mérito individual (seja por talento, inteligência ou esforço) que define a posição financeira e social dos seus membros. E isso justifica e legitima as diferenças individuais, livrando o "andar de cima" de qualquer culpa ou responsabilidade pelo estado do "andar de baixo".

Tudo bem. É uma cosmovisão que tem lá os seus créditos. Mas é preciso comprar todo o pacote. Não raro, o mesmo catequista da meritocracia é o que larga o "tu sabe com quem tu tá falando, ô meu?", diante do guarda de trânsito. No Brasil, a *carteirada* (ou o *carteiraço*, como se diz aqui no sul), ainda funciona. Está ainda quente o caso do general do exército que mandou um avião comercial, que estava decolando, retornar para buscar a si e a sua digna esposa, fazendo ainda com que descessem dois passageiros para que o casal pudesse se acomodar, tudo à vista do poder de sua autoridade. Nada mais é do que o "doutor fulano de tal" invocando a sua condição de conde, barão ou duque na nobiliarquia ainda instalada no sistema estamental republicano nacional.

Ou há igualdade, sem paternalismo do estado e da sociedade aos seus escolhidos, ou há hierarquia, esta sempre paternal. Os coronéis da primeira república, por exemplo, comandavam seus currais, mas protegiam os seus subordinados. Hoje, subsiste um ranço do poder aristocrático (por compadrio ou por imposição) enquanto a plebe foi atirada à deriva, sob os critérios da meritocracia isonômica.

[29] Crime mesmo é citar o belo *Samba da Benção* de Vinícius e Baden Powell para um propósito desses.

Entre os mais pobres, a leitura da mensagem também é esquizofrênica. Subjugado pela hierarquia monárquica, que por vezes lhe tolhe a capacidade de competir em verdadeira igualdade de oportunidades no mundo meritocrático oficial, o sujeito recorre à hierarquia que conhece e que pode lhe dar algum poder: a da força. Alguns se submetem e padecem calados. Outros, iludidos e confundidos pela dupla mensagem, vêem na violência o instrumento capaz de igualar de fato as condições iniciais da luta pela sobrevivência. São raros os que conseguem escapar de algum desses dois cenários.

É de fazer os mortos levantarem-se dos caixões.

5. Há esperança?

Como já adiantei, a prática jurídica criticada no livro e neste texto já está gravemente ferida. A magistratura e as demais categorias jurídicas têm em seus cargos, hoje, uma maioria de profissionais que romperam com as tradições patrimonialistas e personalistas. Despiram-se de seus paletós (ou não, isso só entra aqui no sentido figurado) e concordaram em se imiscuir na sociedade em que vivem e à qual servem.

Há, entretanto, um longo caminho a ser trilhado. Há a necessidade de quebrar com a auto-referência e o escapismo das concepções formalistas do direito, encampando de vez a idéia do fenômeno jurídico como uma instância de aplicação verdadeira da Constituição Federal.

Flávio Loureiro Chaves identificou a esperança do autor de *Incidente em Antares* em duas figuras femininas. Uma é Rita Paz, esposa de João Paz, que consegue atravessar o rio Uruguai, grávida, rumo ao desconhecido. A sua hégira, a travessia que realiza, no escuro, e a criança que leva no ventre são sinais otimistas de renovação e passagem.

A outra é a mulher do nosso juiz, D. Valentina do Vale. É ela quem enfrenta o marido. Acusa-o de conformista e escapista. Afirma claramente que a justiça, para ele, "deixou de ser um meio para ser um fim em si mesma", enquanto ele se fecha em sua "cidadela interior", à vista de qualquer coisa que lhe "repugna ou assusta". Chama-o de "homem do método", "cronometrista clássico". Expõe o que gostaríamos de dizer nós mesmos, como o fato de o juiz dizer amar a justiça, a ordem e a lei, mas cultivar a amizade de "crápulas como o prefeito Brazão e esse repulsivo coronel Vacariano", que classifica como "Peculatários, falsários, ladrões vulgares". E, "pior ainda", apertar a mão "dum assassino perverso como o delegado Pigarço".

Ao fim, ela confronta o magistrado sobre as providências que ele irá tomar quanto ao acontecimento na praça. O juiz argumenta que não poderia aceitar no dia 13 de dezembro a denúncia de uma pessoa que morreu no dia 11 do mesmo mês. A resposta de Valentina é a de que queria abrir-lhe os olhos, "esses teus olhos que criaste para ti mesmo". É só quando o marido se irrita que Valentina vê algum progresso: "Começas a perder a linha apolínea, Quintiliano. É um sinal de que te humanizas".[30]

Os olhos de Quintiliano, voltados a si mesmo, são os olhos do direito que se fecham para seu interior e para seu procedimentalismo. A formalidade o dispensa de pensar no caráter ético de seus atos. A irritação ("Cala essa boca!") já é um sinal humanizante.

Não sabemos se Valentina e Quintiliano acabaram por romper ou não seu casamento. Só descobrimos que o juiz foi eventualmente transferido para uma instância superior e que suas relações com a mulher haviam "esfriado consideravelmente".[31]

Em Antares, o prefeito, sob a inspiração do pseudo-intelectual Libindo Olivares, colocou em prática uma "Operação Borracha", que consistiu em negar a veracidade do que todos viram e ouviram. Afinal, diz o professor, "Poderemos confiar sempre no testemunho de nossos sentidos? Devemos dar crédito ilimitado à nossa memória?".[32] E, ao que parece, deu certo, pois a vida em Antares retomou seu curso normal. Nunca se duvide da capacidade de um relativista rasteiro de fazer negar as verdades mais evidentes.

A esperança que fica é a de que possamos atravessar o rio que separa o formalismo jurídico e o personalismo da função pública, grávidos de uma concepção verdadeiramente republicana, e buscar as novas e (talvez não mais tão) inóspitas idéias de jurisdição constitucional comprometidas com a sociedade para a qual o direito existe. E a de que a realidade possa nos abrir os olhos para ela própria, voltados que ainda (e também talvez não tanto) estão para nós mesmos e nossas fórmulas pré-estabelecidas.

6. Conclusão

Que não me entendam mal. Este texto não é um libelo contra a elite, contra o capitalismo ou contra os operadores do direito, de qualquer área de atuação. O que combato é uma visão arcaica de mundo, até anterior e incompatível com a democracia liberal, que é a do patrimonialismo personalista herdado da tradição portuguesa e ainda bastante presente por aí. E a própria elite produtora é e sempre foi vítima de um capitalismo de estado, sufocada que esteve sob a coroa e, depois, sob a égide republicana não menos asfixiante. A impessoalidade e moralidade da administração pública são ideais que não podem ter cor partidária, e que decorrem da noção de Estado Democrático de Direito que tanto defendemos.

A obra de Érico Verissimo é a de um humanista liberal, ainda que com contornos socialistas. A leitura que dela faço, hoje, é a de um texto que sobrepassou a época em que foi escrito, e mais do que uma crítica à ditadura militar, é um com-

[30] *Incidente*, p. 374-9.

[31] Idem, p. 426.

[32] Idem, p. 408.

pêndio de como se pratica o autoritarismo e o abuso de poder em uma sociedade com fraca noção de responsabilidade social e pessoal.

Palavras como "liberdade", "democracia" e "ética", que para muitos são apenas *punchlines* de discursos garbosos, devem ser para os juristas um afazer do dia-a-dia. É nesse contexto que a partir da literatura o direito pode resgatar valores e deixar de olhar para o próprio umbigo. Muita coisa já tem mudado e pode, acredito, chegar o dia em que o incidente de Antares, e todas as suas circunstâncias, seja apenas um retrato fiel e genialmente traçado de uma época morta. De caixão. E para não mais voltar.

Bibliografia

BORDINI, Maria da Glória. Por trás do Incidente, *in* Verissimo, Érico. *Incidente em Antares.* 3.ed. São Paulo: Companhia das Letras, 2005.

CAMUS, Albert. *A peste.* Rio de Janeiro: Record, s.d..

CHAVES, Flávio Loureiro. *Érico Verissimo: o escritor e seu tempo.* Porto Alegre: UFRGS, 2001.

CHKLOVSKI, Viktor. A arte como processo, *in* Todorov, Tzvetan, *Teoria da Literatura I: Textos dos Formalistas Russos.* Lisboa: Edições 70,1999.

FAORO, Raymundo. *Os donos do poder: formação do patronato político brasileiro.* Vol. 1. 10.ed. São Paulo: Globo, Publifolha, 2000.

GAMA BARROS, Henrique da. *História da administração pública em Portugal.* Lisboa: Sá da Costa, 1945.

STRECK, Lenio Luiz. *Hermenêutica Jurídica e(m) Crise.* 2. ed. Porto Alegre: Livraria do Advogado, 2000.

——. *Jurisdição Constitucional e Hermenêutica – Uma Nova Crítica do Direito.* Porto Alegre: Livraria do Advogado, 2002.

VERISSIMO, Érico. *O tempo e o vento.* 3. ed. São Paulo: Companhia das Letras, 2004.

——. *Incidente em Antares.* 3.ed. São Paulo: Companhia das Letras, 2005.

Impressão:
Evangraf
Rua Waldomiro Schapke, 77 - P. Alegre, RS
Fone: (51) 3336.2466 - Fax: (51) 3336.0422
E-mail: evangraf.adm@terra.com.br